Zum Umschlagsmotiv
Das ist eine arabische Kalligrafie des Namens
des Heiligen Propheten: Muhammad[saw].
Im Islam ist es untersagt, das Antitz seines
Heiligen Begründers zu zeichnen, um so die
Anbetung von Menschen, etwas, was im
Islam als große Sünde gilt, von Grund auf zu
unterbinden.

Der vollkommene Charakter, den der Prophet^saw für Muslime besitzt, steht in völligem Widerspruch zu der Diffamierung und Dämonisierung des Propheten, die in westlichen Breitengraden seit jeher Tradition hat. Er wurde im Mittelalter als Antichrist beschimpft und ist auch in den gegenwärtigen Islamdebatten immer wieder Gegenstand deutlicher Kritik. Einer Kritik, die sich oftmals auf einem sehr bedenklichen Niveau bewegt, denn wenn es eine Persönlichkeit der Weltgeschichte gibt, deren Leben bis ins Detail rekonstruiert werden konnte, dann ist es das Leben des Heiligen Propheten des Islam. In zahllosen Aussprüchen des Propheten, sogenannten Ahadith, kann der ernsthaft Interessierte sich ein Bild von der Person verschaffen, die von Michael H. Hart als einflussreichste Person der Weltgeschichte bezeichnet wird.

Dieses Buch hat die zahllosen Ahadith zu einer Biografie geknüpft. Es nähert sich dem Leben des Begründers des Islam detailreich und lebensnah. Die Hintergründe seiner Mission werden ebenso erläutert, wie der Charakter des Propheten nachgezeichnet wird. Anhand der Nacherzählung von zahlreichen Begebenheiten aus der Frühgeschichte des Islam lernt der Leser nicht nur den Heiligen Propheten^saw neu kennen, sondern erhält auch einen authentischen Einblick in das wahre Wesen der am stärksten diskutierten Religion unserer Zeit – dem Islam.

Der Verfasser, **Hadhrat Mirza Bashir ud-Din Mahmud Ahmad**^ra (1889-1965), war über fünfzig Jahre lang das Oberhaupt der weltweit organisierten und mehrere zehn Millionen Mitglieder umfassenden islamischen Reformgemeinde Ahmadiyya Muslim Jamaat. Er war der zweite Nachfolger, Kalif, des Verheißenen Messias^as des Islam und gilt als bedeutendster islamischer Reformer des 20. Jahrhunderts. In seinem umfassenden Werk präsentiert der Autor den Islam zeitgemäß und in neuem Glanz, im Einklang mit der Vernunft, aber ohne die spirituelle Dimension, den Kern des Islam, zu vernachlässigen.

Muhammad
Das Leben des Heiligen Propheten

Seine Heiligkeit Mirza Bashir ud-Din Mahmud Ahmad[ra]

Muhammad – Das Leben des Heiligen Propheten
von Seiner Heiligkeit Mirza Bashir ud-Din Mahmud Ahmad[ra]

Erste Auflage in Urdu erschien 29. September 1948
Erste deutsche Übersetzung/Auflage 1994
Vierte, überarbeitete Auflage 2014

Aus dem Englischen von Khadija Ahmad Koopmann

Verantwortlich für die Veröffentlichung dieses Buches:
© VERLAG DER ISLAM
Genfer Straße 11
D – 60437 Frankfurt am Main
Mehr Informationen unter www.verlagderislam.de

ISBN 978-3-944277-12-7
PRINTED IN GERMANY

Inhaltsverzeichnis

Vorwort	14
Vorwort der ersten Auflage	18

Muhammad[saw] – Das Leben des Heiligen Propheten

Erster Teil:

Die Lebensgeschichte des Heiligen Propheten Muhammad[saw]	21
Arabien zur Zeit der Geburt des Propheten[saw]	23
Alkoholsucht und Glücksspiel	25
Die Geburt des Heiligen Propheten[saw]	29
Die Mitgliedschaft des Heiligen Propheten[saw] in der Vereinigung zur Unterstützung hilfsbedürftiger Personen	30
Die Heirat des Heiligen Propheten[saw] mit Hadhrat Khadija[ra]	32
Befreiung der Sklaven	33
Die Anbetung Gottes in der Höhle Hira	35
Der Prophet[saw] erhält seine erste Offenbarung	35
Die ersten Bekehrten	37
Eine kleine Gruppe von Gläubigen	39
Die Gläubigen werden verfolgt	40
Verfolgung der gläubigen Sklaven durch die Mekkaner	41
Die Verfolgung der freien Gläubigen	44

Inhaltsverzeichnis

Die Verfolgung des Heiligen Propheten^{saw}	46
Die an Abu Talib gerichtete Beschwerde der ungläubigen Mekkaner und die Standhaftigkeit des Heiligen Propheten^{saw}	50
Hadhrat Umar^{ra} nimmt den Islam an	55
Die Hindernisse bei der Verkündung des Islam nach dem Ableben von Hadhrat Khadija^{ra} und Abu Talib	59
Der Prophet^{saw} geht nach Ta´if	60
Die Nachtreise	68
Die Prophezeiung des römischen Siegs	69
Das erste Gelübde von Aqaba	72
Die Hidjra (Auswanderung von Mekka nach Medina)	75
Suraqa verfolgt den Propheten^{saw}	77
Der Prophet^{saw} erreicht Medina	80
Abu Ayyub Ansari als Gastgeber des Propheten^{saw}	83
Die Aussage von Hadhrat Anas^{ra} über den Charakter des Heiligen Propheten^{saw}	84
Das Leben in Medina wird unsicher	85
Die Bruderschaft zwischen den Ansar und Muhajirin	88
Vertrag zwischen den verschiedenen Stämmen in Medina	90
Die Mekkaner bereiten einen Angriff auf Medina vor	94
Verteidigungspläne des Heiligen Propheten^{saw}	94
Die Gründung der islamischen Regierung in Medina	96
Die Schlacht von Badr	97
Eine große Prophezeiung geht in Erfüllung	105
Die Gefangenen von Badr	108

Inhaltsverzeichnis

Die Schlacht von Uhud	110
Ein Sieg wird zu einer Niederlage	113
Das Gebot des Alkoholverbots und ihre beispiellose Befolgung	126
Der Märtyrertod von siebzig Korangelehrten	132
Das Gefecht mit den Banu Mustaliq	135
Die „Schlacht am Graben"	139
Ein Kampf gegen eine große Übermacht	142
Der Verrat der Banu Quraiza	146
Eine Beschreibung des Zustands der Heuchler und der Gläubigen	150
Die Respektierung des Leichnams im Islam	153
Die Angriffe der Verbündeten auf die Muslime	154
Die Verbündeten fliehen	156
Die Banu Quraiza werden bestraft	159
Sa'ds Urteil im Einklang mit der Bibel	163
Wollte der Prophet[saw] die Kampfhandlungen fortsetzen?	167
Der Koran zu Krieg und Frieden	173
Verordnungen des Heiligen Propheten[saw] für den Krieg	186
Der Heilige Prophet[saw] bricht mit 1500 Begleitern nach Mekka auf	192
Der Vertrag von Hudaibiya	197
Briefe des Propheten[saw] an verschiedene Könige	202
Brief an Heraclius	203
Der Brief an den Herrscher von Iran	208
Der Brief an den Negus	212

Inhaltsverzeichnis

Der Brief an den Herrscher von Ägypten	215
Der Brief an das Oberhaupt von Bahrain	218
Der Fall von Khaibar	219
Drei eigenartige Begebenheiten	222
Die Vision des Heiligen Propheten[saw] geht in Erfüllung	226
Erwiderung auf die Vorwürfe hinsichtlich der Mehrehe des Heiligen Propheten[saw]	227
Die Schlacht von Muta	229
Der Heilige Prophet[saw] zieht mit 10.000 Anhängern gen Mekka	236
Der Fall von Mekka	239
Der Prophet[saw] zieht in Mekka ein	242
Die Kaaba wird von Götzen gereinigt	249
Der Prophet[saw] vergibt seinen Feinden	252
Ikrima wird Muslim	255
Die Schlacht von Hunain	257
„Der Prophet Gottes ruft euch"	260
Ein eingeschworener Feind wird zum ergebenen Gefolgsmann	264
Der Prophet[saw] verteilt die Kriegsbeute	266
Die Ränke des Abu Amir	268
Der Feldzug von Tabuk	270
Die letzte Pilgerfahrt	275
Der Prophet[saw] gibt Hinweise auf seinen Tod	280
Die letzten Tage des Propheten[saw]	284
Der Prophet[saw] stirbt	286

Inhaltsverzeichnis

Zweiter Teil:
Der Charakter des Heiligen Propheten Muhammad[saw]   293

Persönlichkeit und Charakter des Propheten[saw]	295
Des Propheten Reinheit von Körper und Seele	297
Das einfache Leben des Propheten[saw]	298
Missbilligung von Buße	318
Sein Verhalten seinen Frauen gegenüber	321
Hohe moralische Eigenschaften	322
Seine Selbstbeherrschung	324
Gerechtigkeit und Redlichkeit	326
Achtung für die Armen	330
Der Prophet[saw] schützt die Belange der Armen	334
Behandlung der Sklaven	336
Die Behandlung der Frauen	338
Regeln hinsichtlich der Verstorbenen	343
Der Umgang mit Nachbarn	343
Die Behandlung von Verwandten	345
Gute Gesellschaft halten	349
Den Glauben der Leute beschützen	350
Die Fehler anderer übersehen	351
Geduld im Unglück	355
Gegenseitige Mitwirkung	356
Wahrhaftigkeit	358
Die Neugier	360

Inhaltsverzeichnis

Offener und ehrlicher Geschäftsverkehr	361
Grausamkeit den Tieren gegenüber	362
Toleranz in religiösen Angelegenheiten	363
Tapferkeit	364
Rücksicht Ungebildeten gegenüber	365
Verträge erfüllen	365
Ehrerbietung gegenüber Dienern der Menschheit	366
Das Leben des Propheten[saw] ist wie ein offenes Buch	366

Stichwortverzeichnis	370
Anmerkungen des Herausgebers	380
Zum Autor	382

Inhaltsverzeichnis

Vorwort

Vorwort

Gibt es eine bedeutendere Persönlichkeit der Weltgeschichte als den Propheten Muhammad[saw]? Für Muslime ist es eindeutig: Der Heilige Prophet des Islam[saw] ist für sie die heiligste Person, die jemals existierte, ein Vorbild für jeden Gläubigen, eine Persönlichkeit, die im Koran als *„Barmherzigkeit für alle Welten"* bezeichnet wird. Sein Leben sei wie der Koran, heißt es in einem Ausspruch seiner Frau Hadhrat Aischa[ra]. Dies bedeutet, dass es keinen Widerspruch gibt zwischen der Lehre des Islam und dem Leben des Propheten[saw]. Wollte man also den Islam verstehen, so müsste man das Leben des Propheten[saw] studieren. Sein Leben spiegelt die wahre Essenz des Islam wider, sie gibt uns einen Zugang zum Verständnis des tatsächlichen Charakters einer Weltreligion, die weltweit kontrovers diskutiert wird und, gerade hier im Westen, zur Zielscheibe heftiger Kritik geworden ist. Eine Analyse des Lebens des Heiligen Propheten[saw] würde so manches Missverständnis beseitigen. Ressentiments könnten abgebaut werden, denn all jene Handlungsweisen, die dem Islam zugeschrieben werden, mit dem Leben und Charakter des Heiligen Propheten Muhammad[saw] aber nicht zu vereinen sind, könnten als soziale Defizite behandelt werden, so dass die Kritik vor undifferenzierter Vereinfachung bewahrt bleibt.

Für Muslime hat der Heilige Prophet[saw] das ideale Leben gelebt. Er ist in jeder Hinsicht ein Vorbild an Rechtschaffenheit, lebte ein sündenbefreites, spirituelles und gottnahes Leben.

Er ist der Begründer des Islam, der letzten von Gott dem Menschen überbrachten Religion, die alle vorherigen Religionen vervollkommnete. Der Islam anerkennt alle Religionen vor ihm als im Ursprung göttlich an. Er glaubt an alle Propheten, die vor dem Heiligen Propheten Muhammad[saw] erschienen sind, behauptet aber gleichzeitig, dass mit dem Islam die letzte und vollkomme-

Vorwort

ne Religion für den nunmehr spirituell und geistig vollkommenen Menschen übermittelt wurde. Der Prophet Muhammad[saw] ist der Überbringer dieser Religion. Er hat von Gott den Koran offenbart bekommen, in dem der vollkommene Wegweiser zu Gott enthalten ist. Der Prophet[saw] selbst hat jedes i–Tüpfelchen der Lehre in die Praxis umgesetzt und so die höchsten Stufen der Gotteserkenntnis erreicht. Alle Gebote und Verbote, Rituale und Verhaltensanforderungen müssen unter diesem Lichte betrachtet werden. Wenn die Muslime sich den Propheten[saw] zum Vorbild nehmen, dann gilt das ganz besonders in spiritueller Hinsicht. Er ist der vollkommene Wegweiser zu Gott, er weist den Weg zu einer erquickten, erleuchteten Existenz, befreit von der Verstrickung in materialistischen Abhängigkeiten und körperlichen Leidenschaften.

Der vollkommene Charakter, den der Prophet[saw] für die Muslime besitzt, steht in völligem Widerspruch zu der Diffamierung und Dämonisierung des Propheten[saw], die in westlichen Breitengraden seit jeher Tradition hat. Er wurde im Mittelalter als Antichrist beschimpft und ist auch in den gegenwärtigen Islamdebatten immer wieder Gegenstand scharfer Kritik. Einer Kritik, die sich oftmals auf einem sehr bedenklichen Niveau bewegt, denn wenn es eine Persönlichkeit der Weltgeschichte gibt, deren Leben bis ins Detail rekonstruiert werden konnte, dann ist es das Leben des Heiligen Propheten des Islam[saw]. In zahllosen Aussprüchen des Propheten[saw], sogenannten *Ahadith,* kann der ernsthaft Interessierte sich ein Bild von der Person verschaffen, die von Michael H. Hart als einflussreichste Person der Weltgeschichte bezeichnet wird.

Dieses Buch hat die zahllosen *Ahadith* zu einer Biografie geknüpft. Es nähert sich dem Leben des Begründers des Islam detailreich und lebensnah. Die Hintergründe seiner Mission werden ebenso erläutert, wie der Charakter des Propheten[saw] nachgezeichnet wird. Anhand der Nacherzählung von zahlreichen Begebenheiten aus der Frühgeschichte des Islam lernt der Leser nicht nur den Heiligen Propheten[saw] neu kennen, sondern erhält auch einen authentischen Einblick in das wahre Wesen der am stärksten diskutierten Religion unserer Zeit – dem Islam.

Erstmalig wurde dieses Standardwerk 1994 ins Deutsche übertragen. Nun liegt uns eine neu überarbeitete Version dieser Übersetzung vor. Das Buch ist nun aufgeteilt in zwei Teile. Im ersten handelt es sich um eine klassische Biografie: Das Leben von der Geburt, über die ersten Offenbarungen und der Begründung des Islam, bis zu den Kriegen und der Ausbreitunug des Islam über ganz Arabien wird ausgiebig berichtet. Der zweite Teil widmet sich noch einmal gesondert bestimmten Charaktermerkmalen des Propheten[saw]. Eigenschaften, die anzustreben jeder Muslim verpflichtet ist.

Für die Neuauflage ist folgenden Mitarbeitern zu danken: Sharafatullah Khan, Hmayon Ahmad, Kashif Mahmood, Tariq Hübsch, Qamar Mahmood und Naveed Hameed. Möge Allah sie allesamt segnen.

Mubarak Ahmad Tanveer
Publikationsabteilung Ahmadiyya Muslim Jamaat
Frankfurt am Main, der 21.10.2012

Vorwort der ersten Auflage

Vorwort der ersten Auflage

„Das Leben des Heiligen Propheten Muhammad" ist das Werk von Seiner Heiligkeit Mirza Bashir ud-Din Mahmud Ahmad[ra], Oberhaupt der Ahmadiyya Muslim Bewegung des Islam von 1914 bis 1965.

Als eine von seinen zahlreichen Schriften über islamische Themen erschien *„Das Leben Muhammads"* zuerst als Teil einer allgemeinen Einleitung, die er für die englische Übersetzung und den Kommentar des Heiligen Korans[1] schrieb. Es wird gesondert herausgegeben für diejenigen Leser, die ein besonderes Interesse am Lebensweg des Heiligen Propheten[saw] haben.

Das Werk beruht ausschließlich auf arabischen Quellen, es ist authentisch und wissenschaftlich fundiert in seinem Material. Geschrieben in der besten Tradition der Ahmadiyya-Literatur, ist es klar und einfach in seiner Darstellung und dennoch fesselnd in seinem Stil. Es wendet sich an einen weiten Kreis; es ist für jung und alt, für den Gelehrten, wie für den einfachen Mann. Es informiert den Leser nicht nur, sondern es verwandelt ihn auch.

Mirza Mubarak Ahmad
Sekretär Ahmadiyya Muslim Auslandsmission
Rabwah /Pakistan

---

[1] „The Holy Koran with English Translation and Commentary", veröffentlicht von Sadr Anjuman Ahmadiyya, Rabwah, Pakistan, Bd. I 1947 (Qadian) S. CCLXXVI 968 ff.; Bd. II Teil 1, 1949 (Rabwah) S. 969-1545.

Erster Teil:

Die Lebensgeschichte des Heiligen Propheten Muhammad[saw]

Arabien zur Zeit der Geburt des Prophetensaw

Der Prophetsaw wurde im August 570 in Mekka geboren. Ihm wurde der Name Muhammad gegeben, was „der Gepriesene" bedeutet. Um sein Leben und seinen Charakter verstehen zu können, müssen wir eine Vorstellung davon haben, welche Verhältnisse in Arabien zur Zeit seiner Geburt vorherrschten.

Zur Zeit seiner Geburt herrschte so gut wie über ganz Arabien eine polytheistische Form von Religion. Die Araber führen ihre Abstammung auf den Propheten Hadhrat[3] Abrahamas zurück. Sie wussten, dass Hadhrat Abrahamas ein Lehrer des Monotheismus war. Trotzdem war ihre Religion polytheistisch und sie praktizierten polytheistische Riten. Zu ihrer Verteidigung sagten sie, dass einige Menschen zu einem außergewöhnlichen Kontakt mit Gott bestimmt seien. Ihre Vermittlerrolle sei von Gott anerkannt. Ihn Selbst zu erreichen, sei für gewöhnliche Menschen zu schwer. Sie benötigten andere, die für sie Fürsprache einlegen, um Gottes Wohlgefallen und Seine Hilfe zu erlangen. Dadurch waren sie in der Lage, ihre Verehrung für Hadhrat Abrahamas mit ihren eigenen polytheistischen Bräuchen zu vereinbaren.

Hadhrat Abrahamas, sagten sie, war ein Heiliger. Er war in der Lage, Gott ohne Vermittler zu erreichen, wozu der einfache Mekkaner nicht in der Lage war. Die Mekkaner hatten daher Götzen

---

[2] „Im Namen Allahs, des Gnädigen, des Barmherzigen."
[3] Eine Ehrbekundung, die in etwa mit „Seine Heiligkeit" übersetzt werden kann. Muslime pflegen diese vor den Namen von Propheten und Heiligen zu sprechen. Siehe auch „Anmerkungen des Herausgebers" am Ende des Buches. (Anm. d. Ü.)

von heiligen und rechtschaffenen Personen fabriziert, beteten diese an und brachten ihnen Opfergaben dar, um durch sie Gottes Wohlgefallen zu erreichen. Dieses Verhalten war primitiv, unlogisch und voll von Widersprüchen. Doch die Mekkaner waren unberührt davon. Sie waren jahrhundertelang keinem monotheistischen Lehrer mehr begegnet und der Polytheismus, wenn er einmal Fuß gefasst hat, kennt keine Grenzen; die Zahl der Götzenbilder nimmt immer mehr zu.

Zur Zeit der Geburt des Heiligen Propheten[saw], so wird berichtet, umfasste die Kaaba, die Heilige Moschee des Islam, das Gotteshaus, das von Hadhrat Abraham[as] und seinem Sohn Ismail[as] errichtet worden war, 360 Götzen. Es sieht so aus, als hätten die Mekkaner für jeden Tag des Lunarjahres einen Götzen.

In anderen bedeutenden Stätten gab es andere Götzenbilder, so dass man sagen kann, dass ganz Arabien polytheistischen Bräuchen erlegen war. Die Araber waren eifrige Verfechter der Pflege ihrer Sprache. Sie waren interessiert an der Weiterentwicklung der gesprochenen Worte. Ihr intellektueller Ehrgeiz darüber hinaus war jedoch begrenzt. Über Geschichte, Geographie, Mathematik usw. wussten sie nichts. Da sie jedoch ein Wüstenvolk waren und ihre Wege durch die Wüste ohne Landmarken finden mussten, hatten sie starkes Interesse an der Astronomie entwickelt. Es gab in ganz Arabien keine einzige Schule. Es wird berichtet, dass es in Mekka nur ganz wenige Leute gab, die lesen und schreiben konnten.

Vom moralischen Standpunkt aus, waren die Araber ein widersprüchliches Volk. Sie waren außergewöhnlichen moralischen Mängeln erlegen, doch zur gleichen Zeit besaßen sie einige bewundernswerte Eigenschaften.

Alkoholsucht und Glücksspiel

Die Araber neigten zu übermäßigem Trinken. Trunken zu werden und außer sich zu geraten unter dem Einfluß von Trinken, war für sie eine Tugend, keine Sünde. Ihre Vorstellung von einem Ehrenmann war die von einem Mann, der seine Freunde und Nachbarn zu Trinkgelagen einlädt. Jeder reiche Mann versammelte eine trinkende Gesellschaft mindestens fünf Mal am Tag um sich. Glücksspiel war Nationalsport. Aber sie hatten ihn kultiviert. Sie spielten nicht des Geldes wegen. Von den Gewinnern wurde erwartet, dass sie ihre Freunde einluden. Zu Kriegszeiten wurde Geld durch Glücksspiel aufgebracht. Selbst heute noch haben wir das System von Lotterielosen, um Geld für den Krieg aufzubringen. Die Einrichtung ist von den Völkern in Europa und Amerika wiederbelebt worden. Sie sollten daran denken, dass sie damit nur die Araber imitieren. Wenn Krieg ausbrach, hielten die arabischen Stämme eine Glücksspielfeier. Wer gewann, hatte den größten Teil der Kriegskosten zu tragen.
Von den Annehmlichkeiten des zivilisierten Lebens wussten die Araber nur wenig.

Handel

Ihre Hauptbeschäftigung war der Handel und zu diesem Zweck sandten sie ihre Karawanen zu entlegenen Ländern wie Abessinien, Syrien, Palästina und selbst nach Indien. Die Reichen unter ihnen waren große Verehrer indischer Schwerter. Ihre Versorgung mit Kleidungsstoffen wurde im Großen und Ganzen von Yemen und Syrien übernommen. Die Städte waren Handelszentren. Der verbleibende Teil Arabiens, ausgenommen Yemen und einige nördliche Teile, gehörte den Beduinen. Es gab keine dauerhaften Niederlassungen oder feste Wohnplätze. Die Stämme hatten das Land unter sich aufgeteilt, so dass jeder Stamm sich in seinem Teil ungehindert bewegen konnte. Wenn die Wasserversorgung in einem Teil erschöpft war, machten sie sich zu einem anderen Teil auf und ließen sich dort nieder. Ihr Besitz bestand aus Schafen, Ziegen und Kamelen. Aus der Wolle machten sie Stoffe und aus den Fellen Zelte. Überflüssiges verkauften sie auf den Märkten.

Zustand, Gewohnheiten und Eigenschaften der Araber

Gold und Silber war nicht unbekannt, jedoch ein sehr seltener Besitz. Die Armen und gewöhnlichen Leute machten ihren Schmuck aus Muscheln und aus süßduftenden Substanzen. Die Samen von Melonen wurden gewaschen, getrocknet und aufgezogen, um daraus Halsketten herzustellen.

Verbrechen sowie verschiedenste Arten von Ausschweifungen waren weit verbreitet. Zwar war Diebstahl selten, Raubüberfälle hingegen an der Tagesordnung. Jemanden überfallen und sich seines Besitzes zu ermächtigen, war gang und gäbe. Doch zur gleichen Zeit galt ihr Ehrenwort bei ihnen mehr als bei irgendeinem anderen Volk. Sollte jemand zu einem mächtigen Führer oder Stamm gehen und um seinen Schutz ersuchen, so war dieser Führer oder Stamm bei seiner Ehre verpflichtet, diesem Individuum Schutz zu gewähren. Wenn das nicht geschah, sank dieser Stamm in seinem Ansehen in ganz Arabien.

Dichter standen in hohem Ansehen; Sie wurden als Nationalhelden verehrt. Von führenden Persönlichkeiten wurde erwartet, dass sie Meister der Rhetorik waren und selbst Verse schmieden konnten.

Gastfreundschaft war zu einer nationalen Tugend entwickelt worden. Ein einsamer Wanderer wurde bei seiner Annäherung an das Hauptquartier eines Stammes wie ein Ehrengast behandelt. Die besten Tiere wurden für ihn geschlachtet und äußerste Rücksichtnahme angewendet, ganz gleich, wer der Fremde war. Es genügte, dass ein Gast angekommen war. Ein Besuch bedeutete eine Zunahme an Ansehen und Bedeutung für den Stamm. Es wurde somit zur Pflicht des Stammes, den Besucher zu ehren. Indem sie ihn ehrten, ehrten sie zugleich sich selbst.

Die Frauen in dieser arabischen Gesellschaft hatten weder Rang noch Recht. Es galt in ihr nicht als unehrenhaft, neugeborene Mädchen zu töten. Man soll jedoch nicht annehmen, dass dieses Töten von Kindern im ganzen Land praktiziert wurde. Das wäre gefährlich gewesen, da es das Auslöschen des Volkes bedeutet hätte. In der Tat war es in Arabien – oder Indien oder jedem anderen Land, in dem Kindesmord ausgeübt wurde – nur auf bestimmte Familien beschränkt.

Die arabischen Familien, die diesem Brauch anhingen, hatten entweder eine übertriebene Vorstellung von ihrer sozialen Stellung oder waren anderweitig dazu getrieben. Möglicherweise empfanden sie es als hoffnungslos, passende Ehepartner für ihre Töchter zu finden. So töteten sie ihre neugeborenen Töchter. Das Übel dieser Praxis liegt in der Barbarei und Grausamkeit an sich, nicht in den Auswirkungen, die es für die Bevölkerung des Volkes hatte. Verschiedene Methoden wurden angewendet, die Mädchen zu töten, u. a. lebendig begraben und erdrosseln.

Nur leibliche Mütter wurden in der arabischen Gesellschaft als Mütter angesehen. Stiefmütter wurden nicht als Mütter anerkannt und ein Sohn konnte seine Stiefmutter nach dem Tode seines Vaters heiraten. Polygamie war weit verbreitet und es gab keine Begrenzung für die Anzahl der Frauen, die ein Mann heiraten konnte. Mehr als eine Schwester konnte von dem gleichen Mann zur gleichen Zeit geheiratet werden.

Die schlimmste Behandlung wurde jedoch den kämpfenden Parteien während des Krieges zuteil. Wo der Hass groß war, zögerten sie nicht, den Körper der Verwundeten aufzuschlitzen, Organe herauszuschneiden und sie auf kannibalische Weise zu verzehren. Sie zögerten auch nicht, die Gefallenen ihrer Feinde zu schänden. Die Nase oder die Ohren abzuschneiden oder ein Auge auszustechen, war keine ungewöhnliche Grausamkeit für sie.

Sklaverei war weit verbreitet. Schwache Stämme wurden sogar in ihrer Gesamtheit in Sklaverei getrieben. Der Sklave hatte keine Stellung. Jeder Besitzer machte mit seinen Sklaven, was er wollte. Es konnte nichts gegen einen Meister, der seinen Sklaven misshandelte, unternommen werden. Ein Mann konnte seinen Sklaven ermorden, ohne dafür zur Rechenschaft gezogen zu werden. Wenn ein Mann den Sklaven eines anderen tötete, wurde dafür keine Todesstrafe verhängt. Alles, was von ihm erwartet wurde, war, den betroffenen Sklavenhalter entsprechend zu entschädigen. Weibliche Sklaven wurden als sexuelle Objekte ausgenutzt. Kinder aus solchen Vereinigungen waren wiederum Sklaven. Weibliche Sklaven, die Mütter wurden, blieben weiterhin Sklaven.

In Beziehung zur Zivilisation und zum gesellschaftlichen Fortschritt waren die Araber ein ausgesprochen rückständiges Volk. Freundlichkeit und Rücksichtnahme waren unbekannt. Frauen hatten die denkbar niedrigste Stellung.

Und doch besaßen die Araber einige Tugenden; persönliche Tapferkeit erreichte beispielsweise manchmal auch eine sehr hohe Stufe.

Die Geburt des Heiligen Propheten^{saw}

In solch einem Volk wurde der Heilige Prophet des Islam geboren. Sein Vater Abdullah war schon vor seiner Geburt verstorben. So mussten er und seine Mutter Amina von seinem Großvater Abdul-Muttalib versorgt werden. Das Kind Muhammad wurde von einer Amme, die in der Nähe von Ta'if auf dem Lande lebte, genährt. Es war allgemeiner Brauch in Arabien jener Tage, Kinder Landfrauen zu übergeben, die dann verpflichtet waren, die Kinder aufzuziehen, ihre Sprache auszubilden und von Beginn an ihre Gesundheit zu fördern. Als der Prophet sechs Jahre alt war, verstarb seine Mutter auf dem Wege von Medina nach Mekka und musste unterwegs begraben werden. Das Kind wurde von einer Dienerin nach Mekka begleitet und dem Großvater übergeben. Als Muhammad ungefähr acht Jahre alt war, starb auch sein Großvater, wonach, dem Testament des Großvaters zufolge, sein Onkel, Abu Talib, sein Vormund wurde.

Der Prophet hatte zwei oder drei Mal die Gelegenheit, über Arabien hinaus zu reisen. Eine dieser Gelegenheiten war, als er zwölfjährig in der Begleitung von Abu Talib nach Syrien reiste. Es sieht jedoch so aus, dass die Reise ihn nur bis zu den südöstlichen Städten Syriens brachte, denn in den historischen Dokumenten über diese Reise finden wir keinen Hinweis auf Städte wie z. B. Jerusalem. Danach blieb er in Mekka, bis er zum jungen Mann herangewachsen war.

Die Mitgliedschaft des Heiligen Prophetensaw in der Vereinigung zur Unterstützung hilfsbedürftiger Personen

Von Kindheit an neigte er zum Nachdenken und Meditieren. An den Streitereien und Eifersüchteleien seiner Landsleute hatte er keinen Anteil, es sei denn, dass er versuchte, sie zu beenden.
Es wird berichtet, dass einige aus den Stämmen in und um Mekka, alle ihrer endlosen Blutrachen müde geworden, entschieden, eine Vereinigung zu bilden mit dem Zweck, Opfern ungerechter und aggressiver Behandlung beizustehen. Als der Heilige Prophetsaw davon hörte, trat er begeistert bei. Die Mitglieder dieser Vereinigung verpflichteten sich zu folgenden Bedingungen:

> „Sie werden diejenigen, die unterdrückt werden, helfen und ihre Rechte wiederherzustellen versuchen, solange noch ein Tropfen Wasser im Meer ist. Wenn ihnen das nicht gelingen sollte, so werden sie die Opfer aus ihrem eigenen Besitz entschädigen. *(Sirat Ibn Hisham)*

Es scheint, dass von keinem anderen Mitglied dieser Vereinigung berichtet wurde, aufgefordert worden zu sein, dieser Verpflichtung Folge zu leisten.
Jedoch kam die Gelegenheit für den Heiligen Prophetensaw, nachdem dieser seinen Auftrag verkündet hatte. Sein ärgster Feind war Abu Jahl, eines der Oberhäupter Mekkas. Er hatte den gesellschaftlichen Boykott und die öffentliche Verschmähung des Prophetensaw angeordnet. Um diese Zeit kam ein Fremder nach Mekka. Abu Jahl schuldete ihm Geld, jedoch weigerte er sich zu zahlen. Der Fremde erwähnte dies anderen Mekkanern gegenüber. Einige junge Leute schlugen aus einer boshaften Laune heraus vor, den Prophetensaw hinzuzuziehen, denn sie nahmen

an, dass der Prophet[saw] wegen der allgemeinen Opposition gegen seine Person und besonders aus Furcht vor Abu Jahl zögern würde, irgendetwas zu unternehmen. Wenn er sich aber weigerte, diesem Mann zu helfen, so könnte man von ihm sagen, er habe seinen Eid der Vereinigung gegenüber gebrochen. Wenn er sich andererseits nicht weigerte und Abu Jahl auffordern würde, dem Mann sein Darlehen zurückzugeben, wäre er dem Schmach ausgesetzt, von diesem voller Verachtung weggeschickt zu werden. So ging also dieser Mann zum Propheten[saw] und beklagte sich über Abu Jahl. Der Prophet[saw], ohne zu zögern, machte sich mit ihm zu Abu Jahls Haus auf. Abu Jahl kam an die Tür und sah dort seinen Gläubiger mit dem Propheten[saw] zusammen stehen. Der Prophet[saw] erwähnte das Darlehen und schlug dessen Rückzahlung vor. Abu Jahl war so perplex, dass er, ohne weitere Worte zu machen, das Geld sofort herausrückte.

Als die anderen führenden Persönlichkeiten Mekkas davon erfuhren, rügten sie Abu Jahl und hielten ihm vor, wie schwach und widersprüchlich er gehandelt habe. Er ordnete den weiteren sozialen Boykott des Propheten[saw] an, doch er selbst folgte den Anordnungen des Propheten[saw] und zahlte ein Darlehen auf dessen Vorschlag hin zurück. Er rechtfertigte dies damit, dass jeder andere an seiner Stelle genau so gehandelt hätte. Er sagte, als er den Propheten[saw] an seiner Tür stehen sah, er zur gleichen Zeit zwei wilde Kamele an der Seite des Propheten[saw] bemerkte, die bereit waren, ihn anzugreifen.

Wir können nicht sagen, welcher Natur diese Erscheinung war. War es eine wunderbare Erscheinung, die bestimmt war, Abu Dschahl einzuschüchtern, oder war es die Ehrfurcht einflößende Persönlichkeit des Propheten[saw], die jene Halluzination hervorrief?

Ein Mann, von einer ganzen Stadt verhasst und unterdrückt, hatte den Mut aufgebracht, allein zum Oberhaupt der Stadt zu gehen, um von ihm die Rückzahlung eines Darlehens einzufordern. Wahrscheinlich hatte diese völlig undenkbare Situation Abu Jahl vergessen lassen, was er gegen den Propheten[saw] geschworen hatte und ihn gezwungen, zu tun, was der Prophet[saw] von ihm verlangte. *(Sirat Ibn Hisham)*

Die Heirat des Heiligen Propheten[saw] mit Hadhrat Khadija[ra]

Als der Prophet[saw] ungefähr 25 Jahre alt war, hatte sein guter Ruf in Bezug auf Redlichkeit und Mitgefühl in der ganzen Stadt Mekka Verbreitung gefunden. Die Leute verwiesen auf ihn als auf einen Menschen, dem man vertrauen konnte. Dieser gute Ruf erreichte auch eine reiche Witwe, die den Onkel des Propheten[saw], Abu Talib, aufsuchte und vorschlug, dass sein Neffe ihre Handelskarawane nach Syrien leitete. Abu Talib erwähnte dies seinem Neffen gegenüber, und dieser gab seine Einwilligung. Die Handelsreise war ausgesprochen erfolgreich und kam mit unerwartetem Gewinn heim. Die reiche Witwe Khadija[ra] war überzeugt davon, dass der Erfolg der Karawane nicht nur auf die günstigen Verkaufsverhältnisse auf dem Markt in Syrien, sondern auch auf die Redlichkeit und Leistungsfähigkeit ihres Führers zurückzuführen sei. Sie befragte ihren Sklaven Maisar darüber und dieser teilte ihre Meinung und berichtete ihr, dass die Ehrlichkeit und Sympathie, mit der dieser junge Führer der Karawane ihre Angelegenheiten gehandhabt hatte, nur bei wenigen Personen zu finden sei.

Khadija[ra] war vierzig und schon zweimal verwitwet. Sie schickte eine ihrer Freundinnen zu dem Propheten^saw, um herauszufinden, ob er geneigt sei, sie zu heiraten. Diese Freundin ging zum Propheten^saw und fragte ihn, warum er nicht verheiratet sei. Der Prophet^saw antwortete, dass er nicht genügend Geld habe, um zu heiraten. Die Besucherin fragte, ob er zustimmen würde, wenn man für ihn eine reiche angesehene Frau zum Heiraten finden würde. Der Prophet^saw fragte, wer diese Frau sei, und die Besucherin antwortete *„Khadija"*. Der Prophet^saw bat um Verzeihung, aber Khadija^ra sei für ihn unerreichbar. Die Besucherin redete ihm alle Bedenken aus und so sagte der Prophet^saw schließlich, dass er zustimme.

Khadija^ra sandte daraufhin eine Botschaft zum Onkel des Propheten^saw. Die Heirat zwischen dem Propheten^saw und ihr wurde beschlossen und feierlich begangen. Ein armer Mann, schon in der Kindheit zur Waise geworden, tat seinen ersten Schritt zum Wohlstand; er war reich geworden. Doch die Art und Weise, in der er mit seinem Vermögen verfuhr, sollte alle Menschen zu denken geben.

Befreiung der Sklaven

Nach der Eheschließung bedachte Hadhrat Khadija^ra, dass sie reich sei und er arm und dass diese Ungleichheit ihrem Glück im Wege stünde. So schlug sie vor, dass der Prophet^saw ihren Besitz und ihre Sklaven übernehmen solle. Der Prophet^saw, nachdem er sich versichert hatte, dass sie es ernst meinte, erklärte, dass er, sobald er die Sklaven übernommen hätte, sie freisetzen würde, was er dann in die Tat umsetzte. Zudem verteilte er den größten Teil des Vermögens, das er von Hadhrat Khadija^ra erhalten hatte, unter die Armen.

Unter den Sklaven, die er freigesetzt hatte, war auch Zaid. Er erschien intelligenter und wachsamer als die anderen. Er gehörte einer respektablen Familie an, war als Kind entführt und dann von Ort zu Ort verkauft worden, bis er Mekka erreicht hatte. Zaid sah sofort, dass es besser sei, seine Freiheit für den Propheten[saw] zu opfern. Als der Prophet seine Sklaven frei setzte, weigerte Zaid sich, freigesetzt zu werden und bat um Erlaubnis, beim Propheten[saw] bleiben zu dürfen. So geschah es und im Laufe der Zeit vertiefte sich die Beziehung zwischen ihm und dem Propheten[saw] immer mehr.

In der Zwischenzeit hatten Zaids Vater und Onkel ihn zu finden versucht und schließlich von seinem Verbleib in Mekka erfahren. Sie fanden ihn im Hause des Propheten[saw]. Sie baten den Propheten[saw] um Zaids Freiheit und versprachen, so viel an Lösegeld zu zahlen, wie der Prophet[saw] verlangte. Der Prophet[saw] sagte, dass Zaid frei sei und mit ihnen gehen könne. Er ließ Zaid kommen und zeigte ihm seinen Vater und seinen Onkel. Nachdem sie sich umarmt und begrüßt hatten, sagte sein Vater, dass sein guter Meister ihn freigesetzt habe und da seine Mutter sehr unter ihrer Trennung gelitten hatte, sie sich jetzt auf den Heimweg machen könnten. Zaid sagte: *„Vater, wer liebt seine Eltern nicht? Ich liebe Euch und Mutter von Herzen. Doch ich liebe diesen Menschen Muhammad[saw] so sehr, dass ich nicht daran denken mag, woanders als bei ihm zu leben. Ich habe Euch wiedergesehen und ich bin glücklich darüber. Die Trennung von Muhammad jedoch könnte ich nicht ertragen."*

Zaids Vater und Onkel versuchten ihr Äußerstes, ihn zu überreden, mit ihnen heimzukehren, doch Zaid wollte nicht zustimmen. Daraufhin sagte der Prophet[saw]: *„Zaid war schon vorher ein freier Mann, doch von heute an soll er mein Sohn sein."*

Als Zaids Vater und Onkel diese starke Bindung zwischen Zaid und dem Prophet^{saw} sahen, kehrten sie wieder heim und Zaid blieb bei dem Propheten^{saw}. *(Sirat Ibn Hisham)*

Die Anbetung Gottes in der Höhle Hira

Als der Prophet^{saw} über 30 Jahre alt war, hatte die Liebe zu Gott und seine Verehrung immer mehr von ihm Besitz ergriffen. Abgestoßen von den Untaten, Possen und vielen Übeln, denen die Mekkaner erlegen waren, zog er sich an einen Ort zwei, drei Meilen von Mekka entfernt zu Meditationen zurück. Dies war auf dem Gipfel eines Hügels in einer Art Steinhöhle. Hadhrat Khadija^{ra} versorgte ihn mit Essen für mehrere Tage, mit welchem er sich in die Höhle *Hira* zurückzog. In der Höhle gab er sich der Anbetung Gottes bei Tag und Nacht hin.

Der Prophet^{saw} erhält seine erste Offenbarung

Als er 40 Jahre alt war, hatte er in dieser Höhle eine Vision; Er sah eine Erscheinung, die ihn aufforderte, zu rezitieren. Der Prophet^{saw} antwortete, dass er nicht wüsste, was oder wie er rezitieren solle. Die Erscheinung bestand darauf und schließlich ließ sie den Propheten diese Verse rezitieren:

اِقْرَاْبِاسْمِ رَبِّكَ الَّذِىْ خَلَقَ . خَلَقَ الْاِنْسَانَ مِنْ عَلَقٍ. اِقْرَاْ وَرَبُّكَ الْاَكْرَامُ الَّذِىْ عَلَّمَ بِالْقَلَمِ.
عَلَّمَ الْاِنْسَانَ مَالَمْ يَعْلَمْ

„Sprich, im Namen Deines Herrn, Der erschuf, erschuf den Menschen aus einem Klumpen Blut. Sprich, denn Dein Herr ist der Allgütige. Der den Menschen durch die Feder lehrte, dem Menschen lehrte, was er nicht wusste." (96: 2-6)

Diese Verse, die ersten Offenbarungen, als auch die in den folgenden Jahren empfangenen Verse, wurden Teile des Heiligen Koran. Sie haben kolossale Bedeutung: Sie befahlen dem Propheten[saw], sich zu erheben und den Namen des Einen Gottes, des Einen Schöpfers – der Propheten und aller Menschen –, der sie erschaffen hat und ihnen Liebe zu Ihm und den Mitmenschen eingepflanzt hatte, zu verkünden. Dem Propheten[saw] war befohlen, die Botschaft dieses Gottes zu verkünden und ihm war Hilfe und Schutz durch Ihn für diese Verkündigung der Botschaft versprochen worden.

Diese Verse künden von einer Zeit, in der dem Menschen umfassendes Wissen durch die Verbreitung des geschriebenen Wortes zukommen würde. Sie stellen einen Abriss des Koran dar. Was immer den Propheten[saw] in späteren Offenbarungen gelehrt wurde, ist schon in diesen Versen embryonal vorhanden. Es wurde mit ihnen ein Grundstein für einen großen und bisher unbekannten Fortschritt in der spirituellen Entwicklung des Menschen gelegt. Bedeutung und Erklärung dieser Verse kann an entsprechender Stelle des Kommentars zum Koran nachgelesen werden. Wir weisen hier nur deswegen ausführlich darauf hin, weil diese erste Offenbarung ein großes Ereignis im Leben des Propheten[saw] darstellt. Als der Prophet[saw] diese Offenbarung erhielt, war er von Furcht und Erschütterung über die Verantwortung, die Gott auf seine Schultern zu legen beschlossen hatte, erfasst. Manch eine andere Person an seiner Stelle wäre mit Stolz erfüllt gewesen und hätte vielleicht gedacht, „jetzt bin ich eine große Persönlichkeit geworden".

Der Prophet[saw] reagierte anders. Er konnte große Dinge erreichen, doch niemals erfasste ihn Stolz über seine Errungenschaften. Nach diesem Ereignis erreichte er sein Haus in großer Erschütterung, sein Gesicht verstört. Auf Hadhrat Khadijas[ra] Befragen hin berichtete er ihr die ganze Begebenheit und fasste seine Furcht in den Worten zusammen: *„Ich bin so eine schwache Person, wie kann ich die Verantwortung tragen, die Gott auf meine Schultern legen will."* Hadhrat Khadija[ra] antwortete sofort:

كَلَّا وَاللهِ مَايُخْزِيْكَ اللّٰهُ اَبَدًا اِنَّكَ لَتَصِلُ الرِّحْمَ وَتَحْمِلُ الْكَلَّ وَتَكْسِبُ الْمَعْدُوْمَ وَتَقْرِى الضَّيْفَ وَتُعِيْنُ عَلٰى نَوَائِبِ الْحَقِّ.

> „Gott ist mein Zeuge, Er hat dieses Wort nicht auf Euch herabgesandt, damit Ihr versagt und Euch unwürdig erweist und Er Euch fallen lassen muss. Wie könnte Gott so etwas tun, wo Ihr freundlich und verständnisvoll Euren Verwandten gegenüber seid, den Armen und Verlassenen helft und ihre Last tragt? Ihr stellt die Tugenden wieder her, die in unserem Land verloren gegangen sind. Ihr ehrt die Gäste und helft den Verzweifelnden. Wie könnte Gott Euch in Versuchung führen?" *(Bukhari, Kitab Badul Wahi)*

Nachdem sie sich so geäußert hatte, ging sie mit dem Propheten zu ihrem Vetter Waraqa Bin Naufal, einem Christen. Nachdem er den Bericht gehört hatte, sagte Waraqa:

> „Der Engel, der Moses[as] erschienen war, dessen bin ich sicher, ist jetzt Dir erschienen." *(Bukhari)*

Die ersten Bekehrten

Waraqa hatte dabei sicherlich an die Prophezeiung in Deuteronomium 18:18 gedacht. Als die Neuigkeit Zaid[ra], den befreiten Sklaven des Propheten[saw], mittlerweile 30, und seinen Vetter Alira, ungefähr 11, erreichte, erklärten beide sofort ihren Glauben an Muhammad[saw].

Hadhrat Abu Bakr[ra], ein Freund aus seiner Kindheit, war nicht in der Stadt. Als er heimkehrte, hörte er von diesem neuen Erlebnis des Propheten[saw]. Man erzählte ihm, dass sein Freund verrückt geworden sei und dass er erzählte, Engel brächten ihm Botschaften von Gott. Abu Bakr[ra] jedoch vertraute dem Propheten[saw] vollkommen. Er zweifelte keinen Augenblick, dass der Prophet[saw] die Wahrheit sprach, außerdem kannte er ihn als geistig gesund und aufrichtig.

Er begab sich zum Propheten[saw] und fragte ihn nach den besagten Ereignissen. Der Prophet, der nicht wollte, dass Abu Bakr[ra] ihn missverstünde, begann mit umständlichen Erklärungen. Abu Bakr[ra] jedoch unterbrach seine Rede und erklärte, alles was er wissen wolle, sei, ob ihm wirklich ein Engel erschienen und ihm eine Botschaft von Gott übergeben worden sei.

Der Prophet[saw] begann wieder mit einer Erklärung, doch Abu Bakr[ra] wollte auch diese nicht hören. Er wollte eine klare Antwort auf die Frage, ob er eine Botschaft von Gott erhalten habe. Der Prophet[saw] bejahte dies und Abu Bakr[ra] erklärte daraufhin sofort seinen Glauben an ihn. Nachdem er seinen Glauben bekannt hatte, sagte er, dass eine lange Erörterung sein Bekenntnis zu ihm entwertet hätte. Der Prophet[saw] war ihm über lange Jahre vertraut. Er konnte nicht an ihm zweifeln und er wollte keine Erläuterungen, um von seiner Wahrhaftigkeit überzeugt zu werden.

Eine kleine Gruppe von Gläubigen

Diese kleine Gruppe von Gläubigen waren die ersten Bekenner des Islam: eine reife Frau, ein elfjähriger Junge, ein befreiter Sklave unter Fremden, ein junger Freund und der Prophet[saw] selbst. Dies war die Gruppe von Menschen, die den stillen Entschluss fasste, Gottes Licht über die ganze Welt zu verbreiten. Als die Bewohner Mekkas und ihre Anführer davon hörten, lachten sie und erklärten die Gruppe als verrückt. So war im Moment nichts zu befürchten und nichts besorgniserregend. Doch im Laufe der Jahre kam die Wahrheit zu Tage, die der Prophet Jesaia[as] (in 28:13) lange vorrausgesagt hatte:

> „Verordnung über Verordnung, Regel über Regel; Zeile über Zeile, Wort über Wort; hier ein wenig, dort ein wenig; fiel hernieder auf unseren Propheten."

Gott begann zu Muhammad[saw] mit einer „anderen Zunge" zu reden. Die Jugend des Landes fing an, sich zu wundern. Die Wahrheitssuchenden begeisterten sich. Aus Verachtung und Verspottung entwickelte sich Billigung und Bewunderung. Sklaven, junge Männer und unglückliche Frauen begannen, sich um den Propheten[saw] zu scharen. In seiner Botschaft und seinen Lehren war Hoffnung für die Entwürdigten, die Entmutigten und die Jungen.

Frauen erwarteten, dass die Zeit der Wiederherstellung ihrer Rechte gekommen sei. Sklaven dachten, dass der Tag ihrer Freiheit gekommen sei und junge Männer glaubten, die Wege zum Aufstieg seien jetzt weit offen für sie.

Die Gläubigen werden verfolgt

Als Spott sich in Billigung verwandelte und Gleichgültigkeit in Neigung, horchten die Führer von Mekka und ihre Beamten auf. Sie versammelten sich und berieten. Sie entschieden, dass Verspottung nicht die richtige Methode war, um mit dieser Bedrohung fertig zu werden. Ein wirkungsvolleres Gegenmittel musste angewandt werden. Diese neue Bewegung musste mit Gewalt unterdrückt werden. Es wurde beschlossen, Verfolgung und sozialen Boykott zu verordnen. Die Verordnung wurde schnell in die Praxis umgesetzt, und der Islam sah sich alsbald in einem schwerwiegenden Konflikt mit Mekka verwickelt.

Der Prophet[saw] und seine kleine Schar wurden nicht länger als Verrückte angesehen, sondern als wachsende Macht, die, falls man ihrer Ausbreitung weiter tatenlos zusähe, bald eine Gefahr für Glauben, Ansehen, Gebräuche und Tradition in Mekka darstellen würde. Der Islam drohte, das alte Gefüge der mekkanischen Gesellschaft zu zerstören und an ihre Stelle eine neue Gesellschaftsform zu setzen, einen neuen Himmel und eine neue Erde zu schaffen, deren Erscheinen das Verschwinden des alten Himmels – Herz und Seele Arabiens – bedeuten würde.

Die Mekkaner konnten nicht länger über den Islam lachen, er war mittlerweile zu einer Frage von Leben und Tod geworden. Der Islam war eine Herausforderung und Mekka nahm die Herausforderung an, wie die Feinde der Propheten immer die Herausforderung ihrer Propheten angenommen hatten. Sie entschlossen sich, Argument nicht mit Argument zu begegnen, sondern das Schwert zu ziehen und der für sie gefährlichen Lehre mit Gewalt zu begegnen; weder dem guten Beispiel des Propheten[saw] und seiner Gefolgsleute auf gleiche Art zu begegnen noch auf deren freundlichen Worte zu antworten, sondern die Unschuldigen zu misshandeln und diejenigen, die freundlich redeten, zu beschimpfen.

Wieder einmal begann in der Welt ein Kampf zwischen Glauben und Unglauben; die Mächte Satans erklärten den Engeln den Krieg. Die Gläubigen, nur eine handvoll, hatten keine Macht, die sie den Angriffen und der Gewalttätigkeit der Ungläubigen entgegenstellen konnten. Ein unendlich grausamer Feldzug begann. Frauen wurden schamlos abgeschlachtet. Männer wurden niedergemetzelt. Die Sklaven, die Ihren Glauben an den Propheten[saw] erklärt hatten, wurden über heißen Sand und Steine geschleift. Ihre Haut wurde hart wie die der Tiere.

Viele Jahre später, nachdem der Islam nah und fern gefestigt war, entblößte einer dieser frühen Anhänger, Hadhrat Khabbab Bin Al-Arat[ra], seinen Körper. Seine Freunde, die sahen, dass seine Haut hart wie eine Tierhaut war, fragten, woher das komme. Hadhrat Khabbab[ra] lachte und sagte: *„Das bedeutet weiter nichts, nur eine kleine Erinnerung an die frühen Tage des Islam, als die Sklaven, die zu ihm bekannt hatten, über heißen Sand und Steine durch die Straßen Mekkas geschleift worden waren."* (Musnad, Vol.5, p.110)

Verfolgung der gläubigen Sklaven durch die Mekkaner

Die gläubigen Sklaven stammten von den verschiedensten Völkern. Bilal[ra] war ein Afrikaner, Suhaib[ra] ein Grieche. Sie hatten verschiedenen anderen Religionen angehört. Jabr[ra] und Suhaib[ra] waren Christen gewesen, Bilal[ra] und Ammar[ra] Götzenanbeter. Bilal[ra] musste auf heißem Sand liegen und wurde mit Steinen beschwert und Jungen mussten auf seinem Brustkasten tanzen und sein Herr Umayya Bin Khalf, der ihn folterte, forderte ihn

auf, Allah und dem Prophet[saw] abzuschwören und stattdessen Loblieder auf Lat und Uzza, Götter der Mekkaner, zu singen. Bilal[ra] sagte nur, – اَحَدْ اَحَدْ – *„Ahad, Ahad"* („Gott ist Einer").
Gereizt, übergab Umayya Bilal[ra] an die Gassenjungen und forderte sie auf, einen Strick um seinen Hals zu legen und ihn über scharfe Steine durch die Straßen Mekkas zu ziehen. Bilals[ra] Körper begann zu bluten, doch er fuhr fort, zu verkünden: – اَحَدْ اَحَدْ – *„Ahad, Ahad"*. Später, als Muslime sich in Medina niedergelassen hatten und in der Lage waren, relativ friedlich zu leben und ihrem Gottesdienst nachzugehen, erklärte der Heilige Prophet[saw] Bilal[ra] zum Muezzin (das ist derjenige, der die Gläubigen zum Gebet ruft). Da er Afrikaner war, sprach er – اسهدُ اَنْ لَّا اِلهَ اِلَّا اللّٰهُ – statt –اَشْهَدُ اَنْ لَّااِلهَ اِلَّا اللّٰهُ–, das heißt, er konnte das „sch" in „Aschhadu"(„ich bezeuge") nicht aussprechen, sondern sprach es „asahado" aus. Die Medinenser lachten über seine fehlerhafte Aussprache, doch der Prophet[saw] tadelte sie dafür und machte ihnen klar, wie nahe Bilal[ra] durch seinen unerschütterlichen Glauben während der Folterung in Mekka zu Gott gekommen war.
Hadhrat Abu Bakr[ra] hatte Lösegeld für Hadhrat Bilal[ra] und viele andere Sklaven bezahlt und dadurch ihre Freilassung bewirkt. Unter ihnen war auch Suhaib[ra], ein wohlhabender Kaufmann, den die Quraish selbst nach seiner Freilassung noch durchprügelten. Als der Prophet[saw] Mekka verließ, um sich in Medina niederzulassen, wollte Suhaib[ra] mit ihm gehen. Doch die Mekkaner hielten ihn davon ab. Er könne sein Vermögen, das er in Mekka erworben hatte, nicht mitnehmen. Suhaib[ra] bot ihnen an, all seinen Besitz und Verdienst an sie auszuhändigen und fragte, ob sie ihn dann ziehen lassen würden. Die Mekkaner stimmten diesem Vorschlag zu. Suhaib[ra] kam also in Medina mit leeren Händen an und ging zum Propheten[saw]; der hörte ihm zu und

gratulierte ihm mit den Worten: *„Dies war das beste Geschäft, das Du in Deinem Leben gemacht hast."*

Die meisten der übergetretenen Sklaven blieben standhaft im inneren wie auch im äußeren Bekenntnis. Doch einige zeigten Schwäche.

Einmal fand der Heilige Prophet[saw] Ammar[ra] vor Schmerzen stöhnend seine Tränen trocknend. Vom Propheten[saw] angesprochen, bekannte Ammar[ra], dass er geschlagen und gezwungen worden war, zu widerrufen. Der Prophet[saw] fragte ihn *„doch im Herzen warst Du gläubig?"* Ammar bejahte das und der Prophet sagte, dass Gott ihm seine Schwäche verzeihen würde.

Ammars[ra] Vater, Yasir[ra], und seine Mutter, Samiyya[ra], wurden auch von den Ungläubigen gefoltert. Bei einer solchen Gelegenheit kam der Prophet[saw] zufällig vorbei. Voll Mitgefühl sagte er:

صَبْرًا الَ يَاسِرْ فَاِنَّ مَوْعِدُ كُمُ الْجَنَّةَ

„Oh Familie des Yasir, ertrage es in Geduld, denn Gott hat
für Euch ein Paradies bereitet."

Diese prophetischen Worte waren bald erfüllt. Yasir[ra] erlag den Folterungen und kurz danach wurde seine betagte Frau, Samiyya[ra], von Abu Jahl mit einem Speer ermordet.

Zimbira[ra], eine Sklavin, verlor ihr Augenlicht unter der grausamen Behandlung durch die Ungläubigen. Abu Fukaih[ra], Safwan Bin Umayyas Sklave, wurde auf heißen Sand gelegt und seine Brust mit heißen Steinen beschwert; durch die verursachten Schmerzen hing seine Zunge heraus.

Andere Sklaven wurden auf ähnliche Weise misshandelt. Diese Grausamkeiten waren mehr als Menschen ertragen können. Doch die frühen Gläubigen ertrugen sie, weil ihre Herzen durch die täglichen Versicherungen von Gott stark gemacht worden waren.

Zwar wurde der Koran dem Propheten[saw] persönlich offenbart, doch die versichernde Stimme Gottes wurde von allen vernommen. Wäre das nicht so gewesen, die Gläubigen hätten die Grausamkeiten, denen sie ausgesetzt waren, nicht ertragen können. Von allen Freunden und Verwandten verlassen, hatten sie oft nur Gott mit sich und es war ihnen egal, wer sonst noch zu ihnen stand. Um Seinetwegen erschienen die Grausamkeiten gering, die Beschimpfungen klangen wie Gebete und Steine wurden zu Samt.

Die Verfolgung der freien Gläubigen

Die freien Bürger, die sich zum Islam bekannten, wurden nicht weniger grausam behandelt. Ihre Ältesten und Oberhäupter quälten sie auf jede erdenkliche Art und Weise.

Hadhrat Usman[ra] z. B. war ein Mann von vierzig Jahren und wohlhabend. Doch als die Quraish sich zu allgemeiner Verfolgung der Muslime entschlossen, fesselte ihn sein Onkel Hakam und schlug auf ihn ein. Hadhrat Zubair Bin Al-Awwam[ra], ein tapferer junger Mann, der später ein großer muslimischer General wurde, wurde von seinem Onkel in eine Matte eingewickelt und von unterwärts angeheizt, so dass er zu ersticken drohte. Doch er war nicht zum Widerrufen bereit. Er hatte die Wahrheit gefunden und ließ nicht wieder von ihr ab.

Hadhrat Abu Dharr[ra], vom Stamme der Ghaffar, hatte von dem Propheten[saw] gehört und begab sich nach Mekka, um Näheres zu erfahren. Die Mekkaner rieten ihm ab und bemerkten, dass sie Muhammad[saw] gut kannten und dass seine Bewegung nur eine eigennützige Einrichtung sei.

Hadhrat Abu Dharr[ra] war unbeeindruckt; so machte er sich zum Propheten[saw] auf und hörte die Botschaft des Islam aus seinem Munde und wurde überzeugt. Hadhrat Abu Dharr[ra] fragte, ob er seinen neuen Glauben vor seinem Stamm verheimlichen könne. Der Prophet[saw] sagte, für ein paar Tage könnte er das tun. Doch als er durch die Straßen Mekkas ging, hörte er eine Gruppe von mekkanischen Führern den Heiligen Propheten[saw] beschimpfen und in gemeiner Weise angreifen. Er konnte nicht länger seinen neuen Glauben verheimlichen und erklärte sofort:

اَشْهَدُ اَنْ لَّاِالٰهَ اِلَّا اللّٰهُ وَحْدَهُ لَا شَرِيْكَ لَهُ وَاَشْهَدُ اَنَّ مُحَمَّدًا عَبْدُهُ وَرَسُوْلُهُ

„Ich bezeuge, dass es keinen Gott außer Allah gibt, und dass Muhammad sein Diener und Prophet ist."

Dieser Ausruf, in der Versammlung von Ungläubigen geäußert, erschien ihnen eine Unverschämtheit. Sie erhoben sich wütend und schlugen auf ihn ein, bis er bewußtlos liegen blieb.

Des Propheten[saw] Onkel, Abbas[ra], noch nicht zum neuen Glauben übergetreten, kam gerade vorbei und begann, Einspruch für das Opfer zu erheben: *„Eure Verpflegungskarawanen kommen durch das Gebiet von Abu Dharrs Stamm"*, sagte er, *„und verärgert über diese Behandlung können seine Leute Euch zum Aushungern bringen"*. Am nächsten Tag ging Abu Dharr[ra] nicht auf die Straße. Doch am Tag darauf traf er wieder auf die gleiche Gesellschaft und sah, wie sie den Heiligen Propheten[saw] verunglimpften. Er ging zur Kaaba, doch die Menschen dort machten es nicht anders. Er konnte sich nicht zurückhalten, erhob sich und gab ein lautes Bekenntnis seines Glaubens ab. Und wieder wurde er übel zugerichtet. Das gleiche geschah noch ein drittes Mal, bevor er zu seinem Stamm zurückkehrte.

Die Verfolgung des Heiligen Propheten[saw]

Der Heilige Prophet[saw] selbst war nicht von den Grausamkeiten, die den Gläubigen zugedacht waren, ausgenommen. Einmal überfielen sie ihn während er betete, eine Gruppe Ungläubiger schlang einen Mantel um seinen Hals und schleifte ihn, bis seine Augen hervortraten. Hadhrat Abu Bakr[ra] kam zufällig vorbei; er rettete ihn und sagte: *„Wollt ihr ihn töten, weil er verkündet, „Gott ist mein Herr?"*

Zu anderer Gelegenheit, als er während des Gebetes niedergebeugt war, legten sie die Eingeweide eines Kamels auf seinen Rücken. Er konnte sich nicht erheben, bevor nicht dieses Gewicht von seinem Rücken entfernt worden war. Während einer anderen Gelegenheit ging er eine Straße entlang, als eine Gruppe von Gassenjungen sich ihm aufdrängte. Sie schlugen auf seinen Nacken ein und riefen den Leuten zu, dass er sich einen Propheten[saw] nenne. So sah der Hass und die Feindschaft gegen ihn aus und so die Hilflosigkeit.

Des Propheten[saw] Haus wurde von benachbarten Häusern aus mit Steinen beworfen. Küchenabfälle und Abfälle von geschlachteten Tieren wurden in seine Küche geworfen. Oftmals wurde er mit Staub beworfen, wenn er Gebete leitete, so dass er gezwungen war, sich an einen gesicherten Ort für die öffentlichen Gebete zurückzuziehen.

Diese Grausamkeiten gegen eine schwache und unschuldige

Gruppe und ihren redlichen und wohlmeinenden doch hilflosen Führer waren jedoch nicht ohne Konsequenzen. Achtbare Bürger sahen all dies und wurden vom Islam beeindruckt. Der Prophet[saw] hatte sich einmal am Safa, einem Hügel in der Nähe der Kaaba, niedergelassen. Das Oberhaupt der Mekkaner, Abu Jahl, des Propheten[saw] Erzfeind, kam vorbei und überschüttete ihn mit gemeinen Beschimpfungen. Der Prophet[saw] entgegnete nichts und begab sich nach Hause. Eine der Sklavinnen seiner Verwandschaft war Zeugin dieser peinlichen Szene.

Hamza[ra], der Onkel des Propheten[saw], ein tapferer und von allen Mitbürgern geachteter Mann, kam von einer Jagd heim und betrat sein Haus voll Stolz, seinen Bogen über seine Schulter gehängt. Die Sklavin, noch in Erinnerung an die morgendliche Szene, regte sich auf, in welcher Weise er sich aufführe. Sie sprach ihn an, er bilde sich ein, tapfer zu sein und ginge bewaffnet herum, während er nicht einmal wisse, wie Abu Jahl seinem unschuldigen Neffen am Morgen zugesetzt habe. Hamza ließ sich den Vorfall berichten. Obwohl er nicht zu den Gläubigen zählte, so besaß er doch einen edlen Charakter. Er war zwar von der Botschaft des Propheten[saw] beeindruckt, doch nicht in dem Maße, dass er sich ihm öffentlich anzuschließen bereit war. Als er jedoch von diesem Angriff Abu Jahls hörte, kannte er kein Zögern. Es wurde ihm bewußt, dass er sich bisher der neuen Botschaft gegenüber zu gleichgültig verhalten hatte. Er machte sich sofort zur Kaaba auf, wo die Oberhäupter Mekkas sich gewöhnlich trafen und berieten. Er nahm seinen Bogen und schlug damit auf Abu Jahl ein: *„Rechne mich von heute an zu den Anhängern Muhammads"*, rief er. *„Du hast ihn heute Morgen mit Schimpf überschüttet, weil Du weißt, dass er Dir nicht antworten wird. Wenn Du Dich tapfer nennst, komm her und kämpfe mit mir."*

Abu Jahl war sprachlos. Seine Freunde wollten ihm zu Hilfe kommen, doch aus Furcht vor Hamza[ra] und seinem Stamm hielt Abu Jahl sie zurück. Ein offener Kampf wäre ihm teuer zu stehen gekommen. Er hätte sich am Morgen wirklich schlecht benommen, sagte er. *(Sirat Ibn Hisham und Tabari)*

Die Botschaft des Islam

Die Opposition steigerte sich noch. Doch zur gleichen Zeit scheuten der Prophet[saw] und seine Anhänger keine Mühe, den Mekkanern die Botschaft des Islam verständlich zu machen. Sie hatten eine vielseitige Botschaft, von weitreichender Bedeutung nicht nur für die Araber, sondern für die ganze Welt. Es war eine Botschaft Gottes.

Sie besagt: Der Schöpfer der Welt ist einzig. Außer Ihm ist nichts und niemand anbetungswürdig. Die Propheten haben Ihn immer als einzig angesehen und dies ihren Anhängern so gelehrt. Die Mekkaner sollten alle Götzenbilder aufgeben. Sahen sie nicht, dass diese Götzen nicht einmal in der Lage waren, die Fliegen zu vertreiben, die sich an ihren Opfergaben gütlich taten? Wenn sie angegriffen wurden, konnten sie nicht zurückschlagen. Wenn sie befragt wurden, konnten sie nicht antworten. Wenn sie um Hilfe gebeten wurden, was konnten sie tun?

Doch der alleinige Gott konnte denen helfen, die Ihn um Hilfe baten, Er antwortete denen, die Ihn im Gebet anriefen, unterwarf Seine Feinde und erhob diejenigen, die sich vor Ihm demütigten. Wenn Erleuchtung von Ihm kam, erfüllte sie Seine Ergebenen. Warum wiesen die Mekkaner Ihn zurück und wendeten sich an leblose Götzenbilder und lebten ein nutzloses Leben? Sahen sie nicht, dass ihr Mangel an Glauben an den einen wahren Gott sie abergläubisch und untauglich gemacht hatte? Sie hatten keine Ahnung, was rein und was unrein war, noch was richtig oder falsch. Sie ehrten ihre Mütter nicht. Sie behandelten ihre Schwestern und Töchter barbarisch und verweigerten ihnen, was ihnen zustand. Sie behandelten ihre Frauen schlecht. Sie quälten die Witwen, nutzten die Waisen, Armen und Schwachen aus und gedachten ihren Wohlstand auf dem Ruin anderer aufzubauen. Sie schämten sich ihrer Lügen und Betrügereien nicht, noch ihrer Einbrüche und Plündereien. Spielen und Trinken war ihr Vergnügen. Für Kultur und nationalen Fortschritt hatten sie nichts übrig. Wie lange noch wollten sie den einen wahren Gott ignorieren und darin fortfahren, Verlierer und die wirklich Leidtragenden zu sein? Wäre es nicht besser, sich zu reformieren? Wäre es nicht besser, alle Formen von gegenseitiger Ausbeutung aufzugeben, die Rechte denen zukommen zu lassen, denen sie gebühren; Reichtum für nationale Bedürfnisse zu verwenden und an Hilfe für die Armen und Schwachen; die Waisen als Verpflichtung anzusehen und ihren Schutz als Aufgabe; den Witwen beizustehen und gute Taten in der Gemeinschaft zu vollbringen und anzuregen; und nicht nur Recht und Billigkeit, sondern Mitgefühl und Verzeihung auszuüben?

„Leben in dieser Welt soll zu Gutem führen. Hinterlasse gute Werke", sagte diese Botschaft weiterhin, „auf dass sie wachsen und Früchte tragen, wenn du nicht mehr da bist. Es ist tugendhaft, anderen zu geben, anstatt zu empfangen. Lerne, dich zu ergeben, damit du Gott näher kommst. Übe Selbstverleugnung zugunsten deiner Mitmenschen, damit dein Ansehen Gott gegenüber steigt. Es ist wahr, die Muslime sind schwach, doch nutze ihre Schwäche nicht aus, die Wahrheit wird eines Tages frohlocken. Dies ist eine Entscheidung des Himmels. Durch den Prophet^{saw} wird neues Maß und neuer Prüfstein für gut und böse, für richtig und falsch in der Welt aufgestellt werden. Gerechtigkeit und Gnade werden herrschen. Kein Zwang noch Einmischung werden in Glaubenssachen geduldet werden. Die Grausamkeiten, denen Frauen und Sklaven ausgesetzt waren, werden abgeschafft werden. Das Königreich Gottes wird an die Stelle von Satans Reich treten."

Die an Abu Talib gerichtete Beschwerde der ungläubigen Mekkaner und die Standhaftigkeit des Heiligen Propheten^{saw}

Als die Botschaft des Islam sich unter den Bürgern ausbreitete und die Wohlgesinnten und Nachdenklichen unter ihnen von ihr beeindruckt waren, zogen die Ältesten von Mekka Bilanz über das, was vor sich ging. Sie stellten eine Delegation zusammen, die sich zu des Prophet^{saw} Onkel, Abu Talib, begab. Sie sprachen zu ihm folgendermaßen:

> „Du bist einer unserer führenden Männer und deinetwegen haben wir bislang Muhammad, deinen Neffen, verschont. Die Zeit ist jedoch gekommen, dass wir dieser nationalen Krise und diesem Widerstreit in unserer Mitte Einhalt gebieten müssen. Entweder bringen Sie es ihm bei oder fragen ihn, was er von uns verlangt. Wenn er es begehrt, Ehre zu erlangen, dann sind wir bereit, ihn zu unserem Oberhaupt zu machen. Wenn er Reichtum begehrt, dann wird jeder von uns ein Teil seines Vermögens ihm überreichen. Wenn er es verlangt zu heiraten, dann soll er den Namen der ihm am liebsten erscheinenden Frau Mekkas nennen, wir werden sie ihm zur Braut geben. Im Gegenzug dazu verlangen wir von ihm nichts und werden ihn auch vor

nichts zurückhalten. Wir verlangen von ihm nur, dass er aufhört, gegen unsere Götzen zu agitieren. Lass ihn sagen, ‚Gott ist Einzig', doch lass ihn davon absehen, etwas gegen unsere Götzen zu sagen. Wenn er zustimmt, dann ist damit unser Kampf und Widerstreit mit ihm beendet. Wir raten dir dringend, ihn zu überreden. Doch wenn dir das nicht gelingen sollte, dann gibt es nur zwei Auswege. Entweder du distanzierst dich von ihm oder wir werden zu deinen Feinden!" *(Sirat Ibn Hisham)*

Abu Talib stand vor einer harten Entscheidung. Es wäre hart, seinen Neffen fallen zu lassen. Ebenso hart wäre es, mit seinen eignen Leuten zu brechen. Für Araber spielte Geld keine Rolle. Ihr Ansehen lag in ihren Führungsfähigkeiten. Sie lebten für ihr Volk und ihr Volk lebte für sie. Abu Talib[ra] war außer Fassung geraten. Er ließ seinen Neffen zu sich kommen und erklärte ihm die Forderungen der Ältesten von Mekka.

„Wenn Du nicht zustimmst", sagte er mit tränenerstickter Stimme, *„dann muss ich entweder Dich fallen lassen oder meine Leute werden mich ausstoßen"*.

Der Prophet[saw] war voll Mitgefühl für seinen Onkel. Mit Tränen in den Augen erklärte er:

> „Ich bitte dich, nicht deine Leute aufzugeben. Ich bitte dich, mich allein zu lassen. Gib mich auf und bleibe bei deinen Leuten. Doch der eine und einzige Gott ist mein Zeuge, dass ich bekenne: Selbst wenn sie mir die Sonne in die rechte und den Mond in die linke Hand legen, ich werde nicht aufhören, die Wahrheit über den Einen Gott zu verkünden. Ich werde so fortfahren, bis ich sterbe. Du kannst deinen Weg wählen, wie es dir gefällt." *(Sirat Ibn Hisham und Zurqani)*

Diese Antwort, fest, geradeheraus und aufrichtig, öffnete Abu Talib die Augen. Er fiel in tiefes Nachdenken. Obwohl er nicht den Mut aufbrachte, sich als Gläubigen zu bekennen, so schätzte er sich doch glücklich, so lange gelebt zu haben, um diese Manifestation von Glauben und Pflichtbewusstsein gesehen zu haben. An den Propheten[saw] gewendet, sagte er:

> „Neffe, gehe deinen Weg. Tue, was du für Deine Pflicht hältst. Lass mein Volk mich aufgeben. Ich halte zu dir!" *(Sirat Ibn Hisham)*

Auswanderung nach Abessinien

Als die Tyrannei ihren Gipfel erreicht hatte, versammelte der Prophet[saw] seine Anhänger um sich. Nach Westen zeigend, berichtete er ihnen von einem Land jenseits des Meeres, in dem Menschen nicht ihres Glaubens wegen ermordet wurden, wo sie ungehindert ihrem Gottesdienst nachgehen konnten und wo ein gerechter König herrschte. Wenn sie dorthin gingen, so brächte ihnen das möglicherweise Erleichterung. Eine Gruppe von muslimischen Männern, Frauen und Kindern machte sich auf seinen Vorschlag hin nach Abessinien auf. Den Wenigen, die auswanderten, zerriss es das Herz. Die Araber hielten sich für die Beschützer der Kaaba und so empfanden auch sie. Mekka zu verlassen, bedeutete für sie einen sehr großen Schmerz und kein Araber würde auch nur daran denken, es sei denn, das Leben in Mekka wäre absolut unerträglich geworden.

Die Mekkaner waren natürlich nicht bereit, eine Auswanderung zu dulden. Sie würden ihre Opfer nicht entschlüpfen lassen, damit sie woanders ungehindert leben könnten.

Die Gruppe musste deshalb ihre Vorbereitungen für die Reise

geheim halten und sich auf den Weg machen, ohne sich auch nur von ihren Freunden und Verwandten verabschieden zu können. Ihr Aufbruch jedoch wurde von einigen entdeckt und verfehlte nicht seinen Eindruck.

Hadhrat Umar[ra], später der zweite Kalif des Islam, war noch ein Ungläubiger, ein bitterer Feind und Verfolger der Muslime. Durch Zufall traf er auf einige Mitglieder dieser Gruppe. Eines von ihnen war eine Frau, mit Namen Umm Abdullah[ra]. Als Umar[ra] sah, dass ihr Haushaltsgut gepackt und auf Tiere verladen wurde, war ihm sofort klar, dass hier eine Gruppe war, die Mekka verlassen wollte, um woanders Zuflucht zu suchen. *„Ihr geht?"* fragte er. *„Ja, Gott ist unser Zeuge"*, antwortete Umm Abdullah[ra]. *„Wir gehen in ein anderes Land, denn ihr behandelt uns hier zu grausam. Wir werden nicht wiederkommen, es sei denn, Gott sollte es gefallen, es leicht für uns zu machen."* Hadhrat Umar[ra] war beeindruckt und sagte: *„Gott sei mit euch."* Und seine Stimme war bewegt. Diese Szene hatte ihn erschüttert. Als die Mekkaner von dem Aufbruch erfuhren, sandten sie Verfolger hinter ihnen her. Sie erreichten die See, mussten aber feststellen, dass die Flüchtlinge schon segelten. Da sie nicht in der Lage waren, sie einzuholen, entschieden sie, eine Delegation nach Abessinien zu senden, um den König gegen die Einwanderer aufzustacheln und ihn zu überreden, sie den Mekkanern auszuliefern.

Einer der Delegierten war Amr Bin Al-As[ra], der später zum Islam übertrat und Ägypten eroberte. Die Delegation reiste also nach Abessinien, traf den König und intrigierte mit dessen Höflingen. Doch der König erwies sich als unbeirrbar und Allah stärkte sein Herz, so dass trotz der Beschwörung durch die Mekkaner und seiner eigenen Hofleute, er sich weigerte, die Flüchtlinge den Ungläubigen auszuliefern.

Die Delegation kehrte enttäuscht zurück; doch wieder in Mekka hatten sie sich bald einen neuen Plan ausgedacht, um die Muslime in Abessinien zur Rückkehr zu bewegen. Unter den Karawanen, die nach Abessinien gingen, verbreiteten sie das Gerücht, dass ganz Mekka sich zum Islam bekannt hätte.

Als das Gerücht Abessinien erreichte, machten sich viele der muslimischen Flüchtlinge voller Freude auf den Heimweg, um bei ihrer Ankunft nun feststellen zu müssen, dass die Neuigkeit, die sie erreicht hatte, eine Intrige war. Einige Muslime gingen nach Abessinien zurück, doch andere entschlossen sich zu bleiben. Unter letzteren war Usman Bin Maz'un[ra], der Sohn eines führenden Mannes in Mekka. Usman[ra] erhielt Schutz von einem Freund seines Vaters, Walid Bin Mughira, und blieb unbehelligt. Doch er musste feststellen, dass andere Muslime weiterhin unter grausamer Verfolgung leiden mussten. Das konnte er nicht ertragen. So ging er zu Walid und entsagte seinen Schutz. Er hatte das Gefühl, dass er solchen Schutz nicht genießen solle, während andere Muslime Verfolgung leiden mussten. Walid tat dies den Mekkanern kund.

Eines Tages saß Labid, lorbeergekrönter Dichter Arabiens, unter den Ältesten von Mekka und rezitierte seine Verse. Er rezitierte eine Zeile:

$$\text{وَكُلُّ نَعِيْمٍ لَامَحَا لَةَ زَائِلٌ}$$

Sie bedeutete, dass alle Gnade einmal ein Ende haben werde. Usman[ra] wagte, ihm zu widersprechen und sagte:

„Die Gnaden des Paradieses werden ewig sein."

Labid, solche Einsprüche nicht gewohnt, geriet aus der Fassung und sagte: *„Quraish, Eure Gäste wurden früher nicht in dieser Weise beleidigt. Seit wann ist dies Sitte bei Euch?"* Um Labid zu beruhigen, erhob sich ein Mann aus der Versammlung und sagte: *„Fahrt fort und kümmert Euch nicht um diesen Narren".* Usman[ra] bestand darauf, dass er nichts Närrisches gesagt hätte. Dies reizte den Quraish, der daraufhin aufsprang, Usman[ra] einen scharfen Schlag versetzte und ihm ein Auge ausschlug.

Walid war Zeuge dieser Szene. Er war ein enger Freund von Usmans Vater gewesen. Er konnte solch eine Behandlung des Sohnes seines verstorbenen Freundes nicht dulden. Doch Usman[ra] war nicht länger unter seinen Schutz gestellt und die Tradition der Araber verbat es jetzt, dass er sich für ihn einsetzte. So war er machtlos. Halb im Ärger, halb im Schmerz, wandte er sich an Usman[ra] und sagte: *„Sohn meines Freundes, du hättest dein Auge retten können, hättest du nicht meinen Schutz entsagt. Du kannst dich dafür bei dir selbst bedanken."* Usman[ra] antwortete: *„Ich habe auf diesen Augenblick gewartet. Ich trauere dem einen Auge nicht nach, mein anderes ist bereit für das gleiche Schicksal. Bedenke, solange der Prophet[saw] zu leiden hat, gibt es keinen Frieden."* (Halbiyya, Bd.1, 5.348)

Hadhrat Umar[ra] nimmt den Islam an

Zur gleichen Zeit ereignete sich eine andere wichtige Begebenheit. Umar[ra], der später der zweite Kalif des Islam wurde, konnte immer noch als der grimmigste und gefürchtetste Feind des Islam angesehen werden. Er hatte das Gefühl, dass alle bislang unternommenen Maßnahmen gegen die neue Bewegung zu keinem Erfolg geführt hatten und entschloss sich nun dafür, den Propheten[saw] eigenhändig zu töten. Er nahm sein Schwert und begab sich auf den Weg. Ein Freund von ihm war verstört, als er ihn so daherkommen sah und fragte ihn, wohin er ginge und was er vorhabe. *„Muhammad zu töten!"* war seine Antwort. *„Doch wirst Du danach vor der Rache seines Stammes sicher sein? Und weißt Du wirklich, was los ist? Weißt Du, dass Deine Schwester und ihr Mann Muslime geworden sind?"*

Wie ein Blitz aus heiterem Himmel traf Umar[ra] diese Nachricht, und eine große Wut überkam ihn. Er entschloss sich, zunächst seine Schwester und ihren Mann umzubringen. Als er ihr Haus erreichte, vernahm er eine melodiöse Rezitation. Es war die Stimme Khabbabs[ra], der sie das Heilige Buch lehrte.

Umar[ra] trat eilig ein. Khabbab[ra], durch die schnellen Schritte gewarnt, konnte sich verstecken. Umars[ra] Schwester, Fatima[ra], versteckte die Blätter mit dem Koran-Text.

Ihr und ihrem Mann gegenübertretend, sagte Umar[ra]: *„Man erzählte mir, dass Ihr Eurem alten Glauben abschwört"*, und er erhob seine Hand, um ihren Mann, der auch sein Vetter war, ins Gesicht zu schlagen. Fatima[ra] warf sich zwischen Umar[ra] und ihren Mann und Umars Schlag traf ihre Nase, die daraufhin zu bluten begann. Der Schlag hatte Fatima[ra] um so tapferer gemacht. *„Ja, wir sind jetzt Muslime und werden es auch bleiben, was immer Du auch unternehmen magst!"*

Umar[ra] war ein tapferer, wenn auch rauer Mann. Doch das durch seine Schuld blutende Gesicht seiner Schwester füllte ihn mit Gewissensbisse. Eine Veränderung ging in ihm vor. Er bat, dass man ihm die Blätter mit dem Koran-Text zeige, die sie gerade gelesen hatten. Fatima[ra] weigerte sich, weil sie fürchtete, er werde sie zerreißen und fortwerfen.

Umar[ra] versprach, das nicht zu tun. Sie sagte ihm nun, dass er nicht rein genug sei. Umar[ra] sagte, dass er ein Bad nehmen wolle. Gereinigt und abgekühlt nahm er die Blätter des Korans in die Hand. Sie enthielten einen Teil der Sura Taha. Und er las die Verse:

$$\text{اِنَّنِىٓ اَنَا اللّٰهُ لَآ اِلٰهَ اِلَّآ اَنَا فَاعْبُدْنِىْ وَاَقِمِ الصَّلٰوةَ لِذِكْرِىْ}$$

$$\text{اِنَّ السَّاعَةَ اٰتِيَةٌ اَكَادُ اُخْفِيهَا لِتُجْزٰى كُلُّ نَفْسٍ بِمَا تَسْعٰى}$$

"Wahrlich, Ich bin Allah; es gibt keinen Gott außer Mir. Diene Mir und verrichte Gebete zu Meinem Gedächtnis. Wahrlich, die Stunde wird kommen und Ich werde es zeigen, dass jede Seele für ihre Bemühungen belohnt werden wird."(20:15,16)

Die Versicherung von Gottes Existenz, das klare Versprechen, dass der Islam bald wahre Verehrung Gottes anstelle des Götzendienstes in Mekka einführen werde – dieser und andere Gedanken bewegten Umar[ra]. Er konnte sich nicht helfen: Glaube durchzog sein Herz und er sagte: *"Wie wunderbar, begeisternd!"*
Khabbab[ra] kam aus seinem Versteck hervor und sagte: *"Gott ist mein Zeuge, gestern hörte ich den Propheten für den Übertritt von Umar bin Khattab oder Umar bin Hisham (Abu Dschahl) beten. Dies ist der Erfolg seiner Gebete"*.
Umars Entschluss war gefasst und er fragte, wo er den Propheten[saw] finden könne. Er machte sich sofort nach Dar Arqam auf, sein nacktes Schwert noch in seiner Hand haltend. Als er an die Tür klopfte, sahen die Begleiter des Propheten[saw] durch die Spalten, dass es Umar[ra] war. Sie fürchteten, dass er mit bösen Absichten komme. Doch der Prophet[saw] sagte, *"lasst ihn herein"*. Umar[ra] trat ein, sein Schwert immer noch in der Hand. *"Was bringt Dich hierher?"*, fragte der Prophet[saw].

"Oh Prophet Gottes", sagte Umar[ra], *"ich bin gekommen, um Muslim zu werden"*.
"Allahu Akbar!" („Allah ist der Größte!"), rief der Prophet[saw] aus, *"Allahu Akbar!"* die Begleiter und die Hügel um Mekka vervielfachten ihren Ausruf. Die Neuigkeit breitete sich wie ein Lauffeuer aus und von der Zeit an wurde Umar[ra], einst ein vielgefürchteter Verfolger der Muslime, wie die anderen selbst verfolgt.
Doch Umar[ra] war verwandelt. Er erfreute sich an seinem Leiden, wie er einst sich am Leiden anderer erfreut hatte. Er wurde zu einer der meistgequälten Personen Mekkas.

Die Verfolgung verschärft sich

Die Verfolgungen wurden immer schwerwiegender und unerträglicher. Viele Muslime hatten Mekka schon verlassen. Diejenigen, die zurückgeblieben waren, mussten mehr und mehr leiden. Doch die Muslime wichen keinen Schritt von dem Pfad, den sie gewählt hatten. Ihre Herzen waren stark wie eh und je, ihr Glaube unerschütterlich. Ihre Ergebenheit in den Einen Gott nahm nur noch zu, wie auch ihr Hass gegen die alten Götzen Mekkas.
Der Konflikt war ernsthafter als je zuvor geworden. Die Mekkaner riefen zu einem weiteren großen Treffen auf. Auf diesem stimmten sie zu einem totalen Boykott der Muslime überein. Die Mekkaner sollten keinen Kontakt mehr mit den Muslimen haben. Sie sollten weder von ihnen etwas kaufen noch ihnen etwas verkaufen. Der Prophet[saw], seine Familie und eine Anzahl von Verwandten, die, obwohl sie keine Muslime waren, zu ihm hielten, waren gezwungen, Schutz an einem einsamen Ort, einem Besitz Abu Talibs, zu suchen. Ohne Geld, ohne Vorräte, hatte die

Familie des Propheten^{saw} (und seine Verwandten) ungezählte Härten unter dieses Boykotts zu erleiden. Drei Jahre lang war kein Nachlassen dieser Härten zu spüren.

Endlich empörten sich fünf geachtete Mitglieder der Mekkaner über diese Verhältnisse. Sie gingen zu der belagerten Familie und schlugen vor, den Boykott abzubrechen und die Familie zu befreien. Abu Talib kam hervor und tadelte seine Landsleute. Die Empörung der Fünf war schnell über ganz Mekka bekannt geworden; und ihr Mitgefühl ermöglichte den grausamen Boykott abzubrechen. Der Boykott war nun vorbei, doch seine Folgen nicht mehr abzuändern: Nach nur wenigen Tagen starb Hadhrat Khadija[ra], die treue Gattin des Propheten[saw], und einen Monat später sein Onkel, Abu Talib.

Die Hindernisse bei der Verkündung des Islam nach dem Ableben von Hadhrat Khadija[ra] und Abu Talib

Der Prophet hatte nun Hadhrat Khadija[ra], die Gefährtin und ihren Beistand, verloren und er und die Muslime die guten Dienste Abu Talibs. Ihr Verscheiden bewirkte natürlich auch eine Verminderung der allgemeinen Sympathie.

Abu Lahab, ein anderer Onkel des Propheten[saw], schien erst auf dessen Seite zu stehen. Der Schock über den Tod seines Bruders und Respekt für seine letzten Worte überwogen noch seine Gefühle. Doch die Mekkaner schafften es bald wieder, ihn zurück auf ihre Seite zu ziehen. Sie benutzten die gleichen Aufrufe. Der Prophet[saw] lehrte, dass das Nicht-Glauben an die Einheit Gottes ein Vergehen war, das im Leben nach dem Tode seine Strafe finden wird, seine Lehre widersprach allem, was die Mekkaner von ihren Vorfahren übernommen hatten usw.

Abu Lahab entschied sich, den Propheten^(saw) mit mehr Entschlusskraft als zuvor anzugreifen. Die Beziehung zwischen Muslimen und Mekkanern war nun in ein Spannungsverhältnis ausgeartet. Der dreijährige Boykott hatte den Graben zwischen ihnen vertieft. Versammlungen und Predigten wurden unmöglich. Der Prophet^(saw) konnte die schlechte Behandlung und Verfolgung dulden, solange er die Möglichkeit hatte, Menschen zu treffen und anzusprechen. Doch jetzt erschien es ihm, dass auch dies in Mekka unmöglich geworden war. Der Prophet^(saw) konnte weder in einer Straße noch auf irgendeinem Platz erscheinen. Man bewarf ihm mit Schmutz und trieb ihn wieder nach Hause. Einmal kam er heim, den Kopf mit Staub überzogen. Seine Tochter fing an zu weinen, als sie den Staub abwusch. Der Prophet^(saw) gebot ihr, nicht zu weinen, denn Gott sei mit ihm. Die schlechte Behandlung störte den Propheten^(saw) nicht, er sah es als Zeichen an, dass seine Botschaft die Leute erreichte. An einem Tag z. B. hatten die Mekkaner sich verabredet, ihn weder anzusprechen noch ihn in irgendeiner Weise zu belästigen. Der Prophet^(saw) kam enttäuscht heim, bis die versichernde Stimme seines Gottes ihn wieder zu seinen Leuten hinausschickte.

Der Prophet^(saw) geht nach Ta´if

Es sah so aus, als ob in Mekka niemand mehr bereit war, ihm zuzuhören, und das machte ihn bedrückt. Er fand, dass er auf der Stelle trat. So entschloss er, sich woandershin zu wenden, um seine Botschaft zu verkünden. Er wählte Ta´if dafür aus, eine kleine Stadt ungefähr 60 Meilen süd-östlich von Mekka gelegen und wegen ihrer Früchte und Landwirtschaft berühmt.
Des Propheten^(saw) Entschluss war im Einklang mit der Tradition

aller vorangegangenen Propheten. Moses[as] wandte sich sowohl an Pharao, als auch an die Israeliten und auch an Midian. Jesus[as] erschien in Galiläa, an Orten jenseits des Jordan, oder auch in Jerusalem.

Als der Prophet des Islam[saw] somit sah, dass die Mekkaner ihn verfolgten, aber nicht hören wollten, wandte er sich an die Menschen von Ta'if. Die polytheistischen Bräuche Ta'ifs standen denen von Mekka in nichts nach. Die Götzenbilder der Kaaba waren weder die einzigen noch die wichtigsten in Arabien. Ein wichtiger Götze, Al-Lat, war in Ta'if zu finden, weswegen viele Araber dorhin pilgerten. Die Bewohner Ta'ifs waren mit denen von Mekka blutsverwandt und viele Oasen zwischen Ta'if und Mekka gehörten den Mekkanern.

Nach seiner Ankunft in Ta'if wurde der Prophet[saw] von den Oberhäuptern aufgesucht, doch keiner schien an seiner Botschaft interessiert zu sein. Die Gefolgsleute gehorchten ihren Führern und wiesen seine Lehre mit Verachtung zurück. Das war nicht ungewöhnlich. Leute, die in weltliche Angelegenheiten verwickelt sind, betrachten so eine Botschaft immer als so etwas wie eine Einmischung, sogar als Beleidigung. Da die Botschaft ohne sichtbare Macht, wie z. B. große Anhängerzahl oder Waffen, dargebracht wurde, fühlten sie, sie könnten sie einfach mit Verachtung zurückweisen. Der Prophet[saw] war davon nicht ausgenommen. Berichte über ihn hatten Ta'if schon erreicht und jetzt kam er selbst, ohne Anhänger oder Waffen, ein einsamer Wanderer, nur von Zaid[ra] begleitet.

Für die Bürger war er ein Ärgernis, mit dem man jedoch bald fertig werden sollte, wenn auch nur, um die Oberhäupter zu imponieren. Sie schickten Vagabunden und Gassenjungen hinter ihm her, die ihn mit Steinen bewerfen sollten, bis er aus der Stadt hinausgetrieben war. Zaid[ra] wurde verwundet und der Prophet[saw] blutete stark. Doch die Verfolger ließen diese zwei Hilflosen erst in Ruhe, als sie sich mehrere Meilen ausserhalb Ta'ifs befanden.

Der Prophet[saw] war tief betrübt und niedergeschlagen, als ihm ein Engel erschien und ihn fragte, ob er seine Verfolger vernichtet sehen möchte. *„Nein,"* sprach der Prophet[saw], *„ich hoffe, dass diesen Folterern Nachkommen geboren werden, die den Einen wahren Gott anbeten werden."* (Bukhari, Kitab Bad' Al-Khalq)

Zurückgewiesen und erschöpft machte der Prophet[saw] an einem Weinberg Rast, der zwei Mekkanern gehörte, die zufällig anwesend waren. Sie gehörten zu seinen Verfolgern in Mekka, doch jetzt zeigten sie sich mitfühlend. War es, weil ein Bürger Mekkas von den Bürgern Ta'ifs misshandelt worden war oder war plötzlich ein Funke von Menschlichkeit in ihren Herzen entzündet?

Jedenfalls schickten sie dem Propheten[saw] durch einen christlichen Sklaven ein Tablett voll Trauben. Der Sklave hieß Addas und stammte aus Nineveh. Addas überreichte dem Propheten[saw] und seinem Begleiter das Tablett. Gedankenvoll sah er auf sie herab und wurde sehr verwundert, als er den Propheten[saw] sagen hörte: *„Im Namen Allahs, des Gnädigen, Allbarmherzigen."*

Seine christlichen Gefühle wurden wach, und er wähnte sich in Gegenwart eines hebräischen Propheten.

Der Prophet[saw] fragte ihn, woher er komme, und er sagte, *„Nineveh"*, worauf der Prophet[saw] antwortete: *„Jonas, Sohn des Amittai, der auch aus Nineveh kam, war ein Heiliger, ein Prophet wie ich."*

Der Prophet[saw] gab Addas auch seine eigene Botschaft. Addas war entzückt und überzeugt. Mit Tränen in den Augen, umarmte er den Propheten[saw] und küsste ihm Kopf, Hände und Füße.

Nach diesem Treffen wendete der Prophet[saw] sich an Allah und betete:

اَللّٰهُمَّ اِلَيْكَ اَشْكُوْ ضُعْفَ قُوَّتِيْ وَقِلَّةَ حِيْلَتِيْ وَهَوَانِيْ عَلَى النَّاسِ يَا اَرْحَمَ الرَّاحِمِيْنَ اَنْتَ رَبُّ الْمُسْتَضْعَفِيْنَ وَاَنْتَ رَبِى اِلَى مَنْ تَكِلْنِىْ اِلَى بَعِيْدٍ يَّتَجَهَّمُنِىْ اَمْ اِلَى عَدُوٍّ مَلَكْتَهٗ اَمْرِىْ اِنْ لَمْ يَكُنْ بِكَ عَلَىَّ غَضَبٌ فَلَا اُبَالِىْ وَلٰكِنْ عَافِيَتُكَ هِىَ اَوْسَعُ لِىْ اَعُوْذُ بِنُوْرِ وَجْهِكَ الَّذِىْ اَشْرَقَتْ لَهُ الظُّلُمَاتُ وَصَلَحَ عَلَيْهِ اَمْرُ الدُّنْيَا وَبِالْاٰخِرَةِ مِنْ اَنْ تُنَزِّلَ بِىْ غَضَبَكَ اَوْيَحُلَّ عَلَىَّ سَخَطُكَ لَكَ الْعُقْبٰى حَتّٰى تَرْضٰى وَلَا حَوْلَ وَلَا قُوَّةَ اِلَّا بِكَ

> „Allah, ich breite meine Klage vor Dir aus. Ich bin schwach und ohne Mittel. Mein Volk verachtet mich. Du bist Herr der Schwachen und Armen und Du bist mein Herr! Wem willst Du mich preisgeben – Fremden, die mich herumstoßen oder dem Feind, der mich in meiner eigenen Stadt verfolgt? Wenn Du nicht verärgert bist über mich, der Feind kümmert mich nicht. Deine Gnade erflehe ich. Ich nehme Zuflucht im Licht Deines Angesichts. Du bist es, der Dunkelheit aus der Welt vertreiben und allen Frieden bringen kann, in dieser und in der nächsten Welt. Lass nicht Deinen Ärger und Deinen Zorn über mich kommen. Du bist nie erzürnt, außer Du bist bald danach zufrieden. Und es gibt keine Macht und keine Zuflucht außer Dir." *(Sirat Ibn Hisham und Tabari)*

Nach diesem Gebet machte er sich auf den Rückweg nach Mekka. Er unterbrach die Reise in Nakhla für ein paar Tage. Nach mekkanischer Tradition war er nicht mehr Bürger Mekkas: er hatte die Stadt verlassen, weil er sie als zu feindselig empfand und konnte sie nun nur noch mit der Erlaubnis der Mekkaner wieder betreten. So sandte er eine Botschaft zu Mut'im Bin 'Adi, einem der Oberhäupter von Mekka, mit der Frage, ob die Mekkaner ihm erlauben würden, zurückzukommen.

Mut'im, obwohl feindseelig wie die anderen Feinde in Mekka, hatte ein edles Herz. Er rief seine Söhne und Verwandten zusam-

men. Mit Waffen versehen, begaben sie sich zur Kaaba. Im Vorhof stehend, verkündete er, dass er dem Propheten[saw] erlauben würde, heimzukehren. Der Prophet[saw] kam zurück und umschritt die Kaaba. Mut'im, seine Söhne und Verwandten, die Schwerter gezogen, begleiteten den Propheten[saw] dann zu seinem Haus.
Dies war allerdings kein Schutz im traditionellen arabischen Sinne, der dem Propheten[saw] hier zugekommen war. Der Prophet[saw] hatte weiterhin zu leiden und Mut'im kümmerte sich nicht weiter um ihn. Mut'ims Handeln verstand sich nur als eine formale Bestätigung der Erlaubnis für den Propheten[saw], heimkehren zu dürfen.
Die Reise des Propheten[saw] nach Ta'if hat selbst bei Gegnern des Islam Lob hervorgerufen. Sir William Muir schreibt in seiner Biographie des Propheten[saw] (in Bezug auf die Reise nach Ta'if).

> „Es ist etwas Erhabenes und Heldenhaftes in dieser Reise Muhammads nach At-Ta'if; ein einsamer Mann, von seinen eigenen Leuten verachtet und zurückgewiesen, geht kühn im Namen Gottes wie Jonas nach Nineveh in eine abgöttische Stadt und fordert sie auf, zu bereuen und seine Mission zu unterstützen. Es wirft ein starkes Licht auf die Intensität seines Glaubens in den göttlichen Ursprung seines Auftrags. (*Life of Muhammad* von Sir W. Muir, 1923 Ausgabe, pp. 112-113)

In Mekka kehrten die alten Feindseligkeiten zurück. Seine Geburtsstadt wurde erneut zur Hölle für den Propheten[saw]. Doch er ließ nicht nach, seine Botschaft zu verkünden. Die Formel *„Gott ist einzig"* konnte langsam hier und da vernommen werden. Mit Liebe und Hochachtung und gewissem Mitgefühl bestand der Prophet[saw] auf der Ausbreitung seiner Botschaft. Die Menschen wendeten sich ab, doch er sprach sie wieder und wieder an. Die Wahrheit schien sie langsam aber sicher zu überzeugen. Die handvoll Muslime, die von Abessinien zurückgekommen waren, und sich entschlossen hatten, zu bleiben, predigten heimlich ihren Freunden, Nachbarn und Verwandten. Einige von diesen wurden überzeugt, sich öffentlich zu bekennen und die Leiden der anderen Muslime zu teilen. Doch viele, obwohl im Herzen überzeugt, hatten nicht den Mut, sich öffentlich zu erklären; sie warteten, dass das Königreich Gottes auf die Erde niederkommen würde.

In der Zwischenzeit wiesen Offenbarungen, die der Prophet[saw] erhielt, auf die Möglichkeit einer Auswanderung von Mekka hin. Er hatte auch eine gewisse Vorstellung von dem Ort bekommen, zu dem sie flüchten würden. Es war eine Stadt mit Brunnen und Dattelgärten. Er dachte an Yamaha. Doch die Idee wurde bald verworfen. Dann wartete er, in dem sicheren Gefühl, dass der Ort, der für sie als Zuflucht ausersehen worden war, die Wiege des Islam werden würde.

Der Islam weitet sich nach Medina aus

Vor der Auswanderung des Propheten[saw] nach Medina war der Ort als Yathrab bekannt. Nach der Hidjra wurde *Madinat'ul-Nabi* (Stadt des Propheten), kurz „Medina", daraus.

Die jährliche Pilgerfahrt näherte sich und von allen Teilen Arabiens trafen Pilger in Mekka ein. Der Prophet[saw] begrüßte jede Gruppe, die ihm in den Weg kam, erklärte ihnen die Idee seiner Botschaft und riet ihnen, alle Ausschweifungen aufzugeben und sich auf das Königreich Gottes vorzubereiten. Einige hörten ihm zu und waren interessiert. Einige wollten zuhören, doch wurden von den Mekkanern vertrieben. Andere hatten sich schon ein Urteil gebildet und hielten nur an, um ihn zu verspotten. Im Tal von Mina traf er auf eine Gruppe von sechs, sieben Leuten. Sie gehörten zum Stamm der Khazraj, der mit den Juden verbündet war. Er fragte sie, ob sie hören wollten, was er zu sagen habe. Sie hatten schon von ihm gehört und waren neugierig. Der Prophet[saw] nahm sich Zeit, ihnen zu erklären, dass das Königreich Gottes nahe war und die Götzenbilder verschwinden würden; dass die Botschaft des Einen Gottes triumphieren würde, dass Frömmigkeit und Reinheit wieder zu Ehren kommen würden. Ob sie wohl in Medina diese Botschaft willkommen heißen würden?

Die Gruppe war beeindruckt. Sie erkannten die Botschaft an und versprachen, bei ihrer Rückkehr nach Medina sich mit den anderen zu besprechen und im nächsten Jahr zu berichten, ob Medina bereit wäre, muslimische Flüchtlinge aus Mekka aufzunehmen.

Wieder in Medina, beratschlagten sie mit ihren Freunden und Verwandten. Es gab zu der Zeit zwei arabische und drei jüdische Stämme in Medina. Die arabischen Stämme waren die Aus und die Khazraj und die jüdischen die Banu Quraiza, Banu Nadir und Banu Qainuqa.

Die Aus und Khazraj befehdeten sich. Die Quraiza und die Banu Nasier waren mit den Aus und die Qainuqa mit den Khazraj verbündet. Ihrer Fehden müde, waren sie geneigt, Frieden miteinander zu schließen. Sie beschlossen, das Oberhaupt der Khazraj, Abdullah Bin Ubayy Bin Salul, als König von Medina anzuerkennen. Von den Juden hatten die Aus und Khazraj Prophezeiungen aus der Bibel gehört. Sie kannten die jüdischen Erzählungen von der vergangenen Pracht Israels und von der Erwartung eines Propheten „gleich Mose".

Sein Kommen ist nahe, pflegten die Juden zu sagen. Es würde das Wiederaufleben der Macht Israels und die Zerstörung seiner Feinde bedeuten. Als die Medinenser von unserem Propheten[saw] hörten, wunderten sie sich und begannen zu fragen, ob dies wohl der Prophet sei, von dem sie durch die Juden gehört hatten. Manch ein junger Mann glaubte daran.

Zur Zeit der nächsten Pilgerfahrt kamen zwölf Männer aus Medina und schlossen sich dem Propheten[saw] an. Zehn von ihnen gehörten dem Stamm der Khazraj und zwei dem der Aus an. Sie trafen den Propheten[saw] im Tal von Mina und des Propheten[saw] Hand ergreifend erklärten sie feierlich ihren Glauben an den Einen Gott und gelobten, sich von allem Übel, von Kindesmord und von falschen Beschuldigungen fernzuhalten. Sie verpflichteten sich, dem Propheten[saw] in allen Anweisungen zu gehorchen. Als sie nach Medina zurückgekehrt waren, fingen sie an, anderen von ihrem neuen Glauben zu berichten. Ihr Eifer nahm zu. Götzenbilder wurden von ihren Ehrenplätzen entfernt und auf die Straßen geworfen. Diejenigen, die sich vor den Götzen niedergeworfen hatten, erhoben ihre Häupter. Sie beschlossen, sich vor niemandem außer dem Einen Gott niederzuwerfen. Die Juden verwunderten sich. Jahrhunderte von Freundschaft, Erklärungen und Debatten hatten nicht vermocht, so eine Verwandlung in ihren Landsleuten hervorzurufen, wie es diesem Lehrer aus Mekka in wenigen Tagen gelungen war.

Die Medinenser begaben sich zu den einigen wenigen Muslimen in ihrer Mitte und erkundigten sich über den Islam. Doch die Wenigen konnten weder Schritt halten mit dem Ansturm von Fragen noch wussten sie genug. Sie entschlossen sich deshalb, den Propheten[saw] zu bitten, ihnen jemanden zu schicken, der sie besser unterrichten könne. Der Prophet[saw] sandte Mus'ab[ra], einen der Muslime, die in Abessinien gewesen waren, für diese Aufgabe. Mus'ab[ra] war der erste Missionar, der von Mekka ausgesandt wurde.

Die Nachtreise

Ungefähr während dieser Zeit erhielt der Prophet[saw] ein grandioses Versprechen von Gott. Er hatte eine Vision, in der er sich selbst in Jerusalem sah, Propheten hinter ihm in gemeinsamem Gebet versammelt. Jerusalem bedeutete so viel wie Medina, das zum Zentrum der Verehrung des Einen Gottes ausersehen worden war. Andere Propheten hinter ihm im gemeinsamen Gebet versammelt, bedeutete, dass Anhänger anderer Propheten ihm folgen würden und der Islam so eine universale Religion werden würde.

Die Verhältnisse in Mekka waren höchst kritisch geworden. Die Verfolgung hatte ihren Gipfel erreicht. Die Mekkaner lachten über die Vision des Propheten[saw] und erklärten sie zum Wunschdenken. Noch wussten sie nicht, dass der Grundstein für ein neues Jerusalem bereits gelegt worden war.

Nationen in Ost und West waren voller Erwartung. Sie wollten die letzte große Botschaft Gottes hören. Zu der Zeit lagen der byzantinische Kaiser und Khosraus von Persien miteinander im Krieg. Khosraus siegte. Syrien und Palästina wurden von den persischen Armeen überrannt. Jerusalem wurde zerstört. Ägypten und Kleinasien wurden besetzt. Persische Generäle schlugen ihre Zelte am Bosporus, nur 10 Meilen von Konstantinopel entfernt, auf. Die Mekkaner waren über den Sieg der Perser begeistert und sagten, dass Gottes Strafe gekommen sei – die Götzendiener Persiens hätten das „Volk der Schrift" besiegt.

Die Prophezeiung des römischen Siegs

Zu dieser Zeit erhielt der Prophet die folgende Offenbarung:

$$\text{غُلِبَتِ الرُّومُ ۝ فِيٓ أَدْنَى الْأَرْضِ وَهُم مِّنۢ بَعْدِ غَلَبِهِمْ سَيَغْلِبُونَ ۝}$$
$$\text{فِي بِضْعِ سِنِينَ ۗ لِلَّهِ الْأَمْرُ مِن قَبْلُ وَمِنۢ بَعْدُ ۚ وَيَوْمَئِذٍ يَفْرَحُ الْمُؤْمِنُونَ ۝}$$
$$\text{بِنَصْرِ اللَّهِ ۚ يَنصُرُ مَن يَشَآءُ ۖ وَهُوَ الْعَزِيزُ الرَّحِيمُ ۝ وَعْدَ اللَّهِ ۖ لَا يُخْلِفُ}$$
$$\text{اللَّهُ وَعْدَهُ وَلَٰكِنَّ أَكْثَرَ النَّاسِ لَا يَعْلَمُونَ ۝}$$

„Besiegt sind die Römer in dem Land nahebei, doch nach ihrer Niederlage werden sie in wenigen Jahren wieder siegreich sein. – Allahs ist die Herrschaft zuvor und hernach – und an jenem Tage werden die Gläubigen mit der Hilfe Allahs frohlocken. Er hilft wem Er will und Er ist der Allmächtige, der Barmherzige. Die Verheißung Allahs. Allah bricht Sein Versprechen nicht, doch die meisten Menschen wissen es nicht." (30:3-7)

Die Prophezeiung wurde nach einigen paar Jahren erfüllt. Die Römer schlugen die Perser und eroberten die Gebiete, die sie verloren hatten, zurück.

Die Prophezeiung, die sagt, *„...an jenem Tage werden die Gläubigen mit der Hilfe Allahs frohlocken..."*, wurde auch erfüllt. Der Islam breitete sich aus. Die Mekkaner hatten geglaubt, dass sie ihm ein Ende bereiten könnten, indem sie die Leute beschwichtigten, der Lehre keine Beachtung beizumessen und sie rundweg zu bekämpfen. Doch zu dieser Zeit empfing der Prophet[saw] Prophezeiungen, die auf einen Sieg der Muslime und Vernichtung der Mekkaner hindeuteten. Der Prophet[saw] gab die folgenden Verse bekannt:

$$\text{وَقَالُوا لَوْلَا يَأْتِينَا بِآيَةٍ مِنْ رَبِّهِ ۚ أَوَلَمْ تَأْتِهِمْ بَيِّنَةُ مَا فِي الصُّحُفِ الْأُولَىٰ ۝}$$
$$\text{وَلَوْ أَنَّا أَهْلَكْنَاهُمْ بِعَذَابٍ مِنْ قَبْلِهِ لَقَالُوا رَبَّنَا لَوْلَا أَرْسَلْتَ إِلَيْنَا رَسُولًا}$$
$$\text{فَنَتَّبِعَ آيَاتِكَ مِنْ قَبْلِ أَنْ نَذِلَّ وَنَخْزَىٰ ۝ قُلْ كُلٌّ مُتَرَبِّصٌ}$$
$$\text{فَتَرَبَّصُوا ۖ فَسَتَعْلَمُونَ مَنْ أَصْحَابُ الصِّرَاطِ السَّوِيِّ وَمَنِ اهْتَدَىٰ ۝}$$

„Sie sagen: ‚Warum bringt er uns nicht ein Zeichen von seinem Herrn?' Ist ihnen denn nicht der klare Beweis für das, was in den früheren Schriften steht, gekommen? Und hätten Wir sie vorher durch eine Bestrafung vernichtet, hätten sie sicherlich gesagt: ‚Herr, warum schicktest Du uns nicht einen Gesandten, damit wir Deine Gebote hätten befolgen können, ehe wir gedemütigt und beschämt wurden?' Sprich: ‚Ein jeder wartet; so wartet auch ihr und ihr werdet erfahren, wer die Befolger des rechten Pfades sind und wer der wahren Führung folgt.'"
(20:134-136)

Die Mekkaner hatten sich über Mangel an Zeichen beschwert. Ihnen wurde gesagt, dass die Prophezeiungen über den Islam und den Propheten[saw] in vorangegangenen Schriften genug für sie sein müssten. Wenn die Mekkaner vernichtet worden wären, bevor ihnen die Botschaft des Islam hätte erklärt werden können, hätten sie sich über Mangel an Gelegenheit, die Zeichen zu erkennen, beschwert. Sie sollten warten und sehen.

Prophezeiungen, die Triumph für die Gläubigen und Niederlage für die Ungläubigen vorhersagten, wurden täglich empfangen. Als die Mekkaner von den Versicherungen göttlicher Hilfe und muslimischer Siege in den täglichen Prophezeiungen Muhammads hörten und dann ihre eigene Macht und ihren Wohlstand mit der Machtlosigkeit und Armut der Muslime verglichen, verwunderten sie sich sehr: *„Sind wir wahnsinnig oder ist der Prophet wahnsinnig?"*

Sie hatten gehofft, dass die Verfolgungen die Muslime veranlassen würden, ihren Glauben wieder aufzugeben und in die Gemeinschaft der Mekkaner zurückzukehren, so dass dem Propheten[saw] selbst und seinen engsten Begleitern Zweifel über seinen Anspruch aufkommen würden. Doch stattdessen mussten sie sich zuversichtliche Bestätigungen wie diese anhören:

فَلَا أُقْسِمُ بِمَا تُبْصِرُونَ ۝ وَمَا لَا تُبْصِرُونَ ۝ إِنَّهُ لَقَوْلُ رَسُولٍ كَرِيمٍ ۝ وَمَا هُوَ بِقَوْلِ شَاعِرٍ ۚ قَلِيلًا مَا تُؤْمِنُونَ ۝ وَلَا بِقَوْلِ كَاهِنٍ ۚ قَلِيلًا مَا تَذَكَّرُونَ ۝ تَنْزِيلٌ مِنْ رَبِّ الْعَالَمِينَ ۝ وَلَوْ تَقَوَّلَ عَلَيْنَا بَعْضَ الْأَقَاوِيلِ ۝ لَأَخَذْنَا مِنْهُ بِالْيَمِينِ ۝ ثُمَّ لَقَطَعْنَا مِنْهُ الْوَتِينَ ۝ فَمَا مِنْكُمْ مِنْ أَحَدٍ عَنْهُ حَاجِزِينَ ۝ وَإِنَّهُ لَتَذْكِرَةٌ لِلْمُتَّقِينَ ۝ وَإِنَّا لَنَعْلَمُ أَنَّ مِنْكُمْ مُكَذِّبِينَ ۝ وَإِنَّهُ لَحَسْرَةٌ عَلَى الْكَافِرِينَ ۝ وَإِنَّهُ لَحَقُّ الْيَقِينِ ۝ فَسَبِّحْ بِاسْمِ رَبِّكَ الْعَظِيمِ ۝

„Ich schwöre bei dem, was ihr seht, und bei dem, was ihr nicht seht, dass dies führwahr das Wort eines ehrenhaften Gesandten ist. Und es ist nicht das Werk eines Dichters, wenig ist's, was ihr glaubt. Noch ist es die Rede eines Wahrsagers; wenig ist's, was ihr bedenkt. Es ist eine Offenbarung vom Herrn der Welten. Und hätte er irgendwelche Aussprüche in Unserem Namen ersonnen, Wir hätten ihn sicherlich bei der Rechten erfasst und Wir hätten ihm die Halsschlagader durchschnitten. Und keiner von euch hätte Uns von ihm abhalten können. Und wahrlich, es ist eine Ermahnung für die Gottesfürchtigen. Und fürwahr, Wir wissen, dass einige unter euch Unsere Zeichen verwerfen. Und fürwahr, es ist eine Quelle von Pein für die Ungläubigen. Und wahrlich, es ist die Gewissheit selbst. So preise den Namen Deines Herrn, des Großen!" (69:39-53)

Die Mekkaner waren gewarnt, dass all ihre Hoffnungen sich zerschlagen würden. Der Prophet^(saw) war weder ein Dichter noch ein Wahrsager, noch ein Heuchler. Der Koran war eine Lesung für die Frommen. Zwar wurde er von einigen abgelehnt. Doch er hatte auch seine Bewunderer, die sich um die Verbreitung seiner Wahrheit bemühten. Seine Versprechungen und Prophezeiungen würden sich alle erfüllen. Der Prophet^(saw) war aufgefordert, alle Opposition zu ignorieren und fortzufahren, den mächtigen Gott zu lobpreisen.

Die dritte Pilgerfahrt war gekommen. Unter den Pilgern von Medina war eine große Anzahl von Muslimen. Die Opposition der Mekkaner zwang sie, den Propheten^(saw) im Geheimen zu treffen. Des Propheten^(saw) eigene Gedanken bewegten sich immer mehr um Medina als mögliches Ziel seiner Auswanderung. Er erwähnte dies seinen nächsten Verwandten gegenüber, doch sie versuchten ihn von allen solchen Gedanken abzubringen. Sie wendeten ein, dass sie trotz aller Opposition in Mekka hier unter dem Schutz einiger einflussreicher Verwandten stünden.

Die Aussichten in Medina waren hingegen voller Unsicherheiten und sollte es sich herausstellen, dass Medina genauso feindlich auf seine Botschaft reagieren würde wie Mekka, wer würde ihm dann helfen? Der Prophet jedoch war davon überzeugt, dass die Auswanderung nach Medina für ihn beschlossene Sache war. So wies er den Rat seiner Verwandten zurück und entschloss sich zur Auswanderung nach Medina.

Erstes Gelübde von Aqaba

Nach Mitternacht traf der Prophet^(saw) sich wieder mit den Muslimen aus Medina im Tal von Aqaba. Sein Onkel Abbas begleitete ihn. Die Muslime aus Medina zählten dreiundsiebzig; zweiundsechzig gehörten zum Stamm der Khazraj und elf zu den Aus. Zu der Gruppe gehörten auch zwei Frauen, eine von ihnen war Umm Ammara[ra] von den Banu Najjar. Sie hatten den Islam von Mus'ab[ra] gelernt und waren voll glühenden Glaubens und Entschlossenheit. Sie alle erwiesen sich als Stützen des Islam.

Umm Ammara[ra] zum Beispiel hatte ihren Kindern eine unerschütterliche Treue zum Islam eingepflanzt. Einer ihrer Söhne, Hadhrat Khubaib[ra], wurde nach dem Tode des Propheten[saw] in einem Gefecht mit Musailima, dem falschen Propheten, gefangen genommen. Dieser versuchte, Hadhrat Khubaibs Glauben zu verunsichern. *„Glaubst Du, dass Muhammad der Botschafter Gottes ist?"* fragte er. *„Ja,"* war seine Antwort. *„Glaubst Du, dass ich ein Botschafter Gottes bin?"* fragte Musailima. *„Nein";* antwortete Khubaib. Darauf ordnete Musailima an, dass eins seiner Beine abgeschlagen werde. Danach fragte er Hadhrat Khubaib[ra] wieder: *„Glaubst Du, dass Muhammad der Botschafter Gottes ist?" „Ja,"* antwortete Habib[ra]. *„Glaubst Du, dass ich ein Botschafter Gottes bin?" – „Nein."*

Musailima ordnete an, dass das andere Bein von seinem Körper entfernt werde. Glied um Glied wurde auf diese Weise abgehackt, und Hadhrat Khubaibs Körper war in viele Teile zerteilt. Er starb einen grausamen Tod, doch hinterließ er ein unvergessliches Beispiel persönlichen Mutes und Opfergeistes für die Sache religiöser Überzeugung. *(Halbiyya, Bd. 2, S. 17)*

Umm Ammara[ra] begleitete den Propheten[saw] in mehreren Schlachten. Kurz: Diese Gruppe Medinenser Muslime gelangte durch ihre Treue und ihren Glauben zu hoher Würde.

Sie kamen nach Mekka ihres Glaubens wegen und nicht, um Geschäfte zu machen, und ihr Glaube war überwältigend.

Abbas fühlte sich durch Familienbande für die Sicherheit des Propheten[saw] verantwortlich und sprach die Medinenser folgendermaßen an: *„O Khazraj, dieser mein Verwandter ist in seinem Volk angesehen. Sie sind nicht alle Muslime, doch sie sind ein Schutz für ihn. Doch jetzt hat er sich entschlossen, uns zu verlassen und zu Euch zu gehen. O Khazraj, bedenkt Ihr, was geschehen wird? Ganz Arabien wird sich gegen Euch erheben. Wenn Ihr die Gefahren seht, die Eure Einladung für Euch verbirgt, dann nehmt ihn mit Euch. Wenn nicht, dann zieht Eure Einladung zurück und lasst ihn hier bleiben."*

Der Führer der Gruppe, Al-Bara, antwortete felsenfest: *„Wir haben Euch verstanden. Unser Entschluss steht fest. Unsere Leben stehen dem Propheten Gottes zur Verfügung. Wir sind bereit und warten nur auf seine Entscheidung."* (Halbiyya, Bd. 2, S.18)

Der Prophet[saw] erläuterte ein weiteres Mal den Islam und seine Lehren, und er teilte der Gruppe mit, dass er nach Medina gehen würde, wenn ihnen der Islam so lieb und teuer wäre wie ihre Frauen und Kinder. Er hatte seine Rede noch nicht beendet, als diese Gruppe von dreiundsiebzig Ergebenen mit lauter Stimme ausrief: *„Ja, Ja!"* In ihrem Eifer vergaßen sie, dass sie gehört werden konnten.

Abbas gebot ihnen, leiser zu sprechen. Doch die Gruppe war jetzt so begeistert, sie fürchtete selbst den Tod nicht. Als Abbas die Gruppe warnte, sagte einer von ihnen laut: *„Wir fürchten nichts, Prophet Gottes. Gebt uns Erlaubnis und wir kämpfen mit den Mekkanern ohne Zögern und rächen die Untaten, die sie Euch angetan haben."*

Doch der Prophet[saw] sagte, dass ihm noch keine Erlaubnis zum Kämpfen zugekommen sei. Die Gruppe leistete dann den Treueeid und die Versammlung ging auseinander. Die Mekkaner erfuhren von diesem Treffen. Sie gingen zum Zeltlager der

Medinenser, um sich über die Besucher bei deren Oberhaupt zu beklagen.

Abdullah Bin Ubay Bin Salul – höchstes Oberhaupt – wusste nichts von dem, was sich zugetragen hatte. Er versicherte den Mekkanern, dass es sich um falsche Gerüchte handeln müsse. Die Medinenser hatten ihn als ihr Oberhaupt gewählt und könnten nichts dergleichen ohne sein Wissen und seine Erlaubnis tun. Er wusste noch nicht, dass diejenigen von Medina, die den Islam angenommen haben, das Joch Satans abgeschüttelt und die Oberherrschaft Gottes an seiner Stelle angenommen hatten.

Die *Hidjra* (Auswanderung von Mekka nach Medina)

Die Medinenser kehrten heim und der Prophet[saw] und seine Begleiter begannen mit Vorbereitungen für die Auswanderung. Die Muslime, sicher, dass das Königreich Gottes nahe war, waren voller Mut. Es kam vor, dass ganze Straßenzüge über Nacht verlassen wurden. Am Morgen fanden die Mekkaner die Türen verriegelt und ihnen war klar, dass die Bewohner der Häuser sich nach Medina aufgemacht hatten. Der wachsende Einfluss des Islam verblüffte sie.

Schließlich waren außer einigen Sklaven, dem Propheten[saw] selbst, Hadhrat Abu Bakr[ra] und Hadhrat Ali[ra] keine Muslime mehr in Mekka. Die Mekkaner sahen ihre Leute entkommen. Die Oberhäupter berieten sich wieder und entschieden, dass der Prophet[saw] jetzt getötet werden müsse. Durch besondere göttliche Fügung war der Tag, an dem sie den Propheten[saw] töten wollten, der gleiche, der für seine Auswanderung bestimmt war. Als die Mekkaner sich vor seinem Haus mit der Absicht trafen, ihn zu töten, verließ er sein Haus im Schutze der Nacht.

Die Mekkaner müssen befürchtet haben, dass der Prophet[saw] eine Vorahnung ihres üblen Planes hatte. Sie bewegten sich sehr vorsichtig – doch als der Prophet[saw] selbst an ihnen vorbei kam, hielten sie ihn für jemand anderen und blieben im Versteck, um nicht bemerkt zu werden.

Des Propheten[saw] Freund Hadhrat Abu Bakr[ra] war am Tag zuvor von seinem Plan unterrichtet worden. Er traf ihn, wie verabredet, und dann verließen beide Mekka und nahmen Zuflucht in einer Höhle, die als Thaur-Höhle bekannt war, auf einem Hügel, drei bis vier Meilen außerhalb Mekkas gelegen.

Als die Mekkaner von der Flucht des Propheten[saw] erfuhren, versammelten sie eine Mannschaft, die ihn verfolgen sollte. Von einem Fährtenleser geführt, erreichten sie Thaur. Vor der Höhle stehend, in der sich der Heilige Prophet[saw] und Hadhrat Abu Bakr[ra] verborgen hielten, erklärte der Fährtenleser, dass Muhammad entweder in der Höhle sei oder aber zum Himmel aufgefahren. Hadhrat Abu Bakr[ra] hörte dies und verlor den Mut. *„Die Verfolger haben uns eingeholt"*, flüsterte er.

Der Heilige Prophet[saw] antwortete:

$$\text{لَا تَحْزَنْ إِنَّ اللَّهَ مَعَنَا}$$

„Fürchte nichts, Gott ist mit uns".

„Ich fürchte nichts für mich", fuhr Hadhrat Abu Bakr[ra] fort, *„doch für Euch. Denn wenn ich getötet werde, ich bin nur ein gewöhnlicher Sterblicher; doch wenn Ihr getötet werdet, wird das das Ende von Glauben und Mut bedeuten." (Zurqani) „Fürchte nichts"*, versicherte der Prophet[saw] erneut. *„Wir sind nicht nur zwei in dieser Höhle. Ein dritter ist mit uns: Gott." (Bukhari)*

Der mekkanischen Tyrannei war das Ende bestimmt. Der Islam hatte die Gelegenheit bekommen, sich auszuweiten. Die Verfolger täuschten sich. Sie lachten über das Urteil des Fährtensuchers. Die Höhle sei viel zu offen, um jemanden verbergen zu können, außerdem war sie wegen Schlangen und Ottern nicht gerade sicher. Hätten sie sich nur etwas gebückt, sie hätten die zwei leicht sehen können. Doch sie taten es nicht, entließen den Fährtenleser und kehrten nach Mekka zurück.

Zwei Tage verblieben der Heilige Prophet[saw] und Hadhrat Abu Bakr[ra] noch in der Höhle. In der dritten Nacht wurden, wie verabredet, zwei schnelle Kamele gebracht; eins für den Propheten[saw] und den Führer; das andere für Hadhrat Abu Bakr[ra] und seinen Diener, Amir Bin Fuhaira.

Bevor der Prophet[saw] sich aufmachte, blickte er noch einmal nach Mekka zurück. Schmerz wallte in seinem Herzen auf. Mekka war seine Geburtsstadt. Er hatte dort seine Kindheit verbracht, war dort zum Mann herangewachsen und hatte dort seinen göttlichen Auftrag erhalten. Es war der Ort seiner Vorfahren seit Hadhrat Ismael[as].

Diesen Gedanken nachhängend, warf er einen langen letzten Blick auf Mekka: *„Mekka, du bist mir teurer als jeder andere Ort in der Welt, doch deine Leute wollen mich hier nicht leben lassen."* Worauf Hadhrat Abu Bakr[ra] sprach: *„Dieser Ort hat seinen Propheten verstoßen. Er geht jetzt seiner Vernichtung entgegen."*

Suraqa verfolgt den Propheten[saw]

Nach der fehlgeschlagenen Verfolgung setzten die Mekkaner einen Preis auf die Köpfe der zwei Fliehenden aus. Wer immer den Propheten[saw] und Abu Bakr[ra] gefangen nahm und den Mekkanern übergab, tot oder lebendig, würde mit 100 Kamelen belohnt werden. Diese Bekanntmachung wurde allen Stämmen in der Umgebung Mekkas mitgeteilt. Die Belohnung im Auge, nahm Suraqa Bin Malik, ein Beduinenhäuptling, die Verfolgung der beiden auf und machte sie endlich auf der Straße nach Medina aus.

Er sah zwei bemannte Kamele und war sich sicher, dass sie den Propheten[saw] und Abu Bakr[ra] trugen und spornte sein Pferd an. Das Pferd bäumte sich auf und fiel, nachdem es noch nicht sehr weit gekommen war, und Suraqa fiel mit ihm.

Suraqas eigene Schilderung ist interessant. Er sagte:

> „Nachdem ich von dem Pferd gefallen war, befragte ich mein Glück in der abergläubischen Methode der Araber durch Pfeilwerfen. Die Pfeile sagten Übles voraus. Doch die hohe Belohnung brachte mich in Versuchung. Ich bestieg wieder mein Pferd, nahm die Verfolgung wieder auf und hatte die Gruppe beinahe erreicht. Der Prophet ritt mit Würde und drehte sich nicht um. Doch Abu Bakr blickte sich immer wieder um (sicherlich aus Furcht um den Propheten). Als ich ihnen nahe kam, bäumte sich mein Pferd wieder auf und ich fiel. Wiederum warf ich die Pfeile und wieder sagten sie mir Unglück voraus. Die Hufen meines Pferdes sanken tief in den Sand. Es wieder zu besteigen und die Verfolgung aufzunehmen, war schwierig geworden. Es wurde mir plötzlich klar, dass die beiden unter göttlichem Schutz standen. Ich rief sie an und ersuchte sie, anzuhalten. Als ich nahe genug an sie herangekommen war, berichtete ich von meinen üblen Absichten und von meiner Bekehrung. Ich sagte ihnen, dass ich die Verfolgung aufgeben und umkehren werde. Der Prophet sagte, ich könne gehen, doch ich müsste ihm versprechen, niemandem von ihrem Verbleib zu berichten. Ich war überzeugt, dass er ein

wahrer Prophet war und zum Erfolg bestimmt war. Ich bat den Propheten, mir eine Friedensversicherung auszustellen, die mir dienen sollte, wenn er zur Macht gekommen war. Der Prophet beauftragte Amir Bin Fuhaira, mir diese Garantie zu schreiben und dies tat er. Als ich mich zur Umkehr bereitete, erhielt der Prophet eine Offenbarung über die Zukunft, und er sagte: *„Suraqa, wie würde es Dir ergehen, die Goldreifen des Khosroes an Deinen Armen zu tragen?"* Erstaunt über die Prophezeiung fragte ich: *„Welchen Khosroes? Khosroes Bin Hormizd, des Herrschers von Iran?" „Ja," sprach der Prophet."* (Usud Al-Ghaba)

Sechzehn bis siebzehn Jahre später wurde diese Prophezeiung erfüllt. Suraqa nahm den Islam an und begab sich nach Medina. Der Prophet^{saw} starb und nach ihm wurden erst Hadhrat Abu Bakr^{ra} und dann Hadhrat Umar^{ra} die ersten Kalifen des Islam. Die wachsende Bedeutung des Islam machte die Iraner eifersüchtig und das veranlasste sie, die Muslime anzugreifen. Doch anstatt die Muslime zu unterwerfen, wurden sie selbst von ihnen unterworfen. Die Hauptstadt des Iran fiel in die Hand der Muslime und mit ihr all ihre Schätze, einschließlich der Goldreifen, die Khosroes bei hohen Anlässen zu tragen pflegte.

Nach seinem Übertritt pflegte Suraqa^{ra} seine Verfolgung des Propheten^{saw} und seiner kleinen Gruppe zu beschreiben und zu erzählen, was sich zwischen ihm und dem Propheten^{saw} zugetragen hatte. Als die Beute des Krieges mit Iran vor Hadhrat Umar^{ra} ausgebreitet wurde, sah er die Goldreifen und erinnerte sich daran, was der Heilige Prophet^{saw} zu Suraqa^{ra} gesprochen hatte. Es war eine großartige Prophezeiung zur Zeit äußerster Hilflosigkeit gewesen. Hadhrat Umar^{ra} beschloss nun, eine sichtbare Erfüllung dieser Prophezeiung herbeizuführen. Er rief Suraqa^{ra} zu sich und forderte ihn auf, die Armreifen anzulegen. Suraqa^ra empörte sich und sagte, dass das Tragen von Gold für Männer im Islam verboten sei. Hadhrat Umar^ra räumte ein, das sei zwar wahr, doch dies sei eine Ausnahme. Der Prophet^saw hatte die Goldreifen des Khosroes an seinen Armen vorausgesehen, deshalb müsste er sie jetzt anlegen, selbst wenn er dafür bestraft werden würde.

Suraqa^ra hatte sich aus Ehrerbietung für die Lehre des Propheten^saw geweigert, ansonsten war er begierig wie jeder andere, eine sichtbare Erfüllung der großen Prophezeiung zu demonstrieren. Er legte die Armreifen an und die Muslime sahen die Prophezeiung erfüllt. *(Usud Al-Ghaba)*

Der flüchtende Prophet^saw war zum König geworden. Er selbst war nicht länger am Leben. Doch seine Nachfolger wurden zu Zeugen der Erfüllung seiner Worte und Visionen.

Der Prophet^saw erreicht Medina

Nun zurück zu unserem Bericht über die *Hidjra*. Nachdem der Prophet^saw Suraqa^ra entlassen hatte, setzte er seine Reise nach Medina ohne weitere Behinderung fort. Als er Medina erreichte, wurde er schon ungeduldig erwartet. Einen glücklicheren Tag konnte es für die Medinenser nicht geben. Die Sonne, die für Mekka aufgegangen war, begann nun über Medina zu scheinen. Berichte, dass der Heilige Prophet^saw Mekka verlassen hatte, hatten die Medinenser schon erreicht und so erwarteten sie seine Ankunft. Einzelne Gruppen gingen weit über die Stadtgrenzen hinaus entgegen, um nach ihm Ausschau zu halten. Sie verließen Medina am Morgen und kehrten am Abend enttäuscht zurück. Als der Heilige Prophet^saw endlich die Grenzen Medinas erreichte, entschied er, in Quba, einem angrenzenden Dorf, für eine

Weile Halt zu machen. Ein Jude hatte die zwei Kamele kommen sehen und hatte erkannt, dass sie den Propheten[saw] und seine Begleiter brachten. Er ging auf einen Hügel und rief aus: *„Söhne Qailas[4], der Erwartete ist gekommen."*
Alle Medinenser, die diesen Ruf vernahmen, eilten nach Quba, während die Leute von Quba, überglücklich über die Ankunft des Propheten[saw] in ihrer Mitte, Gesänge zu seinen Ehren anstimmten.

Die äußerste Einfachheit des Propheten[saw] mag durch folgende Begebenheit, die sich während dieses Aufenthaltes in Quba zutrug, illustriert werden. Die meisten Medinenser hatten den Heiligen Propheten[saw] vorher noch nie gesehen. Als sie seine Gruppe unter einem Baum sitzen sahen, hielten viele von ihnen Hadhrat Abu Bakr[ra] für den Propheten[saw]. Abu Bakr[ra], obwohl er jünger als der Prophet[saw] war, hatte einen graueren Bart und war besser gekleidet als dieser. Sie wandten sich daher an ihn und setzten sich ihm gegenüber, nachdem sie ihm die Ehrerbietung gezollt hatten, die einem Propheten zukommt.

Als Abu Bakr[ra] sah, wie er fälschlicherweise für den Propheten[saw] gehalten wurde, erhob er sich, nahm seinen Mantel und hing ihn gegen die Sonne und sagte: *„Prophet Gottes, Ihr sitzt in der Sonne. Ich bereite Euch dies als Schatten." (Bukhari)*

Mit Takt und Höflichkeit hatte er so die Medinenser auf ihren Irrtum aufmerksam gemacht.

Der Prophet[saw] hielt sich zehn Tage in Quba auf; danach führten die Medinenser ihn in ihre Stadt. Als er die Stadt betrat, konnte er feststellen, dass alle Einwohner, Männer, Frauen und Kinder herausgekommen waren, um ihn zu begrüßen. Unter den Gesän-

---

[4] Der Name eines Tals in Medina (Anm. d. Ü.).

gen, mit denen sie ihn empfingen, war folgender:

"Der Vollmond
ist für uns hinter Al-Wida aufgegangen.
So lange wir in unserer Mitte jemanden haben,
der uns zu Gott ruft, obliegt es uns,
Gott unseren Dank auszusprechen.
Euch, der Ihr uns von Gott gesandt worden seid,
bringen wir unseren vollen Gehorsam dar." (Halbiyya)

Der Heilige Prophet^{saw} betrat Medina nicht von Osten. Als die Medinenser ihn als den *„Mond der vierzehnten Nacht"* beschrieben, wollten sie damit sagen, dass sie vor seiner Ankunft, die ihnen volles Licht brachte, im Dunkeln gelebt hatten. Es war ein Montag, an dem der Heilige Prophet^{saw} Medina betrat. Es war ein Montag gewesen, als er die Höhle Thaur verlassen hatte, und eigenartigerweise war es ein Montag, an dem er, zehn Jahre später, wieder in Mekka einzog.

Während des Einzugs des Heiligen Propheten^{saw} in Medina wollte jeder die Ehre haben, sein Gastgeber zu sein. Ganze Familien säumten die Straßen, durch die ihn sein Kamel trug. Wie mit einer Stimme wurde er aufgefordert: *„Hier sind unsere Häuser, unser Besitz und unser Leben; wir empfangen Euch und bieten Euch unseren Schutz an. Kommt und lebt bei uns."*

Viele zeigten noch größeren Eifer, ergriffen die Zügel des Kamels und bestanden darauf, dass der Heilige Prophet^{saw} vor ihrer Tür

absteige und in ihr Haus komme. Höflich lehnte der Heilige Prophet^saw ab, indem er sprach: *„Lass mein Kamel in Ruhe. Es steht unter der Leitung Gottes; es wird dort anhalten, wo Gott es will."*
Schließlich hielt es an einem Platz an, der den Waisen des Stammes Banu Najjar gehörte. Der Heilige Prophet^saw stieg ab und sagte: *„Es scheint so, als ob Gott will, dass wir hier anhalten."*
Er erkundigte sich. Der Verwalter für die Waisen kam hervor und bot dem Heiligen Propheten^saw den Platz zu dessen freien Verfügung an. Der Heilige Prophet^saw sagte, dass er das Angebot gern annehmen würde, wenn ihm erlaubt sei, dafür zu bezahlen. Ein Preis wurde vereinbart und der Heilige Prophet^saw entschied, dass der Platz mit ein paar Häusern und einer Moschee bebaut werden solle.

Abu Ayyub Ansari als Gastgeber des Propheten^saw

Nachdem dies geklärt war, fragte er, wer diesem Platz am nächsten lebe. Abu Ayyub Ansari trat hervor und bestätigte, dass sein Haus am nächsten gelegen sei und dass es dem Heiligen Propheten^saw zur Verfügung stehe. Der Heilige Prophet^saw bat ihn, ein Zimmer in seinem Haus für ihn herzurichten. Abu Ayyubs Haus war zweistöckig. Er bot dem Heiligen Propheten^saw an, das obere Stockwerk zu beziehen. Doch der Heilige Prophet^saw bevorzugte die unteren Räume, damit Besucher leichter Zugang zu ihm hätten.
Die Ergebenheit, die die Bewohner Medinas für den Heiligen Propheten^saw hatten, zeigte sich an folgendem Beispiel:
Hadhrat Abu Ayyub^ra überließ dem Heiligen Propheten^saw zwar das Erdgeschoss seines Hauses, doch er wollte nicht in einem Zimmer über dem des Propheten^saw schlafen. Er und seine Frau

fanden dies unhöflich. Außerdem war ein Wasserkrug zerbrochen und Wasser breitete sich auf den Boden aus. Hadhrat Abu Ayyub[ra] fürchtete, das Wasser könne durch die Ritzen des Bodens in das Zimmer des Propheten[saw] tropfen, daher nahm er seine Schlafdecke, um damit das Wasser aufzutrocknen, bevor es durchtropfen konnte. Am Morgen begab er sich zu dem Heiligen Propheten[saw] und berichtete, was in der Nacht geschehen war; und nachdem dieser sich den Bericht angehört hatte, willigte er ein, in das obere Geschoss umzuziehen.

Hadhrat Abu Ayyub[ra] sandte dem Heiligen Propheten[saw] das Essen, das in seinem Hause zubereitet worden war, hinauf. Der Heilige Prophet[saw] aß, was er mochte und Hadhrat Abu Ayyub[ra] aß, was übrig geblieben war.

Nach einigen Tagen verlangten andere Familien, sich an der Beköstigung des Propheten[saw] beteiligen zu dürfen.

Bis der Heilige Prophet[saw] sich in seinem eignen Haus eingerichtet hatte und dort für ihn gekocht wurde, wurde er von den Bewohnern Medinas umsichtig beköstigt.

Die Aussage von Hadhrat Anas[ra] über den Charakter des Heiligen Propheten[saw]

Eine Witwe in Medina hatte nur einen einzigen Sohn, Anas[ra] bei Namen, der zu der Zeit ungefähr acht oder neun Jahre alt war. Sie ging mit dem Jungen zum Propheten[saw] und bot ihn dem Propheten[saw] als persönlichen Diener an. Dieser Anas[ra] ist dadurch in den Geschichtsbüchern des Islam unsterblich geworden. Er wurde ein gelehrter Mann und ein reicher dazu. Er wurde über 100 Jahre alt und wurde zur Zeit der Kalifen von jederman in hohem Ansehen gehalten. Es wird berichtet, dass Anas[ra] sagte, dass obwohl er dem Prophet[saw] seit seiner Jugend gedient hatte und bis zu dessen Tode bei ihm geblieben war, der Prophet[saw] niemals ein unfreundliches Wort zu ihm geäußert habe, noch habe er ihm gedroht, noch ihm jemals einen Auftrag gegeben, der über seine Kräfte ging.

Während seines Aufenthaltes in Medina hatte der Heilige Prophet[saw] nur Anas[ra] bei sich. Die Augenzeugenberichte von Anas[ra] enthüllen deshalb in einmaliger Weise den Charakter des Propheten, wie er sich in Medina in den Tagen von zunehmender Macht und Wohlstand entwickelte. Nach einiger Zeit schickte der Heilige Prophet[saw] Hadhrat Zaid[ra], seinen befreiten Sklaven, nach Mekka, seine verbliebene Familie und Verwandte nach Medina zu holen. Die Mekkaner waren wie betäubt durch den plötzlichen und wohlgeplanten Aufbruch des Heiligen Propheten[saw] und seiner Anhänger. Aus diesem Grund plagten sie ihn einige Zeit lang nicht.

Als die Familien des Heiligen Propheten[saw] und Hadhrat Abu Bakrs Mekka verließen, machten die Mekkaner keine Schwierigkeiten. Die beiden Familien erreichten Medina unbehelligt. In der Zwischenzeit hatte der Heilige Prophet[saw] den Grundstein für eine Moschee auf dem Platz, den er für diesen Zweck gekauft hatte, gelegt. Danach baute er Häuser für sich und seine Begleiter. Es dauerte ungefähr sieben Monate bis zu ihrer Fertigstellung.

Das Leben in Medina wird unsicher

Nur wenige Tage nach der Ankunft des Propheten[saw] in Medina zeigten sich die heidnischen Stämme interessiert am Islam und die meisten von ihnen traten dem neuen Glauben bei. Doch manche traten bei, ohne wirklich überzeugt zu sein. So gab es in der Gemeinschaft des Islam eine Gruppe von Heuchlern, die im Herzen keine Muslime waren. Ihre Mitglieder spielten eine unheilvolle Rolle in der späteren Geschichte. Einige von ihnen wurden treue Muslime. Andere blieben unaufrichtig und fuhren fort, gegen den Islam und die Muslime zu intrigieren. Einige wollten überhaupt nicht beitreten. Doch sie konnten den wachsenden Einfluss des neuen Glaubens auch nicht ertragen, und so wanderten sie von Medina nach Mekka aus.

Medina wurde zu einer muslimischen Stadt. In ihr war die Anbetung des Einen Gottes begründet worden. Keine zweite Stadt in der Welt konnte diesen Anspruch für sich erheben. Es war kein kleines Maß an Freude für den Heiligen Propheten[saw] und seine Freunde, dass innerhalb nur weniger Tage nach ihrem Einzug eine ganze Stadt bereit war, die Verehrung der Götzen aufzugeben und stattdessen die Anbetung des Einen unsichtbaren Gottes einzuführen.

Doch es gab noch keinen Frieden für die Muslime. In Medina selbst gab es eine Gruppe von Arabern, die nur äußerlich dem Islam beigetreten waren. Innerlich waren sie geschworene Feinde des Propheten[saw]. Und dann waren dort Juden, die unentwegt gegen ihn intrigierten. Der Heilige Prophet[saw] war sich dieser Gefahren bewusst. Er war auf der Hut und drängte seine Freunde und Anhänger, wachsam zu sein. Er blieb manche Nacht wach. *(Bari, Bd. 6, S. 60)* Müde vom nächtlichen Wachsamsein, bat er eines Tages um Hilfe. Bald darauf hörte er das Geräusch einer Rüstung. *„Was ist das?"* fragte er. *„Es ist Sa'd Bin Abi Waqqas, Oh Prophet, der gekommen ist, Wachposten für Euch zu stehen,"* war die Antwort. *(Bukhari und Muslim)*

Die Bewohner Medinas waren sich ihrer großen Verantwortung

bewusst. Sie hatten den Prophetensaw eingeladen nach Medina zu kommen, um in ihrer Mitte zu leben, und hatten somit die Pflicht, ihn zu beschützen. Die Stämme beratschlagten sich und entschieden, abwechselnd das Haus des Prophetensaw zu bewachen. Was die Unsicherheit seiner Person und Mangel an Frieden für seine Anhänger anbelangt, so gab es keinen Unterschied zwischen dem Leben des Prophetensaw in Mekka und dem in Medina. Der Unterschied war, dass in Medina die Muslime sich öffentlich in der Moschee, die sie im Namen Gottes errichtet hatten, versammeln und beten konnten. Ungehindert und ungestört konnten sie sich dort fünf Mal am Tag zur Anbetung Gottes treffen. Zwei, drei Monate vergingen. Die Bewohner Mekkas erholten sich von ihrem Schock und begannen, Pläne für die Schikanierung der Muslime zu schmieden. Sie kamen bald überein, dass es ihrem Zweck nicht diente, die Muslime in und um Mekka zu stören. Es war notwendig, den Prophetensaw und seine Anänger in Medina anzugreifen und aus ihrem Zufluchtsort zu vertreiben. So schrieben sie einen Brief an Abdullah Bin Ubayy Bin Salul, das Oberhaupt Medinas, der vor der Ankunft des Prophetensaw von allen Parteien als König von Medina anerkannt worden war. Sie führten in diesem Brief aus, dass sie erschrocken waren über die Ankunft des Prophetensaw in Medina, dass es unrecht sei, dass die Bewohner von Medina ihm Zuflucht gewährten. Sie schlossen:

اِنَّكُمْ اٰوَيْتُمْ صَاحِبَنَا وَاِنَّا نُقْسِمُ بِاللّٰهِ لَتُقَاتِلُنَّهُ اَوْ تُخْرِجَنَّهُ اَوْ لَنَسِيِّرَنَّ اِلَيْكُمْ بِاَجْمَعِنَا حَتّٰى نَقْتُلَ مُقَاتِلَتَكُمْ وَنَسْتَبِيْحَ نِسَاءَ كُمْ.

„Da Ihr jetzt unseren Feind in Eurer Mitte aufgenommen habt, schwören wir bei Gott und erklären, dass wir, das Volk von Mekka, uns in einem Angriff auf Medina vereinen werden, es sei denn, dass Ihr, das Volk von Medina, zustimmt, ihn aus Medina auszuweisen oder ihn gemeinsam anzugreifen. Wenn wir Medina angreifen, werden wir alle kräftigen Männer töten und alle Frauen versklaven."
(Abu Dawud, Kitab Al-Kharaj)

Abdullah Bin Ubayy Bin Salul empfand diesen Brief als gottgesandt. Er besprach sich mit anderen Heuchlern in Medina und überzeugte sie, dass, wenn sie dem Propheten[saw] erlaubten, friedlich in ihrer Mitte zu leben, sie die Feindseligkeit von Mekka heraufbeschwören würden. Es zieme sich deshalb für sie, dem Propheten[saw] den Krieg zu erklären, selbst wenn es nur darum geschähe, den Mekkanern einen Gefallen zu tun.

Der Prophet[saw] erfuhr davon. Er ging zu Abdullah Bin Ubayy Bin Salul und versuchte, ihn zu überzeugen, dass so ein Schritt sich als selbstmörderisch erweisen würde. Viele Leute in Medina waren Muslime geworden und waren bereit, ihr Leben für den Islam hinzugeben. Wenn Abdullah den Muslimen den Krieg erklären würde, so würde die Mehrzahl der Einwohner von Medina auf der Seite der Muslime kämpfen. So ein Krieg würde ihn teuer zu stehen kommen und würde seinen eigenen Untergang bedeuten. Abdullah war beeindruckt von diesem Rat und ließ von seinen Plänen ab.

Die Bruderschaft zwischen den Ansar und Muhajirin

Zu dieser Zeit unternahm der Prophet[saw] einen anderen bedeutenden Schritt. Er rief die Muslime zusammen und schlug vor, dass jeweils zwei Muslime sich wie zwei Brüder verbinden sollten.

Dieser Vorschlag wurde begeistert aufgenommen. Je ein Medinenser nahm einen Mekkaner zum Bruder. Unter dieser Bruderschaft boten die Muslime von Medina den Muslimen von Mekka an, ihren Besitz und ihre Habe mit ihnen zu teilen. Ein medinenser Muslim bot an, sich von einer seiner zwei Frauen scheiden zu lassen, damit sein mekkanischer Bruder sie heiraten könne. Die mekkanischen Muslime lehnten es ab, die Angebote der Medinenser Muslime in Anbetracht ihrer eigenen Bedürfnisse anzunehmen. Doch die Medinenser bestanden auf ihren Vorschlägen und die Angelegenheit musste dem Propheten[saw] zur Entscheidung vorgetragen werden.

Die Muslime von Medina betonten, dass die Mekkaner ihre Brüder seien. So waren sie berechtigt, ihren Besitz mit ihnen zu teilen. Die Mekkaner wussten nicht, wie sie Landbesitz behandeln sollten. Doch sie konnten die Erzeugnisse des Landbesitzes mit ihnen teilen, wenn schon nicht das Land selbst. Die mekkanischen Muslime dankten den Medinensern, doch lehnten sie das unglaublich großzügige Anerbieten ab und entschieden sich, an ihrem althergebrachten Beruf als Handelsleute festzuhalten. Manch ein mekkanischer Muslim wurde wieder zum reichen Mann. Doch die medinenser Muslime vergaßen ihr Angebot, ihren Besitz mit den Mekkaner Muslimen zu teilen, nicht. Oftmals, wenn ein medinenser Muslim gestorben war, verteilten seine Söhne die Erbschaft auch unter die mekkanischen Brüder.

Für lange Zeit wurde diese Praxis beibehalten, bis sie eines Tages durch die neuen Anweisungen im Koran über Verteilung von Erbschaften ersetzt wurde. *(Bukhari und Muslim)*

Vertrag zwischen den verschiedenen Stämmen in Medina

Außer der Verbrüderung von Muslimen aus Mekka und Muslimen aus Medina vereinte der Heilige Prophet^{saw} noch alle Einwohner von Medina durch einen gemeinsamen Vertrag miteinander. Durch diesen Vertrag waren Araber und Juden in gemeinsamer Bürgerschaft mit den Muslimen von Medina verbunden. Der Heilige Prophet^{saw} erklärte Arabern und Juden, dass bevor die Muslime als neue Gruppe in Medina erschienen, sie nur zwei verschiedene Gruppen in Medina gewesen waren, doch mit den Muslimen seien sie jetzt drei. Es war also nur richtig, dass sie jetzt ein Übereinkommen aufstellten, das für alle bindend ist und allen eine gewisse Sicherheit garantieren sollte. Schließlich kam ein Übereinkommen zustande, das besagte:

> „Zwischen dem Propheten Gottes^{saw} und den Gläubigen auf der einen Seite und denjenigen auf der anderen Seite, die sich freiwillig bereit erklären, beizutreten. Wenn einer der mekkanischen Muslime getötet wird, werden die mekkanischen Muslime selbst dafür verantwortlich sein. Die Verantwortung, die Freilassung ihrer Gefangenen zu sichern, wird auch bei ihnen liegen. Die muslimischen Stämme von Medina werden gleichermaßen verantwortlich sein für ihr Leben und ihre Gefangenen. Wer immer Unruhe stiftet oder Feindschaft und Aufruhr fördert, wird als gemeinsamer Feind angesehen werden. Es wird zur Pflicht für alle anderen, gegen ihn zu kämpfen, selbst wenn es sich um einen Sohn oder einen nahen Verwandten handeln sollte. Wenn ein Gläubiger in einer Schlacht von einem Ungläubigen getötet wird, so werden seine muslimischen Verwandten keine Rache nehmen. Noch werden

sie Ungläubigen gegen die Gläubigen Hilfe leisten. Die Juden, die diesem Bund beitreten, werden Hilfe von den Muslimen erhalten. Juden werden nicht irgendwelcher Bedrängnis ausgesetzt werden. Ihre Feinde werden keine Unterstützung gegen sie erfahren. Kein Ungläubiger aus Medina soll einem aus Mekka Quartier geben. Noch soll er als Treuhänder für mekkanischen Besitz auftreten. An einem Krieg zwischen Muslimen und Ungläubigen wird er nicht teilnehmen. Wenn ein Gläubiger ohne Anlass misshandelt wird, so haben die Muslime das Recht, gegen diejenigen, die ihn quälen, zu kämpfen. Wenn ein gemeinsamer Feind Medina angreift, so werden die Juden an der Seite der Muslime kämpfen und die Kosten mit ihnen teilen. Die jüdischen Stämme im Bund mit den anderen Stämmen aus Medina werden gleiche Rechte wie die Muslime haben. Die Juden werden ihrem eignen Gottesdienst nachgehen, so wie auch die Muslime dem ihren. Die Rechte, die die Juden genießen, werden auch von ihren Anhängern genossen werden. Die Bürger von Medina haben kein Recht, ohne das Einverständnis des Propheten den Krieg zu erklären. Doch dies beeinflusst nicht das Recht eines Individuums, Rache für ein persönliches Unrecht zu nehmen. Die Juden werden die Kosten für ihre eigene Verwaltung tragen, wie auch die Muslime für die ihre. Doch im Falle eines Kriegszustands werden sie vereinigt handeln. Die Stadt Medina wird als geheiligt und unverletzlich für die, die den Vertrag unterzeichnen, angesehen werden. Fremde, die unter den Schutz ihrer Bürger kommen, werden wie eigene Bürger behandelt werden. Doch die Leute von Medina haben keine Erlaubnis, eine Frau in ihre Bürgerschaft ohne die Einwilligung ihrer Familie aufzunehmen. Alle Streitfragen werden zu ihrer Schlichtung Gott und dem Propheten unterbreitet werden. Parteien dieses Vertrages haben kein Recht, in irgendeinen Bund mit den Mekkanern oder ihren Verbündeten einzutreten. Denn die Parteien dieses Vertrages verpflichten sich, gegen ihren gemeinsamen Feind zusammenzuhalten. Die Parteien werden im Krieg wie im Frieden vereint bleiben. Keine Partei wird in einen Sonderfrieden eintreten. Doch keine Partei ist verpflichtet, am Krieg teilzunehmen. Eine Partei jedoch, die die Grenzen nicht einhält, macht sich strafbar. Wahrlich, Gott ist der Beschützer der Rechtschaffenen und Gläubigen und Muhammad^{saw} ist Sein Prophet." *(Sirat Ibn Hisham)*

Dies ist, zusammengefasst, der Vertrag. Er ist aus Fragmenten, die in historischen Berichten gefunden wurden, zusammengestellt worden. Er betont, ohne Zweifel, dass das leitende Prinzip für die Schlichtung von Disputen und Meinungsverschiedenheiten zwischen den Parteien in Medina Ehrlichkeit, Wahrheit und Gerechtigkeit war. Diejenigen, die Ausschweifungen unternahmen, würden für diese Ausschweifungen zur Rechenschaft gezogen werden. Der Vertrag macht eindeutig klar, dass der Prophet^{saw} des Islam entschlossen war, mit anderen Bewohnern von Medina in Höflichkeit und Freundlichkeit zu verkehren und sie wie Brüder anzusehen und zu behandeln. Wenn später Disputen und Konflikte auftraten, so lag die Verantwortung dafür bei den Juden. Wie schon gesagt, zwei, drei Monate vergingen, bevor die Mekkaner ihre geplante Feindschaft wieder aufnehmen konnten. Hadhrat Sa'd Bin Mu'adh^{ra}, Oberhaupt der Aus aus Medina, der in Mekka zur Umschreitung der Kaaba eingetroffen war, lieferte ihnen einen willkommenen Anlass.

Abu Jahl sah ihn die Kaaba umschreiten und sagte: *„Glaubst Du, dass Ihr in Frieden nach Mekka kommen und die Kaaba umschreiten könnt, nachdem Ihr dem abtrünnigen Muhammad Schutz gewährt habt? Glaubst Du, dass Ihr ihn beschützen und retten könnt? Ich*

schwöre bei Gott, wäre es nicht Abu Sufyans wegen, Du könntest nicht sicher zu Deiner Familie zurückkehren." Hadhrat Sa'd Bin Mu'adh[ra] antwortete: *"Du kannst sicher sein, wenn Ihr Mekkaner uns davon abhalten wollt, die Kaaba zu besuchen und zu umlaufen, dann wird die Straße nach Syrien für Eure Karawanen nicht mehr sicher sein."*
Ungefähr zur gleichen Zeit wurde Walid Bin Mughira, ein mekkanisches Oberhaupt, ernsthaft krank. Er befürchtete, dass sein Ende gekommen sei. Die anderen Oberhäupter von Mekka saßen um ihn herum. Walid konnte sich nicht beherrschen und fing an zu weinen. Die Oberhäupter wunderten sich darüber und fragten, warum er weine. *"Glaubt Ihr, ich fürchte mich vor dem Tod? Nein, nicht den Tod fürchte ich. Was ich fürchte ist, dass der Glaube Muhammads sich ausbreiten und auch in Mekka Fuß fassen wird."* Abu Sufyan versicherte Walid, dass, so lange sie lebten, sie mit ihrem Leben der Ausbreitung dieses Glaubens entgegentreten würden. *(Khamis, Bd. 1)*

Die Mekkaner bereiten einen Angriff auf Medina vor

Aus diesem Bericht der Ereignisse wird ersichtlich, dass die Ruhepause in den Feindseligkeiten der Mekkaner nur vorübergehend war. Die Führer Mekkas bereiteten einen erneuten Angriff auf den Islam vor. Sterbende nahmen noch auf dem Totenlager das feierliche Gelübde von Hinterbliebenen ab, dass diese im Kampf gegen den Propheten[saw] nicht nachlassen würden und sie schärften ihnen Kampf gegen den Islam und seine Anhänger ein.

Das Volk von Medina wurde aufgefordert, sich gegen die Muslime zu erheben, anderenfalls, oder wenn sie sich weigerten, würden die Mekkaner und die mit ihnen verbündeten Stämme ihrerseits Medina angreifen, die Männer töten und die Frauen versklaven.

Verteidigungspläne des Heiligen Propheten[saw]

Hätte in dieser Situation der Prophet[saw] nicht für die Verteidigung Medinas vorgesorgt, wäre dies eine enorme Unterlassungssünde gewesen. Tatsächlich aber richtete der Prophet ein Kundschaftersystem ein. Er entsandte Gruppen von Männern in die Umgebung von Mekka, um eventuelle Vorbereitungen auf einen Krieg auszukundschaften. Dabei kam es gelegentlich zu Zwischenfällen – Scharmützeln und Kämpfen – zwischen diesen Kundschaftern und den Mekkanern.

Europäische Autoren sagen, dass diese Zwischenfälle vom Propheten[saw] provoziert waren und dass er als Angreifer in dem sich entwickelnden Krieg angesehen werden muss. Doch wir haben hier Beweise für eine 13 Jahre lange Tyrannei der Mekkaner, ihre Intrigen, die Bewohner von Medina gegen die Muslime aufzustacheln und die eigentliche Drohung, Medina anzugreifen. Niemand, der dies erwägt, wird den Propheten[saw] für diese Zwischenfälle verantwortlich machen wollen. Wenn er Gruppen zum Auskundschaften aussandte, so tat er das in Abwehr. Dreizehn Jahre der Tyrannei waren ausreichende Rechtfertigung für Vorbereitungen zur Selbstverteidigung. Wenn es zwischen ihnen und ihren mekkanischen Feinden zu Kriegen kam, so sollte man die Verantwortung dafür nicht den Muslimen aufbürden. Wie oft werden auch von europäischen Nationen dürftige Anlässe dazu benutzt, Kriege zu erklären. Wenn auch nur die Hälfte von dem, was die Mekkaner den Muslimen angetan hatten, einem europäischen Volk angetan worden wäre, würden sie einen Krieg durchaus für gerechtfertigt halten. Wenn die Menschen eines Landes einen großangelegten Plan haben, Menschen eines anderen Landes zu töten, wenn ein Volk ein anderes zwingt, seine Heimat zu verlassen, gibt das nicht den Opfern das Recht, sich zur Gegenwehr zu erheben?

Nachdem die Muslime nach Medina ausgewandert waren, bestand für sie kein Grund, den Mekkanern den Krieg zu erklären. Und der Prophet[saw] erklärte auch keinen Krieg. Er zeigte Duldsamkeit wie bisher und beschränkte seine Abwehrmaßnahmen auf Auskundschaftungen. Die Mekkaner jedoch fuhren fort, die Muslime zu reizen und zu beunruhigen. Sie brachten die Leute von Medina gegen sie auf und mischten sich in deren Rechte zur Pilgerfahrt ein. Sie änderten ihre eignen Karawanenrouten und fingen an, durch die Stammesgebiete in der Umgebung von Medina zu ziehen, um die Stämme gegen die Muslime aufzustacheln. Der Friede Medinas war in Gefahr, es war geradezu eine Pflicht der Muslime, die Herausforderung zum Krieg, die die Mekkaner schon seit 14 Jahren gestellt hatten, anzunehmen. Niemand kann unter diesen Umständen den Muslimen das Recht absprechen, die an sie gerichtete Herausforderung anzunehmen.

Die Gründung der islamischen Regierung in Medina

Doch während der Zeit des Auskundschaftens vernachlässigte der Heilige Prophet^saw keineswegs die gewöhnlichen und geistigen Bedürfnisse seiner Gemeinde in Medina. Die überwiegende Anzahl der Bewohner Medinas waren Muslime geworden, sowohl im äußeren Bekenntnis als auch im wahren Glauben. Einige allerdings nur im äußeren Bekenntnis.

Der Prophet^saw fing daher an, die islamische Form von Regierung in seiner kleinen Gemeinde einzuführen. In alten Tagen hatten die Araber ihre Meinungsverschiedenheiten mit dem Schwert und durch persönliche Gewaltakte ausgetragen. Der Heilige Prophet^saw führte die Gerichtsbarkeit ein. Richter wurden eingesetzt, Forderungen, die Einzelne oder Gruppen gegeneinander aufgestellt hatten, zu klären. Ohne dass ein Richter einen Anspruch als wahr und gerecht erklärte, wurde er nicht anerkannt. In alten Zeiten war auf intellektuelle Ambitionen mit Verachtung herabgesehen worden. Der Heilige Prophet^saw unternahm Schritte, Bildung und Lerneifer zu fördern. Diejenigen, die lesen und schreiben konnten, wurden aufgefordert, anderen diese Kunst zu lehren.

Ungerechtigkeiten und Grausamkeiten wurden beendet. Rechte der Frauen wurden festgelegt. Die Reichen hatten für die Bedürfnisse der Armen und für die Verbesserung der sozialen Annehmlichkeiten in Medina aufzukommen. Arbeiter wurden gegen Ausbeutung geschützt. Für schwache und unfähige Erben wurden Vormunde eingesetzt. Für die Aufnahme von Darlehen wurde ein schriftlicher Vertrag verbindlich.

Es wurde höchster Wert auf die Erfüllung aller Verpflichtungen gelegt. Die Ausschweifungen gegenüber Sklaven wurden abgeschafft. Sauberkeit und öffentliche Gesundheitspflege wurden geregelt. Eine Volkszählung wurde durchgeführt. Wege und Durchgangsstraßen mussten erweitert werden und Verordnungen, sie sauber zu halten, wurden ausgegeben. Kurz: Gesetze zur Förderung eines idealen Familien- und Gemeinschaftslebens wurden eingeführt. Die rohen Araber wurden zum erstenmal in ihrer Geschichte den Regeln von Höflichkeit und zivilisierter Existenz unterworfen.

Die Schlacht von Badr

Während der Prophet[saw] sich mit der praktischen Anwendung von Gesetzen, die nicht nur der lebenden Generation von Arabern, sondern allen Menschen zu allen Zeiten dienen sollten, befasste, war das Volk von Mekka damit beschäftigt, Krieg vorzubereiten. Der Prophet[saw] hatte eine Gesetzgebung im Auge, die seinem eignen Volk und allen Mitmenschen Friede, Würde und Fortschritt bringen sollte; seine Feinde in Mekka machten Pläne für die Zerstörung solchen Fortschritts. Die Pläne der Mekkaner führten letzten Endes zu der Schlacht von Badr.

Es war im 13. Monat nach der Hidjra. Eine Handelskarawane unter der Führung von Abu Sufyan war auf ihrer Rückkehr von Syrien. Unter dem Vorwand, diese Karawane zu beschützen, stellten die Mekkaner eine große Armee auf und beschlossen, sie gegen Medina zu führen.

Der Heilige Prophet[saw] erfuhr von diesen Vorbereitungen. Er erhielt auch Offenbarungen von Gott, die besagten, dass jetzt die Zeit gekommen sei, dem Feind in gleicher Münze zurückzuzahlen. Er verließ Medina mit einer Anzahl von Anhängern. Niemand in dieser Gruppe von Muslimen wusste zu dieser Zeit, ob er der Karawane, die aus Syrien kam oder der Armee, die von Mekka heranrückte, gegenübertreten würde. Die Gruppe zählte ungefähr dreihundert Mann.

Eine Handelskarawane in jenen Tagen bestand nicht nur aus Kamelen, die mit Gütern beladen waren. Sie bestand daneben noch aus bewaffneten Begleitern, die die Karawane bewachten und sie während ihrer Reise eskortierten. Seit es zu Spannungen zwischen den Mekkanern und den Muslimen von Medina gekommen war, hatten die Oberhäupter von Mekka damit begonnen, besonderen Wert auf die Bewaffnung dieser Eskorte zu legen. Die Geschichtsbücher berichten von zwei anderen Karawanen, die kurz zuvor auf der gleichen Route vorbeigezogen waren. Eine von diesen hatte 200 bewaffnete Leute als Bewacher und Eskorte bei sich, die andere 300.

Es stimmt nicht, wie einige christliche Autoren berichten, dass der Prophet[saw] mit 300 Anhängern auszog, um eine unbewaffnete Handelskarawane anzugreifen. Die Behauptung ist boshaft und unbegründet. Die Karawane, die von Syrien her unterwegs war, war umfangreich und es muss deshalb angenommen werden, dass ca. 400 bis 500 bewaffnete Araber sie zu ihrem Schutz begleiteten. Zu behaupten, dass die Gruppe von 300 leicht bewaffneten Muslimen vom Heiligen Propheten[saw] angeführt wurde, um die wohlbewachte Karawane anzugreifen und auszuplündern, ist äußerst ungerecht. Nur widerliche Voreingenommenheit und entschiedene Boshaftigkeit gegen den Islam kann solche Gedanken hervorbringen. Wenn diese Muslime darauf aus waren, nur diese Karawane anzugreifen, so kann dieses Unternehmen als abenteuerliches Gefecht bezeichnet werden, – obwohl im Abwehrkampf – denn die muslimische Gruppe aus Medina war klein und schlecht bewaffnet und die mekkanische Karawane umfangreich und gut bewacht und seit langem mit Feindseligkeiten gegen die Muslime beschäftigt.

Im Grunde genommen waren die Umstände, unter denen sich diese kleine Gruppe von Muslimen aus Medina aufmachte, weitaus ernsthafter. Wie schon gesagt, sie wussten nicht, ob sie der Karawane aus Syrien oder der Armee aus Mekka gegenübertreten müssten. Auf die Ungewissheit, unter der sich die Muslime bewegten, wird im Koran hingewiesen. Doch die Muslime waren auf alles gefasst. Die Ungewissheit, unter der sie Medina verließen, spricht für ihren Glauben und ihre felsenfeste Treue. Erst nachdem sie weit außerhalb Medinas waren, eröffnete der Prophet[saw] ihnen, dass sie einer großen mekkanischen Armee und nicht einer kleinen syrischen Karawane gegenüberzutreten hätten.

Mutmaßungen über die Größe der mekkanischen Armee hatten die kleine Gruppe erreicht. Die Vorsichtigste von ihnen gibt die Anzahl der Wohlbewaffneten und erfahrenen Krieger mit 1000 an. Die Anzahl der Begleiter des Heiligen Propheten[saw] war 313 und von diesen waren viele unerfahren und unausgebildet und die meisten waren schlecht ausgerüstet. Die meisten von ihnen waren zu Fuß, wenige ritten auf Kamelen. Es gab nur zwei Pferde in dieser ganzen Gruppe. Diese Gruppe, die schlecht mit Waffen ausgerüstet und unerfahren war, hatte einer dreifachen Übermacht von ausgebildeten Kriegern gegenüberzutreten. Eine der gefährlichsten Situationen, die die Weltgeschichte gesehen hat! Der Heilige Prophet[saw] versicherte sich, dass niemand sich an diesem Unternehmen beteiligte, der sich nicht über diese Ungleichheit im Klaren war und der nicht mit Herz und Seele dabei war. Er verheimlichte seiner Heerschar nicht, dass es nicht die Karawane war, sondern eine Armee aus Mekka, gegen die sie zogen. Er rief seine Begleiter zur Beratung zusammen. Einer nach dem anderen erhob sich und versicherte dem Propheten[saw] seine Treue, seinen Eifer und seine Entschlossenheit, mit dem mekkanischen Feind, der ausgezogen war, die Muslime von Medina im eigenen Land zu bekriegen, zu kämpfen.

Jedes Mal, nachdem einer der mekkanischen Muslime gesprochen hatte, bat er um andere Ratschlüsse und andere Ansichten. Die Muslime aus Medina hatten noch nicht gesprochen. Die Angreifer waren aus Mekka, Blutsverwandte von einer Reihe von Muslimen, die mit dem Heiligen Propheten[saw] nach Medina ausgewandert waren und die jetzt zu dieser kleinen Gruppe gehörten. Die Muslime von Medina fürchteten, dass ihr Eifer, den Feind aus Mekka zu bekämpfen, die Gefühle ihrer mekkanischen Mitbürger verletzen könnte. Doch als der Heilige Prophet[saw] um mehr und mehr andere Ansichten bat, stand ein medinenser Muslim auf und sagte: *„Prophet Gottes, Ihr habt alle möglichen Ratschlüsse erhalten, doch Ihr fahrt fort, um weitere zu bitten. Vielleicht gilt das uns, den Muslimen aus Medina. Ist das so?"* – *„Ja"*, sagte der Heilige Prophet[saw]. *„Ihr befragt uns um unsere Meinung,"* sagte er, *„denn Ihr denkt, als Ihr zu uns kamt, verpflichteten wir uns nur, an Eurer Seite zu kämpfen, wenn Ihr und Eure Brüder aus Mekka in Medina angegriffen werdet. Doch jetzt befinden wir uns außerhalb Medinas und Ihr fühlt, dass unser Vertrag diese Situation nicht mit einbeschließt. Doch, Oh Prophet Gottes, als wir mit Euch jenen Vertrag eingingen, kannten wir Euch noch nicht, wie wir Euch heute kennen.*

Jetzt wissen wir, welch hohen Rang Ihr einnehmt. Es kümmert uns nicht mehr, was wir früher mit Euch vereinbart hatten. Wir halten jetzt zu Euch, was immer Ihr von uns verlangt. Wir werden uns nicht wie die Brüder von Moses^as verhalten, die sagten,

$$\text{فَاذْهَبْ اَنْتَ وَرَبُّكَ فَقَاتِلَآ اِنَّا هٰهُنَا قٰعِدُوْنَ}\ ⓞ\ (5,25)$$

„…*geht Ihr und Euer Gott und bekämpft den Feind. Wir bleiben hier". Wenn wir kämpfen müssen, so werden wir das tun. Und wir werden zu Eurer Rechten kämpfen und zu Eurer Linken und vor Euch und hinter Euch. Es ist wahr, der Feind hat es auf Euch abgesehen. Doch seid versichert, dass er Euch nicht erreichen wird, es sei denn über unsere Leichen. Prophet Gottes, Ihr fordert uns zum Kämpfen auf. Doch wir bieten Euch mehr an. Nicht weit von hier ist die See. Befehlt uns hineinzuspringen, wir werden nicht zögern!"* (Bukhari, Kitab Al-Maghazi und *Sirat Ibn Hisham*)

Das war der Geist der Ergebenheit und des Opfermutes, den die frühen Muslime an den Tag legten und der nur in den seltensten Fällen in der Weltgeschichte anzutreffen ist. Das Beispiel von Moses^as und seinen Anhängern ist oben schon erwähnt worden. Jesu^as Jünger, so wissen wir, verließen ihn im kritischen Augenblick. Einer von ihnen verriet ihn für 30 Silberlinge. Ein anderer verleugnete ihn und die verbleibenden Zehn verschwanden. Die Muslime aus Medina, die sich dem Heiligen Propheten^saw zugesellt hatten, waren nur seit eineinhalb Jahren Muslime. Doch sie hatten in dieser kurzen Zeit solch einen Glaubenseifer angenommen, dass, hätte der Heilige Prophet^saw von ihnen verlangt, sich ins Meer zu stürzen, sie bedenkenlos dies getan hätten.

Der Heilige Prophet^saw beratschlagte mit seinen Gefolgsleuten; doch er hatte überhaupt keinen Zweifel an der Ergebenheit seiner Getreuen. Er befragte sie nur um ihre Meinung, um die Schwächlinge herauszufinden und nach Hause zu schicken. Doch es stellte sich heraus, dass die Muslime von Mekka und die Muslime von Medina miteinander im Dienst am Heiligen Propheten[saw] wetteiferten. Beide Gruppen waren zum Kampf entschlossen, obwohl der Feind in dreifacher Übermacht, besser ausgerüstet, bewaffnet und erfahren war. Sie zogen es vor, den Prophezeiungen Gottes zu vertrauen, ihre Liebe für den Islam zu zeigen und ihr Leben zu seiner Verteidigung zu opfern.

Nachdem er sich der Ergebenheit seiner mekkanischen und medinensischen Muslime versichert hatte, begab der Heilige Prophet[saw] sich auf den Vormarsch. Als er einen Ort, Badr genannt, erreicht hatte, folgte er dem Vorschlag einer seiner Anhänger und ließ seine Leute am Bach von Badr Halt machen. Die Muslime nahmen Besitz von diesem Wasser, doch das Land, auf dem sie Stellung bezogen, war nur Sand und somit für die Bewegungen von kämpfenden Truppen ungeeignet. Die Gefolgsleute des Heiligen Propheten[saw] zeigten ihre Sorge über diesen Nachteil. Auch der Heilige Prophet[saw] selbst war besorgt darüber und verbrachte die ganze Nacht im Gebet. Wieder und wieder rief er Gott an:

> „Mein Gott, auf der ganzen Erde gibt es im Augenblick nur diese 300 Männer, die Dir völlig ergeben und bereit sind, Deine Verehrung zu sichern. Mein Gott, wenn diese 300 Mann heute in dieser Schlacht von unseren Feinden vernichtet werden, wer wird bleiben, Deinen Namen zu lobpreisen?" *(Tabari)*

Gott erhörte die demütigen Bitten Seines Propheten[saw]. Es regnete über Nacht. Der sandige Teil des Feldes, das von den Muslimen besetzt war, wurde nass und hart. Der trockene Teil des Feldes, der vom Feind bezogen worden war, wurde schlammig und schlüpfrig. Wahrscheinlich hatten die Mekkaner diesen Teil des Feldes gewählt und den anderen Teil den Muslimen überlassen, weil ihr erfahrenes Auge trockenen Boden für die Bewegungen ihrer Soldaten und Reiterei als vorteilhafter angesehen hatten. Doch eine Entscheidung Gottes veränderte ihren Plan.

Der Regen über Nacht machte den von den Muslimen besetzten sandigen Teil hart und den harten Teil, auf dem die Mekkaner sich niedergelassen hatten, schlüpfrig. Während der Nacht hatte der Heilige Prophet[saw] klare Hinweise von Gott bekommen, dass führende Männer des Feindes ihren Tod finden würden. Er bekam selbst ihre Namen offenbart. Die Plätze, an denen sie fallen würden, wurden ihm auch gezeigt.

Sie starben, wie ihm gesagt worden war, und sie fielen, wo es ihm vorhergesagt worden war.

In der Schlacht selbst zeigte diese kleine Gruppe von Muslimen bewundernswerten Wagemut und Opfergeist. Nur ein Beispiel: Einer der wenigen Generale, die die muslimische Macht aufzuweisen hatte, war Hadhrat Abd Al-Rahman Bin 'Auf[ra], ehemals eines der Oberhäupter von Mekka und auf seine Weise ein erfahrener Soldat. Als die Schlacht begann, prüfte er zu seiner Rechten und zu seiner Linken, welche Unterstützung er hatte. Er musste zu seiner Verwunderung feststellen, dass er nur zwei junge Burschen aus Medina zu seinen Seiten hatte. Sein Mut sank und er sagte zu sich selbst: *„Jeder General braucht Unterstützung an seinen Seiten. Besonders an einem solchen Tag. Doch ich habe nur diese zwei unerfahrenen Burschen bei mir. Was kann ich damit anfangen?"* Abd Al-Rahman Bin 'Auf[ra] sagte, dass er diesen Gedanken kaum zu Ende gedacht hatte, als einer dieser Burschen seine Seite berührte. Als er sich niederbeugte, dem Jungen zuzuhören, sagte dieser:

„Onkel, wir haben von Abu Jahl gehört, der den Propheten quälte und folterte. Onkel, ich hab es auf ihn abgesehen. Zeig ihn mir."

Abd Al-Rahman[ra] hatte kaum seinem jugendlichen Befrager geantwortet, als seine Aufmerksamkeit von dem Jungen an der anderen Seite verlangt wurde, der die gleiche Frage stellte.

Abd Al-Rahman[ra] war nicht wenig erstaunt über den Mut und die Entschlusskraft dieser Jungen. Selbst er als abgehärteter Soldat wäre nicht auf den Gedanken gekommen, sich den Befehlshaber des Feindes für eine persönliche Herausforderung herauszusuchen. Abd Al-Rahman[ra] erhob seine Hand und zeigte mit dem Finger auf Abu Jahl – bis zu den Zähnen bewaffnet stand er hinter den Linien, von zwei hohen Generälen mit gezogenen Schwertern beschützt. Abd Al-Rahman[ra] hatte seine Hand noch nicht wieder fallengelassen, als die zwei Burschen schon wie zwei Pfeile in die feindlichen Reihen schossen, direkt auf ihr Ziel zu. Der Angriff war überraschend. Die Soldaten und Wachen waren verblüfft. Sie griffen die Jungen an. Einer von ihnen verlor einen Arm. Doch sie blieben unbeirrt und unbehindert. Sie griffen Abu Jahl mit solcher Wucht an, dass der große Heerführer tödlich verwundet zu Boden stürzte.

An der feurigen Entschlusskraft dieser zwei Burschen kann man ermessen, wie tief die Anhänger des Heiligen Propheten[saw], alt und jung, von der grausamen Verfolgung, der der Heilige Prophet[saw] und seine Schar ausgesetzt gewesen waren, aufgewühlt waren.

Wir lesen nur von ihnen in der Geschichte, doch wir sind davon erschüttert. Die Leute von Medina hörten von diesen Grausamkeiten durch Augenzeugen. Ihre Gefühle kann man sich gut vorstellen. Sie hörten von den Grausamkeiten der Mekkaner auf der einen Seite und der Geduld des Heiligen Propheten[saw] zur

anderen. Kein Wunder, dass ihre Entschlossenheit, das Unrecht an dem Heiligen Prophetensaw und den Muslimen von Mekka zu rächen, keine Grenzen kannte. Sie warteten nur auf eine Gelegenheit, den mekkanischen Folterern zu zeigen, dass, wenn die Muslime sich nicht wehrten, dies nicht aus Machtlosigkeit geschah, es geschah, weil sie noch keine Erlaubnis von Gott erhalten hatten. Wie sehr entschlossen diese kleine muslimische Macht war, bis zum Tod zu kämpfen, zeigt ein anderes Ereignis. Die Schlacht hatte noch nicht begonnen, als Abu Jahl einen Beduinenhäuptling zur muslimischen Seite schickte, um deren genaue Zahl herauszufinden. Dieser Häuptling kehrte zurück und berichtete, dass die Muslime ungefähr 300 oder ein paar mehr zählten. Abu Jahl und seine Anhänger waren froh. Sie hielten die Muslime für eine leichte Beute. *„Doch,"* sagte dieser Beduinenhäuptling, *„mein Rat an Euch ist: kämpft nicht mit diesen Leuten. Ein jeder von ihnen ist todesmutig. Nicht Menschen sitzen auf ihren Kamelen, sondern der Tod selbst!"* (Tabari und Sirat Ibn Hisham)
Der Beduinenchef hatte Recht – wer bereit ist, bis zum Tode zu kämpfen, wird nicht leicht zu töten sein.

Eine große Prophezeiung geht in Erfüllung

Die Zeit für die Schlacht war gekommen. Der Heilige Prophetsaw kam aus der kleinen Hütte, in der er gebetet hatte, heraus und verkündete:

$$\text{سَيُهْزَمُ الْجَمْعُ وَ يُوَلُّونَ الدُّبُرَ} \; (54,46)$$

„Die Heerscharen werden in die Flucht geschlagen werden und ihre Rücken zeigen!"

Dies waren die Worte, die dem Heiligen Propheten[saw] einige Zeit zuvor in Mekka offenbart worden waren. Es war klar, dass sie sich auf diese Schlacht bezogen.

Als die Grausamkeiten der Mekkaner ihren Gipfel erreicht hatten und Muslime zu Orten, wo sie in Frieden leben konnten, auswanderten, empfing der Heilige Prophet[saw] die folgenden Verse als Offenbarung von Gott:

وَلَقَدْ جَآءَ اٰلَ فِرْعَوْنَ النُّذُرُ ۞ كَذَّبُوْا بِاٰيٰتِنَا كُلِّهَا فَاَخَذْنٰهُمْ اَخْذَ عَزِيْزٍ مُّقْتَدِرٍ ۞ اَكُفَّارُكُمْ خَيْرٌ مِّنْ اُولٰٓئِكُمْ اَمْ لَكُمْ بَرَآءَةٌ فِي الزُّبُرِ ۞ اَمْ يَقُوْلُوْنَ نَحْنُ جَمِيْعٌ مُّنْتَصِرٌ ۞ سَيُهْزَمُ الْجَمْعُ وَ يُوَلُّوْنَ الدُّبُرَ ۞ بَلِ السَّاعَةُ مَوْعِدُهُمْ وَالسَّاعَةُ اَدْهٰى وَ اَمَرُّ ۞ اِنَّ الْمُجْرِمِيْنَ فِيْ ضَلٰلٍ وَّ سُعُرٍ ۞ يَوْمَ يُسْحَبُوْنَ فِي النَّارِ عَلٰى وُجُوْهِهِمْ ۚ ذُوْقُوْا مَسَّ سَقَرَ ۞

> „Zu dem Volke Pharaos kamen ebenfalls die Warner – sie aber verwarfen alle Unsere Zeichen. Darum erfassten Wir sie mit dem Griff eines Mächtigen, Allgewaltigen. Sind die Ungläubigen unter euch (Mekkanern) etwa besser als jene? Oder habt ihr Freispruch aus den Schriften? Sprechen sie wohl: ‚*Wir sind eine siegreiche Schar?*‘ Die Heerscharen werden in die Flucht geschlagen werden und sie werden ihre Rücken zeigen. Nein, die ‚*Stunde*‘, ist die ihnen gesetzte Zeit; und die ‚*Stunde*‘ wird fürchterlich sein und bitter. Die Sünder werden im Irrtum und in brennender Pein sein. Am Tage, da sie auf ihren Gesichtern ins Feuer geschleift werden, wird ihnen gesagt werden: ‚*Fühlet die Qualen der Hölle*‘." (54:42-49)

Diese Verse sind Teil der Sura Al-Qamar und diese Sura, allen Berichten zufolge, war in Mekka offenbart worden. Muslimische

Gelehrte datieren diese Offenbarung auf das fünfte bis zehnte Jahr nach der Berufung, das ist mindestens drei Jahre vor der *Hidjra* (d. h. des Prophetens^{saw} Auswanderung von Mekka nach Medina). Wahrscheinlich war sie acht Jahre vorher offenbart.

Europäische Gelehrte haben die gleiche Ansicht. Nöldeke zufolge war diese ganze Sura nach dem fünften Jahr nach der Berufung des Prophetens^{saw} offenbart. Wherry hält dieses Datum für zu früh. Nach ihm gehört diese Sura in das sechste oder siebente Jahr vor der *Hidjra*. Kurz, muslimische und nicht-muslimische Quellen stimmen darin überein, dass dieses Kapitel Jahre vor der Auswanderung des Prophetens^{saw} von Mekka nach Medina offenbart worden war. Der prophetische Wert dieser mekkanischen Verse steht außer Zweifel.

Es ist in diesen Versen ein klarer Hinweis auf das, was den Mekkanern auf dem Schlachtfeld von Badr bevorstand, gegeben. Das Schicksal, das ihnen bestimmt war, ist hier vorhergesagt. Als der Heilige Prophet^{saw} aus seiner Hütte herauskam, wiederholte er die prophetische Beschreibung aus dem mekkanischen Kapitel.

Sie muss während seiner Gebete in der Hütte wieder auf ihn herabgekommen sein. Mit der Wiederholung erinnerte er seine Anhänger daran, dass die Stunde, die in den mekkanischen Versen versprochen worden war, jetzt gekommen sei. Und die Stunde war in der Tat gekommen.

Der Prophet Jesaia^{as} (21:13-17) hatte diese Stunde schon vorhergesagt. Die Schlacht begann, obwohl die Muslime schwach gerüstet waren und den Nicht-Muslimen empfohlen worden war, nicht zu kämpfen.

313 Muslime, die meisten von ihnen unerfahren und des Kriegshandwerkes nicht kundig, standen vor einer dreifachen Übermacht gutausgebildeter Soldaten. In nur wenigen Stunden wa-

ren viele der berühmten Oberhäupter Mekkas dahingerafft. Wie der Prophet Jesaia[as] vorhergesagt hatte, die Pracht von Kedar verblich. Das Heer der Mekkaner floh in ungeordneter Eile, ihrer Toten und Verwundeten nicht achtend. Unter den Gefangenen befand sich des Propheten[saw] Onkel Abbas, der während der Mekkaner-Jahre gewöhnlich zu dem Propheten[saw] gehalten hatte.

Abbas war gezwungen worden, sich den Mekkanern im Kampf gegen den Propheten[saw] anzuschließen. Ein anderer Gefangener war Abu'l As, ein Schwiegersohn des Propheten[saw]. Unter den Toten war Abu Jahl, Oberbefehlshaber der mekkanischen Armee und allen Berichten zufolge der Erzfeind des Islam.

Die Gefangenen von Badr

Die Muslime hatten gesiegt; doch der Prophet[saw] hatte gemischte Gefühle. Er jubelte über die Erfüllung göttlicher Versprechen, die während der 14 Jahre, die inzwischen vergangen waren, sich immer wiederholt hatten. Versprechen, die auch schon in alten Schriften zu finden waren. Doch zur gleichen Zeit bekümmerte ihn die elende Lage der Mekkaner. Was für ein kümmerliches Ende war ihnen bestimmt! Ein andersgearteter Charakter als der des Propheten des Islam[saw] hätte über diesen Sieg nur frohlockt. Doch der Anblick der Gefangenen, gebunden und in Fesseln, ließ Tränen im Propheten[saw] und seinem Freund Abu Bakr[ra] aufwallen.

Hadhrat Umar[ra], der Hadhrat Abu Bakr[ra] als der zweite Kalif des Islam folgen wird, sah dies verwundert mit an. Warum weinten der Heilige Prophet[saw] und Hadhrat Abu Bakr[ra] über einen Sieg? Hadhrat Umar[ra] war verwirrt. Er nahm sich ein Herz und fragte den Propheten^(saw): *„Prophet Gottes, sagt mir, warum Ihr weint, nachdem Gott Euch so einen großartigen Sieg beschieden hat. Wenn es sich gebührt, zu weinen, dann will ich mit Euch weinen oder ein ernsthaftes Gesicht zeigen."*

Der Heilige Prophet^(saw) verwies auf die elende Lage der mekkanischen Gefangenen. Dies war Gottes Strafe für die Ungehorsamen!

Der Prophet Jesaia^(as) sprach wieder und wieder von der Gerechtigkeit des kommenden Propheten, der aus einer tödlichen Schlacht siegreich hervorgehen würde. Und das war es, was hier gezeigt wurde.

Auf dem Rückweg nach Medina machte der Heilige Prophet^(saw) für die Nachtruhe Halt. Seine ergebenen Anhänger sahen, dass er sich von einer Seite auf die andere wälzte und nicht schlafen konnte. Sie vermuteten, dass es das Stöhnen seines Onkels Abbas war, der als Gefangener gebunden in seiner Nähe lag, was seinen Schlaf störte. Sie lockerten die Stricke um Abbas. Abbas hörte auf, zu stöhnen. Der Prophet^(saw), nicht länger gestört, schlief ein. Doch kurz danach wachte er wieder auf und wunderte sich, dass er seinen Onkel nicht mehr hörte. Er dachte, Abbas könnte bewusstlos geworden sein. Doch die Begleiter, die Abbas bewachten, berichteten ihm, dass sie die Stricke von Abbas gelockert hatten, damit der Prophet^(saw) ungestört schlafen könnte. *„Nein nein,"* sagte der Heilige Prophet^(saw), *„ich dulde keine Ungerechtigkeit. Abbas ist mit mir verwandt, andere sind mit anderen verwandt. Lockert die Stricke bei allen oder bindet Abbas wieder."*

Die Begleiter hörten diese Ermahnung und entschieden, die Stricke bei allen Gefangenen zu lösen und die Verantwortung für ihre Sicherheit selbst zu übernehmen.

Von den Gefangenen wurde denen, die lesen und schreiben

konnten, ihre Freiheit versprochen, wenn sie es unternähmen, zehn mekkanischen Jungen Lesen und Schreiben beizubringen – dies als ihr Lösegeld für ihre Freiheit.
Diejenigen, die niemanden hatten, der ihre Freiheit erkaufen konnte, erhielten ihre Freiheit gratis. Diejenigen, die Lösegeld aufbringen konnten, wurden nach der Zahlung freigelassen.
Durch diese Praxis setzte der Heilige Prophet[saw] der grausamen Methode, Kriegsgefangene zu Sklaven zu machen, ein Ende.

Die Schlacht von Uhud

Als die mekkanische Armee nach der Schlacht von Badr Flucht ergriff, verkündete sie, dass sie wiederkommen würden, um Medina anzugreifen und an den Muslimen zu rächen, was die Mekkaner zu erleiden gehabt hatten; und es dauerte nur ein Jahr, bis sie in der Tat mit voller Wucht Medina angriffen.
Sie fühlten sich so sehr gedemütigt und durch ihre Niederlage mit Schande bedeckt, dass die Oberhäupter von Mekka den überlebenden Verwandten verboten, über die Gefallenen dieser Schlacht zu klagen. Sie entschieden gleichfalls, dass Erträge von Handelskarawanen in eine Kriegskasse einzuzahlen seien. Wohl vorbereitet griff also eine Armee von 3000 Mann unter dem Oberbefehl von Abu Sufyan Medina an.
Der Heilige Prophet[saw] hielt Kriegsrat und fragte seine Anhänger, ob sie sich dem Feind innerhalb oder außerhalb Medinas stellen sollten. Er selbst war für die erste der beiden Möglichkeiten. Er hielt es für besser, dass die Muslime in Medina blieben, den Feind herankommen ließen und ihn aus ihren Häusern angriffen.
Dies würde die Verantwortung für den Angriff dem Feind zu-

schreiben. Doch in dem Rat waren viele Muslime, die keine Gelegenheit gehabt hatten, an der Schlacht von Badr teilzunehmen und die jetzt ihre Kampfesfreude für Gott zeigen wollten. Sie bestanden darauf, eine klare und offene Schlacht zu liefern und kämpfend zu fallen. Der Heilige Prophet^{saw} akzeptierte die überwiegende Meinung der Ratgeber. *(Tabaqat)*
Während dieser Debatte berichtete der Heilige Prophet^{saw} von einer Vision, die er gehabt hatte. Er sagte:

> „Ich hatte eine Vision. Ich sah eine Kuh und ich sah mein Schwert mit abgebrochener Spitze. Ich sah das Schlachten der Kuh und dass ich meine Hand in ein Panzerhemd gesteckt hatte. Ich sah mich außerdem einen Widder reiten."

Die Begleiter fragten den Propheten^{saw}, wie er die Vision deutete. *„Das Schlachten der Kuh,"* sagte der Prophet^{saw},

> „weist darauf hin, dass einige von meinen Gefolgsleuten in der Schlacht getötet werden. Die abgebrochene Spitze meines Schwertes bedeutet, dass ein wichtiges Mitglied meiner Familie seinen Tod finden wird, oder vielleicht sogar ich selbst Verwundung oder Schmerzen bestimmter Art werde erleiden müssen. Dass ich eine Hand in eine Rüstung stecke, soll wahrscheinlich heißen, dass es besser für uns wäre, wenn wir in Medina bleiben. Die Tatsache, dass ich mich auf einem Widder habe reiten sehen, bedeutet, dass wir den Oberbefehlshaber der Ungläubigen überwältigen werden und er durch unsere Hand sterben wird." *(Bukhari, Sirat Ibn Hisham* und *Tabaqat)*

Diese Vision und ihre Deutung wiesen darauf hin, dass es besser für die Muslime sei, in Medina zu bleiben. Der Heilige Prophet^{saw} jedoch bestand nicht darauf, da die Auslegung der Vision seine eigene und keine offenbarte Weisheit war. Er nahm den Rat der Mehrzahl seiner Getreuen an und entschloss sich, aus Medina heraus zu gehen, um den Feind zu treffen.

Als sie auf dem Weg waren, sahen die Übereifrigen aus seiner Gefolgschaft ihren Fehler, näherten sich dem Propheten^{saw} und sagten: *„Prophet Gottes, es sieht so aus, dass Euer Vorschlag der bessere war. Wir sollten in Medina bleiben und den Feind in unseren Straßen bekämpfen."* *„Jetzt nicht mehr"*, sagte der Heilige Prophet^{saw}. *„Jetzt hat der Prophet Gottes seine Rüstung angelegt. Komme was wolle, jetzt gehen wir vorwärts. Wenn ihr euch treu und ausdauernd erweist, wird Gott euch helfen!" (Bukhari und Tabaqat)*

Während er so sprach, schnellte er vorwärts mit einer Feldschar von ungefähr 1000 Mann.

Nicht weit von Medina entfernt, schlugen sie das Zeltlager für die Nacht auf. Es war Gewohnheit für den Heiligen Propheten^{saw} geworden, seine Truppe ruhen zu lassen, bevor sie auf den Feind trafen. Zur Zeit des Morgengebetes machte er seine Runde. Er sah, dass einige Juden sich den Muslimen zugesellt hatten. Sie gaben vor, dass sie Freundschaftsverträge mit den Muslimen von Medina hätten. Da der Heilige Prophet^{saw} von einigen jüdischen Intrigen wusste, hielt er es für besser, sie heimzuschicken. Sobald er das tat, zog sich auch Abdullah Bin Ubayy Bin Salul, Oberhaupt der Heuchler, mit 300 Gefolgsleuten zurück. Er sagte, dass die muslimische Macht jetzt dem Feind nicht mehr gewachsen sei. An der Schlacht teilzunehmen, würde sicheren Tod bedeuten. Der Heilige Prophet^{saw} hätte einen Fehler gemacht, seine eigenen Verbündeten davon zu schicken. Das Ergebnis dieses Abtrünnigwerdens in letzter Minute war, dass der Prophet^{saw} nur eine Armee von 700 Leuten unter seinem Kommando hatte. Diese 700 standen vierfacher Übermacht und noch größerem

Übergewicht an besserer Ausrüstung gegenüber.

In der Armee der Mekkaner waren 700 Krieger in Rüstungen; in der muslimischen Armee nur 100. Die Mekkaner hatten eine 200 Mann Reiterei, die Muslime hatten nur zwei Pferde.

Der Heilige Prophet[saw] erreichte Uhud. An einem schmalen Gebirgspass postierte er 50 Mann mit dem ausdrücklichen Befehl, jeden Angriff durch den Feind abzuwehren und den Pass auf keinen Fall in Feindeshand fallen zu lassen. Der Heilige Prophet[saw] machte ihnen ihre Aufgabe klar. Sie hatten ihren Posten unter allen Umständen zu halten und sich nicht vom Platz zu bewegen, bis es ihnen befohlen worden war, komme was wolle.

Mit den verbleibenden 650 Mann ging der Heilige Prophet[saw] in eine Schlacht gegen eine fast fünffache Übermacht. Doch mit Gottes Hilfe war es dem Propheten[saw] möglich, in kurzer Zeit mit diesen 650 die 3000 erfahrenen mekkanischen Soldaten in die Flucht zu schlagen. Die Muslime verfolgten sie. Der Gebirgspass, an dem die 50 Muslime aushalten sollten, befand sich in ihrem Rücken. Die Wache sagte zu dem Befehlshaber: *„Der Feind ist geschlagen. Es wird Zeit, dass wir uns an der Schlacht beteiligen und uns unsere Lorbeeren für das nächste Leben erobern."* Der Befehlshaber hielt sie zurück und erinnerte sie an den ausdrücklichen Befehl des Propheten[saw]. Doch sie entgegneten, dass der Befehl des Propheten[saw] dem Sinn nach ausgelegt werden müsste und nicht nach dem Buchstaben. Es habe keinen Sinn mehr, den Pass zu bewachen, wenn der Feind sich auf der Flucht befinde.

Ein Sieg wird zu einer Niederlage

Auf diese Weise verließen sie den Pass und stürzten sich in die Schlacht. Die flüchtende mekkanische Armee hatte Khalid Bin

Walid, der später ein berühmter muslimischer General wurde, bei sich. Sein scharfes Auge fiel auf den unbewachten Pass. Es waren nur ein paar Mann dort geblieben, ihn zu bewachen.

Khalid rief nach einem anderen General, Amr Bin Al-'As, und forderte ihn auf, diesen Pass unter die Lupe zu nehmen. Amr tat dies und sah eine einmalige Gelegenheit auf sich zukommen. Beide Generäle hielten ihre Truppen an und erstiegen den Hügel. Sie töteten die wenigen Leute, die den Pass noch bewachten und begannen einen neuen Angriff von dieser Anhöhe.

Ihre Kriegsrufe vernehmend, sammelte sich die flüchtende mekkanische Armee wieder und kehrte aufs Schlachtfeld zurück. Der Angriff auf die Muslime kam überraschend. In der Verfolgung der mekkanischen Armee hatten sie sich über ein weites Gebiet verteilt. Eine gemeinsame Abwehr dieses erneuten Angriffs konnte nicht mehr zusammengestellt werden. Nur einzelne muslimische Soldaten konnten dem Feind entgegentreten. Viele von diesen fielen kämpfend. Andere zogen sich zurück. Ein paar bildeten einen Wall um den Propheten[saw]. Nicht mehr als zwanzig. Die Mekkaner griffen diesen Kreis verbittert an. Einer nach dem anderen fiel unter dem Ansturm der mekkanischen Schwerter. Von dem Hügel schickten Bogenschützen Salven von Pfeilen auf sie herab.

In diesem Augenblick sah Talha[ra], ein Quraish und einer der Muhadjirin (der mekkanischen Muslime, die in Medina Zuflucht gefunden hatten), dass diese Pfeile alle auf das Gesicht des Propheten[saw] gerichtet waren. Er streckte seine Hand aus und schützte damit das Gesicht des Propheten[saw]. Pfeil über Pfeil traf Talhas Hand, doch er ließ sie nicht sinken, obwohl jeder Pfeil die Hand durchbohrte. Schließlich war die Hand völlig verstümmelt. Talha^ra verlor seine Hand und musste für den Rest seines Lebens mit einem Armstumpf herumlaufen.

Zur Zeit des vierten Kalifen im Islam, als innere Uneinigkeit die Muslime befiel, wurde Talha^ra von einem Mann spöttisch als der handlose Talha bezeichnet. Ein Freund Talhas antwortete:

> „Handlos, ja, doch weißt du auch, wie er seine Hand verlor? In der Schlacht von Uhud war es seine Hand, die das Gesicht des Propheten vor den Pfeilen des Feindes rettete."

Lange nach der Schlacht von Uhud fragten Freunde Talha^ra: *„Schmerzte deine Hand nicht unter dem Anprall von Pfeilen, und musstest du nicht aufschreien?"* Talha^ra antwortete:

> „Es schmerzte sehr, und ich war nahe am Aufschreien, doch ich riss mich zusammen, denn ich wusste, würde ich meine Hand auch nur einen Zentimeter vom Gesicht des Propheten entfernen, die Pfeile des Feindes würden sein Gesicht durchbohrt haben."

Die wenigen Mann, die bei dem Propheten^saw geblieben waren, konnten der Übermacht, der sie gegenüber standen, nicht standhalten. Ein Teil des Feindes näherte sich und vertrieb sie. Der Heilige Prophet^saw stand ungeschützt, doch wie ein Fels.

Bald wurde seine Stirn von einem Stein getroffen und trug eine klaffende Wunde und ein anderer Schlag presste die Riemen seines Helmes in die Wangen. Als die Pfeile schnell und zahlreich auf ihn flogen und der Heilige Prophet^saw so verwundet war, betete er:

> „Mein Gott, vergib meinem Volk, denn sie wissen nicht, was sie tun" *(Muslim)*

Die Lebensgeschichte des Heiligen Propheten Muhammad

Der Heilige Prophet^{saw} fiel auf die Toten um ihn herum, auf die Toten, die zu seiner Verteidigung gefallen waren. Andere Muslime eilten herbei, ihn vor weiteren Angriffen zu beschützen. Sie wurden auch getötet. Der Heilige Prophet^{saw} lag bewusstlos zwischen seinen toten Mannen. Als der Feind das sah, hielten sie ihn auch für tot. Sie ließen im sicheren Gefühl ihres Sieges von ihm ab. Sie versammelten sich erneut. Unter den Muslimen, die den Propheten^{saw} verteidigt hatten und die unter dem Anprall der feindlichen Macht vertrieben worden waren, war Hadhrat Umar^{ra}. Das Schlachtfeld lag nun verlassen. Hadhrat Umar^{ra}, der dies sah, war sicher, dass der Heilige Prophet^{saw} tot war. Hadhrat Umar^{ra} war tapfer. Er bewies dies unzählige Male. Am bekanntesten wurde sein gleichzeitiger Kampf gegen das römische Weltreich und Iran. Es war bekannt, dass er niemals vor Schwierigkeiten zurückschreckte. Dieser Umar^{ra} saß jetzt auf einem Stein, zusammengesunken und weinte wie ein Kind.

Mittlerweile kam ein anderer Muslim, Anas Bin Nazr^{ra}, über das Schlachtfeld, noch in dem Glauben, dass die Muslime gewonnen hatten. Er hatte gesehen, dass sie den Feind in die Flucht schlugen, und da er seit dem Abend vorher nichts zu Essen gehabt hatte, hatte er sich an den Rand des Schlachtfeldes begeben, um ein paar Datteln zu essen.

Als er Umar^{ra} entdeckte und ihn weinen sah, war er verstört und fragte: *„Umar, was ist mit dir? Anstatt über diesen großen Sieg der Muslime zu jubeln, sitzt du da und weinst!"*

Umar^{ra} antwortete:

> „Anas, du weißt nicht, was passiert ist. Du hast nur den ersten Teil der Schlacht gesehen. Du weißt nicht, dass der Feind den wichtigen strategischen Punkt auf dem Hügel eroberte und uns von dort erneut angriff. Die Muslime hat-

ten sich zerstreut, im Glauben, sie hätten gewonnen. Es gab keinen Widerstand mehr gegen den Angriff des Feindes. Nur noch der Prophet^saw mit einer Handvoll von Getreuen trat dem Feind entgegen und alle sind nun gefallen."

„Wenn das wahr ist," sagte Anas, *„was für einen Zweck hat es, hier zu sitzen und zu weinen? Wo unser geliebter Meister ist, dahin lass uns auch gehen."* Anas hatte die letzte seiner Datteln in der Hand. Als er diese in den Mund stecken wollte, hielt er inne und dann warf er sie fort. *„O Dattel, du sollst nicht zwischen Anas und dem Paradies liegen."* Während er so sprach, zog er sein Schwert aus der Scheide und stürzte sich auf den Feind. Einer gegen tausende. Er konnte nichts mehr ausrichten. Doch seine geistige Haltung war allen überlegen. Tapfer kämpfend unterlag er letzten Endes. Die Feinde verfuhren barbarisch mit ihm. Es wird berichtet, dass als die Kämpfe beendet waren und die Toten identifiziert wurden, sein Körper nicht identifiziert werden konnte. Er bestand aus 70 Teilen. Am Ende erkannte Anas Schwester den Körper an einem abgeschlagenen Finger. *„Dies ist mein Bruder,"* sagte sie. *(Bukhari)*
Die Muslime, die den Propheten^saw beschützt hatten, doch dann vertrieben worden waren, stürzten wieder vor, als sie den Feind das Feld räumen sahen. Sie hoben den Körper des Propheten^saw von denen der Toten.
Abu 'Ubaida Bin Al-Jarrah^ra nahm die Riemen des Helmes, die dem Propheten^saw in die Wangen eingedrungen waren, zwischen seine Zähne und zog sie heraus, damit zwei seiner eigenen Zähne verlierend.
Nach kurzer Zeit gewann der Prophet^saw sein Bewußtsein zurück. Die Wachen sandten Botschafter aus, die verbliebenen Muslime wieder zu versammeln. Eine zerstreute Schar fing an,

sich zu treffen. Sie begleiteten den Propheten[saw] bis an den Fuß des Hügels. Abu Sufyan, der Oberbefehlshaber der Feinde, der dieses muslimische Überbleibsel sah, rief ihnen zu: *„Wir haben Muhammad getötet!"* Der Heilige Prophet[saw] hörte diesen arroganten Ausruf, doch er verbat den Muslimen zu antworten, damit der Feind nicht die Wahrheit erführe und die erschöpften und schwerverwundeten Muslime wieder angriffe, und sie der wilden Horde wieder ausgeliefert sein würden. Da er keine Antwort von den Muslimen erhielt, war Abu Sufyan sicher, dass der Prophet[saw] tot war. Er ließ seinem ersten Ausruf einen zweiten folgen und sagte: *„Wir haben auch Abu Bakr getötet."*

Der Heilige Prophet[saw] verbat Hadhrat Abu Bakr[ra], irgendeine Antwort zu geben. Dann rief Abu Sufyan: *„Und Umar ist auch tot."*

Der Heilige Prophet[saw] gebot Hadhrat Umar[ra] zu schweigen.

Daraufhin erhob Abu Sufyan wieder seine Stimme und frohlockte: *„Wir haben alle drei getötet."*

Jetzt konnte Umar[ra] sich nicht mehr beherrschen. *„Wir sind alle noch am Leben und mit Gottes Gnade bereit, weiter zu kämpfen und euch eure Köpfe einzuschlagen."*

Abu Sufyan ließ dann den Volksruf ertönen:

$$\text{اُعْلُ هُبُل. اُعْلُ هُبُل}$$

„Heil Hubal, Heil Hubal, (denn Hubal hat dem Islam ein Ende bereitet)." (Hubal war der Stadtgötze der Mekkaner)

Der Prophet[saw] konnte diese Prahlerei gegen den Einen und Einzigen Gott, Allah, für Den er und die Muslime alles hinzugeben bereit waren, nicht ertragen. Er hatte zu der Bekanntmachung seines eigenen Todes geschwiegen. Er hatte aus strategischen Gründen auf die Todeserklärungen von Abu Bakr^ra und Umar^ra keinen Widerruf erfolgen lassen.

Nur die Überbleibsel einer kleinen Streitmacht waren bei ihm. Die Streitkräfte des Feindes waren immer noch stark und kräftig. Doch jetzt hatte der Feind Allah beleidigt. Der Prophet^saw konnte so eine Beleidigung nicht ertragen. Er war wie neu belebt. Er schaute sich zornig in seiner Runde um und sagte: *„Warum steht Ihr hier herum und lasst diese Beleidigung Allahs, des Einzigen Gottes, unbeantwortet?"*

„Was sollen wir sagen, O Prophet?" fragten die Muslime. *„Sagt:*

$$\text{اللّٰهُ اَعلٰى وَاَجَلُّ اللّٰهُ اَعلٰى وَاَجَلُّ}$$

> „Allah allein ist groß und mächtig. Allah allein ist groß und mächtig. (Er allein ist erhaben und ehrwürdig. Er allein ist erhaben und ehrwürdig!)"

Die Muslime schrieen, wie ihnen gesagt worden war. Dieser Ruf machte die Feinde verblüfft. Sie waren verärgert, dass der Prophet^saw doch nicht vernichtet worden war. Vor ihnen stand eine Handvoll Muslime, verwundet und erschöpft. Sie wären eine leichte Beute für sie gewesen. Doch sie wagten nicht, sie anzugreifen. Sie gaben sich zufrieden mit dem Sieg, den sie gewonnen hatten und kehrten für eine Siegesparade heim.

In der Schlacht von Uhud wurde der anfängliche Sieg in eine Niederlage verwandelt. Und doch brachte die Schlacht Beweise für die Wahrheit des Propheten^saw. In der Schlacht erfüllten sich die Vorhersagen, die der Prophet^saw vor Beginn der Schlacht von sich gegeben hatte. Die Muslime hatten anfangs Erfolg gehabt.

Des Propheten^saw geliebter Onkel war kämpfend gestorben. Der Befehlshaber des Feindes war in den Anfangsgefechten getötet worden. Der Prophet^saw selbst war verwundet worden und viele Muslime waren gefallen. Es geschah, wie es der Prophet^saw in seiner Vision vorausgesehen hatte.

Außer dieser Erfüllung der Vorhersagen lieferte die Schlacht noch viele Beweise von Treue und Ergebenheit der Muslime. Die Geschichte kennt nur wenige Fälle solch beispielhaften Verhaltens. Einige Begebenheiten haben wir schon berichtet. Doch eine ist es noch wert, hinzugefügt zu werden. Sie zeigt die Glaubensgewissheit und Ergebenheit, die die Begleiter des Propheten^saw hatten.

Als der Prophet^saw sich mit einer Handvoll Muslimen zum Fuß des Hügels zurückzog, schickte er einige seiner Begleiter aus, nach den Verwundeten auf dem Schlachtfeld zu sehen. Nach langem Suchen fand einer von ihnen einen verwundeten Muslim aus Medina. Er lag im Sterben.

Der Begleiter beugte sich über ihn und sagte: *„Friede sei mit dir."* Der Verwundete erhob eine zitternde Hand, ergriff die Hand des Besuchers und sagte: *„Ich wartete, dass jemand komme." „Ihr liegt im Sterben"*, sagte der Besucher zu dem Soldaten. *„Soll ich noch etwas an deine Familie ausrichten?" „Ja, ja"*, sagte der sterbende Muslim.

> „Gib meiner Familie den Gruß des Friedens und sage ihnen, während ich sterbe, hinterlasse ich ihnen ein kostbares Pfand, das sie wohl verwahren sollen. Das Pfand ist der Prophet Gottes. Meine Verwandten sollen ihn mit ihrem Leben schützen und diese meine letzten Worte nicht vergessen." *(Mu`atta und Zurqani)*

Sterbende Menschen haben gewöhnlich noch Botschaften an ihre Lieben – doch diese frühen Muslime dachten selbst in ihren letzten Stunden nicht an Verwandte, Söhne, Töchter oder Frauen, noch an ihren Besitz, sondern nur an den Propheten[saw]. Sie gingen in den Tod in der Gewissheit, dass der Prophet[saw] der Retter der Menschheit sei. Ihre Kinder hatten nichts zu verlieren. Doch wenn sie in der Verteidigung und Beschützung des Propheten[saw] starben, hatten sie Gott und den Menschen wohl gedient. Sie waren überzeugt, dass sie, indem sie ihre Familien opferten, sie der Menschheit und Gott dienten. Der Tod sicherte für sie das Weiterleben der Menschheit.

Der Prophet[saw] ließ die Verwundeten und Toten zusammentragen. Die Verwundeten erhielten erste Hilfe und die Toten wurden begraben. Der Prophet[saw] erfuhr, dass der Feind die Muslime höchst grausam behandelt, dass er die Toten geschändet hatte, dass sie den Muslimen ein Ohr hier, eine Nase dort abgeschnitten hatten.

Eine der geschändeten Leichen war die von Hadhrat Hamza[ra], dem Onkel des Propheten[saw]. Der Heilige Prophet[saw] war betroffen und sagte: *„Was die Ungläubigen jetzt getan haben, rechtfertigt ein Vorgehen, das wir bislang als ungerechtfertigt gehalten haben."*

Als er dies sagte, befahl Gott ihm, die Ungläubigen Ihm zu überlassen und ihnen gegenüber weiterhin Mitgefühl zu zeigen.

Das Gerücht vom Tod des Propheten[saw] erreicht Medina

Gerüchte vom Tod des Heiligen Propheten[saw] und Nachrichten von der Zerstreuung der muslimischen Streitkräfte erreichte Medina, bevor die Überbleibsel der Armee in die Stadt zurückkehren konnten.

Frauen und Kinder rannten verzweifelt bis nach Uhud. Manche erfuhren die Wahrheit von den heimkehrenden Soldaten und kehrten wieder um. Eine Frau vom Stamm der Banu Dinar lief weiter, bis sie Uhud erreicht hatte. Diese Frau hatte ihren Mann, Vater und Bruder in der Schlacht verloren. Einige Überlieferungen sprechen davon, dass sie auch einen Sohn verloren hatte. Ein Soldat, dem sie begegnete, sagte ihr, dass ihr Vater gefallen sei. Sie antwortete: *„Ich kann meinen Vater entbehren – doch was ist mit dem Propheten[saw]?"*

Der Soldat wusste, dass der Prophet[saw] am Leben war, doch er wollte ihr erst mitteilen, dass auch ihr Mann und ihr Bruder ihr Leben in der Schlacht verloren hatten. Doch die Nachrichten erschütterten sie nicht, sie fragte unentwegt: *„Was hat der Prophet[saw] Gottes getan?"*

Eine eigentümliche Äußerung – doch wenn man bedenkt, dass sie von einer Frau kam, wird sie verständlich. Eine Frau hat sehr starke Emotionen. Es kommt vor, dass eine Frau zu den Toten spricht, als ob sie noch am Leben wären. Wenn der Tote nahe verwandt ist, werden ihre Äußerungen zu Vorwürfen, wenn er sie verlassen, sie ohne Schutz und Versorgung gelassen hat. Diese Art von Trauer um ihre Geliebten ist nicht ungewöhnlich in Frauen.

Der Ausdruck dieser Frau ist deshalb für ihren Schmerz über den Tod des Propheten[saw] angemessen. Der Prophet[saw] war für diese Frau das Teuerste, was sie hatte, und sie wollte nicht glauben, dass er tot wäre, obwohl sie es gehört hatte. Sie musste die Tatsache anerkennen und ihr weiblicher Ausdruck war: *„Was hat der Prophet Gottes getan?"* Als sie so sprach, gab sie vor, dass er noch lebte und beschwerte sich, dass ein geliebter Führer wie er ihnen allen so viel Trennungsschmerz aufbürde.

Als der heimkehrende Soldat sah, dass der Tod ihres Vaters, Bruders und Ehemannes sie wenig berührte, wurde ihm die Tiefe ihrer Verbundenheit dem Propheten^saw klar und er sagte: *„Was den Propheten anbelangt, so ist er, wie du wünschest, am Leben."* Die Frau sagte, er solle ihr den Propheten^saw zeigen. Er zeigte ihr einen Punkt auf dem Schlachtfeld. Die Frau rannte dahin, und als sie den Propheten^saw erreichte, ergriff sie seinen Mantel, küsste ihn und sagte:

(بابى انت وامى يا رسول الله لا اُبالى اذسلمت من عطب)

„Mein Vater und meine Mutter seien Euch geopfert, O Prophet Gottes. Es berührt mich nicht, wer sonst noch stirbt, wenn Ihr nur am Leben seid!" *(Sirat Ibn Hisham)*

Welch eine Stärke und Ergebenheit haben die Muslime – Frauen sowohl als Männer – in dieser Schlacht gezeigt!
Christliche Autoren erzählen uns die Geschichte von Maria Magdalena und ihren Begleitern und berichten von ihrer Ergebenheit und Tapferkeit. Es wird berichtet, dass sie in den frühen Morgenstunden durch die jüdischen Stadtteile bis zum Grab Jesu wanderten. Doch was ist das im Vergleich zu der Liebe dieser muslimischen Frau vom Stamme der Dinar zu ihrem Propheten^saw?
Ein weiteres Beispiel ist auf uns gekommen. Nachdem die Toten begraben worden waren und der Prophet^saw nach Medina zurückkehrte, begegnete er Frauen und Kindern, die ihm entgegengekommen waren, um ihn zu begrüßen. Die Zügel seines Kamels wurden von Sa'd Bin Mu'adh, einem Oberhaupt von Medina, gehalten. Sa'd führte das Dromedar hochtrabend; es sah so aus, als ob er der Welt zeigen wollte, dass trotz allem die Muslime in

der Lage waren, den Propheten^(saw) heil und ungebrochen zurückzubringen.

Als sie die Stadt erreichten, sah er seine eigene betagte Mutter der Gruppe der Muslime entgegen kommen. Die alte Frau konnte schlecht sehen. Sa'd erkannte sie, wandte sich an den Propheten^(saw) und sagte: *„O Prophet, hier kommt meine Mutter." „Lass sie zu mir kommen!"*, antwortete der Prophet^(saw).

Die Frau näherte sich dem Propheten^(saw) und versuchte, mit leerem Blick das Gesicht des Propheten^(saw) in ihren Blick zu nehmen. Als sie ihn erkannte, lächelte sie glücklich. Der Prophet^(saw) sagte zu ihr: *„Frau, ich bin traurig über den Verlust deines Sohnes." „Doch"*, antwortete die ergebene Frau, *„nachdem ich Euch lebendig wiedergesehen habe, habe ich all meinen Kummer heruntergeschluckt"*. Den arabischen Ausdruck, den sie verwendete, müsste man wortgetreu mit *„ich habe mein Unglück gebraten und geschluckt"* übersetzen. *(Halbiyya, Bd.2, S. 210)*

Welche Tiefe des Gefühls gibt diese Redewendung kund. Normalerweise verzehrt der Kummer einen Menschen; hier haben wir eine Frau, die einen ihrer Söhne, die Stütze ihres Alters, verloren hat. Doch sie sagt nicht, dass ihr Kummer sie aufgegessen hätte, sondern dass sie ihren Gram gegessen hat. Die Tatsache, dass ihr Sohn für den Propheten^(saw) gestorben war, würde ihr für den Rest ihres Lebens Halt geben. Der Prophet^(saw) kehrte nach Medina zurück.

In dieser Schlacht waren viele Muslime gefallen und viele verwundet worden. Und doch kann man nicht sagen, dass die Muslime geschlagen worden waren. Die Begebenheiten, die wir oben berichtet haben, beweisen etwas anderes. Sie beweisen, dass Uhud in gewisser Weise ein Sieg wie jeder andere für die Muslime war. Muslime, die zum Studium ihrer frühen Geschichte greifen, können Kraft und Ermutigung aus Uhud schöpfen. Nach seiner Rückkehr nach Medina wandte sich der Prophet[saw] seiner Vision zu. Er befasste sich wieder mit dem Unterweisen und Lehren seiner Anhänger. Doch wie bisher verlief seine Arbeit nicht ohne Unterbrechungen. Nach Uhud wurden die Juden immer aggressiver und die Heuchler erhoben ihre Häupter wieder. Sie hatten die Vorstellung, dass sie die Mittel und Möglichkeiten hätten, den Islam zu vernichten. Sie müssten nur einen gemeinsamen Vorstoß unternehmen. Dementsprechend erdachten die Juden neue Schikanen. Sie würden gemeine Beleidigungen in Verse bringen und veröffentlichen und somit den Propheten[saw] und seine Familie verunglimpfen.

Einmal wurde der Prophet[saw] gerufen, einen Streitfall zu schlichten, und hatte zu diesem Zweck in eine jüdische Befestigung zu gehen. Die Juden hatten geplant, eine Steinplatte auf ihn herabfallen zu lassen und seinem Leben so ein Ende zu bereiten.

Der Prophet[saw] hatte eine Vorwarnung von Gott bekommen. Er war gewohnt, solch rechtzeitige Warnungen zu bekommen. Der Prophet[saw] verließ seinen Platz, ohne jemanden zu informieren. Die Juden gaben später ihr falsches Spiel zu.

Die muslimischen Frauen wurden in den Straßen belästigt. In solch einem Zwischenfall verlor ein Muslim sein Leben. Zu einem anderen Zeitpunkt steinigten die Juden ein muslimisches Mädchen; sie starb unter großer Pein.

Dieses Verhalten der Juden verschlechterte ihre Beziehungen zu den Muslimen und veranlasste letztere, die Juden zu bekämpfen. Doch sie vertrieben sie nur aus Medina. Eine der zwei jüdischen Stämme wanderte nach Syrien aus. Von dem anderen Stamm zogen einige nach Syrien und die anderen ließen sich in Khaibar, einer schwer zu stürmenden Festung im Norden Medinas, nieder.

Das Gebot des Alkoholverbots und ihre beispiellose Befolgung

In dem friedlichen Intervall zwischen Uhud und der nächsten Schlacht sah die Welt das Beispiel des formenden Einflusses des Islam auf seine Anhänger. Es betrifft das Alkoholverbot.

Im Kapitel über die Verhältnisse in der arabischen Gesellschaft vor dem Auftreten des Islam zeigten wir, dass die Araber dem Trunk ergeben waren. Fünfmal am Tag Alkohol aufzutischen war die Regel für jeden arabischen Haushalt. Über den Durst zu trinken, war allgemeine Praxis, und die Araber schämten sich dessen nicht. Im Gegenteil, sie hielten das für ein Zeichen von Männlichkeit.

Wenn ein Gast eintraf, war es die Pflicht der Hausfrau, Alkohol zu servieren. Ihnen diese schädliche Praxis abzugewöhnen, war keine leichte Aufgabe. Doch im vierten Jahr nach der Hidjra erhielt der Prophet[saw] den Befehl, Alkohol zu verbieten. Mit der Verbreitung dieses Gebotes verschwanden die Trinkgelage aus der muslimischen Gesellschaft. Als die Offenbarung, die Alkohol verbot, empfangen wurde, sandte der Prophet[saw] nach einem Gefolgsmann und beauftragte ihn, dieses neue Gebot in den Straßen von Medina auszurufen.

Im Hause eines Ansari (eines Muslims von Medina) war ein Trinkgelage im Gange. Viele Leute waren eingeladen und Schalen voll Weines wurden serviert. Ein großes Gefäß war schon leer und ein zweites war vor dem Anzapfen. Manch einer war schon betrunken, andere waren auf dem Weg dazu. In diesem Zustand hörten sie jemanden ausrufen, dass der Prophet[saw] unter dem Gebot Gottes das Trinken verboten hätte.

Einer aus der Gesellschaft erhob sich und sagte: *„Das hört sich so* *an wie ein Gebot gegen das Trinken, lasst uns sehen, ob das richtig ist."* Ein anderer erhob sich, zerschlug das irdene Gefäß voll Weines mit seinem Stock und sagte:

> „Erst gehorche, dann erkundige dich. Es ist nicht schicklich, dass wir fortfahren zu trinken, wenn wir Erkundigungen einholen. Es ist unsere Pflicht, den Wein die Straßen entlang fließen zu lassen, während wir uns über diese Bekanntmachung erkundigen." *(Bukhari* und *Muslim, Kitab Al-Ashriba)*

Dieser Muslim hatte recht. Denn wenn das Trinken verboten worden war, hätten sie sich eines Vergehens schuldig gemacht, wenn sie das Trinkgelage fortgesetzt hätten, andererseits, wenn sich die Bekanntmachung als unrichtig erweisen sollte, hätten sie nicht viel verloren, wenn sie einmal den Wein auf die Straße geschüttet hätten. Nach diesem Verbot verschwand das Trinken aus der gesamten muslimischen Gesellschaft. Keine besonderen Anstrengungen oder Feldzüge waren nötig, diese revolutionäre Veränderung hervorzurufen. Muslime, die dieses Gebot gehört hatten und Zeugen für die schnelle Reaktion darauf waren, lebten bis sie 70 und 80 Jahre alt wurden. Kein Fall ist berichtet von einem Muslim, der von dieser Vorschrift gehört hätte und sich dann als zu schwach erwiesen hätte, sie zu befolgen. Wenn es vorkam, dann muss der Betreffende weit entfernt von dem direkten Einfluss des Propheten[saw] gewesen sein.

Man vergleiche dies mit dem Alkoholverbot in Amerika und den jahrelangen Anstrengungen, Enthaltsamkeit in Europa einzuführen. In unserem Falle genügte eine einfache Proklamation des Propheten[saw], ein tiefverwurzeltes soziales Übel der arabischen Gesellschaft auszurotten. Im anderen Falle wurde das Alkoholverbot durch besondere Gesetze eingeführt. Polizei, Armee, Zollbeamte und Steuerinspektoren, alle machten gemeinsame Anstrengungen, das Alkoholverbot wirksam zu machen, doch müssen sie zugeben, dass es ihnen nicht gelungen ist. Die Trunkenbolde siegten und die üblen Auswirkungen des Alkohols konnten bis heute nicht besiegt werden. Man sagt, dass wir in einem fortschrittlichen Zeitalter leben. Doch wenn wir unsere Zeit mit der des frühen Islam vergleichen, dann muss man sich fragen, welche Zeit diesen Titel mehr verdient – unsere oder die des Islam, die mit ihrer großen sozialen Reform Erfolg hatte?

Was in Uhud geschehen war, sollte nicht so schnell vergessen werden. Die Mekkaner hielten Uhud für ihren ersten Sieg über den Islam. Sie verbreiteten die Nachricht über ganz Arabien und benutzten sie, die arabischen Stämme gegen den Islam aufzuhetzen und ihnen klar zu machen, dass der Islam nicht unbesiegbar war. Wenn die Muslime fortfuhren, zu gedeihen, dann geschah das nicht aufgrund ihrer eigenen Stärke, sondern durch die Schwäche der arabischen Stämme. Es sei die Schuld der arabischen Götzenanbeter. Wenn diese nur eine gemeinsame Anstrengung unternehmen würden, wäre es keine große Sache, die Muslime zu unterwerfen.

Das Ergebnis dieser Propaganda war, dass die Feindseligkeit gegen die Muslime an Intensität zunahm. Die anderen arabischen Stämme überflügelten die Mekkaner in ihrer Verfolgung der Muslime. Einige griffen sie öffentlich an, andere versuchten heimlich, ihnen Schaden zuzufügen. Im vierten Jahr nach der Hidjra sandten zwei arabische Stämme, die 'Adl und die Qara, Vertreter zum Heiligen Propheten[saw], um ihn zu informieren, dass eine ganze Anzahl ihrer Leute dem Islam zugeneigt seien. Sie baten den Heiligen Propheten[saw], ihnen einige Leute zu schicken,

die ein gutes Wissen über den Islam aufweisen konnten, damit sie unter ihnen leben und sie die neue Religion lehren konnten.
Im Grunde genommen war dies ein Ränkespiel, das der Banu Lihyan, der Erzfeind der Muslime, ausgeklügelt hatte.
Sie sandten diese Botschafter zum Heiligen Propheten[saw] mit dem Versprechen reicher Belohnung. Der Heilige Prophet[saw] empfing diese Bitte nichtsahnend und schickte zehn Muslime zu den Stämmen, sie die Ziele und Grundsätze des Islam zu lehren. Als die Gruppe das Gebiet der Banu Lihyan erreichte, sandten diese Wort an die beiden Stämme und schlugen vor, die Muslime gefangen zu nehmen oder zu töten. Nach diesem Vorschlag nahmen 200 bewaffnete Mann der Banu Lihyan die Verfolgung der Muslime auf und erreichten sie an einem Ort namens Raji.
Ein Gefecht fand zwischen diesen zehn Muslimen und 200 feindlichen Soldaten statt. Die Muslime waren voll Glauben. Der Feind hatte keinen. Die zehn Muslime erstiegen einen Hügel und forderten die 200 heraus. Der Feind versuchte, die Muslime in eine Falle zu locken. Sie sagten, dass ihnen nichts geschehen solle, wenn sie von dem Hügel herabkämen. Doch der Führer der kleinen Gruppe erklärte, dass er genug von den falschen Versprechungen der Ungläubigen hätte.
Dann wandte er sich an Gott und betete. Gott sah ihre elende Situation. War es nicht angebracht, dass Er den Heiligen Propheten[saw] davon in Kenntnis setze? Als die Ungläubigen die kleine Gruppe von Muslimen nicht weichen sahen, griffen sie sie an. Die Gruppe dachte gar nicht daran, aufzugeben. Sieben wurden getötet. Den letzten drei gegenüber wiederholten die Ungläubigen ihr Angebot, ihnen ihr Leben zu lassen, wenn sie von dem Hügel herunterkämen. Diese Drei glaubten den Ungläubigen und kamen herab. Sobald sie auf die Ungläubigen stießen, wur-

den sie gefesselt. Einer der Drei sagte: *„Dies ist der erste Bruch eures elenden Wortes. Nur Gott weiß, was ihr sonst noch vorhabt."*

So weigerte er sich, ihnen zu folgen. Die Ungläubigen fingen an, ihn zu schlagen und den Weg herunter zu schleifen. Doch sie waren so verärgert über seinen Widerstand und seine Entschlossenheit, dass sie ihn ohne Zögern töteten. Die anderen zwei nahmen sie mit sich und verkauften sie an die Quraish von Mekka.

Einer von ihnen war Hadhrat Khubaib[ra], der andere Hadhrat Zaid[ra]. Der Käufer von Hadhrat Khubaib[ra] wollte ihn töten, um so den Tod seines Vaters in Badr zu rächen.

Eines Tages bat Hadhrat Khubaib[ra] um ein Rasiermesser zum Rasieren. Als er das Rasiermesser in der Hand hatte, kam ihm ein Kind dieses Haushaltes aus lauter Neugier entgegen. Hadhrat Khubaib[ra] setzte das Kind auf seine Knie. Die Mutter des Kindes sah dies und war entsetzt. Sie hatte ein schlechtes Gewissen – hier war ein Mann, den sie in ein paar Tagen töten wollten und dieser Mann hatte ihr Kind auf dem Schoß und hielt ein Rasiermesser in der Hand. Sie war überzeugt davon, dass Hadhrat Khubaib[ra] das Kind töten würde.

Hadhrat Khubaib[ra] sah das Entsetzen auf ihrem Gesicht und sagte:

> „Glaubst du, ich werde dein unschuldiges Kind töten? Keineswegs. Ich könnte so etwas nicht tun. Ich bin Muslim und Muslime spielen nicht falsch."

Die Frau war beeindruckt von diesem ehrlichen und schlichten Auftreten von Hadhrat Khubaib[ra]. Sie vergaß die Begebenheit niemals, und sie pflegte zu sagen, sie wäre nie so einem edlen Gefangenen wie Hadhrat Khubaib[ra] begegnet. Schließlich führten die Mekkaner Hadhrat Khubaib auf einen offenen Platz, um seine Hinrichtung vor der Öffentlichkeit vorzunehmen. Als die festgesetzte Zeit kam, bat Hadhrat Khubaib[ra] um Genehmigung, zwei *Rak'at* (Gebetseinheiten) zu beten.

Die Mekkaner erlaubten ihm das und so verrichtete er seine letzten Gebete vor den Augen des Publikums. Als er endete, sagte er, er hätte gern seine Gebete verlängert, doch es sollte nicht so aussehen, als ob er den Tod fürchtete. Dann bot er seinen Nacken dem Scharfrichter dar und rezitierte die folgenden Verse:

وَلَستُ اُبالی حینَ اُقتَلُ مسلمًا   علٰی ای جنبٍ کان لِلّٰہِ مصرعی

وذٰلک فی ذات الالٰہ وان یشاء   یبارک علٰی اوصال شِلوٍ ممزع

„Da ich als Muslim sterbe, kümmert es mich nicht, ob mein kopfloser Körper zur linken oder zur rechten Seite fällt. Warum sollte es auch? Ich sterbe für Gottes Sache, wenn Er will, kann Er jeden Teil meines zerstückelten Körpers segnen." *(Bukhari)*

Hadhrat Khubaib[ra] hatte diese Verse kaum zu Ende gebracht, als das Schwert des Scharfrichters auf seinen Nacken herabsauste, und sein Kopf fiel zu seiner Seite.

Unter den Zuschauern befand sich Sa'id Bin 'Amir, der später zum Islam übertrat. Es wird berichtet, dass wenn immer später in seiner Gegenwart von der Hinrichtung Hadhrat Khubaibs die Rede war, er einen Anfall bekam. *(Sirat Ibn Hisham)*

Der zweite Gefangene, Hadhrat Zaid[ra], war auch für eine öffentliche Hinrichtung vorgesehen. Unter den Zuschauern war Abu Sufyan, das Oberhaupt Mekkas.

Abu Sufyan wandte sich an Hadhrat Zaid[ra] und sagte:

„Möchtest du nicht lieber Muhammad an deiner Stelle hingerichtet sehen? Würdest du es nicht vorziehen, sicher bei deinen Lieben zu sitzen und Muhammad wäre hier in unseren Händen?"

Hadhrat Zaid[ra] antwortete stolz:

„Was, Abu Sufyan? Was sagst du da? Bei Gott, ich würde lieber sterben, als dass der Prophet Gottes in einer Straße von Medina auch nur auf einen Dorn träte."

Abu Sufyan konnte nicht umhin, als beeindruckt von solch einer Ergebenheit zu sein. Er blickte Hadhrat Zaid verwundert an und erklärte ohne Zögern, doch in gemessenem Ton:

„Gott sei mein Zeuge, ich habe niemals so viel gegenseitige Liebe gesehen wie zwischen Muhammad und den Anhängern Muhammads!" *(Sirat Ibn Hisham, Bd. 2)*

Der Märtyrertod von siebzig Korangelehrten

Ungefähr zur gleichen Zeit kamen einige Leute der Najd und baten den Heiligen Propheten[saw] um Muslime, die ihnen den Islam lehren konnten.

Der Heilige Prophet[saw] traute ihnen nicht. Doch Abu Bara, Haupt des Amir Stammes, war zu der Zeit zufällig in Medina. Er bot sich als Bürgen für den Stamm an und versicherte dem Propheten[saw], dass sie kein Unheil anrichten würden.

Der Prophet suchte 70 Leute heraus, die die Verse des Korans auswendig konnten. Als diese Gruppe Bi'r Ma'una erreichte, ging einer von ihnen, Hadhrat Haram Bin Malhan[ra], zum Oberhaupt des Amir Stammes (eines Neffen von Bara) und erklärte ihm die Botschaft des Islam.

Es sieht so aus, als ob Hadhrat Haram^ra von dem Stammesvolk wohl empfangen wurde. Doch während Hadhrat Haram^ra zu dem Oberhaupt sprach, schlich sich einer von ihnen hinter seinen Rücken und griff ihn mit einer Lanze an. Hadhrat Haram war sofort tot. Als die Lanze seinen Hals durchstieß, hörte man ihn sagen:

$$\text{اَللّٰهُ اَكْبَر فُزْتُ بِرَبِّ الْكَعْبَةِ}$$

„Gott ist groß. Der Herr der Kaaba ist mein Zeuge, ich habe mein Ziel erreicht" *(Bukhari)*

Nachdem sie Hadhrat Haram^ra auf diese ruchlose Weise getötet hatten, stachelten die Führer ihren Stamm zu einem Angriff auf den Rest der Gruppe muslimischer Lehrer an. *„Aber"*, sagten die Stammesleute, *„unser Oberhaupt, Abu Bara, hat für uns gebürgt, wir können diese Leute nicht angreifen."*

Doch die Stammeshäuptlinge griffen mit der Hilfe der zwei Stämme, die zum Propheten^saw gegangen waren und um die muslimischen Lehrer gebeten hatten, sowie einiger anderer Stämme die muslimische Gruppe an.

Der einfache Aufruf: *„Wir sind gekommen, zu predigen und zu lehren, nicht zu kämpfen"*, hinterließ keinen Eindruck. Sie schlugen auf die Muslime ein. Alle bis auf drei von den 70 wurden ermordet.

Einer dieser Überlebenden war lahm und war auf einen Hügel gestiegen, bevor sich der Zusammenstoß ereignete. Zwei andere waren in ein Gehölz gegangen, um ihre Kamele zu füttern. Bei ihrer Rückkehr fanden sie ihre 66 Gefährten tot in ihrem Lager. Die zwei besprachen sich.

Einer sagte: *„Wir sollten umkehren und dem Heiligen Propheten^saw Bericht erstatten."*

Der andere sagte: *„Ich kann den Platz nicht verlassen, auf dem der Führer unserer Mannen, der vom Propheten^saw ausgesucht worden war, ermordet worden ist."*

So stürzte er sich allein auf die Ungläubigen und fiel kämpfend. Der letzte wurde gefangen genommen, doch aufgrund des Gelübdes, das der Stammeshäuptling getan hatte, freigesetzt. Zu den Ermordeten gehörte Amir Bin Lira^ra, der befreite Sklave Abu Bakrs^ra und Begleiter auf der Hidjra.

Sein Mörder war Jabbar, der später Muslim wurde. Jabbar führt seinen Übertritt auf diesen Massenmord an den Muslimen zurück.

„Als ich Amir töten wollte", sagte Jabbar, *„hörte ich Amir sagen:*

$$\text{اَللّٰهُ اَكْبَر فُزْتُ بِرَبِّ الْكَعْبَةِ}$$

‚Bei Gott, ich habe mein Ziel erreicht'. Ich fragte Amir, warum ein Muslim so etwas sagt, wenn er dem Tod nahe ist, Amir erklärte, dass Muslime den Tod für Gottes Sache als einen Segen und Sieg ansahen."

Jabbar war so beeindruckt von dieser Antwort, dass er anfing, den Islam systematisch zu studieren und letzten Endes Muslim wurde. (*Sirat Ibn Hisham* und *Usud Al-Ghaba*)

Die Nachrichten von diesen beiden furchtbaren Begebenheiten, in denen ungefähr 80 Muslime durch boshaftes Ränkespiel ihr Leben lassen mussten, erreichten Medina gleichzeitig.

Dies waren keine gewöhnlichen Männer gewesen. Sie waren Träger des Korans gewesen. Sie hatten kein Verbrechen begangen und hatten niemandem etwas zuleide getan. Sie waren nicht in eine Schlacht verwickelt gewesen. Sie waren durch eine Lüge, im Namen Gottes und der Religion ausgesprochen, in die Hände der Feinde gelockt worden.

Diese Tatsache bewies, dass die Feindschaft gegen den Islam entschieden und tiefverwurzelt war. Doch auf der anderen Seite war der Eifer der Muslime für den Islam nicht weniger entschlossen und tief.

Das Gefecht mit den Banu Mustaliq

Nach der Schlacht von Uhud gab es eine schwere Hungersnot in Mekka. Ungeachtet aller Feindseligkeiten, die die Mekkaner gegen ihn pflegten, und alle Ränke, mit denen sie Abneigung gegen ihn im ganzen Lande verbreiteten, führte der Heilige Prophet[saw] eine Sammlung durch, um den Armen in Mekka in ihrer Notlage zu helfen.

Doch die Mekkaner blieben selbst von dieser Geste guten Willens unbeeindruckt. Ihre Feindseligkeiten setzten sich unvermindert fort, ja, sie steigerten sich noch. Stämme, die bislang noch den Muslimen gegenüber freundlich gewesen waren, wurden plötzlich auch feindlich gesinnt.

Einer dieser Stämme war der der Banu Mustaliq. Sie hatten gute Beziehungen zu den Muslimen gehabt. Doch jetzt bereiteten sie einen Angriff auf Medina vor. Als der Prophet[saw] von solchen Vorbereitungen hörte, schickte er einige Männer zu ihnen, um die Wahrheit ausfindig zu machen.

Sie kehrten zurück und bestätigten die Berichte. Der Prophet[saw] entschied, diesem Angriff entgegenzutreten. Er stellte eine Streitmacht zusammen und begab sich in das Gebiet der Banu Mustaliq. Als die muslimischen Streitkräfte auf den Feind trafen, versuchte der Prophet[saw] die Feinde zu überreden, dass sie sich, ohne zu kämpfen, zurückzögen. Doch sie weigerten sich und die Schlacht begann. In wenigen Stunden war der Feind geschlagen. Die mekkanischen Ungläubigen waren auf Unheilstiften aus und freundlich gesinnte Stämme wurden plötzlich feindselig – so hatten die Heuchler unter den Muslimen bei diesen Gelegenheiten auch unternommen, in der Schlacht auf der Seite der Muslime teilzunehmen. Sie dachten wahrscheinlich, sie könnten eine Gelegenheit bekommen, Schaden anzurichten. Doch die Schlacht mit den Banu Mustaliq war in ein paar Stunden geschlagen.

Die Heuchler hatten somit keine Gelegenheit, während der Schlacht Unheil anzurichten. Der Heilige Prophet[saw] jedoch entschied sich in der Stadt der Banu Mustaliq noch ein paar Tage länger aufzuhalten. Während dieses Aufenthaltes entstand ein Streit zwischen einem mekkanischen und einem medinensischen Muslim über Wasser aus einem Brunnen. Der Mekkaner war ein ehemaliger Sklave. Er schlug den Medinenser, der seine Landsleute – die *Ansar* oder Helfer – zu Hilfe rief. Der Mekkaner wiederum rief seine Landsleute – *Muhadjirin* oder Flüchtlinge genannt – zu Hilfe. Die Aufregung ließ nicht nach. Niemand fragte, was sich zugetragen hatte. Junge Leute auf beiden Seiten zogen ihre Schwerter.

Abdullah Bin Ubayy Bin Salul hatte nur auf eine solche Gelegenheit gewartet. Er entschloss sich, Öl in das Feuer zu gießen:

> „Ihr seid in eurer Nachsicht den Flüchtlingen gegenüber zu weit gegangen. Eure gute Behandlung ihnen gegenüber ist ihnen zu Kopf gestiegen und jetzt versuchen sie, euch auf jede Weise zu bevormunden."

Was Abdullah sagte, schien seine Wirkung nicht verfehlt zu haben. Es sah so aus, als ob der Streit ernsthafte Ausmaße annehmen würde. Doch Abdullah hatte sich mit der Wirkung seiner Rede verrechnet. Er glaubte, dass die Ansar gewonnen worden wären und ging so weit zu sagen:

> „Lasst uns nur nach Medina zurückkehren. Dann wird der Geehrteste seiner Bürger den Verachtetsten verjagen." *(Bukhari)*

Mit „geehrtest" meinte er sich selbst und mit „verachtest" war der Prophet gemeint. Sobald er das gesagt hatte, durchschauten die gläubigen Muslime sein falsches Spiel. Was sie gehört hatten, war keine gewöhnliche Rede, es waren vielmehr Worte des Teufels, der sie in die Irre leiten wollte.

Ein junger Mann schickte seinen Onkel zum Propheten^{saw}, ihm den Vorfall zu berichten. Der Prophet^{saw} ließ 'Abdullah Bin Ubayy Bin Salul und seine Freunde zu sich kommen und fragte sie, was passiert war. 'Abdullah und seine Freunde leugneten ihren Anteil an den Unruhen.

Der Prophet^{saw} sagte nichts dazu. Doch die Wahrheit kam zu Tage. Es dauerte nicht lange, bis auch 'Abdullah Bin Ubayy Bin Saluls eigner Sohn 'Abdullah davon hörte.

Der junge Abdullah machte sich sofort zum Propheten^{saw} auf und sagte:

„O Prophet, mein Vater hat Euch beleidigt. Tod ist seine Strafe. Wenn Ihr gleicher Meinung seid, dann gebt mir Befehl, meinen Vater zu töten. Wenn Ihr jemand anderen aussucht und mein Vater stirbt durch seine Hand, dann muss ich meinen Vater rächen und diesen Mann töten. Ich könnte dadurch den Zorn Gottes auf mich heraufbeschwören."

„Doch", sagte der Heilige Prophet^{saw}, *„ich habe keinen solchen Plan. Ich werde deinen Vater mit Rücksicht und Mitgefühl behandeln"*.

Als der junge 'Abdullah die Untreue und Unhöflichkeit seines Vaters mit dem Mitgefühl und der Freundlichkeit des Propheten^{saw} verglich, machte er sich voll unterdrückten Zornes gegen seinen Vater auf den Weg nach Medina. Er hielt seinen Vater auf der Straße nach Medina an und sagte ihm, dass er ihn nicht seine Reise fortsetzen lassen werde, wenn er nicht seine Worte gegen den Heiligen Propheten^{saw} widerrufen werde.

„Der Mund, der sagte: *„Der Prophet ist verachtet und ihr seid verehrt"* soll jetzt sagen: *„Der Prophet sei geachtet und ihr seid verdammt"*. Ich werde euch nur weiterziehen lassen, wenn ihr das sagt!"

Abdullah Ubayy Bin Salul war erstaunt und fürchtete sich gleich und sagte: *„Du hast recht, mein Sohn, Muhammad sei geehrt und ich sei verachtet."* Der junge 'Abdullah ließ danach seinen Vater weiterziehen. *(Sirat Ibn Hisham, Bd. 2)*
Wir haben vorher von zwei jüdischen Stämmen berichtet, die wegen ihrer boshaften Anschläge und mörderischen Intrigen aus Medina vertrieben werden mussten. Einer von diesen, Banu Nasier, zog mit einem Teil nach Syrien, mit dem anderen in eine Stadt nördlich von Medina, Khaibar genannt.

Khaibar war ein gut befestigtes jüdisches Zentrum in Arabien. Die Juden, die dahin ausgewandert waren, stachelten die Araber gegen die Muslime auf. Die Mekkaner waren schon geschworene Feinde des Islam. Es bedurfte keiner weiteren Aufstachelung mehr, die Mekanner gegen die Muslime aufzubringen. Auch die Ghatafan von Najd waren durch ihre freundlichen Beziehungen zu den Mekkanern den Muslimen gegenüber feindlich gesinnt. Die Juden von Khaibar konnten also auf die Quraish von Mekka und auf die Ghatafan von Najd zählen. Außerdem hatten sie vor, die Banu Sulaim und Banu Asad gegen die Muslime aufzuhetzen. Und sie überredeten die Banu Sa'd, einen mit den Juden verbündeten Stamm, sich den Mekkanern in ihrem Kampf gegen den Islam anzuschließen.

Nach langen Intrigen gelang es, einen Bund von arabischen Stämmen für den Kampf gegen den Islam zu organisieren. Er bestand aus den Mekkanern, den Stämmen, die in der Umgebung Mekkas lebten, den Stämmen von Najd und denen, die nördlich von Medina lebten.

Die *„Schlacht am Graben"*

Im fünften Jahr nach der Hidjra war eine große Armee zusammen gekommen. Historiker haben ihre Stärke auf 10-24.000 eingeschätzt. Doch eine Armee der verbündeten arabischen Stämme war nicht nur 10.000 Mann stark. 24.000 Mann kommt der Wahrheit wohl näher. Es hätten aber auch nur 18-20000 gewesen sein können.

Die Stadt Medina, dem der Angriff dieser Armee galt, war eine mittelgroße Stadt und dem Angriff so einer vereinigten arabischen Armee nicht gewachsen. Ihre Bevölkerung zu dieser Zeit bestand aus knapp über 3.000 Männern (alte Männer, junge Männer und Kinder mit einbezogen).

Gegen diese Bevölkerung hatte der Feind eine Armee von 20 bis 24.000 kriegserfahrenen Soldaten aufgestellt, und da sie aus verschiedenen Teilen des Landes kamen, kann man damit rechnen, dass die besten Truppen ausgesucht worden waren. Die Bevölkerung von Medina, die dieser Armee entgegenzutreten hatte, bestand aus Männern jeglichen Alters. Man stelle sich die Ungleichheit der Kräfte in dieser Situation vor! Der Feind war 20 - 24.000 Mann stark, die Muslime kaum 3.000 Männer jeglichen Alters. Als der Heilige Prophet[saw] von der feindlichen Übermacht erfuhr, rief er seine Leute zusammen und bat um Ratschläge. Unter denen, die um ihre Meinung gefragt wurden, war Hadhrat Salman[ra], der Perser. Er war der erste Perser, der zum Islam übergetreten war. Der Heilige Prophet[saw] fragte Hadhrat Salman[ra], was man in Persien zu tun pflegte, wenn man eine Stadt gegen eine große Armee zu verteidigen hatte. *„Wenn die Stadt unbefestigt ist und die Kräfte, die zu ihrer Verteidigung zur Verfügung stehen, gering sind"*, sagte Salman, *„dann ist es in unserem Lande üblich, einen Graben um die Stadt herum auszuheben und die Stadt von innen heraus zu verteidigen"*.

Der Prophet[saw] fand die Idee gut. Medina hat Hügel auf einer Seite, die eine natürliche Verteidigung darstellen. Eine andere Seite hatte eine Anhäufung von Straßen und eine dichte Bevölkerung, hier konnte die Stadt nicht überraschend angegriffen werden. Die dritte Seite hatte Häuser und Palmenhaine und in gewissem Abstand die Befestigungen des jüdischen Stammes Banu Quraiza.

Die Banu Quraiza hatten einen Nichtangriffspakt mit den Muslimen. Diese Seite konnte also auch als sicher vor feindlichem

Angriff angesehen werden. Die vierte Seite war eine Ebene und von dieser Seite konnte mit einem Angriff des Feindes gerechnet werden. Der Prophet[saw] entschied also, einen Graben auf dieser offenen Seite auszuheben, um damit einem unerwarteten Angriff entgegenwirken zu können. Alle Muslime beteiligten sich – zehn Mann hatten zehn Meter Graben auszuheben. Der Graben sollte insgesamt eine Meile lang sein und ausreichende Breite und Tiefe haben.

Als sie mitten am Graben waren, stießen die muslimischen Kräfte auf einen Felsen, mit dem sie nicht fertig werden konnten. Der Prophet[saw] wurde davon in Kenntnis gesetzt und machte sich sofort zu der Stelle auf. Mit einer Spitzhacke schlug er auf den Felsen ein. Funken sprühten und der Prophet[saw] rief laut *„Allaho Akbar!"* (Gott ist der Größte!). Wieder schlug er zu, wieder sprühten die Funken und wieder rief er aus: *„Allaho Akbar!"*. Er schlug ein drittes Mal zu, Funken sprühten und der Prophet[saw] rief wieder *„Allaho Akbar!"* und der Fels brach auseinander. Die Gefährten fragten den Propheten[saw], warum er wieder und wieder *„Allaho Akbar!"* ausgerufen habe.

> „Ich schlug den Felsen dreimal mit dieser Spitzhacke und dreimal sah ich Visionen von der zukünftigen Pracht des Islam offenbart. In den ersten Funken sah ich die syrischen Paläste des römischen Reiches. Die Schlüssel dieser Paläste wurden mir übergeben. Beim zweiten Schlag sah ich die erleuchteten persischen Paläste in Mada'in und ich bekam die Schlüssel des persischen Großreiches übergeben. Beim dritten Mal sah ich die Tore von San'a und ich bekam die Schlüssel für das Königreich Yemen übergeben. Dies sind Verheißungen Gottes und ich bin sicher, ihr vertraut ihnen. Der Feind kann euch nichts anhaben." *(Zurqani, Bd. 2 und Bari, Bd. 7)*

Der Graben, den die Muslime mit ihren schwachen Kräften aushoben, konnte vom strategischen Gesichtspunkt aus nicht vollkommen sein, doch er würde wenigstens die Stadt vor einem Überraschungsangriff bewahren. Dass er nicht unüberquerbar war, bewiesen spätere Ereignisse zur Genüge. Keine andere Seite passte dem Feind für seine Angriffe auf die Stadt besser.

Von der Seite des Grabens also begann die riesige Armee der vereinten arabischen Stämme sich der Stadt zu nähern. Sobald der Heilige Prophet[saw] von dem Vormarsch der Feinde erfuhr, bezog er mit 1.200 Mann Stellung, die Stadt zu verteidigen; an anderen Stellen der Stadt waren andere Verteidigungsposten aufgestellt. Historiker geben verschiedene Zahlen, die zur Verteidigung des Grabens auf der Seite der Muslime standen, an. Einige sagen, es waren 3.000, andere 1.200-1.300, noch andere sagen 700. Solche Schätzungen sind schwierig anzustellen, doch noch schwieriger ist es, diese Zahlen miteinander in Einklang zu bringen. Doch nach reiflicher Überlegung kommen wir zu dem Schluss, dass diese drei geschätzten Zahlen der Muslime, die den Graben verteidigten, richtig sind. Sie beziehen sich auf verschiedene Stadien in dem Kampf.

Ein Kampf gegen eine große Übermacht

Wir haben gesehen, dass, nachdem sich die Heuchler zurückgezogen hatten, die Anzahl der Muslime, die der Schlacht Uhud blieben, 700 betrug. Die Schlacht am Graben fand nur zwei Jahre nach der Schlacht von Uhud statt. Es ist von den Geschichtsschreibern kein großer Zuwachs an Muslimen für diese Periode berichtet worden. Ein Anwachsen der Streitkräfte von 700 auf 3000 für diesen Zeitraum ist unwahrscheinlich. Andererseits ist es auch nicht denkbar, dass die Anzahl der kampffähigen Muslime zwischen Uhud und der Schlacht am Graben sich nicht erweitert hat. Der Islam hatte sicherlich weitere Übertritte in dem Zeitraum und somit leichtes Ansteigen in der Zahl der Truppen. Die Schätzungen, die die Anzahl der kämpfenden Muslime in der Schlacht am Graben auf 1.200 festlegt, kommt der Wahrheit wohl am nächsten.

Es bleibt die Frage, warum einige Autoren die Anzahl auf 3000, andere auf 700 schätzen. Wir nehmen an, dass sich Zahlen auf verschiedene Zeitpunkte der Schlacht beziehen.

Die Schlacht am Graben verlief in drei Abschnitten. Der erste Abschnitt bezieht sich auf die Zeit, als der Feind sich näherte und die Muslime mit dem Ausgraben beschäftigt waren. Zu dieser Zeit, als es darum ging, die ausgehobene Erde abzuschleppen, haben sich sicherlich Kinder, wenn nicht sogar Frauen an den Arbeiten beteiligt. Wir können annehmen, dass zur Zeit des Ausgrabens sich gut 3000 Leute auf Seiten der Muslime aktiv beteiligt haben. Diese Zahl schließt Kinder und Frauen mit ein. Die Kinder konnten Erde wegtragen; die Frauen, die immer eifrig waren, den Männern in ihren Unternehmungen Hilfe zu leisten, haben sicher Hilfsarbeiten während des Ausgrabens verrichten können. Es gibt Beweise, die diese Vermutung unterstützen. Als mit dem Ausgraben begonnen wurde, wurden auch Kinder aufgefordert, zu kommen. Praktisch nahm die ganze Bevölkerung an dem Unternehmen teil. Doch als der Feind sich näherte und die Schlacht begann, befahl der Prophet[saw], dass Jungen unter 15 Jahren sich zurückziehen sollten. Den über 15 jährigen war erlaubt, an der Schlacht teilzunehmen, wenn sie wollten. *(Halbiyya, Bd. 2)*

So wird verständlich, dass zur Zeit des Ausgrabens die Anzahl der Muslime weit größer war als zur Zeit, als die Schlacht begann. Zu Beginn der Schlacht hatten sich die Kinder zurückgezogen. Veranschlagungen, die die Anzahl auf 3.000 festlegen, beziehen sich nur auf das Ausgraben, die Zahl von 1.200 bezieht sich auf die eigentlichen Kampfhandlungen, an denen nur die erwachsenen Männer teilnahmen.

Die Zahl, die wir noch nicht erklärt haben, ist die 700. Doch auch diese Zahl ist korrekt. Sie stammt von einer Autorität wie Ibn Ishaq, der von keiner geringeren Person als Ibn Hazm gestützt wird. Die Zahl sollte nicht in Frage gestellt werden. Doch wenn wir uns mit dem Verlauf der Schlacht befassen, dann erklärt sich auch diese Zahl. Wir haben Beweise, dass die Banu Quraiza, entgegen ihrem Ehrenwort, sich dem Feind anschlossen und die Muslime von hinten bedrohten. Der Heilige Prophet[saw], der von ihrem üblen Anschlag erfuhr, entschied, Wachen in den Teil der Stadt zu schicken, der von dem Angriff der Banu Quraiza bedroht war. Dieser Teil war unbewacht geblieben, da die Banu Quraiza mit den Muslimen verbündet waren. Und es war vorausgesetzt, dass sie den Feind nicht in diesen Teil der Stadt hereinlassen würden. Als dem Heiligen Propheten[saw] von dem Verrat der Banu Quraiza berichtet wurde und es klar wurde, dass die Frauen, die bislang in diesem Teil der Stadt durch den Bund als sicher galten, jetzt in Gefahr waren, entschied er, zwei Einheiten, eine mit 200, die andere mit 300 Mann, an zwei verschiedene Stellen in die jetzt gefährdeten Teile der Stadt zu beordern. Der Heilige Prophet[saw] befahl, dass sie gelegentlich *„Allahu Akbar!"* rufen sollten, damit die Hauptstreitkräfte beruhigt waren, dass die Frauen außer Gefahr sind. Die Schätzung von Ibn Ishaq, der die Zahl der Muslime für die Schlacht am Graben auf 700 ansetzt, ist also auch korrekt. Wenn 500 Mann von den 1.200

abgezogen wurden, um die Rückseite der Stadt zu bewachen, dann blieben 700 am Graben.

Somit erweisen sich alle drei Zahlenangaben für die Schlacht am Graben als richtig. Um den Graben zu verteidigen, hatte der Prophet also nur 700 Mann zur Verfügung. Der Graben war eine Unterstützung, doch einer so großen Armee wie der des Feindes gegenüberzutreten und sie abzuwehren, schien selbst mit Hilfe des Grabens so gut wie unmöglich. Doch wie zuvor vertrauten die Muslime ihrem Gott und waren sicher, dass Er ihnen beistehen würde.

Die kleine Streitmacht erwartete den Feind, während die Frauen und Kinder zu zwei sicher erscheinenden Teilen der Stadt geschickt worden waren.

Als die Feinde den Graben erreichte, waren sie verblüfft, denn diese Taktik war noch in keiner arabischen Schlacht angewendet worden. So entschieden sie, erstmal auf ihrer Seite des Grabens ein Zeltlager aufzuschlagen und über die Methode des Angriffs und des Weges in die Stadt zu beratschlagen.

Eine Seite war durch den Graben geschützt. Eine zweite Seite hatte Hügel und somit natürlichen Schutz. Eine dritte hatte Gebäude und Baumbestände. Es war nicht möglich für den Feind, einen überraschenden Angriff auf irgendeinen Teil der Stadt zu machen. Die feindlichen Kommandeure beratschlagten und kamen überein, dass es notwendig geworden war, zu versuchen, die Banu Quraiza, den Stamm, der noch in Medina lebte, zum Bruch des Vertrages mit den Muslimen zu bringen und sie aufzuforden, bei diesem kritischen Angriff auf Medina auf die Seite der arabischen Bundesgenossen zu stellen. Nur die Banu Quraiza konnten ihnen den Weg in die Stadt ebnen.

Abu Sufyan wählte endlich Huyai Bin Akhtab, das Haupt des

vertriebenen Stammes der Banu Nadir und Hauptanstifter für den Angriff der arabischen Stämme gegen Medina, aus, um mit den Banu Quraiza zu verhandeln, damit die Stadt von ihrem Rücken aus angegriffen werden kann Huyai Bin Akhtab begab sich zu der Festung der Juden und bat, den Führer der Banu Quraiza sprechen zu dürfen. Zuerst weigerten sie sich. Doch als er erklärte, dass sie eine günstige Gelegenheit hatten, die Muslime zu schlagen, gewann er einen Quraiziten, Ka'b, für sich und seiner Plan. Er machte ihnen klar, dass ganz Arabien sich vereinigt hätte, die Muslime anzugreifen und zu vernichten. Die Armee, die sich auf der anderen Seite des Grabens befand, war keine Armee, sondern ein Meer von starken Männern, denen zu widerstehen die Muslime keine Chance hatten. Letzten Endes kamen sie überein, dass, sobald die Armee der Ungläubigen den Graben genommen hatte, die Banu Quraiza den Teil der Stadt, in dem der Prophet[saw] die Frauen und Kinder aus Sicherheitsgründen untergebracht hatte, angreifen würden. Dieser Plan, so glaubten sie, würde den Widerstand der Muslime brechen, und würde sich als Todesfall für die ganze Bevölkerung – Männer, Frauen und Kinder – erweisen. Wenn dieser Plan auch nur einen Teilerfolg gehabt hätte, wäre es die Muslime teuer zu stehen gekommen und hätte sie in eine verzweifelte Lage gebracht. Sie hätten keinen Ausweg aus dieser Todesfalle gehabt.

Der Verrat der Banu Quraiza

Wie schon gesagt, die Banu Quraiza waren mit den Muslimen verbündet. Wenn sie schon nicht mit den Muslimen in die Schlacht zogen, so wurde doch wenigstens von ihnen erwartet, die Feinde am Eintritt in die Stadt von ihrem Teil aus zu hindern.

Der Prophet hatte deshalb ihren Teil der Stadt völllig unbewacht gelassen.

Die Banu Quraiza wussten, dass die Muslime ihnen vertrauten. Als sie entschieden, mit dem Feind gemeinsame Sache zu machen, kamen sie überein, dies nicht offen zu zeigen, damit die Muslime nicht Verdacht schöpfen und Schritte unternehmen konnten, auch den Teil der Stadt auf der Seite der Banu Quraiza zu beschützen.

Es war eine sehr gefährliche Situation geworden. Als man übereingekommen war, die Muslime von zwei Seiten anzugreifen, begann die arabische Armee den Graben anzugreifen. Ein paar Tage vergingen ohne Erfolg. Doch dann kamen sie auf die Idee, Bogenschützen auf eine Anhöhe zu postieren und damit die muslimischen Verteidiger des Grabens anzugreifen. Diese standen am Rand des Grabens mit kleinen Zwischenräumen zwischen ihnen. Sobald die muslimische Verteidigung Brüche zeigen würde, wollten die Ungläubigen versuchen, mit Hilfe ihrer Reiterelite den Graben zu überqueren. Sie glaubten, dass sie mit solchen wiederholten Angriffen einen Brückenkopf auf der muslimischen Seite bilden konnten, der dann dazu dienen sollte, die Hauptstreitkräfte für einen Angriff auf die Stadt aufzunehmen.

Angriff über Angriff wurde unternommen. Die muslimische Verteidiger mussten ohne Unterbrechung kämpfen. An einem Tag waren sie mit der Abwehr dieser Angriffe so beschäftigt, dass sie die gemeinsamen Gebete nicht in der dafür bestimmten Zeit verrichten konnten. Der Heilige Prophet[saw] war betrübt darüber und sagte: *„Gott strafe die Ungläubigen, sie haben unsere Gebete in Unordnung gebracht."*

Dies zeigt die Intensität der feindlichen Angriffe. Doch es zeigt auch, dass des Heiligen Propheten[saw] Hauptanliegen die Anbetung Gottes war. Medina war von Feinden umgeben. Nicht nur Männer, auch Frauen und Kinder blickten dem Tod ins Gesicht. Die ganze Stadt war voll Sorge. Doch der Heilige Prophet[saw] dachte nur daran, die Gebete zu ihrer festgesetzten Zeit abzuhalten.

Muslime haben nicht nur einen Tag für den Gottesdienst vorgesehen wie die Christen und Hindus, sondern sind zu fünf Gebeten am Tag verpflichtet. Während einer Schlacht ist es schwer genug, auch nur ein gemeinsames Gebet zu verrichten, und doch werden fünf gemeinsame Gebete verlangt. Der Heilige Prophet[saw] setzte selbst während der Schlacht diese Gebete fort. Es schmerzte ihn, wenn der feindliche Angriff die Verrichtung der Gebete durcheinander brachte.

Zurück zur Schlacht: der Feind griff von vorn den Graben an, die Banu Quraiza planten, den Muslimen in den Rücken zu fallen, doch nicht so, dass die Bevölkerung auf der Hut war. Sie wollten hinterrücks in die Stadt kommen und die Frauen und Kinder töten.

Eines Tages sandten die Banu Quraiza einen Spion aus, um herauszufinden, ob Wachen aufgestellt worden waren, die Frauen und Kinder zu beschützen, und wenn ja, in welcher Stärke. Es gab ein besonderes Familienlager, das der Feind als sein Ziel ausersehen hatte. Der Spion schlich um diesen Bezirk herum und machte sich verdächtig. Eine Tante des Heiligen Propheten[saw], Hadhrat Safiyya[ra], endeckte ihn. Nur ein erwachsener Mann war zu dieser Zeit auf Wachdienst und selbst der war krank. Hadhrat Safiyya[ra] berichtete ihm, was sie beobachtet hatte und schlug vor, diesen Spion gefangen zu nehmen, bevor er den Feind davon in Kenntnis setzen konnte, wie unbeschützt die Frauen und Kinder in diesem Teil der Stadt waren. Der kranke Muslim weigerte sich, etwas zu unternehmen, und so nahm Hadhrat Safiyya[ra] einen Stock auf und trat dem unerwünschten Besucher entgegen. Mit Hilfe anderer Frauen gelang es, ihn zu überwältigen und zu töten. Es erwies sich später als richtig, dass dieser Mann ein Spion der Banu Quraiza war.

Die Muslime waren beunruhigt und erwarteten weitere Angriffe von dieser Seite, die sie bislang als sicher angesehen hatten. Doch die Angriffe von der Vorderseite des Grabens waren so heftig, dass die ganze muslimische Streitkraft dort vonnöten war. Trotzdem entschied der Heilige Prophet[saw], einen Teil dieser Kräfte für den Schutz von Frauen und Kindern abzuzweigen. Wie wir schon in der Besprechung über die Anzahl der muslimischen Streitkräfte gesehen hatten, schickte der Heilige Prophet[saw] 500 Mann von seinen 1200 zur Bewachung von Frauen und Kindern. Zur Verteidigung des Grabens blieben ihm also nur noch 700, die einer Armee von 10 - 20.000 gegenüberstanden.

Viele Muslime verloren den Mut aufgrund dieser Ungleichheit im Kampf. Sie gingen zum Heilige Propheten[saw] und wiesen darauf hin, wie kritisch die Situation sei und wie aussichtslos es erschien, die Stadt zu retten. Sie baten den Heiligen Propheten[saw], zu beten. Sie baten ihn weiterhin, ihnen besondere Gebete für diese Situation zu lehren. Der Prophet[saw] antwortete:

> „Fürchtet nichts. Bittet Gott nur, euch vor eurer eignen Schwäche zu beschützen, eure Herzen stark zu machen und euch eure Angst zu nehmen."

Der Prophet[saw] selbst betete:

اَللّٰهُمَّ منزل الكتٰب سريع الحساب اهزم الاحزاب اللّٰهُمَّ اهزمهم وانصرنا عليهم وزلزلهم

Gott, Du hast mir den Koran gesandt. Du zögerst nicht, jemanden zur Rechenschaft zu ziehen. Gib diesen Horden, die uns angreifen, der Vernichtung anheim. Gott, ich flehe Dich an: Vernichte sie, lass uns über sie siegen und zerschlage all ihre üblen Pläne!" *(Bukhari)*

Und ferner:

يا صريخ المكروبين يا مجيب المضطرين اكشف همّى وكربى فانك ترى مانزل بى وباصحابى

„Gott, Du erhörst diejenigen, die Dich in Elend und Pein anflehen. Du antwortest denen, die mit Angst geplagt sind. Befreie mich von meinen Schmerzen, meiner Furcht und Angst. Du weißt, in welcher Ungleichheit meine Gefährten und ich kämpfen." *(Zurqani)*

Eine Beschreibung des Zustands der Heuchler und der Gläubigen

Die Heuchler in der muslimischen Streitmacht waren am Ängstlichsten. Alle Gefühle für die Ehre ihrer Gruppe, die Sicherheit ihrer Stadt und die der Frauen und Kinder verschwanden aus ihren Herzen. Doch sie wollten sich auch nicht ihren Mitbürgern gegenüber mit Schande bedecken. So verließen sie die Streitkräfte einzeln unter fadenscheinigen Vorwänden. Der Koran weist darauf hin in 33:14:

$$\text{وَيَسْتَأْذِنُ فَرِيقٌ مِّنْهُمُ النَّبِيَّ يَقُولُونَ اِنَّ بُيُوتَنَا عَوْرَةٌ وَمَاهِيَ بِعَوْرَةٍ اِنْ يُّرِيْدُوْنَ اِلَّا فِرَارًا}$$

„Und ein Teil von ihnen bat sogar den Propheten[saw] um Erlaubnis und sprach: ,*Unsere Häuser sind entblößt und ohne*

Verteidigung.' Doch sie waren nicht entblößt. Sie wollten eben nur fliehen."

Der Stand der Schlacht in dem Augenblick und die Situation, in der die Muslime sich befanden, wird mit folgenden Versen in Koran beschrieben:

$$\text{اِذْ جَآءُوكُمْ مِّنْ فَوْقِكُمْ وَمِنْ اَسْفَلَ مِنْكُمْ وَاِذْ زَاغَتِ الْاَبْصَارُ وَبَلَغَتِ الْقُلُوبُ}$$
$$\text{الْحَنَاجِرَ وَتَظُنُّونَ بِاللهِ الظُّنُونَا ۞ هُنَالِكَ ابْتُلِيَ الْمُؤْمِنُونَ وَزُلْزِلُوا زِلْزَالًا شَدِيدًا ۞ وَاِذْ}$$
$$\text{يَقُولُ الْمُنَافِقُونَ وَالَّذِينَ فِي قُلُوبِهِمْ مَرَضٌ مَا وَعَدَنَا اللهُ وَرَسُولُهُ اِلَّا غُرُورًا ۞}$$
$$\text{وَاِذْ قَالَتْ طَآئِفَةٌ مِنْهُمْ يَآ اَهْلَ يَثْرِبَ لَا مُقَامَ لَكُمْ فَارْجِعُوا}$$

> „Als sie über euch kamen von oben her und von unten her und als eure Augen verwirrt wurden und eure Herzen zum Hals herausschlugen und ihr verschiedene Gedanken über Allah dachtet; da wurden die Gläubigen schwer geprüft und sie wurden mit heftiger Erschütterung überfallen. Und als die Heuchler und diejenigen, in deren Herzen Krankheit saß, sprachen: Allah und Sein Gesandter versprachen uns nichts als Täuschung. Und als ein Teil von ihnen sagte: *,O Volk von Yathrib, ihr könnt dem Feind wohl nicht standhalten. Kehrt um'.*" (33:11-14)

Hier werden die Muslime daran erinnert, wie sie von vorn von den verbündeten arabischen Stämmen und von hinten von den Juden angegriffen wurden. Sie wurden daran erinnert, wie elend sie zu dieser Zeit waren. Ihre Augen waren erschreckt und ihre Herzen schlugen zum Hals heraus. Selbst Zweifel über Gott kamen in ihnen auf. Die Gläubigen wurden geprüft. Sie wurden erschüttert. Die Heuchler und die krank im Herzen waren sagten: *„Wir sind alle von Gott und seinem Propheten in die Irre geführt wor-*

den." Ein Teil von ihnen entmutigte sogar die muslimische Streitmacht und sagte: *„Es hat keinen Zweck mehr. Es bleibt uns nichts als uns zurückzuziehen."*

Wie standhaft die Gläubigen sich in dieser Situation verhielten, ist auch im Koran beschrieben:

$$\text{وَلَمَّا رَاَ الْمُؤْمِنُوْنَ الْأَحْزَابَ قَالُوْا هٰذَا مَا وَعَدَنَا اللّٰهُ وَرَسُوْلُهُ وَصَدَقَ اللّٰهُ وَرَسُوْلُهُ وَمَا زَادَهُمْ اِلَّا اِيْمَانًا وَّتَسْلِيْمًا ۞ مِنَ الْمُؤْمِنِيْنَ رِجَالٌ صَدَقُوْا مَا عَاهَدُوا اللّٰهَ عَلَيْهِ ۚ فَمِنْهُمْ مَّنْ قَضٰى نَحْبَهُ وَمِنْهُمْ مَّنْ يَّنْتَظِرُ ۖ وَمَا بَدَّلُوْا تَبْدِيْلًا ۞}$$

> „Und als die Gläubigen die Verbündeten (Araber) sahen, sagten sie: *,Das ist es, was Allah und Sein Gesandter uns verheißen haben. Und Allah und Sein Gesandter sprachen wahr'.* Und es stärkte sie nur in Glauben und Ergebung. Unter den Gläubigen sind welche, die ihrem Versprechen zu Allah die Treue gehalten haben. Es sind welche unter ihnen, die ihr Gelübde erfüllt haben und andere, die noch warten, und sie haben ihren Stand nicht im Geringsten verändert." (33: 23,24)

Das heißt: die wahren Gläubigen sind nicht wie die Heuchler und die Schwächlinge. Als sie die riesige Anzahl der versammelten Feinde sahen, wurden sie daran erinnert, was Gott und Sein Heiliger Prophet[saw] ihnen schon gesagt hatten. Dieser konzertierte Angriff der arabischen Stämme bewies nur die Wahrheit Gottes und Seines Heiligen Propheten[saw]. Die wahren Gläubigen blieben unerschütterlich. Ihre Ergebenheit und ihr Gehorsam und die Glut ihres Glaubens nahmen nur noch zu. Die wahren Gläubigen standen zu ihrem Gelübde. Einige hatten schon das

Ziel ihres Lebens erreicht und ihr Leben geopfert. Andere warteten, für die Sache Gottes zu sterben und so ihr Ziel zu erreichen.

Die Respektierung des Leichnams im Islam

Der Feind griff den Graben heftig und ununterbrochen an. Gelegentlich gelang es ihm, ihn zu erobern. Eines Tages gelang es führenden Generalen des Feindes, ihn zu überqueren. Doch sie wurden von den Muslimen so hart bedrängt, dass sie sich wieder zurückziehen mussten.

In diesem Gefecht verlor Naufal, ein wichtiger Führer der Ungläubigen, sein Leben. Er war so ein großer Führer, dass die Ungläubigen den Gedanken, dass etwas mit seiner Leiche geschehen könnte, nicht ertragen konnten. Sie sandten deshalb eine Botschaft zum Heiligen Propheten[saw], dass sie 10.000 Dirhams zahlen würden, wenn sie seine Leiche zurückholen könnten. Das war viel Geld für einen toten Mann.

Das Angebot war mit schlechtem Gewissen gemacht worden. Die Ungläubigen hatten in Uhud die Leichen der Muslime geschändet und sie dachten, die Muslime würden das gleiche tun. Doch die Lehren des Islam dulden so etwas nicht. Der Islam verbot ausdrücklich das Schänden der Leichen. Als der Heilige Prophet[saw] die Botschaft und das Goldangebot bekam, sagte er:

> „Was nützt uns seine Leiche? Wir wollen nichts dafür haben. Wenn ihr wollt, könnt ihr die Leiche holen." (*Zurqani, Bd.2, S. 114*)

Die Angriffe der Verbündeten auf die Muslime

Ein Abschnitt in Muirs „Life of Muhammad" (London, 1878, S. 322) schildert lebhaft die Heftigkeit der Angriffe auf die Muslime. Wir brauchen uns nicht zu entschuldigen, wenn wir sie hier zitieren:

> „Am nächsten Morgen fand Muhammad die ganze verbündete arabische Streitmacht gegen ihn antreten. Es erforderte äußerste Beweglichkeit und ständige Wachsamkeit auf seiner Seite, um die Anschläge des Feindes zu vereiteln. Einmal täuschten sie einen Generalangriff vor; dann wieder teilten sie sich in kleine Gruppen und griffen verschiedene Posten in schnellen und verwirrenden Attacken an. Endlich, ihre Gelegenheit ergreifend, zogen sie ihre Kräfte gegenüber dem schwächsten Punkt zusammen und versuchten unter dem Hagel von Pfeilen, den Graben zu einzunehmen. Wieder und wieder wurden unter der Führung von so prominenten Männern wie Khalid und 'Amr Attacken gegen die Stadt geritten und Muhammads Zelt zum Ziel genommen; und diese konnten nur durch ständige Gegenangriffe und unablässigen Pfeilregen zurückgewiesen werden. Den ganzen Tag über tobte diese Schlacht; und die Armee Muhammads gerade groß genug war, die Linie zu decken, konnte es keine Ablösung geben. Selbst in der Nacht hielt Khalid mit starker Reiterei die Wachen beschäftigt und gefährdete die Verteidigung und machte Posten in kurzen Abständen erforderlich. Doch alle Anstrengungen des Feindes waren ohne Erfolg. Der Graben wurde nicht überquert."

Die Schlacht hatte schon zwei Tage gedauert. Doch es war noch nicht zu Nahkämpfen gekommen, nicht zu großem Blutvergie-

ßen, 24 Stunden Kampf hatte dem Feind nur drei Leben, die Muslime fünf gekostet. Sa'd Bin Mu'adh[ra], das Oberhaupt des Aus-Stamme: Anhänger des Propheten[saw], war verwundet worden. Die wiederholten Angriffe hatten jedoch den Graben beschädigt und dies würde weiteren Angriffen zugute kommen.
Beispiele großer Tapferkeit und Treue hatten sich ereignet.
Die Nächte waren eiskalt. Berichte von Hadhrat Aischa[ra], des Propheten[saw] Gemahlin, sind zu uns gekommen, die besagen, dass der Prophet[saw] wieder und wieder seinen Schlaf unterbrach, um den zerstörten Teil des Grabens zu bewachen. Er verausgabte sich dabei. Er legte sich wieder hin, doch nachdem er sich aufgewärmt hatte, stand er wieder auf, um nach dem Graben zu sehen. Eines Tages war er so erschöpft, dass es so aussah, als ob er nicht aufstehen könnte. Dann sagte er, er wünsche ein paar ergebene Muslime, die sich bereit erklären, die Aufgabe, den Graben in den kalten Nachtstunden zu bewachen, für ihn zu übernehmen. Bald hörte er eine Stimme. Es war Hadhrat Sa'd Bin Waqqas[ra]. Der Prophet[saw] fragte ihn, warum er gekommen sei. *„Um Wache für Euch zu stehen,"* sagte Sa'd. *„Ich brauche keine Wache für mich,"* sagte der Prophet[saw]. *„Doch ein Teil des Grabens ist zerstört. Geh und bewache den Teil, damit die Muslime sicher sind."* Sa'd begab sich dahin und der Prophet[saw] konnte ein wenig schlafen. (Als der Prophet[saw] in Medina eintraf und Gefahr für den Propheten[saw] groß war, war es auch Hadhrat Sa'd gewesen, der sich ihm als Wachposten anbot.)
Zu einem anderen Zeitpunkt während dieser harten Tage hörte er das Geräusch von Waffen. *„Wer ist da?"* fragte der Prophet[saw]. *„Ibad Bin Bishr",* war die Antwort. *„Ist sonst noch jemand da?"* fragte der Prophet[saw]. *„Ja,"* sagte Ibad, *„eine Gruppe Eurer Getreuen. Wir werden Euer Zelt bewachen." „Lass mein Zelt allein. Die*

Ungläubigen wollen den Graben überqueren. Geht und bekämpft sie."
(Halbiyya, Bd. 2)

Wie wir schon berichtet haben, versuchten die Juden, die Stadt heimlich zu betreten. Ein jüdischer Spion verlor sein Leben dabei. Als ihnen klar wurde, dass ihr Plan bekannt geworden war, begannen sie, die arabischen Verbündeten öffentlich zu unterstützen. Ein größerer Angriff in den Rücken der Muslime war jedoch nicht beabsichtigt, da das Schlachtfeld auf dieser Seite zu eng gewesen wäre und durch das Einsetzen der muslimischen Wachen war ein großangelegter Angriff unmöglich geworden. Doch nach ein paar Tagen entschieden die Juden und heidnischen Verbündeten, einen plötzlichen und gleichzeitigen Angriff zu unternehmen.

Die Verbündeten fliehen

Dieser gefährliche Plan wurde jedoch in wunderbarer Weise von Gott vereitelt. Und das geschah so:

Ein Araber, Nu'aim, vom Stamm der Ghatafan, sympathisierte mit dem Islam. Er war mit den heidnischen Armeen gekommen, doch er wartete auf eine Gelegenheit, den Muslimen helfen zu können. Allein konnte er jedoch nicht viel erreichen. Als er sah, dass die Juden gemeinsame Sache mit den Arabern machten und die Muslime mit Tod und Vernichtung bedroht waren, entschied Nu'aim, nicht länger zu zögern, um Muslime zu retten.

Er begab sich zu den Banu Quraiza und sprach mit ihren Führern. Er fragte sie, was sie dächten, was die Muslime ihnen tun würden, wenn die arabische Armee sich zurückzöge? Die Juden waren Verbündete der Muslime, stünde ihnen nicht eine Bestrafung für Vertragsbruch bevor? Diese Gespräche erschreckten die jüdischen Führer. Sie fragten ihn, was sie tun sollten.

Nu'aim schlug ihnen vor, dass sie 70 Mann von den Arabern als Geiseln fordern sollten. Wenn die Heiden es ehrlich mit ihrem gemeinsamen Angriff meinten, dann würden dieser Bitte nachkommen. Die Juden sollten sagen, dass 70 Mann ihre strategischen Punkte bewachen sollten, während sie selbst den Muslimen in den Rücken fielen.

Nach diesen Gesprächen mit den Juden ging er zu heidnischen Führern. Er fragte sie, was sie zu tun gedächten, wenn die Juden sich plötzlich an ihren Vertrag erinnerten; wenn sie plötzlich um heidnische Geiseln bäten und um die Muslime auszusöhnen, sie diese den Muslimen aushändigen würden? War es nicht von Nöten, erst einmal die Verlässlichkeit der Juden zu prüfen und sie aufzufordern, sich sofort an den Angriffen zu beteiligen?

Den heidnischen Oberhäuptern gefiel dieser Ratschlag. Im Einklang damit sandten sie eine Botschaft zu den Juden, sie sollten mit ihrem Angriff auf den Rücken der Muslime beginnen, die Verbündeten seien für den gemeinsamen Angriff bereit.

Die Juden antworteten, dass der nächste Tag ihr Sabbath sei, und sie an dem Tag nicht kämpfen könnten. Außerdem, sagten sie, gehörten sie zu Medina und die arabischen Verbündeten wären Außenseiter. Wenn die Araber sich von dem Schlachtfeld zurückzögen, was würde mit den Juden geschehen? Die Araber sollten ihnen 70 Mann als Geiseln schicken, wenn sie es ernst mit dem Angriff meinten. Dann würden die Juden sich an dem Schlachtplan beteiligen.

Misstrauen hatte sich schon ausgebreitet. Die Araber verweigerten die jüdische Forderung. Wenn die Juden es mit ihrer Zusammenarbeit mit den Arabern ernst meinten, dann war so ein Vorschlag, Geiseln zu schicken, nicht vonnöten. Misstrauen untergräbt Mut; die Araber verloren ihren Eifer und als die Nacht hereinbrach, legten sie sich, von Zweifeln und Sorgen geplagt, schlafen; Führer und Soldaten zogen sich entmutigt in ihre Zelte zurück.

Dann geschah ein Wunder, Hilfe vom Himmel kam für die Muslime. Ein heftiger Wind kam auf. Zelte fielen zusammen. Kochtöpfe fielen auf die Feuer. Einige Feuer wurden ausgeblasen. Für Araber war es wichtig, das Feuer über Nacht brennen zu lassen. Ein brennendes Lagerfeuer wurde als gutes Omen angesehen, ein gelöschtes Feuer war ein schlechtes Omen. Wenn ein Feuer vor einem Zelt ausging, hielten die Bewohner des Zeltes es für ein schlechtes Vorzeichen und, sie würden nächsten Tag nicht kämpfen. Die heidnischen Führer waren sowieso schon von Zweifeln geplagt. Als einige Zeltlager abgebrochen wurden, dachten sie, die Muslime hätten einen nächtlichen Angriff unternommen. Die Aufregung war ansteckend. Alle fingen an, zusammenzupacken und sich zurückzuziehen.

Es wird berichtet, dass Abu Sufyan in seinem Zelt schlief. Als die Neuigkeiten vom Rückzug der heidnischen Divisionen ihn erreichten, erhob er sich wütend, und wie von Sinnen bestieg er ein angebundenes Kamel. Er trieb das Tier an, doch es bewegte sich nicht von der Stelle. Seine Freunde machten das Kamel los und Abu Sufyan und seine Freunde räumten nun auch das Feld. Zwei Drittel der Nacht waren vorbei. Das Schlachtfeld war geräumt. Eine Armee von 20-25.000 Soldaten und Gefolge war verschwunden und ließen eine Wildnis zurück.

Während dieser Zeit hatte der Heilige Prophet[saw] eine Offenbarung, dass auf Geheiß Gottes der Feind geflohen war. Der Heilige Prophet[saw] wollte einen seiner Anhänger aussenden, das Schlachtfeld zu inspizieren und einen Bericht zu geben. Die

Nacht war eiskalt. Kein Wunder, dass die schlechtbekleideten Muslime froren. Einige hörten die Stimme des Heiligen Propheten[saw], die er in die Nacht hinein rief. Sie wollten antworten, doch konnten nicht. Die Kälte machte sie stumm. Nur Hadhrat Hudhaifa[ra] antwortete: *„Ja, Prophet, was sollen wir tun?"*

Der Heilige Prophet[saw] rief noch einmal. Wieder blieben die anderen stumm. Nur Hadhrat Hudhaifa[ra] antwortete. Der Heilige Prophet[saw] beauftragte Hadhrat Hudhaifa[ra], sich aufzumachen und das Schlachtfeld zu inspizieren, denn Gott hätte ihm offenbart, dass der Feind geflohen sei.

Hadhrat Hudhaifa[ra] begab sich zu dem Graben und sah von dort, dass der Feind das Feld geräumt hatte. Keine Soldaten, niemand war zu sehen. Hadhrat Hudhaifa[ra] ging zum Heiligen Propheten[saw] zurück, sprach die Kalima (Das Glaubensbekenntnis der Muslime, *„La Ilaha illa 'llah, Muhammadur-Rasulu 'llah", „es gibt keinen Gott außer Allah, Muhammad ist sein Prophet"*) und berichtete, dass der Feind geflohen sei. Nach Morgengrauen begannen auch die Muslime, ihre Zelte abzubrechen und zur Stadt zurückzukehren. Eine schwere Prüfung für sie, die 20 Tage gedauert hatte, war zu Ende.

Die Banu Quraiza werden bestraft

Die Muslime konnten aufatmen. Doch sie hatten noch mit den Banu Quraiza abzurechnen. Die Banu Quraiza hatten ihren Pakt mit den Muslimen gebrochen und das konnte nicht einfach übergangen werden. Der Heilige Prophet[saw] versammelte seine erschöpfte Schar und eröffnete ihnen, dass es noch keine Ruhepause für sie geben könnte. Noch vor Sonnenuntergang müssten sie die Befestigungen der Banu Quraiza belagern. Dann sandte er

Hadhrat Ali[ra] zu den Banu Quraiza, sie zu fragen, warum sie ihr Ehrenwort gebrochen hatten.

Die Banu Quraiza zeigten kein Bedauern und dachten nicht daran, um Vergebung zu bitten. Stattdessen beschimpften sie Hadhrat Ali[ra] und die anderen Muslime in der Delegation und fingen an, gemeine Beleidigungen über den Heiligen Propheten[saw] und die Frauen in seiner Familie von sich zu geben. Sie sagten, was kümmere sie Muhammad, sie hätten nie einen Pakt mit ihm gehabt.

Als Hadhrat Ali[ra] zurückkehrte, um dem Heiligen Propheten[saw] die Antwort der Juden zu überbringen, waren der Heilige Prophet[saw] und seine Getreuen schon auf dem Weg zu den jüdischen Befestigungen. Die Juden hatten den Heiligen Propheten[saw], seine Frauen und Töchter beleidigt. Um dem Heiligen Propheten[saw] weitere schmerzende Beleidigungen zu ersparen, schlug Hadhrat Ali[ra] vor, dass die Muslime allein mit den Juden fertig werden sollten und es nicht nötig sei, dass der Heilige Prophet[saw] teilnehme. Der Heilige Prophet[saw] durchschaute Hadhrat Ali[ra] und sagte: *„Du willst nicht, dass ich ihre Beleidigungen anhören muss, Ali?"* *„Genau das"*, sagte Ali. *„Doch warum?"*, fragte der Prophet[saw]. *„Moses[as] war von ihrem eignen Blut. Und doch haben sie ihm mehr Schmerzen bereitet als mir."*

Der Prophet[saw] setzte seinen Vormarsch gegen die Juden fort. Die Juden errichteten ihre Abwehr und begannen den Kampf. Ihre Frauen beteiligten sich. Einige Muslime saßen an einer Mauer. Eine Jüdin ließ, als sie das sah, einen Stein auf sie fallen und tötete einen Muslim, Khallad[ra] mit Namen.

Die Belagerung dauerte einige Tage. Dann hatten die Juden das Gefühl, dass sie nicht viel länger aushalten könnten. Ihre Führer sandten eine Botschaft zu dem Heiligen Propheten[saw] und baten um Abu Lubaba, ein Ansari-Oberhaupt der Aus, eines den Juden freundlich gesinnten Stammes. Sie wollten sich mit ihm über eine mögliche Schlichtung besprechen. Der Heilige Prophet[saw] schickte Abu Lubaba zu den Juden, die ihn fragten, ob sie ihre Waffen niederlegen und den Urteilsspruch annehmen sollten. Abu Lubaba empfahl ihnen, das zu tun. Doch zur gleichen Zeit zog er seinen Finger über seinen Hals und machte das Zeichen des Halsabschneidens.

Der Heilige Prophet[saw] hatte nichts davon gesagt. Doch Abu Lubaba fürchtete, dass die Juden für ihren Abfall den Tod verdient hatten, und hatte dieses Zeichen unbewusst gemacht, was sich letzen Endes als verhängnisvoll für die Juden erweisen sollte. So wiesen sie Abu Lubabas Ratschlag ab und weigerten sich, des Propheten[saw] Urteil anzunehmen. Hätten sie es angenommen, das Äußerste an Bestrafung wäre die Ausweisung aus Medina gewesen.

Doch das Unglück nahm seinen Lauf, sie weigerten sich, das Urteil des Heiligen Propheten[saw] anzunehmen. Stattdessen wollten sie das Urteil von Hadhrat Sa'd Bin Mu'adh[ra], des Oberhauptes ihrer alten Verbündeten, der Aus, annehmen. Sie würden jede Art von Bestrafung, die er vorschlüge, annehmen.

Ein Streit entspannte sich unter den Juden selbst. Einige von ihnen sagten, dass die Juden im Effekt ihre Abmachungen mit den Muslimen gebrochen hätten. Das Verhalten der Muslime zeige, dass sie wahrhaft und ehrlich seien und dass ihre Religion wahr sei. Diejenigen, die so dachten, traten dem Islam bei.

Amr Bin Sa'di, einer der jüdischen Führer, rügte seine Leute und sagte: *„Ihr habt einen Vertrauensbruch begangen und euer gelobtes Wort zurückgenommen. Der einzige Ausweg für euch ist jetzt entwe-*

der Islam beizutreten oder Jizya[5] *zu geben."* Sie sagten: *„Wir werden weder dem Islam beitreten noch Jizya geben, denn sterben ist besser, als* Jizya *geben."*

Amr sagte, dass er sich in solch einem Falle frei fühle und er verließ die Festung.

Muhammad Bin Maslama[ra], der Kommandeur einer muslimischen Kolonne, sah ihn und fragte ihn, wer er sei. Nachdem er seinen Namen erfuhr, ließ er ihn in Frieden ziehen und betete laut:

اللهم لا تحرمني اقالة عثرات الكرام

„Mein Gott, gib mir die Kraft, immer die Fehler der Sittsamen zu schirmen."

Was er meinte, ist dies: Dieser Jude hatte Bedauern und Reue über das Verhalten seines Volkes gezeigt. Es war die moralische Verpflichtung von Muslimen, Männern wie ihm zu vergeben. Indem er ihn passieren ließ, hatte er ihm Gutes angetan und er betete, dass Gott ihm Gelegenheit geben möge, immer wieder solche guten Taten auszuführen.

Als der Heilige Prophet[saw] erfuhr, was Muhammad Bin Maslama[ra] getan hatte, tadelte er nicht, dass er diesen jüdischen Führer hatte gehen lassen. Im Gegenteil, er hieß es gut. Die Neigung, Frieden zu schließen und das Urteil des Heiligen Propheten[saw] anzuerkennen, war nur von einigen Juden ausgesprochen worden.

Als Ganzes blieben sie hartnäckig und weigerten sich, das Urteil

---

[5] Eine Steuer, von freien, nicht-muslimischen Untertanen eines muslimischen Staates für den Schutz, den er ihnen bietet, erhoben wird.

des Heiligen Prophetensaw anzuerkennen, und forderten stattdessen den Urteilspruch von Sa'd Bin Mu'adh. *(Bukhari, Tabari und Khamis)*

Der Heilige Prophetsaw stimmte ihrer Forderung zu und sandte eine Botschaft zu Sa'd, der durch seine Verwundung bettlägerig geworden war, dass er kommen und seinen Urteilsspruch über den jüdischen Vertragsbruch fällen solle. Sobald des Prophetensaw Entscheidung bekannt wurde, liefen die Angehörigen der Aus, die lange Zeit Verbündete der Banu Quraiza gewesen waren, zu Sa'd und forderten ihn auf, sein Urteil zugunsten der Banu Quraiza zu fällen. Die Khazraj, sagten sie, hätten immer versucht, den Juden, die mit ihnen verbündet waren, zu helfen. Es oblag nun Sa'd, Juden, die mit seinem Stamm verbündet waren, zu retten. Sa'd ritt zu den Banu Quraiza. Männer seines Stammes liefen zu beiden Seiten neben ihm her und beredeten ihn, die Banu Quraiza nicht zu bestrafen. Doch alles, was Sa'd ihnen zur Antwort gab, war, dass eine Person, die einen Urteilsspruch zu fällen hat, eine Verpflichtung habe. Und er hätte sich dieser Verpflichtung mit Redlichkeit zu entledigen. *„Ich werde deshalb wohlbedacht mein Urteil fällen – ohne Furcht und ohne Begünstigung"*, sagte er. Als Sa'd die jüdische Festung erreichte, sah er die Juden in einer Reihe auf ihn wartend an der Mauer entlang aufgereiht. Auf der gegenüberliegenden Seite befanden sich die Muslime. Als Sa'd sich ihnen genähert hatte, fragte er: *„Werdet ihr mein Urteil anerkennen?"* Sie sagten: *„Ja."*

Hadhrat Sa'ds Urteil im Einklang mit der Bibel

Sich an die Banu Quraiza wendend, wiederholte er die Frage und sie stimmten gleichfalls zu. Dann wandte er sich, etwas zögernd, an die Seite, wo der Heilige Prophet^saw saß, und fragte die Gruppe auf seiner Seite, ob sie auch sein Urteil anerkennen würden. Nachdem er das gehört hatte, antwortete der Prophet, *„Ja!"* (*Tabari* und *Sirat Ibn Hisham*)

Dann verkündete Sa'd sein Urteil im Einklang mit folgendem Gebot aus der Bibel:

> „Wenn du vor eine Stadt ziehest, sie zu bestreiten, so sollst du ihr den Frieden anbieten. Antwortet sie dir friedlich und tut dir auf, so soll all das Volk, das drinnen gefunden wird, dir zinsbar und untertan sein. Will sie aber nicht friedlich mit dir handeln und will mit dir kriegen, so belagere sie. Und wenn sie der Herr, dein Gott, dir in deine Hand gibt, so sollst du alles, was männlich drinnen ist, mit des Schwertes Schärfe schlagen. Doch die Weiber, Kinder und Vieh und alles, was in der Stadt ist und allen Raub sollst du unter dich austeilen und sollst essen von der Ausbeute deiner Feinde, die dir der Herr, dein Gott, gegeben hat. Also sollst du allen Städten tun, die sehr ferne von dir liegen und nicht die von den Städten sind dieser Völker. Aber in den Städten dieser Völker, die dir der Herr dein Gott, zum Erbe geben wird, sollst du nichts leben lassen, was denn Odem hat. Sondern sollst sie verbannen nämlich die Hetiter, Amoriter, Canaaniter, Pheresiter, Heviter und Jebusiter, wie dir der Herr dein Gott geboten hat. Auf dass sie euch nicht lehren tun alle die Greuel, die sie ihren Göttern tun und ihr euch versündigt an dem Herrn eurem Gott.'" (*Deuteronomium 20:10-18*)

Wenn die Juden gesiegt und der Prophet^saw verloren hätte, würden den Lehren der Bibel zufolge alle Muslime – Männer, Frauen und Kinder – getötet worden sein. Wir wissen aus historischen Berichten, dass das die Absicht der Juden war. Sie hätten zummindest die Männer getötet, die Frauen und Kinder versklavt und hätten sich das Hab und Gut der Muslime angeeignet, so wie es in Deuteronomium für Feinde, die in fernen Landen leben, vorgeschrieben war.

Hadhrat Sa'd[ra] war den Banu Quraiza gegenüber freundlich gesinnt. Sein Stamm war mit ihnen verbündet. Als er erfuhr, dass die Juden den Urteilsspruch des Heiligen Propheten[saw] und somit die leichte Bestrafung, die der Islam für so ein Vergehen vorsieht, abgewiesen hatten, entschied er, sie nach dem Mosaischen Gesetz zu verurteilen. Die Verantwortung für diesen Urteilsspruch liegt nicht mehr bei dem Heilige Propheten[saw] oder den Muslimen, sondern bei den Lehren Mose[as] und bei den Juden selbst, die die Muslime so grausam behandelt hatten. Ihnen stand ein gnädiger Urteilsspruch zur Verfügung. Doch anstatt das anzunehmen, bestanden sie auf Sa'ds Urteil.

Hadhrat Sa'd[ra] entschied, die Juden im Einklang mit dem Gesetz Mose zu strafen. Doch Christen verunglimpfen den Propheten des Islam[saw] bis heute und sagen, dass er grausam den Juden gegenüber handelte. Warum sollte der Heilige Prophet[saw] grausam zu den Juden sein und nicht grausam zu anderen Völkern oder in anderen Gelegenheiten? Es gibt viele Beispiele, in denen Feinde des Propheten[saw] seiner Gnade ausgeliefert waren und sie baten niemals umsonst um seine Verzeihung.

Bei dieser Gelegenheit bestanden sie darauf, dass eine andere Person als die des Propheten[saw] das Urteil fällen sollte. Diese Wahl der Juden, der als Schiedsrichter zwischen ihnen und den Muslimen auftreten sollte, fragte den Propheten[saw] und die Juden öffentlich, ob sie sein Urteil anerkennen würden. Nachdem die teilnehmenden Parteien zugestimmt hatten, ging er dazu über, es zu veröffentlichen. Und was war sein Urteil? Nichts als die

Anwendung des Gesetzes Mose für das Vergehen der Juden. Warum sollten sie es denn nicht annehmen? Waren sie nicht Anhänger Mose? Wenn irgendeine Grausamkeit verübt wurde, so war es durch die Juden an den Juden. Die Juden weigerten sich, des Heiligen Propheten[saw] Urteil anzuerkennen und beschworen somit die Anwendung ihres eigenen religiösen Gesetzes für ihr Vergehen herauf. Wenn eine Grausamkeit verübt wurde, dann durch Moses[as], der diese Strafe für einen belagerten Feind festlegte und unter dem Befehl Gottes dieses in seinem Buch verewigte. Die christlichen Autoren sollen nicht ihren Zorn über den Propheten des Islam[saw] auslassen. Sie sollten Moses[as] verdammen, der auf das Gebot Gottes hin diese grausame Strafe vorschrieb.

Nachdem die Schlacht am Graben vorbei war, erklärte der Prophet[saw], dass von dem Tag an die Muslime die Heiden angreifen würden und nicht mehr die Heiden die Muslime. Die Flut würde sich wenden. Die Muslime würden jetzt die Initiative ergreifen und die Stämme und Parteien angreifen, die sie bislang ungerechtfertigter Weise angegriffen und verfolgt hatten.

Was der Prophet[saw] sagte, waren keine leeren Worte. In der Schlacht am Graben hatten die arabischen Verbündeten keine wesentlichen Verluste erlitten. Sie hatten nur ein paar Tote gehabt. In weniger als einem Jahr konnten sie wieder da sein und Medina, eben besser vorbereitet, angreifen. Anstelle einer Armee von 20.000 konnten sie für einen neuen Angriff eine Armee von 40 oder selbst 50 Tausend Mann aufbringen. Eine Armee von 100 oder 150 Tausend war durchaus im Bereich ihrer Kapazität.

21 Jahre lang hatten die Feinde des Islam ihr Äußerstes versucht, den Islam und die Muslime auszurotten. Fortgesetzte Misserfolge ihrer Pläne hatten ihre Zuversicht untergraben. Es däm-

merte ihnen, dass das, was der Heilige Prophet[saw] lehrte, wahr sei und dass ihre Götzen und Götter falsch waren, dass der Schöpfer der *„unsichtbare Gott"* sei, den der Heilige Prophet[saw] proklamierte.

Die Furcht, dass der Heilige Prophet[saw] recht hatte und sie unrecht, erschütterte sie. Diese Furcht machte sich jedoch nicht äußerlich bemerkbar. Sie benahmen sich wie eh und je. Sie gingen zu ihren Idolen und beteten, wie es ihre nationalen Gebräuche vorschrieben. Doch ihr Geist war gebrochen. Äußerlich lebten sie das Leben der Heiden und Ungläubigen, innerlich schien ihr Herz den Ruf der Muslime zu wiederholen:

لا إله الا الله

„La Ilaha Illallah" – „Es gibt keinen Gott außer Allah."

Nach der Schlacht am Graben, wie wir schon bemerkt hatten, erklärte der Prophet[saw], dass von nun an die Ungläubigen nicht länger die Muslime, sondern stattdessen die Muslime die Ungläubigen angreifen würden. Die muslimische Geduld hatte ihre Grenzen erreicht. Die Zeiten sollten sich ändern. *(Bukhari, Kitab Al-Maghai)*

Wollte der Prophet[saw] die Kampfhandlungen fortsetzen?

In den vorhergehenden Schlachten waren die Muslime weder in Medina oder in ihrer näheren Umgebung geblieben, um den Angriffen der Ungläubigen entgegenzutreten. Muslime hatten diese Gefechte nicht angefangen und hatten somit kein Interesse, sie fortzusetzen, nachdem sie beendet waren.

Wenn einmal feindliche Auseinandersetzungen begonnen haben, dann können sie nur auf zwei Wegen beendet werden: entweder durch einen Friedensvertrag oder die Unterwerfung der einen Kriegspartei. Nach den Kampfhandlungen zwischen den Muslimen und den Ungläubigen hatte bislang weder ein Hinweis auf einen Friedensvertrag noch eine Unterwerfung einer Seite unter die der anderen stattgefunden. Gut, es hatte Unterbrechungen in den Kämpfen gegeben, doch niemand konnte behaupten, dass die Kämpfe zwischen den Muslimen und den Ungläubigen zu einem Ende gekommen waren. Normalerweise hätten die Muslime die feindlichen Stämme angreifen und zur Unterwerfung zwingen können. Doch sie taten dies nicht. Wenn der Feind die Kampfhandlungen einstellte, so hörten auch die Muslime mit den Kämpfen auf. Sie kämpften nicht weiter, weil sie hofften, es könnte zu Friedensgesprächen kommen. Doch als es klar wurde, dass die Ungläubigen keine Schritte in dieser Richtung unternahmen, noch dass sie geneigt waren, sich als geschlagen zu bekennen, kam der Prophet[saw] zu dem Schluss, dass es an der Zeit sei, die Kriegshandlung entweder durch einen Friedensvertrag oder durch Unterwerfung der einen Seite unter die der anderen zu beenden. Die Kämpfe mussten aufhören, damit es zu einem dauerhaften Frieden kommen konnte. Nach der Schlacht am Graben war deshalb der Prophet[saw] fest entschlossen, entweder einen Friedensvertrag oder Unterwerfung zu sichern. Dass Muslime sich den Ungläubigen gegenüber als geschlagen bekennen würden, kam nicht in Frage. Der Sieg des Islam über seine Verfolger war von Gott versprochen worden. Entsprechende Erklärungen waren schon von dem Propheten[saw] zur Zeit seines Aufenthaltes in Mekka gemacht worden. Konnten die Muslime denn um Frieden nachsuchen?

Friedensverhandlungen können entweder von der stärkeren oder von der schwächeren Seite begonnen werden. Wenn die schwächere Seite um Frieden anhält, dann muss sie entweder vorübergehend oder für immer einen Teil ihres Gebietes oder einen Teil ihres Einkommens abgeben, oder sie muss sich anderen, vom Feind diktierten, Bedingungen unterwerfen. Wenn die stärkere Seite einen Friedensvorschlag macht, heißt das, dass sie nicht die völlige Vernichtung der schwächeren Seite beabsichtigt, sondern dass sie ihr eingeschränkte oder völlige Unabhängigkeit im Austausch gegen bestimmte Bedingungen gewährleisten will.

In den Schlachten, die bislang zwischen den Muslimen und den Ungläubigen geschlagen worden waren, waren letztere jeweils unterlegen gewesen. Doch ihre Kraft war nicht gebrochen. Sie hatten nur in ihrer Absicht, die Muslime zu vernichten, keinen Erfolg gehabt. Misserfolg bedeutet nicht Niederlage. Es bedeutet nur, dass das Ziel nicht erreicht worden ist. Angriffe, die nicht zum Ziel geführt haben, können wiederholt werden.

Die Mekkaner waren also nicht geschlagen worden, sie hatten nur ihr Ziel nicht erreicht. Vom militärischen Gesichtspunkt aus waren die Muslime entschieden die schwächere Partei. Gut, sie hatten die Angriffe abgewiesen, doch sie stellten eine schwache Minderheit dar und eine Minderheit, die zwar in der Lage gewesen war, die Angriffe der überlegenen Kräfte abzuweisen, doch die nicht in der Lage gewesen war, die Initiative zu ergreifen. Die Muslime hatten somit noch nicht ihre Unabhängigkeit gesichert. Hätten sie um Frieden nachgesucht, hätte das bedeutet, dass sie bereit wären, sich jetzt den Bedingungen der Ungläubigen zu unterwerfen. Ein Ersuchen um Frieden hätte katastrophale Konsequenzen für den Islam zur Folge gehabt. Es wäre einer Selbstvernichtung gleichgekommen. Es hätte dem entmutigten Feind nach seinen diversen Fehlschlägen neuen Aufschwung gegeben. Ein wachsendes Gefühl von Misserfolg wäre erneuter Hoffnung und neuem Ehrgeiz gewichen. Die Ungläubigen hätten gedacht, dass die Muslime, obwohl sie Medina gerettet hatten, die Hoffnung auf eine Überwindung der Ungläubigen aufgegeben hätten. Ein Friedensangebot konnte deshalb nicht von muslimischer Seite aus erfolgen.

Es hätte von der mekkanischen Seite ausgehen können – oder von einer dritten Partei, wenn so eine hätte gefunden werden können. In dem Konflikt, der ausgebrochen war, stand Medina gegen ganz Arabien. Die Ungläubigen hätten einen Friedensvorschlag machen können, doch es sah nicht so aus, als ob sie dazu gewillt wären. Kampfhandlungen zwischen Muslimen und Arabern hätten endlos weitergehen können. Die Muslime konnten nicht und die Araber wollten nicht um Frieden nachsuchen. Es war also kein Ende für diesen Bürgerkrieg in Arabien – wenigstens nicht für die nächsten 100 Jahre – abzusehen.

Es gab nur einen Ausweg für die Muslime, wenn sie diesem Bürgerkrieg ein Ende bereiten wollten. Sie waren nicht bereit, ihr Gewissen den Arabern gegenüber aufzugeben, ihr Recht was sie für richtig hielten zu bekennen, zu praktizieren, zu predigen und zu widerrufen; und es waren keine Schritte vonseiten der Ungläubigen zu erkennen, die zu einem Friedensvertrag hätten führen können.

Die Muslime waren in der Lage gewesen, wiederholte Angriffe abzuweisen. Es waren also sie, die die Araber auffordern mussten, sich als geschlagen zu bekennen oder Frieden zu schließen und der Prophet[saw] entschied, dahingehend zu handeln.

Wollte der Prophet[saw] weitere Kämpfe? Keineswegs; es waren nicht Feindseligkeiten, sondern Frieden, was er zu erreichen suchte. Wenn er zu dieser Zeit nichts unternommen hätte, wäre Arabien weiterhin seinen Bürgerkriegen ausgesetzt geblieben. Die Schritte, die er unternahm, waren die einzige Möglichkeit, zu Frieden zu kommen.

Es hat in der Geschichte jahrzehntelange Kriege gegeben. Einige haben für 100, andere für 30 Jahre gedauert. So lange Kriege waren jeweils das Resultat mangelnder Initiative von beiden Seiten gewesen. Entscheidende Schritte können nur in zweierlei Richtung gehen – zur Kapitulation oder zu Friedensverhandlungen. Konnte der Prophet[saw] die Hände in den Schoß legen? Konnte er sich mit seiner kleinen Schar von Anhängern hinter die Mauern von Medina zurückziehen und den Dingen ihren Lauf lassen? Das war unmöglich. Die Ungläubigen hatten mit den Angriffen begonnen. Nichts zu tun, hätte kein Ende der Kampfhandlungen, sondern im Gegenteil ihr Fortsetzen bedeutet. Es hätte bedeutet, dass die Ungläubigen Medina wieder angreifen würden, wenn es ihnen in den Sinn käme. Sie konnten einhalten, wenn sie wollten, und konnten angreifen, wenn sie wollten. Eine Unterbrechung in den Kampfhandlungen bedeutete nicht das Ende des Krieges. Es bedeutete lediglich eine strategische Bewegung.

Jüdische und christliche Lehren zum Krieg

Jetzt erhebt sich die Frage: Ist es richtig, für einen Glauben zu kämpfen? Wenden wir uns eben dieser Frage zu.

Die Lehren der Religionen zu diesem Thema haben verschiedene Formen. Was das Alte Testament lehrt, haben wir schon erwähnt. Moses[as] hatte den Befehl bekommen, das Land Kanaan mit Gewalt zu nehmen, seine Bevölkerung zu vernichten und sein eigenes Volk dort anzusiedeln. *(Deuteronomium 20:10-18)* Trotz dieser Lehren im Buch Mose und trotz seiner Bestätigung durch die Beispiele der Propheten Josua[as], David[as] u. a. halten die Juden und Christen ihre Propheten in hohem Ansehen und ihre Schriften für Bücher Gottes.

Am Ende der mosaischen Tradition lehrte Jesus[as]:

> „Ich aber sage euch, dass ihr nicht widerstreben sollt dem Übel, sondern so dir jemand einen Streich gibt auf deinen rechten Backen, dem biete den anderen auch dar." *(Matthäus 5:39)*

Christen haben dies oft als Beispiel dafür angegeben, dass Jesus[as] gegen den Krieg predigte. Doch im Neuen Testament finden wir Passagen, die das Gegenteil lehren. Zum Beispiel:

> „Ihr sollt nicht wähnen, dass ich gekommen sei, Friede zu senden auf Erden, ich bin nicht gekommen, Friede zu senden, sondern das Schwert." *(Matthäus 10:34)*

Eine andere Passage sagt:

> „Da sprach er zu ihnen: ‚Aber nun, wer einen Beutel hat, der nehme ihn, desselbigen gleichen auch die Taschen, wer aber nichts hat, verkaufe sein Kleid, und kaufe ein Schwert.'" *(Lukas: 22:36)*

Von diesen drei Zitaten widersprechen die letzten zwei dem ersten. Wenn Jesus[as] Kampf predigte, warum sagte er, man solle die andere Backe hinhalten? Wir müssen entweder einen Widerspruch im Neuen Testament zugeben oder den Widerspruch hinreichend erklären. Wir wollen hier nicht diskutieren, ob die andere Backe hinzuhalten, praktisch durchführbar ist. Wir wollen nur darauf hinweisen, dass in ihrer ganzen Geschichte kein christliches Volk je gezögert hat, in den Kampf zu ziehen.

Als Christen in Rom zur Macht kamen, führten sie Kriege sowohl zur Verteidigung als auch zu Angriffen. Sie sind heutzutage weltbeherrschende Mächte und Kriege zur Verteidigung und zur Expansion werden weiterhin geführt. Wer siegt, wird anerkannt. Ihr Sieg, sagen sie, ist der Sieg westlich-christlicher Zivilisation. Zivilisation steht für das, was Erfolg hat und dominiert. Wenn zwei christliche Völker sich bekriegen, so behaupten beide, christliche Ideale zu vertreten. Das Volk, das siegt, wird als das wahre christliche Beispiel dargestellt. Seit Beginn des Christentums bis heute – und es sieht so aus, auch in Zukunft – ist es in Kriege verwickelt gewesen. Es sieht so aus, als ob Kampf die Lehre des Neuen Testaments ist, und dass das Hinhalten der anderen Wange sich wohl nur auf einzelne Individuen und nicht auf Staaten und Völker beziehen soll.

Selbst wenn wir annehmen, dass Jesus[as] Friede und nicht Krieg wollte, so heißt das nicht, dass diejenigen, die sich nicht daran hielten, nicht geachtet und geehrt sind.

Das Christentum hat immer Kriegshelden wie Moses[as], Josua[as] und David[as] verehrt und wie viele Kriegshelden sind von Päpsten heilig gesprochen worden.

Der Koran zu Krieg und Frieden

Die Lehren des Korans unterscheiden sich von diesen beiden Lehren. Er lehrt einen Mittelweg. Der Islam lehrt nicht, wie Moses[as], Eroberungskriege. Noch lehrt er einen Widerspruch. Er sagt nicht einerseits, halte deine andere Backe hin und zur gleichen

Zeit, verkaufe deine Kleider und kaufe ein Schwert. Die Lehren des Islam kommen den natürlichen Instinkten des Menschen entgegen und fördern, wo immer möglich, Frieden.

Der Islam verbietet Angriffskriege, doch zwingt zu Kampfhandlungen, wenn Nichtkämpfen den Frieden gefährdet und Krieg fördert. Wenn Nichtkämpfen das Auslöschen von Freiheit und Wahrheitssuche bedeutet, wird Kämpfen zur Pflicht. Dies sind die Lehren, die letzten Endes zum Frieden führen, und dies sind die Lehren, auf die der Heilige Prophet[saw] seine eigenen Handlungen zurückführte.

Der Heilige Prophet[saw] litt ununterbrochen und bitterlich in Mekka, doch er bekämpfte die Angriffe, deren unschuldiges Opfer er war, nicht. Als er nach Medina entwich, entschloss sich der Feind, den Islam zu vernichten; es war deshalb nötig geworden, den Feind zur Verteidigung der Wahrheit und Glaubensfreiheit zu bekämpfen. Wir zitieren jetzt Verse des *Korans,* die den Krieg zum Thema haben. In 22:40-42 heißt es:

$$\text{اُذِنَ لِلَّذِينَ يُقَاتَلُونَ بِأَنَّهُمْ ظُلِمُوا ۚ وَاِنَّ اللّٰهَ عَلٰى نَصْرِهِمْ لَقَدِيرٌ ۞}$$
$$\text{الَّذِينَ اُخْرِجُوا مِنْ دِيَارِهِمْ بِغَيْرِ حَقٍّ اِلَّا اَنْ يَقُولُوا رَبُّنَا اللّٰهُ ۚ وَلَوْلَا دَفْعُ اللّٰهِ}$$
$$\text{النَّاسَ بَعْضَهُمْ بِبَعْضٍ لَهُدِّمَتْ صَوَامِعُ وَبِيَعٌ وَصَلَوٰتٌ وَمَسٰجِدُ}$$
$$\text{يُذْكَرُ فِيهَا اسْمُ اللّٰهِ كَثِيرًا ۚ وَلَيَنْصُرَنَّ اللّٰهُ مَنْ يَنْصُرُهُ ۚ اِنَّ اللّٰهَ لَقَوِيٌّ عَزِيزٌ ۞}$$
$$\text{اَلَّذِينَ اِنْ مَّكَّنّٰهُمْ فِي الْاَرْضِ اَقَامُوا الصَّلٰوةَ وَاٰتَوُا الزَّكٰوةَ وَاَمَرُوا}$$
$$\text{بِالْمَعْرُوفِ وَنَهَوْا عَنِ الْمُنْكَرِ ۚ وَلِلّٰهِ عَاقِبَةُ الْاُمُورِ ۞}$$

„Erlaubnis, sich zu verteidigen ist denen gegeben, die bekämpft werden, weil ihnen Unrecht geschah – und Allah hat fürwahr die Macht, ihnen zu helfen , jenen, die schuldlos aus ihren Häusern vertrieben wurden, nur weil sie sprachen: ‚Unser Herr ist Allah.' Und würde Allah nicht die einen Menschen durch die anderen im Zaum halten, so wären gewiss Klöster und Kirchen und Synagogen und Moscheen, worin der Name Allahs oft genannt wird, niedergerissen worden. Allah wird sicherlich dem beistehen, der Ihm beisteht. Allah ist fürwahr allmächtig, allgewaltig. Jenen, die, wenn Wir sie auf der Erde ansiedelten, das Gebet verrichten und die Zakat zahlen und Gutes gebieten und Böses verbieten. Und bei Allah ruht der Ausgang aller Dinge."

Diese Verse sollen sagen, dass den Opfern von Agressionen Erlaubnis zum Kämpfen erteilt worden ist. Gott kann den Opfern wohl helfen – denjenigen, die ihres Glaubens wegen aus ihren Häusern vertrieben worden sind. Diese Erlaubnis ist weise, denn würde Gott nicht die Grausamen mit Hilfe der Rechtschaffenen vertreiben, gäbe es keine Glaubensfreiheit in der Welt. Gott wird denen helfen, die die Freiheit der Gottesanbetung schaffen wollen. Kämpfen ist erlaubt, wenn ein Volk für lange Zeit frevelhaften Angriffen ausgesetzt gewesen ist, wenn der Angreifer keinen Grund für seine Angriffe hatte und versucht, sich in die Religion seiner Opfer einzumischen.

Die Pflicht des Opfers, wenn es zur Macht kommt, ist es, die Glaubensfreiheit einzuführen und alle Religionen und religiösen Einrichtungen zu beschützen. Es soll seine Macht nicht zur Selbstverherrlichung benutzen, sondern zur Versorgung, zum Fortschritt für sein Land und zur Förderung von Frieden. Diese Lehren sind untadelig sowie klar und richtig. Sie verkünden die Tatsache, dass die frühen Muslime in den Krieg zogen, weil sie dazu gezwungen waren.

Angriffskriege waren im Islam verboten worden. Den Muslimen wird politische Macht versprochen, doch diese Macht soll nicht zur Selbstverherrlichung, sondern zur Verbesserung der Notlage der Armen und zur Förderung von Frieden und Fortschritt genutzt werden.

In 2:191-194 heißt es:

وَقَاتِلُوا فِي سَبِيلِ اللَّهِ الَّذِينَ يُقَاتِلُونَكُمْ وَلَا تَعْتَدُوا ۚ إِنَّ اللَّهَ لَا يُحِبُّ الْمُعْتَدِينَ ۝ وَاقْتُلُوهُمْ حَيْثُ ثَقِفْتُمُوهُمْ وَأَخْرِجُوهُم مِّنْ حَيْثُ أَخْرَجُوكُمْ ۚ وَالْفِتْنَةُ أَشَدُّ مِنَ الْقَتْلِ ۚ وَلَا تُقَاتِلُوهُمْ عِندَ الْمَسْجِدِ الْحَرَامِ حَتَّىٰ يُقَاتِلُوكُمْ فِيهِ ۖ فَإِن قَاتَلُوكُمْ فَاقْتُلُوهُمْ ۗ كَذَٰلِكَ جَزَاءُ الْكَافِرِينَ ۝ فَإِنِ انتَهَوْا فَإِنَّ اللَّهَ غَفُورٌ رَّحِيمٌ ۝ وَقَاتِلُوهُمْ حَتَّىٰ لَا تَكُونَ فِتْنَةٌ وَيَكُونَ الدِّينُ لِلَّهِ ۖ فَإِنِ انتَهَوْا فَلَا عُدْوَانَ إِلَّا عَلَى الظَّالِمِينَ ۝

„Und kämpfet für Allahs Sache gegen jene, die euch bekämpfen, doch überschreitet das Maß nicht, denn Allah liebt nicht die Maßlosen. Und tötet sie, wo immer ihr auf sie stoßt, und vertreibt sie von dort, von wo sie euch vertrieben, denn Verfolgung ist ärger als Totschlag. Bekämpft sie aber nicht bei der Heiligen Moschee, so lange sie euch dort nicht angreifen. Doch wenn sie euch angreifen, dann kämpft wider sie, das ist die Vergeltung wider die Ungläubigen. Wenn sie jedoch ablassen, dann ist Allah allvergebend, barmherzig. Und bekämpfet sie, bis die Verfolgung aufgehört hat und der Glaube an Allah frei ist. Wenn sie jedoch ablassen, dann wisset, dass keine Feindschaft erlaubt ist, außer wider die Angreifer."

Gekämpft werden soll nur um Gottes Willen, nicht aus Egoismus oder aus Zorn oder Selbsterhöhung, doch kämpfen soll frei von Maßlosigkeit sein, denn Maßlosigkeit missfällt Gott. Kämpfe sollen zwischen Kampftruppen stattfinden, Angriffe auf einzelne Personen sind verboten. Angriffen gegen einen Glauben muss mit aktiver Abwehr begegnet werden, denn Agression ist schlimmer als Blutvergießen. Muslime sollen nicht in der Nähe der Heiligen Moschee kämpfen, es sei denn, der Feind greift dort an. Kämpfe in der Nähe der Heiligen Moschee stört die Rechte der Pilger. Doch wenn der Feind angreift, dann ist es den Muslimen erlaubt, zurückzuschlagen, da dies die Strafe für Angriffe ist. Wenn der Feind den Kampf einstellt, müssen auch die Muslime die Kampfhandlungen beenden, dem Feinde vergeben und das Vergangene vergessen. Doch die Kämpfe sollen so lange anhalten als religiöse Verfolgung anhält und Religionsfreiheit eingeschränkt ist.

Religion ist Dienst an Gott. Gewalt oder Druck sollen in Glaubensdingen nicht angewandt werden. Wenn die Ungläubigen davon abstehen und Religionsausübung frei ist, sollen auch die Muslime mit dem Kämpfen aufhören.

Waffen sollen gegen diejenigen erhoben werden, die nicht maßhalten. Wenn die Überschreitungen aufhören, muss auch das Kämpfen eingestellt werden. Diese Verse stellen die folgenden Regeln auf:

1. Es soll nur für Gottes Sache zum Kampf kommen und nicht für irgendwelche egoistischen Motive, für Selbstverherrlichung oder in der Verfolgung irgendwelcher anderer Interessen.
2. Es soll nur gegen diejenigen, die angreifen, gekämpft werden.
3. Kampf ist nicht erlaubt gegen diejenigen, die nicht am Krieg teilnehmen.
4. Selbst wenn der Feind den Kampf begonnen hat, sollen die

Kampfhandlungen nicht unnötig verlängert werden. Einen Krieg entweder gebietsmäßig oder in Bezug auf Waffen auszuweiten, ist nicht erlaubt.

5. Es soll nur die reguläre Kampftruppe des Feindes bekämpft werden, und keine anderen Personen.

6. In Kriegshandlungen soll religiösen Plätzen und Zeremonien Immunität gewährt werden. Wenn der Feind solche Plätze respektiert, sollen auch Muslime nicht dort kämpfen.

7. Wenn der Feind geheiligte Plätze zum Ausgangspunkt für seinen Angriff benutzt, dann können Muslime auch dort mit Gegenangriffen beginnen. Es trifft sie dann kein Tadel. Selbst in der Nähe religiöser Plätze soll Kampf vermieden werden. Religiöse Plätze anzugreifen oder sie zu zerstören, oder ihnen irgendeinen Schaden zuzufügen, ist strikt verboten. Ein geheiligter Platz, der als Ausgangspunkt für Kampfhandlungen benutzt wird, kann Gegenangriffe herausfordern. Verantwortung für irgendeinen Schaden muss dem Feind aufgebürdet werden.

8. Wenn ein Feind die Gefahr und den Fehler, ein religiöses Zentrum als Gefechtsbasis zu benutzen, einsieht und seine Gefechtsposition verändert, dann müssen sich auch die Muslime von diesem Platz zuückziehen. Die Tatsache, dass der Feind von einem geheiligten Platz seinen Angriff unternahm, soll nicht als Vorwand dazu benutzt werden, diesen Platz anzugreifen. Aus Respekt müssen Muslime solche Plätze für Kampfhandlungen vermeiden, sobald der Feind sie verlässt.

9. Kämpfe sollen nur so lange fortgesetzt werden, als Einmischung in religiöse Angelegenheiten und Gefahr für Glaubensfreiheit besteht. Wenn Ausübung von Religion un-

behindert ist und der Feind sich dahingehend äußert und entsprechend verhält, dann sind die Kampfhandlungen einzustellen, selbst wenn der Feind anfängt.

In 8:39-41 heißt es:

قُلْ لِلَّذِينَ كَفَرُوٓا اِنْ يَنْتَهُوا يُغْفَرْ لَهُمْ مَا قَدْ سَلَفَۚ وَاِنْ يَعُودُوا فَقَدْ مَضَتْ سُنَّتُ الْاَوَّلِينَ۝ وَقَاتِلُوهُمْ حَتّٰى لَا تَكُونَ فِتْنَةٌ وَيَكُونَ الدِّينُ كُلُّهُ لِلّٰهِۚ فَاِنِ انْتَهَوْا فَاِنَّ اللّٰهَ بِمَا يَعْمَلُونَ بَصِيرٌ۝ وَاِنْ تَوَلَّوْا فَاعْلَمُوٓا اَنَّ اللّٰهَ مَوْلٰىكُمْۚ نِعْمَ الْمَوْلٰى وَنِعْمَ النَّصِيرُ۝

„Sprich zu denen, die ungläubig sind, wenn sie abstehen, dann wird ihnen das Vergangene verziehen. Kehren sie aber dazu zurück, dann ist wahrlich das Beispiel vorangegangener Völker schon dagewesen. Und kämpfet wider sie bis keine Verfolgung mehr ist und aller Glaube auf Allah gerichtet ist. Stehen sie jedoch ab, dann wahrlich sieht Allah sehr wohl, was sie tun. Und wenn sie den Rücken kehren, dann wisset, dass Allah euer Beschützer ist; welch ausgezeichneter Beschützer und welch ausgezeichneter Helfer!"

Das heißt, Kriege sind den Muslimen aufgezwungen worden. Doch wenn der Feind den Kampf aufgibt, dann ist es die Pflicht der Muslime, den Kampf auch einzustellen und das Vergangene zu vergeben. Wenn der Feind nicht absteht und die Muslime wieder und wieder angreift, dann soll er sich daran erinnern, wie es den Feinden früherer Propheten ergangen ist.

Die Muslime müssen kämpfen, solange religiöse Verfolgung andauert und die Einmischung in religiöse Angelegenheiten nicht aufgegeben wird.

Wenn die Angreifer den Kampf aufgeben, sollen Muslime auch davon abstehen. Sie sollen keinen Kampf fortsetzen, nur weil der Feind ungläubig ist. Der Wert eines Glaubens und die entsprechenden Handlungen sind Gott wohlbekannt und Er wird sie belohnen wie es Ihm gefällt.

Die Muslime haben kein Recht, sich in die Religion anderer Völker einzumischen, selbst wenn diese Religion ihnen als falsch erscheint.

Wenn nach einem Friedensangebot der Feind den Krieg fortsetzt, dann können die Muslime ihres Sieges sicher sein, selbst wenn sie zahlenmäßig unterlegen sind. Gott wird ihnen helfen und wer könnte besser helfen als Gott?

Diese Verse waren im Zusammenhang mit der Schlacht von Badr offenbart worden. Diese Schlacht war der erste reguläre Kampf zwischen Muslimen und Ungläubigen gewesen. Die Muslime waren die Opfer grundloser Aggression. Der Feind gefährdete den Frieden Medinas und seiner Umgebung. Und trotzdem war der Sieg auf Seiten der Muslime und bedeutende Führer des Feindes mussten ihr Leben lassen.

Solcher grundlosen Agression entgegenzutreten und sie zu vergelten, ist nur natürlich, gerecht und notwendig. Und doch sind Muslime aufgefordert, den Kampf einzustellen, sobald der Feind aufhört zu kämpfen. Der Feind hat nur Glaubensfreiheit und ungehinderte Religionsausübung zu garantieren.

In 8:62,63 heißt es:

وَاِنْ جَنَحُوا لِلسَّلْمِ فَاجْنَحْ لَهَا وَ تَوَكَّلْ عَلَى اللّٰهِ ۗ اِنَّهُ هُوَ السَّمِيعُ الْعَلِيمُ ۞
وَاِنْ يُرِيدُوا اَنْ يَخْدَعُوكَ فَاِنَّ حَسْبَكَ اللّٰهُ ۚ هُوَ الَّذِىٓ اَيَّدَكَ بِنَصْرِهِ وَبِالْمُؤْمِنِينَ ۞

„Sind sie jedoch zum Frieden geneigt, so sei auch du ihm geneigt und vertraue auf Allah. Wahrlich, Er ist der Allhörende, Allwissende. Wenn sie dich aber hintergehen wollen, so ist Allah deine Genüge. Er hat dich gestärkt mit Seiner Hilfe und mit den Gläubigen."

Das heißt soviel wie, wenn im Verlauf einer Schlacht die Ungläubigen zum Frieden bereit sind, haben die Muslime sofort zuzustimmen und Frieden zu schließen. Muslime sollen dies tun selbst auf die Gefahr hin, dass sie betrogen werden könnten. Sie sollen Gott vertrauen. Betrug kann nichts gegen die Muslime ausrichten, die auf die Hilfe Gottes vertrauen. Ihre Siege sind der Hilfe Gottes und nicht ihnen selbst zuzuschreiben.

In den dunkelsten und schwierigsten Stunden hat Gott dem Heiligen Propheten[saw] und den Gläubigen beigestanden. So wird Er ihnen auch helfen, wenn sie betrogen worden sind.

Ein Friedensangebot soll unter allen Umständen angenommen werden. Es kann nicht unter dem Verdacht, dass es nur ein Trick des Feindes sei, oder um Zeit zu gewinnen, zurückgewiesen werden. Der Nachdruck in diesen Versen auf Friedensverhandlungen ist nicht ohne besondere Bedeutung. Er weist schon auf den Friedensvertrag hin, den der Heilige Prophet[saw] in Hudaibiya unterzeichnete.

Dem Heiligen Propheten[saw] ist vorhergesagt, dass eine Zeit kommen wird, in der der Feind um Frieden nachsucht. Das Angebot darf nicht abgewiesen werden unter dem Hinweis, dass der Feind der Angreifer war und die Grenzen überschritten hatte und dass ihm nicht getraut werden kann. Der gerade Weg, den der Islam einschärft, verlangt von dem Muslim, auf ein Friedensangebot immer einzugehen. Frömmigkeit sowohl als Klugheit machen die Annahme wünschenswert.

In 4:95 steht:

$$\text{يَٰٓأَيُّهَا ٱلَّذِينَ ءَامَنُوٓا۟ إِذَا ضَرَبْتُمْ فِى سَبِيلِ ٱللَّهِ فَتَبَيَّنُوا۟ وَلَا تَقُولُوا۟ لِمَنْ أَلْقَىٰٓ إِلَيْكُمُ ٱلسَّلَٰمَ لَسْتَ مُؤْمِنًا تَبْتَغُونَ عَرَضَ ٱلْحَيَوٰةِ ٱلدُّنْيَا فَعِندَ ٱللَّهِ مَغَانِمُ كَثِيرَةٌ كَذَٰلِكَ كُنتُم مِّن قَبْلُ فَمَنَّ ٱللَّهُ عَلَيْكُمْ فَتَبَيَّنُوٓا۟ إِنَّ ٱللَّهَ كَانَ بِمَا تَعْمَلُونَ خَبِيرًا}$$

„O die ihr glaubt, wenn ihr in Gottes Sache auszieht, so stellt grundliche Nachforschungen an und sagt nicht zu jedem, der euch den Gruß des Friedens bietet, ‚Du bist gar kein Gläubiger', Ihr trachtet nach den Gütern des irdischen Lebens, doch bei Allah sind gute Dinge ohne Ende, so waret ihr zuvor; dann aber hat Allah Seine Huld über euch ergossen; so stellt eingehende Nachforschungen an. Wahrlich, Allah ist eures Tuns wohl kundig."

Wenn Muslime in den Krieg ziehen, müssen sie sich versichern, dass dem Feind die Unsinnigkeit des Krieges klar gemacht worden ist und dass er trotzdem den Krieg will. Und wenn ein Friedensangebot, entweder von einer Person oder einer Gruppe, empfangen worden ist, dürfen Muslime es nicht zurückweisen mit dem Hinweis, dass es nicht ehrlich gemeint sei.

Wenn Muslime Friedensvorschläge abweisen, dann kämpfen sie nicht mehr um Gottes Sache, sondern zur Selbstverherrlichung und um weltliche Eroberungen. Töten ist nicht der Zweck des Krieges. Jemand, den wir heute töten wollen, kann morgen gläubig gwerden. Hätten „Muslime" zu Muslimen werden können, wenn sie nicht verschont worden wären?

Muslime sollen nicht sinnlos töten, denn ein Mensch, den wir verschonen, kann noch den rechten Pfad finden. Gott weiß, was der Mensch tut und zu welchem Ziel und mit welchen Motiven er handelt.

Der Vers lehrt, dass selbst, wenn der Krieg begonnen hat, es die Pflicht der Muslime ist, sich zu vergewissern, dass der Feind auf seiner Aggression besteht. Es kann vorkommen, dass keine Aggression beabsichtigt ist, sondern dass aus Übereifer und Angst der Feind Vorbereitungen für den Krieg trifft. Nur wenn die Muslime sich vergewissert haben, dass der Feind ohne Zweifel einen Angriff plant, sollen sie auch zum Krieg rüsten. Wenn es sich herausstellt oder der Feind behauptet, dass seine Vorbereitungen nur der Verteidigung dienen sollen, haben die Muslime diese Behauptung anzuerkennen und vom Krieg abzusehen. Sie sollen nicht einwenden, dass die Vorbereitungen des Feindes auf einen Angriff hinweisen, es kann sein, dass er einen Angriff plant, doch später davon absieht.

Können sich Pläne nicht ändern? Sind nicht Feinde der Muslime zu Freunden geworden?

Zur Unverletzlichkeit von Verträgen sagt der Koran klar:

$$\text{إِلَّا الَّذِينَ عَاهَدْتُمْ مِنَ الْمُشْرِكِينَ ثُمَّ لَمْ يَنْقُصُوكُمْ شَيْئًا وَلَمْ يُظَاهِرُوا عَلَيْكُمْ أَحَدًا فَأَتِمُّوا إِلَيْهِمْ عَهْدَهُمْ إِلَى مُدَّتِهِمْ ۚ إِنَّ اللَّهَ يُحِبُّ الْمُتَّقِينَ}$$

„[...] Mit Ausnahme jener Götzendiener, mit denen ihr einen Vertrag eingegangen seid und die es euch nicht an etwas haben gebrechen lassen und nicht andere gegen euch unterstützt haben. Diesen gegenüber haltet den Vertrag bis zum Ablauf der Frist. Wahrlich, Allah liebt die Gerechten." (9:14)

Die Heiden, die einen Pakt mit den Muslimen eingegangen sind, diesen Vertrag halten und nicht mit den Feinden der Muslime gemeinsame Sache machen, sollen die gleiche Behandlung von den Muslimen erfahren. Frömmigkeit verlangt von den Muslimen, dass sie ihren Teil des Vertrages dem Buchstaben und dem Sinn nach auch einhalten.

Einem Feind gegenüber, der sich mit den Muslimen im Krieg befindet, doch die Botschaft des Islam studieren will, verkündet der Koran:

$$\text{وَاِنْ اَحَدٌ مِنَ الْمُشْرِكِينَ اسْتَجَارَكَ فَاَجِرْهُ حَتّٰى يَسْمَعَ كَلٰمَ اللهِ ثُمَّ اَبْلِغْهُ مَاْمَنَهُ}$$

„Und wenn einer der Götzendiener bei dir Schutz sucht, dann gewähre ihm Schutz, dass er Allahs Wort vernehmen kann, dann lass ihn den Platz für seine Sicherheit erreichen. Dies weil sie ein unwissendes Volk sind." (9:6)

Das heißt, dass jedem, der sich mit den Muslimen im Krieg befindet, jedoch bei ihnen um Schutz nachsucht, um den Islam zu studieren und über seine Botschaft nachzudenken, ihnen Schutz für so lange, als es für diesen Zweck nötig erscheint, gewährt werden soll.

Über Kriegsgefangene lehrt der Koran:

$$\text{مَا كَانَ لِنَبِيٍّ اَنْ يَكُونَ لَهُ اَسْرٰى حَتّٰى يُثْخِنَ فِي الْاَرْضِ}$$

„Es geziemt einem Propheten nicht, dass er Gefangene macht, ehe er in dem Land in regelrechte Kämpfe verwickelt worden ist. Ihr wollt die Güter dieser Welt, während Allah für euch das Jenseits wünscht. Und Allah ist allmächtig, allweise. (8:68)

Es geziemt sich also nicht für einen Propheten, Gefangene von seinen Feinden zu nehmen, außer es ist zu regelrechten Kämpfen gekommen. Die Gewohnheit, Gefangene von feindlichen Stämmen zu machen, ohne dass es zum Krieg gekommen ist – eine Praxis, die vor dem Auftreten des Islam und selbst danach noch weit verbreitet war –, wird hiermit als ungesetzlich erklärt. Gefangene können nur von Kampftruppen und nach Beendigung der Kämpfe gemacht werden.

Regeln für die Entlassung der Gefangenen sind auch festgelegt worden. Es heißt:

فَإِمَّا مَنًّا بَعْدُ وَإِمَّا فِدَاءً

„ [...] hernach entlasst sie als Gnade oder für Lösegeld." (47:5)

Dm Islam zufolge ist es das beste, die Gefangenen zu entlassen, ohne Lösegeld zu fordern. Da das nicht immer möglich ist, ist Entlassung gegen Lösegeld erlaubt worden.

Es sind Vorkehrungen für Kriegsgefangene, die nicht selbst zahlen können, gemacht worden oder für solche, die niemanden haben, der für ihre Entlassung bezahlen kann oder will. Oftmals sind Verwandte zwar in der Lage zu zahlen, tun dies jedoch nicht, damit der Verwandte Gefangener bleibt – möglicherweise mit der Absicht, sich seinen Besitz in seiner Abwesenheit anzueignen. Der Koran sagt dazu:

وَالَّذِينَ يَبْتَغُونَ الْكِتَابَ مِمَّا مَلَكَتْ أَيْمَانُكُمْ فَكَاتِبُوهُمْ
اِنْ عَلِمْتُمْ فِيهِمْ خَيْرًا ۖ وَآتُوهُمْ مِنْ مَالِ اللَّهِ الَّذِي آتَاكُمْ

„ [...] und diejenigen, die eine Freilassungsurkunde begehren, stellt sie ihnen aus, falls ihr in ihnen Gutes wisset; und gebet ihnen von Allahs Reichtum, den Er euch gegeben hat." (24:34)

Das heißt, dass diejenigen, die es nicht verdienen, ohne Lösegeld begnadigt zu werden, die jedoch niemanden haben, es für sie zu zahlen – und die auf Freilassung bestehen, Freiheit durch einen Vertrag erlangen können, indem sie sich verpflichten, zu arbeiten und zu verdienen und damit das Lösegeld aufzubringen. Erlaubnis dazu soll jedoch nur erteilt werden, wenn ihre Fähigkeit zu arbeiten und zu zahlen als gesichert angesehen werden kann. Wenn dies bewiesen ist, sollen sie sogar finanzielle Hilfe von Muslimen bekommen. Einzelne Muslime, die es sich leisten können, sollen zahlen, oder eine öffentliche Sammlung kann durchgeführt werden, damit diese Unglücklichen wieder auf eigene Füße kommen.

Diese Verse des Koran, die wir besprochen haben, enthalten die Lehren des Islam über Krieg und Frieden. Sie zeigen klar, unter welchen Umständen es dem Islam zufolge erlaubt ist, in den Krieg zu ziehen und welche Grenzen von Muslimen beachtet werden müssen, falls es zum Krieg kommt.

Verordnungen des Heiligen Propheten[saw] für den Krieg

Die islamischen Lehren beschränken sich jedoch nicht nur auf die Vorschriften, die im Koran enthalten sind. Sie umfassen auch die Verordnungen und das Beispiel des Propheten[saw].

Was er in bestimmten Situationen tat oder lehrte, ist notwendiger Bestandteil islamischer Lehren *(Hadith)* geworden. Wir fügen

Die Lebensgeschichte des Heiligen Propheten Muhammad

hier einige Aussprüche des Propheten[saw] betreffs Kriegs und Friedens an.

1. Muslimen ist strengstens untersagt, Leichen zu schänden. *(Muslim)*
2. Muslimen ist verboten, sich des Betrugs zu bedienen. *(Muslim)*
3. Weder Frauen noch Kinder sollen getötet werden. *(Muslim)*
4. Geistliche und religiöse Beamte und religiöse Führer sollen unbehelligt bleiben. *(Tahavi)*
5. Alte und Altersschwache und Frauen und Kinder sollen nicht getötet werden. Die Möglichkeit von Friedensschluss soll immer bedacht werden. *(Abu Dawud)*
6. Wenn Muslime feindliches Territorium betreten, so sollen sie keinen Schrecken unter der Bevölkerung verbreiten. Sie sollen keine schlechte Behandlung der Bevölkerung dulden. *(Muslim)*
7. Eine muslimische Armee soll nicht auf einem Platz ihre Zelte aufschlagen, wo es Schwierigkeiten für die Bevölkerung hervorrufen kann. Wenn sie auf dem Marsch ist, soll beachtet werden, dass die Straße genügend Platz hat und Reisende nicht behindert werden.
8. Keine entstellenden Verletzungen des Gesichtes sind erlaubt. *(Bukhari* und *Muslim)*
9. Die Verluste des Feindes sollen so gering wie möglich gehalten werden. *(Abu Dawud)*
10. Wenn Kriegsgefangene unter Aufsicht gestellt werden, soll Verwandten erlaubt werden, zusammen zu bleiben. *(Abu Dawud)*
11. Muslime sollen für das Wohlbefinden der Gefangenen mehr

tun als für sich selbst. *(Tirmidhi)*
12. Abgesandte und Vertreter anderer Länder sollen ehrenvoll behandelt werden. Irgendwelche Fehler oder Unhöflichkeiten, die sie begehen mögen, sollen übersehen werden. *(Abu Dawud, Kitab Al-Dschihad)*
13. Wenn ein Muslim sich an einem Gefangenen versündigt, so soll es durch Freilassung des Gefangenen ohne Lösegeld gesühnt werden.
14. Wenn ein Muslim einen Kriegsgefangenen übernimmt, so soll letzterer in gleicher Weise wie der Muslim beköstigt und bekleidet werden. *(Bukhari)*

Der Heilige Prophet^{saw} war so beharrlich in Bezug auf diese Regeln für die Kampftruppe, dass er erklärte, wer sich nicht an diese Verordnungen halte, kämpfe nicht für Gottes Sache, sondern für seine eigene erbärmliche Person. *(Abu Dawud)*
Hadhrat Abu Bakr^{ra}, der erste Kalif des Islam, ergänzte diese Anordnungen des Propheten^{saw} durch einige eigene. Eine dieser hier angefügten Verordnungen ist Teil der islamischen Lehren geworden.

15. Öffentliche Gebäude und Obstbäume (und Nahrungsmittel) sollen nicht beschädigt werden. *(Muatta)*

Von den Aussprüchen des Heiligen Propheten^{saw} und den Anordnungen des ersten Kalifen im Islam wird erhellt, dass der Islam dahin gehend Schritte unternommen hatte, Kriege zu verhindern, zu beenden und seine Übel zu reduzieren.
Wie schon gesagt, die Grundsätze, die der Islam lehrt, sind nicht nur fromme Verordnungen, sie wurden praktisch vom Heiligen

Propheten^(saw) und den ersten Kalifen vorgelebt. Jedermann weiß, dass der Heilige Prophet^(saw) nicht nur Prinzipien lehrte; er praktizierte sie mit seinem eigenen Beispiel und bestand auf ihrer Einhaltung. Zu unserer eigenen Zeit zurückkehrend, müssen wir feststellen, dass keine andere Lehre sich als fähig erweist, das Problem von Krieg und Frieden zu lösen.

Die Lehren Mose sind weit entfernt von unseren Vorstellungen von Gerechtigkeit und ehrlichem Verhalten. Noch ist es möglich, sich heutzutage nach diesen Lehren zu richten. Die Lehren Jesu waren und sind unausführbar. Niemals in ihrer Geschichte haben die Christen versucht, seine Lehren zu praktizieren. Die Lehren des Islam sind nicht nur praktisch durchführbar, sie sind – auch von ihren Gegnern – gelehrt und in die Praxis umgesetzt worden und mit ihrer Anwendung kann Frieden auf der Welt hergestellt und aufrechterhalten werden.

Zu unserer Zeit hat Gandhi gelehrt, dass wir auch dann nicht kämpfen sollen, wenn uns Krieg aufgezwungen wird. Er predigte gewaltlosen Widerstand. Doch seine Lehren haben sich in der Geschichte der Welt nicht durchgesetzt. Sie sind niemals wirklich praktisch angewandt worden. Es ist deshalb unmöglich zu sagen, welchen Wert seine Lehren für Krieg und Frieden haben. Gandhi lebte lange genug, um mitzuerleben, wie die Kongress-Partei durch Unabhängigkeit an politische Macht kam. Doch seine Regierung hat weder die Armee noch die Bewaffnung Indiens abgeschafft. Gandhi selbst hat oft seine Stimme gegen Aufruhr erhoben und beantragt, dass diejenigen, die sich daran beteiligt haben, aus der Haft entlassen werden sollen.

Das zeigt, dass seine Lehre nicht in die Praxis umgesetzt werden kann. Kein praktisches Beispiel kann angeführt werden, der Welt zu zeigen, wie gewaltloser Widerstand angewendet werden kann, wenn sich bewaffnete Konflikte zwischen Nationen oder Staaten entwickeln, und wie gewaltloser Widerstand Krieg verhindern oder beenden kann. Eine Methode predigen, doch nicht in der Lage zu sein, ein praktisches Beispiel vorzuweisen, beweist, dass die Lehre undurchführbar ist. Menschliche Erfahrung und Weisheit sollte deshalb zu dem Schluss kommen, dass nur die Methode, die der Heilige Prophet des Islam^{saw} lehrte und in die Praxis umsetzte, in der Lage ist, Kriege zu verhindern und zu beenden.

Sporadische Angriffe der Ungläubigen

Die arabischen Verbündeten kehrten von der Schlacht am Graben geschlagen und entmutigt zurück, doch weit entfernt davon, sich einzugestehen, dass ihre Kraft, die Muslime zu beunruhigen, gebrochen war. Obwohl sie geschlagen worden waren, stellten sie doch noch eine überwiegende Mehrheit. Sie konnten leicht einzelne Muslime quälen, schlagen und selbst töten. Durch Angriffe auf einzelne Personen hofften sie, ihrer Gefühle von Erniedrigung Herr zu werden. Nicht lange nach der Schlacht also fingen sie damit an, einzelne Muslime in der Umgebung Medinas anzugreifen.

Einige kamelreitende Männer des Fazara-Stammes griffen Muslime in der Nähe von Medina an. Sie entwendeten die Kamele, die sie fanden, nahmen eine Frau gefangen und verschwanden mit der Beute. Die Frau konnte entkommen, doch es gelang der Gruppe der Fazara, eine Anzahl von Nutztieren zu rauben. Einen Monat später griff eine Gruppe vom Stamm der Ghatafan von Norden her an und versuchte, sich in den Besitz von Kamelherden der Muslime zu bringen.

Der Heilige Prophet^(saw) schickte Muhammad Bin Maslama^(ra) mit zehn berittenen Begleitern zum Auskundschaften und zum Schutz für die muslimischen Herden. Doch der Feind lauerte den Muslimen auf, griff sie an und tötete sie alle. Muhammad Bin Maslama^(ra) war jedoch nur bewusstlos geworden. Nachdem er die Besinnung wiedergewonnen hatte, raffte er sich auf, kehrte nach Medina zurück und erstattete Bericht.

Einige Tage später wurde eine Abordnung des Propheten^(saw) auf dem Weg zur römischen Hauptstadt von Männern vom Stamm der Judham überfallen und beraubt.

Einen Monat später griff der Banu Fazara eine muslimische Karawane an und konnte mit großer Beute entkommen. Es ist gut möglich, dass dieser Angriff keine religiösen Hintergründe hatte, denn der Banu Fazara war ein räuberischer Stamm, immer darauf aus, zu rauben und zu töten.

Die Juden von Khaibar, die hinter den Angriffen, die zur Schlacht am Graben führten, standen, waren auch entschlossen, die Niederlage, die sie in der Schlacht erlitten hatten, wieder gut zu machen. Sie versuchten, Stammesgebiete und Staatsbeamte in dem römischen Grenzgebiet gegen die Muslime aufzuhetzen.

Arabische Heerführer, die mit ihrem direkten Angriff auf Medina kein Glück gehabt hatten, vereinigten sich mit den Juden, um den Muslimen das Leben unerträglich zu machen.

Der Prophet jedoch hatte noch für den entscheidenden Kampf seine Entschlüsse zu fassen. Arabische Führer könnten noch mit einem Friedensangebot kommen und der Bürgerkrieg sein Ende finden, dachte er.

Der Heilige Prophet^{saw} bricht mit 1500 Begleitern nach Mekka auf

Während dieser Zeit hatte der Heilige Prophet^{saw} eine Vision, die im Koran mit folgenden Versen beschrieben ist:

لَتَدْخُلُنَّ الْمَسْجِدَ الْحَرَامَ اِنْ شَآءَ اللّٰهُ اٰمِنِيْنَ ۙ مُحَلِّقِيْنَ رُءُوْسَكُمْ وَمُقَصِّرِيْنَ ۙ لَا تَخَافُوْنَ ؕ فَعَلِمَ مَا لَمْ تَعْلَمُوْا فَجَعَلَ مِنْ دُوْنِ ذٰلِكَ فَتْحًا قَرِيْبًا ۝

> „[...] Ihr werdet gewiss die Heilige Moschee in Sicherheit betreten, so Gott will, einige mit geschorenem Haupt, andere mit kurzgeschnittenem Haar und ihr werdet nichts zu fürchten haben. Doch Er wusste, was ihr nicht wusset. Er hat außerdem in der Tat einen Sieg für euch bestimmt, der greifbar nahe ist." (48:28)

Das heißt, dass Gott entschieden hatte, die Muslime in Frieden und ohne Furcht nach der Heiligen Moschee ziehen zu lassen, die Häupter geschoren oder das Haar kurzgeschnitten (die äußerlichen Zeichen der Pilger zur Kaaba). Doch die Muslime wussten noch nicht, wie Gott das möglich machen wollte.

Ferner sollten die Muslime, bevor sie in Frieden ihre Pilgerfahrt vollziehen konnten, noch einen weiteren Sieg erringen, einen Vorläufer zu dem Sieg, den die Vision voraussagte.

In dieser Vision sagt Gott den Sieg der Muslime, ihren friedvollen Marsch nach Mekka und die Eroberung von Mekka auf friedlichem Wege voraus. Doch der Heilige Prophet^{saw} hatte es dahingehend verstanden, dass Gott die Muslime beauftragt hatte, sofort eine Pilgerfahrt zur Kaaba zu unternehmen. Des Propheten[saw] Irrtum in der Auslegung der Vision führte zu dem in der Vision versprochenen greifbar nahen Sieg. Irrtümlicherweise plante der Prophet einen Marsch zur Kaaba. Er gab die Vision und seine Interpretation den Muslimen bekannt und befahl ihnen, sich für den Marsch vorzubereiten.

„Ihr werdet euch nur zur Umgehung der Kaaba aufmachen", sagte er. *„Es sind keine Maßnahmen gegen den Feind geplant."*

Ende Februar 628 begannen also 1500 (auf dieser Pilgerfahrt ein Jahr nach der Schlacht am Graben begleiteten nur 1500 Mann den Heiligen Propheten[saw]. Die Anzahl der Kampftruppe in der Schlacht am Graben konnte weniger, aber nicht mehr betragen haben. Historiker, die die Anzahl der kämpfenden Muslime in der Schlacht am Graben auf 3000 schätzten, müssen im Irrtum gewesen sein. Die Anzahl kann mit gutem Gewissen mit 1200 angesetzt werden.) Pilger unter der Führung des Propheten[saw] ihren Weg nach Mekka. Eine berittene Wache von 20 Mann ging voraus, die Muslime vor eventuellen Angriffen durch den Feind zu warnen.

Die Mekkaner bekamen bald Berichte über diese Karawane. Die Tradition hatte die Umgehung der Kaaba als ein allgemeines Gewohnheitsrecht eingeführt. Es konnte den Muslimen schlecht verweigert werden. Sie hatten in unmissverständlichen Worten erklärt, dass der Zweck ihres Marsches nur die Pilgerfahrt und sonst nichts zu bedeuten hatte. Der Feind durfte auf keinen Fall herausgefordert werden. Keine Dispute, keine Fragen oder Verkündigungen waren erlaubt. Trotzdem bereiteten sich die Mekkaner auf eine bewaffnete Auseinandersetzung vor. Sie errichteten überall Verteidigungsmaßnahmen, riefen die benachbarten Stämme zur Hilfe und schienen zum Kampf entschlossen.

Als der Heilige Prophet[saw] die Umgebung Mekkas erreichte, erhielt er die Nachricht, dass die Quraish zum Kampf bereit waren. Sie hatten sich mit Tigerfellen bekleidet und hatten ihre Frauen und Kinder bei sich und hatten feierlich geschworen, dass sie die Muslime nicht nach Mekka hereinlassen würden. Die Tigerfelle waren ein Zeichen von feuriger Kampfesentschlossenheit. Bald trat eine Vorhut der Mekkaner den Muslimen entgegen.

Die Muslime konnten ihren Weg nicht fortsetzen, ohne zu kämpfen. Der Prophet[saw] jedoch war fest entschlossen, es nicht zu Kämpfen kommen zu lassen. Er beauftragte einen Führer, der muslimischen Karawane einen Umweg durch die Wüste zu zeigen. Mit Hilfe dieses Führers erreichten der Heilige Prophet[saw] und seine Begleiter Hudaibiya, einen Ort nahe Mekka. Des Propheten[saw] Dromedar hielt an und weigerte sich, weiterzuziehen. *„Das Tier scheint erschöpft zu sein, Prophet Gottes, besser nehmt ein anderes,"* sagte ein Begleiter. *„Nein, nein"*, sagte der Prophet[saw],

> „das Tier ist nicht müde. Es sieht so aus, als ob Gott nicht will, dass wir uns weiter vorwärts bewegen. Ich schlage deshalb vor, dass wir unsere Zelte hier aufschlagen und die Mekkaner fragen, ob sie uns die Pilgerfahrt vollziehen lassen wollen. Ich für meine Person werde jede Bedingung, die sie uns auferlegen mögen, anerkennen." *(Halbiyya, Bd. 2, S. 13)*

Die Armee der Mekkaner war zu dieser Zeit nicht in Mekka. Sie hatten sich in bestimmter Entfernung auf der Hauptstraße nach Medina versammelt.

Wenn der Heilige Prophet[saw] gewollt hätte, hätte er seine 1500 Mann, ohne auf Widerstand zu stoßen, nach Mekka hereinführen können. Doch er war fest entschlossen, nur zur Umgehung der Kaaba nach Mekka zu ziehen und das auch nur mit der Erlaubnis der Mekkaner. Er hatte mit den Mekkanern nur zu seiner Verteidigung gekämpft, wenn sie ihn angegriffen hatten. Deshalb verließ er die Hauptstraße und schlug die Zelte in Hudaibiya auf.

Die Nachricht davon erreichte den mekkanischen Befehlshaber sehr bald und er ordnete den Rückmarsch nach Mekka an. Dann schickten die Mekkaner ein Oberhaupt, Budail, als Unterhändler zum Heiligen Propheten[saw].

Der Heilige Prophet[saw] machte Budail klar, dass er und die Muslime lediglich die Umgehung der Kaaba vollziehen wollten; doch wenn die Mekkaner kämpfen wollten, dann würden die Muslime zurückschlagen. Dann kam Urwa, der Schwiegersohn von Abu Sufyan, dem mekkanischen Kommandeur, zu dem Heiligen Propheten[saw]. Er führte sich höchst unhöflich auf. Er nannte die Muslime Landstreicher und Kehricht der Gesellschaft und erklärte ihnen, dass die Mekkaner die Muslime nicht nach Mekka hereinlassen würden. Mehr und mehr Mekkanner kamen, zu verhandeln, und dann kamen sie zu dem Entschluss, dass sie wenigstens in diesem Jahr die Muslime nicht für die Pilgerfahrt nach Mekka hereinlassen würden. Es würde die Mekkaner demütigen, wenn sie die Umgehung in diesem Jahr zulassen würden. Im kommenden Jahr könnten sie wiederkommen und die Pilgerfahrt vollziehen.

Einige mit den Mekkanern verbündete Stämme beredeten die mekkanischen Führer, den Muslimen die Umgehung zu gewähren, wenn sie weiter nichts wollten. Warum sollten sie davon abgehalten werden? Doch die Mekkaner blieben hartnäckig. Daraufhin erklärten die Stammeshäuptlinge, dass die Mekkaner keinen Frieden wollten und drohten, dass sie sich von ihnen distanzieren würden. So eingeschüchtert, ließen sich die Mekkaner überreden, zu einer Schlichtung mit den Muslimen zu kommen. Sobald der Heilige Prophet[saw] davon erfuhr, schickte er Hadhrat Usman[ra], (später der dritte Kalif des Islam) zu den Mekkanern. Hadhrat Usman[ra] hatte viele Verwandte in Mekka. Sie kamen hervor und scharten sich um ihn und boten ihm an, die Pilgerfahrt zu vollziehen, doch dem Heiligen Propheten[saw] wollten sie es erst im nächsten Jahr gewähren.

„Doch", sagte Hadhrat Usman[ra], *„ich werde die Pilgerfahrt nicht unternehmen, es sei denn als Begleiter meines Meisters".*

Usmans Verhandlungen mit den mekkanischen Oberhäuptern zogen sich in die Länge. Boshafterweise wurde ein Gerücht in Umlauf gebracht, dass Hadhrat Usman[ra] ermordet worden sei. Es erreichte auch den Heiligen Propheten[saw]. Daraufhin rief der Heilige Prophet[saw] seine Getreuen zusammen und sprach:

> „Das Leben eines Vermittlers ist bei allen Nationen geheiligt. Ich habe gehört, dass die Mekkaner Usman möglicherweise ermordet haben. Wenn sich das bestätigt, müssen wir nach Mekka eindringen, was immer die Folgen sein werden."

Unter den veränderten Verhältnissen hätte der Heilige Prophet[saw] auch seinen eigentlichen Entschluss, friedlich in Mekka einzuziehen, ändern müssen. Der Heilige Prophet[saw] fuhr fort:

> „Diejenigen, die feierlich erklären wollen, dass, wenn sie vorwärts ziehen müssen, nicht umkehren werden, es sei denn als Sieger, treten vor und schwören mir mit Handauflegen."

Der Heilige Prophet[saw] hatte kaum geendet, als alle 1500 Begleiter sich erhoben und vorwärts drängten, um des Propheten[saw]

Hand zu ergreifen und den Eid zu schwören. Diesem Eid kommt eine besondere Bedeutung für die Geschichte des frühen Islam bei. Er ist das „Gelübde unter dem Baum" genannt worden.

Als der Eid abgenommen wurde, saß der Heilige Prophet[saw] unter einem Baum. Jeder der daran teilgenommen hatte, war bis zu seinem Lebensende stolz darauf. Von den 1500 Mann stand nicht ein einziger beiseite. Sie alle versprachen, dass, wenn der muslimische Unterhändler ermordet worden war, sie sich nicht zurückziehen würden. Entweder würden sie Mekka vor Sonnenuntergang eingenommen haben oder alle im Kampf gestorben sein.

Die Zeremonie des Gelübdes war noch nicht zu Ende, als Hadhrat Usman[ra] auftauchte. Er berichtete, dass die Mekkaner die Pilgerfahrt für die Muslime erst im folgenden Jahr erlauben würden. Sie hatten ihre Abgeordneten gewählt, die ein Übereinkommen mit den Muslimen unterzeichnen sollten.

Bald darauf kam auch Suhail, ein Oberhaupt Mekkas zum Heiligen Propheten[saw]. Ein Kompromiss wurde erreicht und niedergeschrieben.

Der Vertrag von Hudaibiya

Der Vertrag lautet:

> „Im Namen Allahs!
> Dies sind die Bedingungen für Frieden zwischen Muhammad, Sohn Abdullahs, und Suhail Ibn Amr, Abgesandter von Mekka.
> Für zehn Jahre soll es keinen Kampf geben. Jeder, der sich Muhammad anschließen und in einen Vertrag mit ihm eintreten will, möge dies tun.

> Jeder, der sich den Quraish anschließen und in einen Vertrag mit ihnen eintreten will, ist ebenfalls frei, dies zu tun.
> Ein junger Mann oder jemand, dessen Vater am Leben ist, der sich Muhammad ohne Erlaubnis seines Vaters oder Vormundes anschließt, soll zu seinem Vater oder Vormund zurückgeschickt werden.
> Wenn sich jedoch jemand den Quraish anschließt, so soll er nicht zurückgeschickt werden.
> In diesem Jahr wird Muhammad sich zurückziehen, ohne Mekka betreten zu haben. Doch nächstes Jahr können er und seine Anhänger nach Mekka kommen, drei Tage bleiben und die Umschreitung vollziehen.
> Während dieser drei Tage werden sich die Quraish auf die umliegenden Berge zurückziehen.
> Wenn Muhammad und seine Anhänger Mekka betreten, so sollen sie unbewaffnet kommen, mit Ausnahme ihres gesicherten Schwertes, das Reisende in Arabien bei sich zu tragen pflegen." *(Bukhari)*

Zwei interessante Begebenheiten ereigneten sich während der Unterzeichnung des Friedensvertrages.

Nachdem man sich über die Bedingungen einig geworden war, begann der Heilige Prophet[saw], den Vertrag zu diktieren und sagte: *„Im Namen Allahs, des Gnädigen, immer Barmherzigen."* Suhail war damit nicht einverstanden und sagte:

> „Allah ist uns bekannt und wir glauben an ihn, doch was ist ‚Gnädigen, Barmherzigen'? Dieser Vertrag ist zwischen zwei Parteien. Die religiösen Einstellungen beider Partner sollten respektiert werden."

Der Heilige Prophet[saw] ging sofort darauf ein und sagte zu dem Schreiber: *„Schreibe nur: ‚Im Namen Allahs'."*

Der Heilige Prophet^saw fuhr dann fort, die Einzelheiten des Vertrages zu diktieren. Der erste Satz lautete: *„Dies sind die Bedingungen für Frieden zwischen dem Volk von Mekka und Muhammad, dem Propheten Gottes."*

Suhail erhob wieder Einspruch und sagte: *„Wenn wir dich als Propheten Gottes anerkannt hätten, hätten wir dich nicht bekämpft."*

Der Heilige Prophet^saw ging auch auf diesen Einspruch ein. Anstelle von *„Muhammad, der Prophet Gottes"*, schlug er vor: *„Muhammad, Sohn Abdullahs"*.

Als der Heilige Prophet^saw auf alles einging, was die Mekkaner bemängelten, fühlten die Begleiter sich irritiert über die Demütigung. Ihr Blut begann zu kochen und Hadhrat Umar^ra, der heißeste von allen, ging zum Heiligen Propheten^saw und fragte: *„O Prophet Gottes, sind wir nicht im Recht?"* *„Ja,"* sagte der Heilige Prophet^saw, *„wir sind im Recht."*

„War uns nicht von Gott gesagt worden, dass wir die Umgehung der Kaaba vollziehen würden?" fragte Hadhrat Umar^ra. *„Ja"*, sagte der Heilige Prophet^saw. *„Warum dann dieser Vertrag und seine demütigenden Bedingungen?"* *„Es ist wahr"*, sagte der Heilige Prophet^saw, *„Gott hat uns die Vollziehung der Pilgerfahrt in Frieden vorhergesagt, doch Er sagte nicht, wann. Ich dachte, es müsste in diesem Jahr sein. Doch ich kann mich geirrt haben. Muss es in diesem Jahr sein?"*

Hadhrat Umar^ra schwieg. Dann erhoben andere Begleiter ihre Einsprüche. Einige von ihnen fragten, warum er zugestimmt hätte, einen jungen Mann, der Muslim geworden war, seinem Vater oder Vormund zurückzugeben, ohne dass dieselben Bedingungen auf einen Muslim, der sich den Mekkanern zugesellte, angewandt werden sollten.

Der Heilige Prophet^saw sagte, das sei nicht weiter schlimm. *„Jeder, der Muslim wird,"* betonte er,

„wird dies, weil er den Glauben und die Bräuche, die den Islam ausmachen, anerkennt. Er wird nicht Muslim, um einer Partei beizutreten und ihren Bräuchen zu folgen. So ein Mann wird die Botschaft des Islam überall verbreiten, wo er hinkommt und so als Mittel dienen, den Islam zu verbreiten. Doch ein Mann, der den Islam wieder aufgibt, ist wertlos für uns. Wenn er nicht länger mehr glaubt, was wir glauben, dann gehört er auch nicht mehr zu uns. Es ist dann besser, wenn er woanders hingeht."

Diese Antwort stellte diejenigen zufrieden, die die Weisheit der Bedingungen, die der Heilige Prophet[saw] unterzeichnet hatte, angezweifelt hatten. Es sollte auch diejenigen heute befriedigen, die denken, dass im Islam auf Abfall die Todesstrafe steht. Wäre das der Fall gewesen, hätte der Heilige Prophet[saw] darauf bestanden, dass diejenigen, die den Islam wieder aufgaben, zurückgesandt und bestraft werden.

Als der Vertrag geschrieben war und die beiden Parteien ihn unterzeichnet hatten, ereignete sich eine Begebenheit, die die Ehrlichkeit der beiden Parteien auf die Probe stellte. Ein Sohn von Suhail, dem Bevollmächtigten der Mekkaner, kam zum Heiligen Propheten[saw], gebunden, verwundet und erschöpft. Er fiel dem Heiligen Propheten[saw] zu Füßen und sagte:

„O Prophet Gottes, ich bin Muslim im Herzen, und wegen meines Glaubens muss ich diese Qualen aus den Händen meines Vaters erleiden. Mein Vater war gerade hier. So konnte ich entweichen und hier zu Euch kommen."

Der Heilige Prophet[saw] hatte noch nicht geantwortet, als Suhail sich einmischte und sagte, dass der Vertrag unterschrieben sei und sein Sohn mit ihm zurückkehren müsste.

Abu Jandal, dies war der Name des jungen Mannes, stand vor den Muslimen, ein Bruder unter Brüdern, durch die schlechte Behandlung durch seinen Vater zur Verzweiflung getrieben. Ihn zurückzuschicken war etwas, was ihnen unerträglich erschien. Sie zogen ihre Schwerter und schienen entschlossen, diesen ihren Bruder zu retten oder zu sterben. Abu Jandal selbst flehte den Heiligen Propheten[saw] an, bei ihm bleiben zu dürfen. Konnte er ihn in die Hände der Tyrannen zurücksenden, deren Griffen er gerade entkommen war? Doch der Heilige Prophet[saw] war standhaft. Er sagte zu Abu Jandal:

> „Propheten brechen ihr Wort nicht. Wir haben jetzt diesen Vertrag unterzeichnet. Du ertrage deine Qualen mit Geduld und vertraue auf Gott. Er wird dich und andere junge Leute, die wie du leiden, sicherlich befreien."

Nach der Unterzeichnung des Friedensvertrages kehrte der Heilige Prophet[saw] nach Medina zurück. Kurz danach kam ein anderer junger Mann aus Mekka, der den Islam angenommen hatte, *Abu Basir* mit Namen, nach Medina. Doch der Heilige Prophet[saw] hielt sich an die Bedingungen des Vertrages und schickte ihn zurück. Auf seinem Rückweg kam es zu einem Kampf zwischen ihm und seinen Bewachern, in dessen Verlauf er eine der Wachen tötete und so entfliehen konnte. Die Mekkaner gingen zum Heiligen Propheten[saw], um sich zu beschweren. *„Doch"*, sagte der Heilige Prophet[saw], *„wir haben den jungen Mann auf den Weg zurück geschickt. Er ist jetzt entschlüpft. Es ist nicht länger unsere Sache, ihn zu finden, und nochmal an euch auszuhändigen."*

Ein paar Tage danach entkam eine Frau nach Medina. Einige ihrer Angehörigen waren ihr gefolgt und verlangten ihre Rückgabe.

Der Heilige Prophet[saw] erklärte, dass der Vertrag eine Einwendung für Männer, doch nicht für Frauen gemacht hatte, so weigerte er sich sie wieder auszuliefern.

Briefe des Propheten[saw] an verschiedene Könige

Nach der Rückkehr von Hudaibiya nach Medina entwickelte der Heilige Prophet[saw] einen neuen Plan, um seine Botschaft zu verkünden.

Als der Heilige Prophet[saw] diesen seinen Begleitern gegenüber bemerkte, sagten einige, die mit den Bräuchen und Formalitäten, die an den Höfen der Könige gang und gäbe waren, vertraut waren, dass an den Höfen keine Briefe entgegengenommen würden, die nicht das Siegel des Absenders trügen. Dementsprechend wurde ein Siegel für den Propheten[saw] angefertigt, auf dem eingraviert war: *„Muhammad-ur-Rasul-ullah".* Aus Respekt erschien Allah als oberstes Wort, darunter *Rasul* (Prophet) und als letztes Muhammad.

Im Muharram 628 n. Chr. wurden Abgesandte in die verschiedenen Hauptstädte entsandt, jeder mit einem Brief, die Staatsoberhäupter zur Annahme des Islam einladend.

Abgesandte gingen zu Heraclius, dem römischen Kaiser, zu den Königen von Iran, Ägypten (der König von Ägypten war dem Kaiser von Rom untertan) und Abessynien. Sie gingen auch zu anderen Königen und Herrschern.

Brief an Heraclius

Der Brief an den Kaiser wurde von Dihya Kalbi[ra] überbracht, der aufgefordert worden war, zuerst zum Statthalter von Busra zu gehen. Als Dihya[ra] beim Statthalter vorsprach, erfuhr er, dass der Kaiser selbst sich auf seiner Reise durch sein Reich in Syrien aufhielt. Der Statthalter ermöglichte Dihya[ra] eine Audienz beim Kaiser. Als Dihya[ra] an den Hof kam, wurde er informiert, dass jeder, der vom Kaiser in Audienz empfangen wird, sich vor dem Kaiser niederwerfen muss.

Dihya[ra] weigerte sich und sagte, dass Muslime sich vor keinem Menschen niederwerfen.

Dihya[ra] saß daher vor dem Kaiser, ohne die vorgeschriebene Ehrerbietung bekundet zu haben. Ein Dolmetscher las dem Kaiser den Brief vor, und dieser fragte, ob eine arabische Karawane in der Stadt sei. Er sagte, er wolle einen Araber über diesen arabischen Propheten befragen, der ihm einen Brief mit einer Einladung, sich zum Islam zu bekennen, geschrieben hatte.

Zufällig war Abu Sufyan mit einer Handelskarawane in der Stadt. Die Beamten brachten ihn zum Kaiser. Abu Sufyan wurde aufgefordert, sich vor eine Reihe anderer Araber zu stellen, die ihn berichtigen sollten, wenn er log oder eine falsche Aussage machte. Dann begann Heraclius, Abu Sufyan zu befragen. Die Unterhaltung ist uns erhalten geblieben:

> Heraclius: *„Kennt ihr diesen Mann, der behauptet, er sei ein Prophet und der mir einen Brief geschrieben hat? Könnt ihr mir sagen, aus welcher Art von Familie er kommt?"*
> Abu Sufyan: *„Er stammt aus einer adligen Familie und ist mit mir verwandt."*
> H.: *„Hat es Araber vor ihm gegeben, die ähnliche Ansprüche wie*

er erhoben haben?"

A. S.: *„Nein."*

H.: *„Hat euer Volk ihn je der Lügen beschuldigt, bevor er seinen Anspruch erhob?"*

A. S.: *„Nein."*

H.: *„Gab es einen König oder Herrscher unter seinen Vorfahren?"*

A. S.: *„Nein."*

H.: *„Wie schätzt ihr seine geistigen Anlagen und seine Urteilsfähigkeit ein?"*

A. S.: *„Wir haben niemals einen Fehler in seinen geistigen Anlagen und seiner Urteilsfähigkeit gefunden."*

H.: *„Welcher Art sind seine Anhänger? Sind sie große und mächtige Personen oder sind sie arm und demütig?"*

A. S.: *„Die meisten sind arm und demütig und jung."*

H.: *„Nimmt seine Anhängerzahl zu oder ab?"*

A. S.: *„Sie nimmt zu."*

H.: *„Kehren einige seiner Anhänger zu ihrem alten Glauben zurück?"*

A. S.: *„Nein."*

H.: *„Hat er je ein Gelübde gebrochen?"*

A. S.: *„Bis jetzt nicht. Doch wir haben gerade einen neuen Vertrag mit ihm abgeschlossen. Wir müssen abwarten, wie er sich dazu verhält."*

H.: *„Ist es zu Kämpfen zwischen ihm und euch gekommen?"*

A. S.: *„Ja."*

H.: *„Mit welchem Ergebnis?"*

A. S.: *„Wie die Eimer an einem Wasserrad wechseln Sieg und Niederlage zwischen uns und ihm. In der Schlacht von Badr, zum Beispiel, an der ich nicht teilnahm, war er in der Lage, uns zu überwältigen. In der Schlacht von Uhud, in der ich den Oberbefehl über unsere Seite hatte, besiegten wir sie. Wir zerrissen ihre Mägen, ihre Ohren und ihre Nasen.*

H.: *„Doch was lehrt er?"*

A. S.: *" Dass wir nur einen Gott und keine anderen Götter neben Ihm verehren sollen. Er predigt gegen die Götzenbilder, die von unsern Vorfahren verehrt wurden. Er verlangt von uns stattdessen, nur den einzigen Gott zu verehren, nur die Wahrheit zu sprechen und allen lasterhaften und verderblichen Angewohnheiten abzuschwören. Er spornt uns an, gut zueinander zu sein und unsere Versprechen zu halten und unseren Verpflichtungen nachzukommen."*

Diese interessante Unterhaltung kam zu ihrem Ende, und dann sagte der Kaiser:

„Ich fragte euch zuerst nach seiner Familie und ihr sagtet, dass er aus adliger Familie stamme. Propheten kommen immer aus adligen Familien. Ich fragte euch dann, ob jemand vor ihm einen ähnlichen Anspruch erhoben hatte, und ihr antwortetet mit nein. Ich stellte euch diese Frage, weil ich dachte, wenn kürzlich jemand solchen Anspruch erhoben hätte, dann könnte man sagen, dass dieser Prophet jenen Anspruch imitierte. Ich fragte euch weiter, ob er jemals vor seinem Anspruch gelogen hat, und ihr sagtet nein. Ich schließe daraus, dass eine Person, die nicht über andere Menschen lügt, auch keine Lüge über Gott spricht. Dann fragte ich, ob es einen König unter seinen Vorfahren gegeben habe, und ihr sagtet nein. Daraus verstehe ich, dass sein Anspruch nicht ein Plan sein kann, das Königreich wieder zu erobern. Danach fragte ich, ob diejenigen, die sich ihm anschließen, meist große, wohlhabende und mächtige Personen oder arme und schwache sind. Und ihr gabt mir die Antwort, dass sie meistens arm und schwach sind, nicht stolz und wohlhabend, und so sind die ersten Anhänger der Propheten. Ich fragte ferner, ob seine Anhängerzahl ansteigt oder abnimmt und ihr sagtet, sie nimmt zu. Ich erinnere mich, dass die Anhängerzahl eines

Propheten immerzu ansteigt, bis er sein Ziel erreicht hat. Ich fragte dann, ob seine Anhänger ihn aus Abscheu oder Enttäuschung verlassen und ihr sagtet nein. Dazu kann ich bemerken, dass die Anhänger der Propheten gewöhnlich standhaft sind. Sie mögen sich von ihm aus anderen Gründen trennen, doch nicht aus Abscheu vor dem Glauben. Weiter fragte ich, ob es zu Kämpfen zwischen ihm und euch gekommen sei und wenn ja, mit welchem Ausgang. Und ihr sagtet, dass euer Glück und das seiner Anhänger wie Eimer an einem Wasserrad seien – und so ist das bei Propheten. Am Anfang haben seine Anhänger Rückschläge hinzunehmen und haben Unglück zu dulden, doch am Ende sind sie siegreich. Ich fragte dann, was er lehrt und ihr sagtet, dass er die Anbetung eines Gottes, die Wahrheit zu sprechen, Tugend und die Wichtigkeit, Versprechen zu ehren und Verpflichtungen einzuhalten, lehrt. Ich fragte euch auch, ob er je betrogen hat und ihr sagtet nein. Das ist das Zeichen tugendhafter Menschen. Es erscheint mir deshalb, dass sein Anspruch, ein Prophet zu sein, wahr ist. Ich erwartete sein Auftreten für unsere Zeit, doch ich dachte nicht, er würde ein Araber sein. Wenn es wahr ist, was ihr mir erzählt habt, dann denke ich, wird sein Einfluss und seine Vorherrschaft sich sicherlich über diesem Lande ausbreiten. *(Bukhari)*

Die Ansprache machte die Hofbeamten unruhig, die anfingen, den Kaiser dafür, dass er dem Lehrer einer anderen Glaubensgemeinde Beifall zollte, zu kritisieren. Einsprüche wurden erhoben. Die Hofbeamten schickten dann Abu Sufyan und seine Freunde fort. Der Brief, den der Prophet[saw] an den Kaiser schrieb, ist in geschichtlichen Dokumenten bewahrt worden. Er lautet folgendermaßen:

بِسْمِ اللّٰهِ الرَّحْمٰنِ الرَّحِيْمِ. مِنْ مُحَمَّدٍ عَبْدِ اللّٰهِ وَرَسُوْلِهٖ إِلٰى هِرَقْلَ عَظِيْمِ الرُّوْمِ. سَلَامٌ عَلٰى مَنِ اتَّبَعَ الْهُدٰى أَمَّا بَعْدُ فَإِنِّىْ أَدْعُوكَ بِدِعَايَةِ الْإِسْلَامِ أَسْلِمْ تَسْلَمْ يُؤْتِكَ اللّٰهُ أَجْرَكَ مَرَّتَيْنِ فَإِنْ تَوَلَّيْتَ فَإِنَّ عَلَيْكَ إِثْمَ الْأَرِيْسِيِّيْنَ وَيَا أَهْلَ الْكِتَابِ تَعَالَوْا إِلٰى كَلِمَةٍ سَوَاءٍ بَيْنَنَا وَبَيْنَكُمْ أَنْ لَا نَعْبُدَ إِلَّا اللّٰهَ وَلَا نُشْرِكَ بِهٖ شَيْئًا وَّلَا يَتَّخِذَ بَعْضُنَا بَعْضًا أَرْبَابًا مِّنْ دُوْنِ اللّٰهِ فَإِنْ تَوَلَّوْا فَقُوْلُوا اشْهَدُوْا بِأَنَّا مُسْلِمُوْنَ

> Von Muhammad, dem Diener Gottes und Sein Botschafter an das Oberhaupt Roms, Heraclius.
>
> Wer immer göttlicher Führung folgt, auf dem sei Friede. Danach, O König, lade ich Euch zum Islam ein. Werdet Muslim. Gott wird Euch vor allen Anfechtungen beschützen und Euch doppelt belohnen. Doch wenn Ihr ablehnt und Euch weigert, diese Botschaft anzunehmen, dann wird die Sünde nicht nur Eurer eignen Ablehnung, sondern auch die Ablehnung Eurer Untergebenen, auf Eure Person kommen.
> *‚Sprich, O Volk des Buches, kommt her zu einem Wort, das gleich ist zwischen uns und Euch. Dass wir niemanden verehren außer Allah und dass wir Ihm keinen Partner zugesellen und dass nicht einige von uns andere als Herrn neben Allah annehmen. Doch wenn sie sich abwenden, dann sage: ‚Ich bezeuge, dass wir uns Gott ergeben haben'." (Zurqani)*

Die Einladung zum Islam war eine Einladung zu glauben, dass Gott einzig ist und dass Muhammad[saw] Sein Botschafter ist. Dort, wo der Brief sagt, dass, wenn Heraclius Muslim wird, er doppelt belohnt wird, wird ausgesagt, dass im Islam Jesus[as] und Muhammad[saw] als Propheten verehrt werden.

Es wird berichtet, dass als der Brief an den Kaiser übergeben werden sollte, einige Höflinge vorschlugen, ihn zu zerreißen und wegzuwerfen. Der Brief, sagten sie, sei eine Beleidigung für den

Kaiser. Er war nicht an den Kaiser direkt, sondern nur an *„Sahib Al-Rum"*, das *„Oberhaupt von Rom"*, adressiert.

Der Kaiser sagte jedoch, dass es unklug sei, einen Brief zu zerreißen, bevor man ihn gelesen habe. Er sagte auch, dass die Anrede *„Oberhaupt von Rom"* nicht falsch sei. Schließlich sei Gott der Herr aller Dinge. Ein Kaiser war nur ein Oberhaupt.

Als der Prophet[saw] erfuhr, wie sein Brief von Heraclius empfangen worden war, schien er zufrieden und erfreut und sagte, dass die Art, wie er den Brief empfangen habe, zeige, dass sein Reich verschont bleiben werde. Seine Nachkommen würden noch für lange Zeit sein Reich regieren. Und es trug sich so zu. In den Kriegen, die später stattfanden, wurde das römische Weltreich gespalten (wie es der Prophet des Islam[saw] auch prophezeit hatte); doch die Dynastie des Heraclius blieb für weitere 600 Jahre in Konstantinopel erhalten.

Der Brief des Propheten war für lange Zeit in den Staatsarchiven verwahrt. Botschafter des muslimischen Herrschers Mansur Qalawun besuchten den Kaiserhof und ihnen wurde der Brief, der in einer Kassette aufbewahrt wurde, gezeigt. Der regierende Kaiser wies darauf hin, dass dieser Brief von ihrem Propheten sei und von einem seiner Vorfahren empfangen worden war, und dass er wohl verwahrt worden sei.

Der Brief an den Herrscher von Iran

Der Brief an den Herrscher von Iran wurde von Abdullah Bin Hudhafa[ra] überbracht. Der Brief lautete folgendermaßen:

Die Lebensgeschichte des Heiligen Propheten Muhammad

بسم الله الرحمن الرحيم. من محمد رسول الله الى كسرى عظيم الفارس. سلام على من اتبع الهدى
وامن بالله ورسوله وشهدان لا اله الا الله وحده لاشريك له. وان محمدا عبده ورسوله ادعوك بدعاية
الله عزوجل فانى انارسول الله الى الناس كافة لانذر من كان حيا ويحق القول على الكافرين.
اسلم تسلم فان ابيت فعليك اثم المجوس

Im Namen Allahs, des Gnädigen, Barmherzigen.

Dieser Brief ist von Muhammad, dem Gesandten Gottes
an Khosroes, das Oberhaupt von Iran

Wer immer der vollkommenen Führung folgt und an Allah glaubt und bekennt, dass Allah einzig und ohne Seinesgleichen oder Partner ist, und dass Muhammad sein Diener und Botschafter ist, auf ihm sei Friede.
O König, unter dem Auftrag Gottes lade ich Euch zum Islam ein. Denn ich bin von Gott als Botschafter an die ganze Menschheit ausersehen worden, damit ich alle lebenden Menschen warne und meine Botschaft an alle Ungläubigen vollende.
Nehmt den Islam an und beschützt Euch dadurch vor aller Pein. Wenn Ihr diese Einladung zurückweist, wird damit die Sünde der Unterlassung für Euer ganzes Volk auf Eurer Person lasten. *(Zurqani und Khamis)*

Abdullah Bin Hudhafa berichtete, dass, als er den Hof des Khosroes erreichte, er beantragte, zu dem Herrscher vorgelassen zu werden. Er übergab den Brief an den Kaiser und der Kaiser beauftragte einen Dolmetscher, den Brief vorzulesen und seinen Wortlaut zu erklären. Als er den Inhalt erfuhr, wurde er wütend. Er nahm den Brief wieder an sich und zerriss ihn.
Abdullah Bin Hudhafa berichtete dem Propheten[saw] den Vorfall.

Als er den Bericht hörte, sagte der Prophet[saw]: *„Was Khosroes mit unserem Brief getan hat, das wird Gott mit seinem Reich tun (d. h. es in Stücke zerreißen).*

Der Wutanfall, den Khosroes bei dieser Gelegenheit zeigte, war das Ergebnis der verderblichen anti-islamischen Propaganda der Juden, die vom römischen Herrschaftsgebiet nach Iran geflohen waren. Diese jüdischen Flüchtlinge hatten führenden Anteil an den anti-römischen Intrigen, die vom Iran ausgingen, und waren dadurch zu Günstlingen am iranischen Hof geworden.

Khosroes war voll Wut gegen den Propheten[saw]. Die Berichte über den Propheten[saw], die die Juden mit nach Iran gebracht hatten, schienen sich für ihn durch diesen Brief zu bestätigen. Er hielt den Propheten[saw] für einen aggressiven Abenteurer, der es auf den Iran abgesehen hatte. Kurz darauf schrieb Khosroes einen Brief an den Statthalter von Yemen, in dem er sagte, dass einer der Quraish in Arabien sich zum Propheten erklärt habe. Seine Ansprüche nähmen jetzt überhand und der Statthalter solle zwei Männer beauftragen, diesen Quraishiten gefangen zu nehmen und an den Hof von Iran zu bringen.

Badhan, der Statthalter von Yemen unter Khosroes, schickte einen Armeeoffizier mit einem berittenen Begleiter zum Propheten[saw]. Sie hatten einen an den Propheten[saw] adressierten Brief bei sich, in dem gesagt wurde, dass bei Erhalt des Briefes der Prophet[saw] sich sofort mit den zwei Begleitern auf den Weg an den Hof des Iran machen solle. Die zwei wollten erst nach Mekka gehen, doch als sie in die Nähe von Ta'if kamen, sagte man ihnen, dass der Prophet[saw] in Medina lebe. So setzten sie ihre Reise nach Medina fort. Bei seiner Ankunft sagte dieser Offizier zum Propheten[saw], dass Badhan, der Statthalter von Yemen, von Khosroes beauftragt worden sei, den Propheten^{saw} zu verhaften und nach Iran bringen zu lassen.

Wenn der Prophet^{saw} sich weigere zu folgen, würden er und sein Volk vernichtet und das Land verwüstet werden. Aus Mitgefühl für den Propheten^{saw} bestand der Abgesandte vom Yemen darauf, dass der Prophet^{saw} gehorche und mit ihnen nach Iran kommen solle.

Nachdem er dies gehört hatte, schlug der Prophet^{saw} vor, dass die Abgesandten am nächsten Morgen wiederkommen sollten. Über Nacht betete der Prophet^{saw} zu Gott, Der ihm offenbarte, dass die Unverschämtheit des Khosroes ihn das Leben gekostet habe:

„Wir haben seinen eigenen Sohn gegen ihn aufgebracht und dieser Sohn wird seinen Vater am Montag, dem 10. Jumad Al-Ula dieses Jahres töten." Anderen Berichten zufolge war die Offenbarung: *„Der Sohn hat den Vater in dieser Nacht gemordet."* Es ist gut möglich, dass diese Nacht der 10. Jumad Al-Ula war.

Am Morgen ließ der Prophet^{saw} die Abgesandten kommen und berichtete ihnen, was ihm in der Nacht offenbart worden war. Dann ließ er einen Brief an Badhan schreiben, in dem er ihm mitteilte, dass Khosroes an einem bestimmten Tag in einem bestimmten Monat ermordet werden würde. Als der Statthalter von Yemen den Brief erhielt, sagte er: *„Wenn dieser Mann ein wahrer Prophet ist, dann wird geschehen, was er sagte. Wenn er das nicht ist, dann gnade ihm Gott."*

Bald danach legte ein Schiff aus Iran im Hafen von Yemen an. Es brachte eine Botschaft von dem Herrscher von Iran an den Statthalter von Yemen. Der Brief hatte ein neues Siegel, woraus der Statthalter schloss, dass sich die Prophezeiung des arabischen Propheten erfüllt hatte. Das neue Siegel bedeutete einen neuen Herrscher. Er öffnete den Brief. Er lautete:

> Von Khosroes Siroes an Badhan, den Statthalter von Yemen.
>
> Ich habe meinen Vater getötet, weil seine Regierung verdorben und ungerecht war. Er tötete die Edlen des Landes und behandelte seine Untertanen mit Grausamkeit. Sobald ihr diesen Brief erhaltet, ruft alle Beamten zusammen und fordert sie auf, mir ihre Treue zu schwören. Was meines Vaters Befehl betreffs der Gefangennahme eines arabischen Propheten anbelangt, so betrachte diesen Befehl als zurückgezogen. *(Tabari, Bd. 3, S. 1572 ff.* und *Sirat Ibn Hisham S. 46)*

Badhan war so beeindruckt von diesen Ereignissen, dass er und viele seiner Freunde sofort ihren Beitritt zum Islam erklärten und den Propheten[saw] davon in Kenntnis setzten.

Der Brief an den Negus

Der Brief an den Herrscher von Abessinien, den Amr Bin Ummayya Zamri[ra] überbrachte, lautete:

بسم الله الرحمن الرحيم. من محمد رسول الله الى النجاشي ملك الحبشة سلمُ انت.
اما بعد فاني احمد اليک الله الذى لا اله الا هو الملک القدوس السلام المؤمن المهيمن. واشهد ان عيسىٰ
ابن مريم روح الله وكلمته القاها الىٰ مريم البتول واني ادعوک الى الله وحده لاشريک له والموالاة
على طاعته. وان تتبعني وتومن بالذى جاء نى فاني رسول الله واني ادعوک الى الله عزوجل وقد بلغت
ونصحت فاقبلوا نصيحتي والسلام علىٰ من اتبع الهدى

Im Namen Allahs, des Gnädigen, Barmherzigen.

Muhammad, der Gesandte Gottes, schreibt an den Negus, Herrscher von Abessinien.

O König, Friede sei mit Euch!
Ich lobpreise vor Euch den einen und einzigen Gott. Niemand außer Ihm gebührt Anbetung. Er ist der König (der Liebe), die Quelle aller Vortrefflichkeiten, frei von allen Fehlern, Er bringt Friede zu all seinen Dienern und beschützt seine Geschöpfe. Ich bezeuge, dass Jesus, der Sohn Marias, Botschafter Gottes war, der kam in Erfüllung der Versprechen, die Gott Maria gemacht hatte. Maria hatte ihr Leben Gott gewidmet. Ich lade Euch ein, Euch gemeinsam mit mir den einen und einzigen Gott zu verbinden und Ihm zu gehorchen. Ich lade Euch auch ein, mir zu folgen und an den Gott zu glauben, der mich gesandt hat. Ich bin Sein Botschafter. Ich lade Euch und Eure Heerscharen ein, dem Glauben des allmächtigen Gottes beizutreten. Ich erfülle hiermit meine Pflicht. Ich habe Euch die Botschaft Gottes überbracht, habe Euch die Bedeutung dieser Botschaft klar gemacht. Ich habe so in aller Aufrichtigkeit getan und ich hoffe, ihr werdet die Aufrichtigkeit achten, die die Botschaft hervorbrachte. Wer der Führung Gottes folgt, wird Erbe göttlichen Segens. *(Zurqani)*

Als der Negus den Inhalt des Briefes zur Kenntnis genommen hatte, zeigte er Hochachtung und großes Interesse daran. Er führte ihn bis an seine Augen, stieg von seinem Thron herab und befahl, ein Elfenbeinkästchen zu bringen. Dann legte er ihn in das Kästchen und sagte: *„Solange dieser Brief sicher ist, ist auch mein Königreich sicher."*
Was er sagte, erwies sich als richtig. Über 1000 Jahre waren die muslimischen Armeen auf Eroberungszüge aus. Sie gingen in alle Richtungen und kamen von allen Seiten Abessinien nahe, doch sie ließen dieses kleine Königreich des Negus unberührt, und zwar aus Respekt für zwei denkwürdige Taten des Negus,

den Schutz, den er den Flüchtlingen des frühen Islam gewährt, und die Verehrung, die er dem Brief des Prophetensaw gezollt hatte. Das römische Weltreich zerfiel. Khosroes verlor seine Gebiete. Die Dynastien der Chinesen und der Moghuls von Indien verschwanden, doch dieses kleine Königreich des Negus blieb unverletzt, weil sein Herrscher die ersten islamischen Flüchtlinge aufnahm und beschützte, und weil er Respekt und Verehrung für den Brief des Prophetensaw zeigte. Auf solche Weise erwiderten die Muslime den Großmut des Negus.

Doch was fügte ein christliches Volk in diesem sogenannten zivilisierten Zeitalter dem christlichen Volk des Negus zu? Sie bombardierten die offenen Städte Abessiniens in Luftangriffen und zerstörten sie. Die königliche Familie musste fliehen und für lange Jahre ihrer Heimat fernbleiben.

Das gleiche Volk ist von zwei verschiedenen Völkern auf zwei verschiedene Weisen behandelt worden. Die Muslime hielten Abessinien aufgrund des Großmuts einer seiner Herrscher heilig und unverletzlich. Eine christliche Nation griff es im Namen der Zivilisation an und raubte es aus. Das zeigt wie gesund und bleibend in seinen Auswirkungen des Prophetensaw Lehren und sein Beispiel waren. Muslimische Dankbarkeit einem christlichen Königreich gegenüber machte das Reich für die Muslime heilig. Christliche Gier nach Besitz eroberte dasselbe Königreich, ohne Rücksicht darauf, dass es christlich war.

Der Brief an den Herrscher von Ägypten

Der Brief an Muqauqis wurde von Hatib Bin Abi Balta'ara überbracht. Der Text dieses Briefes war der gleiche wie der Text des Briefes an den römischen Kaiser. Der Brief an den römischen Kaiser sagte, dass ihm die Sünde, die Botschaft seinen Volk vorzuenthalten, auf seine Schultern gelegt werden würde. Der Brief an Muqauqis sagte, dass die Sünde für die Zurückweisung durch die Kopten auf das Haupt ihres Herrschers fiele. Der Wortlaut ist wie folgt:

بسم الله الرحمن الرحيم. من محمد رسول الله الى المقوقس عظيم القبط سلام على من اتبع الهدى امابعد فانى ادعوک بدعاية الاسلام اسلم تسلم يوتک الله اجرک مرتين فانما توليت فانما عليک اثم القبط ويااهل الكتاب تعالوا الى كلمة سواءٍ بيننا وبينكم الانعبد الا الله ولا نشرک به شيأً ولا يتخذ بعضنا بعضا ارباباً من دون الله فان تولوا فقولوا اشهد وابانا مسلمون

Im Namen Allahs, des Gnädigen, Barmherzigen.

Dieser Brief ist von Muhammad, dem Botschafter Allahs, an Muqauqis, das Oberhaupt der Kopten.

Friede sei auf dem, der der Leitung folgt. Ich lade Euch ein, die Botschaft des Islam anzunehmen. Glaubt und Ihr werdet sicher sein und Euer Lohn wird zweifach sein. Wenn Ihr nicht glaubt, dann kommt die Verantwortung für die Ablehnung aller Kopten auf Eure Schultern.
Sprich: *‚O Volk des Buches! Kommt her zu einem Wort, das gleich ist zwischen uns und Euch, dass wir niemanden anbeten, außer Allah, und dass wir Ihm keinen Partner zugesellen und dass nicht einige von uns andere als ihren Herrn neben Allah annehmen. Doch wenn sie sich abwenden, dann sage, Ich bekenne, dass wir uns Gott ergeben haben.'* (Halbiyya, Bd. 3, S. 275)

Als Hatib[ra] Ägypten erreichte, war Muqauqis nicht in der Hauptstadt. Hatib[ra] folgte ihm nach Alexandria, wo er in der Nähe des Meeres Hof hielt. Hatib[ra] nahm ein Schiff. Der Hof war stark bewacht. Deshalb zeigte Hatib[ra] seinen Brief aus der Ferne und musste laut rufen. Muqauqis ließ Hatib[ra] kommen. Muqauqis las den Brief und sagte: *„Wenn dieser Mann ein wahrer Prophet ist, warum betet er nicht um die Vernichtung seiner Feinde?"* Hatib[ra] antwortete: *„Ihr glaubt an Jesus. Er wurde von seinem Volk schlecht behandelt und doch betete er nicht für die Vernichtung seiner Feinde."* Der König lobte Hatib[ra] und sagte, er sei ein weiser Abgesandter eines weisen Mannes. Er hätte die Fragen an ihn gut beantwortet. Danach sprach Hatib[ra] weiter:

> „Vor Euch gab es einen König, der stolz, anmaßend und grausam war. Das war der Pharao, der Moses verfolgte. Am Ende fiel er göttlicher Bestrafung zum Opfer. Zeigt deshalb keinen Stolz. Glaubt an den Abgesandten Gottes. Wahrlich Moses sagte nicht soviel über Jesus voraus, wie Jesus über Muhammad! Wir laden Euch zu Muhammad, dem Propheten, ein, so wie Ihr Christen die Juden zu Jesus einladet. Jeder Prophet hat seine Anhänger. Die Anhänger müssen dem Propheten gehorchen. Da jetzt zu Eurer Zeit ein Prophet erschienen ist, ist es Eure Pflicht, an ihn zu glauben und ihm zu folgen. Und bedenket, unsere Religion verlangt nicht von Euch, Jesus abzuleugnen oder aufzugeben. Unsere Religion verlangt von jedem, an Jesus zu glauben."

Nachdem er zugehört hatte, ließ er wissen, dass er von den Lehren dieses Propheten[saw] gehört hatte und dass er dachte, dass er nichts Schlechtes lehre, noch irgend etwas Gutes verbiete. Er hatte auch Nachforschungen angestellt und herausgefunden, dass er weder ein Zauberer noch Wahrsager war. Er hatte von einigen Prophezeiungen, die sich erfüllt hatten, gehört. Dann schickte er nach einem Elfenbeinkästchen und legte den Brief des Heiligen Propheten[saw] hinein und übergab es an seine Dienerin zur Verwahrung.

Er schrieb auch einen Antwortbrief an den Propheten^{saw}. Der Text ist geschichtlich erhalten geblieben. Er lautet:

> Im Namen Allahs, des Gnädigen, Barmherzigen.
> Von Muqauqis, König der Kopten, an Muhammad, Sohn Abdullahs.
>
> Friede sei mit Euch.
> Ferner sage ich, dass ich Euren Brief gelesen und über seinen Inhalt und über den Glauben, zu dem Ihr mich einladet, nachgedacht habe. Ich bin mir bewusst, dass die hebräischen Propheten das Kommen eines Propheten für unsere Zeit vorhergesagt haben. Doch ich dachte, er müsste in Syrien auftreten. Ich habe Euren Botschafter empfangen und ihm ein Geschenk von 1000 Dinaren und fünf Khil'ats (Ornamenten) gemacht. Und ich sende zwei koptische Mädchen als Geschenk für Euch. Mein Volk, die Kopten, halten diese Mädchen in hohem Ansehen. Eine von ihnen ist Maria, die andere Sirin. Ich schicke Euch außerdem 20 Gewänder aus feinstem ägyptischen Leinen. Und einen Esel als Reittier. Und am Ende bete ich, dass Ihr Frieden in Gott haben möget. *(Zurqani und Tabari)*

Aus diesem Brief wird erhellt, dass Muqauqis, obwohl er den Brief mit Ehrerbietung behandelte, den Islam nicht annahm.

Der Brief an das Oberhaupt von Bahrain

Der Heilige Prophet[saw] sandte auch einen Brief an Mundhir Taimi, Oberhaupt von Bahrain. Dieser Brief wurde von Ala Bin Hadrami[ra] überbracht. Der Inhalt dieses Briefes ist verlorengegangen.

Als er diesen Herrscher erreichte, wurde jener bekehrt. Er schrieb an den Propheten[saw] zurück und teilte ihm mit, dass er und viele seiner Freunde und Begleiter sich entschlossen hätten, dem Islam beizutreten. Einige hatten jedoch entschieden, abzuwarten. Er berichtete auch, dass einige Juden und Magier unter seiner Herrschaft lebten. Was sollte er mit diesen tun?

Der Prophet[saw] erwiderte diesem Herrscher folgendermaßen:

> „Ich freue mich über Euren Beitritt zum Islam. Es ist Eure Pflicht, den Abgeordneten und Botschaftern, die ich Euch senden werde, zu gehorchen. Wer immer ihnen folgt, folgt mir. Der Botschafter, der meinen Brief zu Euch brachte, lobte Euch und versicherte mir Eurer Ernsthaftigkeit im Glauben. Ich habe für Euer Volk zu Gott gebetet. Versuche deshalb, sie die Wege und Praktiken des Islam zu lehren. Beschützt ihren Besitz. Lasst niemanden mehr als vier Frauen haben. Solange Ihr gut und tugendhaft seid, werdet Ihr Herrscher über Euer Volk bleiben.
>
> Was Juden und Magier betrifft, so müssen sie lediglich Steuern zahlen. Erhebt deshalb keine anderen Ansprüche gegen sie. Was die allgemeine Bevölkerung angeht, so sollen diejenigen, die nicht genug Land haben, das sie ernährt, jeder vier Dirham (Münzen) bekommen und einige Kleidung." *(Zurqani und Khamis)*

Der Prophet[saw] schrieb auch an den König von Oman, den Herrscher von Yamama, den König von Ghassan, das Oberhaupt der Bani Nahd, eines Stammes in Yemen, das Oberhaupt von Hamdan, eines anderen Stammes in Yemen, das Oberhaupt der Bani 'Alim und das Oberhaupt des Hadrami Stammes. Die meisten von ihnen wurden Muslime. Diese Briefe zeigen das vollkommene Vertrauen des Propheten[saw] in Gott. Sie zeigen gleichfalls, dass der Prophet[saw] von Anfang an glaubte, dass Gott ihn nicht nur zu einem bestimmten Volk oder Gebiet gesandt hatte, sondern zu allen Menschen dieser Erde.

Es stimmt, dass diese Briefe von ihren Empfängern auf verschiedene Weise empfangen wurden. Einige bekannten sich sofort zum Islam. Andere behandelten die Briefe mit Rücksicht, doch nahmen den Islam nicht an. Wiederum andere behandelten sie einfach mit gewöhnlicher Höflichkeit. Einige verhielten sich verachtend und stolz.

Doch es ist auch wahr – und die Geschichte bezeugt es –, dass den Empfängern dieser Briefe und ihren Völkern ein Schicksal entsprechend ihrem Verhalten diesen Briefen gegenüber zuteil wurde.

Der Fall von Khaibar

Wie wir schon erwähnt haben, waren die Juden und andere Gegner des Islam jetzt eifrig damit beschäftigt, die Stämme gegen die Muslime aufzuhetzen. Sie waren jetzt davon überzeugt, dass Arabien nicht in der Lage war, dem wachsenden Einfluss des Islam zu widerstehen und dass die arabischen Stämme Medina nicht mehr angreifen konnten. Die Juden intrigierten deshalb mit den christlichen Stämmen, die an der südlichen Grenze des römischen Reiches lebten. Zur gleichen Zeit begannen sie gegen den Heiligen Prophetensaw an ihre Glaubensbrüder im Iran zu schreiben. Durch boshafte schriftliche Propaganda versuchten sie Khosroes von Iran gegen den Islam aufzustacheln. Als Ergebnis dieser jüdischen Ränke wendete Khosroes sich gegen den Islam und sandte Befehle an den Statthalter von Yemen, den Heiligen Prophetensaw zu verhaften. Nur durch besondere göttliche Einwirkung und göttliche Gnade blieb der Prophet verschont und der widerwärtige Plan des Herrschers von Iran wurde zunichte gemacht.

Es sollte augenfällig sein, dass ohne die göttliche Hilfe, die den Heiligen Prophetensaw sein Leben lang begleitete, das zarte Wachstum des frühen Islam durch die Feindseligkeiten und Opposition der Herrscher von Rom und Iran im Keime erstickt worden wäre.

Als Khosroes die Verhaftung des Prophetensaw anordnete, geschah es, dass bevor die Anordnungen ausgeführt werden konnten, der Kaiser von seinem eignen Sohn gestürzt und getötet worden war, und die Befehle für die Verhaftung des Prophetensaw von dem neuen Herrscher widerrufen wurden. Die Beamten von Yemen waren durch dieses Wunder so beeindruckt, dass die Provinz des Yemen ohne Schwierigkeiten Teil des muslimischen Reiches wurde.

Die Intrigen, die die Juden gegen die Muslime und die Stadt Medina fortsetzten, machten es erforderlich, dass sie aus der Nähe von Medina vertrieben wurden. Wenn sie weiterhin in der Nähe Medinas geduldet worden wären, hätten ihre Intrigen mit Sicherheit weiteren Aufruhr und Blutvergießen zur Folge gehabt. Nach seiner Rückkehr von Hudaibiya wartete der Heilige Prophetsaw fünf Monate, doch dann entschied er, sie von Khaibar zu verbannen.

Khaibar war nicht weit von Medina entfernt und von dort war es sehr leicht, mit dem Ränkespiel fortzufahren. So zog der Heilige Prophet[saw] im August 628 n. Chr. gegen Khaibar. Er hatte 1600 Mann bei sich. Khaibar war eine wohlbefestigte Stadt. Sie war von allen Seiten von Felsen umgeben, auf denen sich kleinere Festungen befanden. So einen Platz mit so wenigen Leuten zu erobern, war keine leichte Aufgabe. Die Vorposten, die in der Umgebung Khaibars lagen, fielen nach nur leichten Kämpfen. Doch nachdem die Juden sich in die zentral gelegene Festung der Stadt selbst zurückgezogen hatten, erwiesen sich alle Angriffe darauf und die verschiedensten Strategien als unwirksam. Eines Tages hatte der Heilige Prophet[saw] eine Offenbarung, dass Khaibar in die Hände von Hadhrat Ali[ra] fallen würde.

Am nächsten Morgen gab der Heilige Prophet[saw] dies seinen Anhängern bekannt und sagte:

> „Heute werde ich die schwarze Flagge des Islam an denjenigen übergeben, der Gott, Seinem Propheten und allen Muslimen teuer ist. Gott hat verordnet, dass der Sieg über Khaibar durch seine Hände stattfinden soll."

Am nächsten Tag rief er Hadhrat Ali[ra] zu sich und übergab ihm die Flagge. Hadhrat Ali[ra] wartete nicht. Er nahm seine Leute und zog mit ihnen zur Hauptfestung. Obwohl die Juden eine starke Abwehr in dem Fort versammelt hatten, waren Hadhrat Ali[ra] und seine Männer in der Lage, es noch vor Dunkelwerden zu erobern. Ein Friedensvertrag wurde unterzeichnet. Die Bedingungen waren, dass alle Juden, ihre Frauen und Kinder Khaibar verlassen und sich weit entfernt von Medina wieder ansiedeln mussten. Ihr Besitz und ihre Habe fiel in die Hände der Muslime. Jeder, der etwas aus seinem Besitz oder Geschäft verheimlichen oder falsche Angaben machen würde, würde nicht von dem Vertrag geschützt werden. Er hätte die Strafe, die auf Vertragsbruch liegt, zu bezahlen.

Drei eigenartige Begebenheiten

Drei interessante Begebenheiten trugen sich bei dieser Belagerung Khaibars zu. Eine war ein offensichtliches Zeichen Gottes und die anderen geben einen Einblick in die hohe moralische Stellung des Propheten[saw].

Eine Witwe von Kinana, einem Oberhaupt von Khaibar, wurde mit dem Heiligen Propheten[saw] verheiratet. Der Heilige Prophet[saw] bemerkte einige Narben, den Eindruck einer Hand, auf ihrem Gesicht.

„Was ist das auf Eurem Gesicht, Safiyya?", fragte der Heilige Prophet[saw]. *„Das kam so"*, berichtete Safiyya, *„ich sah im Traum den Mond in meinen Schoß fallen. Am nächsten Tag erzählte ich meinem Mann diesen Traum. Mein Mann sagte, dies sei ein eigenartiger Traum. Dein Vater ist ein großer Gelehrter. Wir sollten ihm den Traum erzählen. Dann habe ich meinem Vater diesen Traum erzählt. Nachdem er den Traum vernommen hatte, gab er mir einen heftigen Schlag ins Gesicht und sagte: ‚Du willst den Herrscher von Arabien heiraten!'"* - (Sirat Ibn Hisham)

Der Mond war das Nationalzeichen Arabiens. Der Mond im Schoß bedeutet eine enge Beziehung zum Herrscher von Arabien. Ein gespaltener Mond oder ein fallender Mond bedeutet Zwietracht im arabischen Staat oder seine Zerstörung. Safiyyas Traum ist ein Zeichen der Wahrheit des Heiligen Propheten[saw]. Es ist auch ein Beweis für die Tatsache, dass Gott seinen Dienern durch Träume einen Blick in die Zukunft gewährt. Gläubige erhalten mehr von dieser Gnade als Ungläubige.

Hadhrat Safiyya[ra] war Jüdin, als sie den Traum sah. Ihr Mann wurde während der Belagerung von Khaibar getötet. Diese Belagerung war eine Strafe für den Vertragsbruch der Juden. Hadhrat Safiyya[ra] wurde gefangengenommen und bei der Verteilung der Gefangenen einem Anhänger Muhammads übergeben. Als sich herausstellte, dass sie die Witwe eines Oberhauptes war, dachte man, dass es angenehmer für sie sei, wenn sie dem Heiligen Propheten[saw] übergeben werden würde. Der Heilige Prophet[saw] schlug vor, ihr die Stellung einer Gemahlin zu geben, und sie stimmte zu. So fand ihr Traum seine Erfüllung.

Es gab zwei weitere Begebenheiten. Eine berichtet von einem Schäfer, der die Schafe eines jüdischen Oberhauptes hütete. Dieser Schäfer wurde Muslim. Nach seinem Übertritt sagte er zum Propheten[saw]: *„Ich kann jetzt nicht zu meinen Leuten zurückkehren, o Prophet Gottes. Was soll ich mit den Schafen und Ziegen meines alten Meisters machen?" „Lass die Tiere gen Khaibar blicken und dann treibe sie an. Gott wird sie ihrem Meister zukommen lassen,"* sagte der Heilige Prophet[saw]. Der Schäfer tat, wie ihm geheißen, und die Herde erreichte die jüdische Festung. Die Wachen am Fort empfingen sie. *(Sirat Ibn Hisham, Bd. 2, S. 191)*

Dieses Beispiel zeigt, wie ernst der Heilige Prophet[saw] die Frage persönlichen Besitztums nahm und wie wichtig es für einen Treuhänder war, sich des ihm anvertrauten Gutes gewissenhaft zu entledigen. Im Krieg werden der Besitz und die Habe der Verlierer rechtmäßig dem Sieger übergeben.

Wir leben im „Zeitalter von Fortschritt und Zivilisation", doch wo gibt es heute Vergleichbares? Wo kommet es vor, dass ein fliehender Feind Habe zurückließ, die der Eroberer dem Besitzer zurückgibt? Im vorliegenden Beispiel gehörte die Herde einem

Kämpfer auf der feindlichen Seite. Die Rückgabe der Ziegen bedeutete für den Feind eine Versorgung mit Verpflegung, die es ihm ermöglichte, sich für viele Wochen zu versorgen. Damit konnte der Feind die Belagerung um Monate verlängern. Und doch sandte der Heilige Prophet[saw] die Herde zurück, um dem neu Beigetretenen vorzuführen, wie wichtig es ist, sich seiner Verpflichtungen getreulich zu entledigen.

Der dritte Vorfall bezieht sich auf eine Jüdin, die versuchte, den Heiligen Propheten[saw] zu vergiften. Sie fragte seine Gefährten, welchen Teil des Tieres der Heilige Prophet[saw] am liebsten esse. Man sagte ihr, dass er Schulter von Ziege oder Lamm vorzog. Die Frau schlachtete eine Ziege und briet Koteletts auf heißen Steinen. Dann mischte sie tödliches Gift unter, besonders unter die Stücke von der Schulter, in dem Glauben, der Heilige Prophet[saw] würde sie essen. Der Prophet[saw] begab sich in sein Zelt, nachdem man das gemeinsame Abendgebet verrichtet hatte. Er sah die Frau in der Nähe des Zeltes auf ihn warten und fragte: *„Gibt es etwas, was ich für dich tun kann, Frau?" „Ja, Abu 'l Qasim, (Qasim war ein Sohn Muhammads. Die Frau nennt ihn hier „Vater des Qasim".) Ihr könnt ein Geschenk von mir annehmen."* Der Prophet[saw] beauftragte einen Begleiter, anzunehmen, was immer die Frau brächte. Als der Heilige Prophet[saw] sich zum Essen niederließ, wurde auch dieses Geschenk, gebratenes Fleisch, vor ihm aufgetischt. Der Prophet[saw] nahm einen Bissen davon. Ein Gefährte, Hadhrat Bashir Bin Al-Bara Bin Al-Ma'rur[ra], nahm ebenfalls ein Stück. Die anderen Begleiter streckten gerade auch ihre Hände aus, um von dem Fleisch zu essen, da hielt der Heilige Prophet[saw] sie zurück und sagte, er glaube, das Fleisch sei vergiftet.

Darauf bemerkte Hadhrat Bashir[ra], dass er das gleiche gedacht habe. Er hatte das Fleisch fortwerfen wollen, doch glaubte er, dass der Heilige Prophet^saw dies nicht gerne gesehen hätte. *„Nachdem Ihr einen Bissen davon genommen hattet"*, sagte er, *„nahm ich ebenfalls davon, doch nun bedaure ich sehr, dass ich Euch davon essen ließ."*

Es dauerte nicht lange, da wurde Hadhrat Bashir^ra krank, und einigen Berichten zufolge starb er bald. Nach anderen Berichten starb er erst nach längerer Krankheit.

Der Gesandte Allahs legte einem Hund ein Stück von diesem Fleisch vor, durch dessen Verzehr er verendete. Der Heilige Prophet^saw schickte nun nach der Frau und fragte sie, ob sie das Fleisch vergiftet hätte. Die Frau fragte, woher er das wisse. Der Prophet^saw hielt ein Stück Fleisch in seiner Hand und sprach: *„Meine Hand berichtet mir das"*, was soviel sagen sollte wie, *„ich konnte es schmecken"*. Da gab die Frau ihren Anschlag zu. *„Warum hast du das getan?"*, wollte der Heilige Prophet^saw nun wissen.

> „Mein Volk war mit dem Euren im Krieg. Meine Verwandten wurden in diesem Kampf getötet, und ich entschloss mich, Euch Gift zu verabreichen. Wäret Ihr ein Betrüger, so wäret Ihr gestorben, und wir wären euch los; doch wäret Ihr ein wahrer Prophet, so würde Gott euch beschützen."

Nach dieser Erklärung vergab der Heilige Prophet^saw der Frau, obwohl sie durchaus die Todesstrafe verdient hätte. *(Muslim)*

Der Heilige Prophet^saw war immer bereit, zu verzeihen und zu vergessen, und er strafte nur dann, wenn eine Strafe als Schutz vor weiteren Verbrechen unbedingt notwendig geworden war.

Die Vision des Heiligen Propheten[saw] geht in Erfüllung

Im siebten Jahr nach der Hidjra, im Februar 629 christlicher Zeitrechnung, sollte der Heilige Prophet[saw] für die Umschreitung der Kaaba nach Mekka gehen. Dies war mit den Führern Mekkas so vertraglich vereinbart worden. Als die Zeit zum Aufbruch kam, versammelte der Heilige Prophet[saw] zweitausend Anhänger und begab sich auf den Weg nach Mekka. Als sie Marr Al-Zahran, eine Haltestation in der Nähe Mekkas erreichten, forderte der Prophet[saw] seine Anhänger auf, ihre Rüstungen abzulegen. Diese wurden auf einem Sammelplatz zusammengetragen. Sich streng an die Abmachungen des Vertrages von Hudaibiya haltend, betraten der Heilige Prophet[saw] und seine Begleiter die Heiligen Bezirke nur mit gesicherten Schwertern.

Nach siebenjähriger Abwesenheit kamen 2000 Muslime wieder nach Mekka. Sie waren tief bewegt und gedachten der Qualen, denen sie in vergangenen Tagen in dieser Stadt ausgesetzt gewesen waren. Doch gleichzeitig waren sie unendlich dankbar für die Gnade, die Gott ihnen gewährte, indem Er sie in Frieden zur Umschreitung der Kaaba in Mekka einziehen ließ. Ihre Freude war größer als ihr Zorn über erlittene Qualen. Das Volk von Mekka hatte seine Häuser verlassen und saß auf den umliegenden Hügeln, die Muslime zu beobachten. Die Muslime waren voll Eifer und Begeisterung und Stolz. Sie wollten den Mekkanern zeigen, dass die Versprechen, die Gott ihnen gemacht hatte, ihre Erfüllung gefunden hatten. Hadhrat Abdullah Bin Rawaha[ra] fing an, Kriegslieder zu singen, doch der Heilige Prophet[saw] verbot es ihm:

"Keine Kriegsgesänge! Sage nur: ‚*Es ist niemand anbetungswürdig außer Allah'*. Es war Gott, Der dem Propheten half und die Gläubigen aus der Unterdrückung befreite und ihnen Würde gab und Der den Feind vertrieb." *(Halbiyya, Bd. 3, S. 73)*

Nach der Umschreitung der Kaaba und dem Lauf zwischen den Hügeln von Safa und Marwa, blieben der Heilige Prophet[saw] und seine Anhänger noch für drei Tage in Mekka. Hadhrat Abbas[ra] hatte eine verwitwete Schwägerin, Maimuna[ra], und schlug vor, dass der Heilige Prophet[saw] sie heirate. Der Heilige Prophet[saw] stimmte zu. Am vierten Tag verlangten die Mekkaner, dass die Muslime wieder aufbrächen. Der Heilige Prophet[saw] ordnete den Aufbruch an und befahl seinen Anhängern, sich auf den Rückweg nach Medina zu machen. So gewissenhaft hielt er sich an die Abmachungen des Vertrages und so rücksichtsvoll war er gegen die Empfindungen der Mekkaner, dass er seine ihm frisch angetraute Frau in Mekka zurückließ. Er machte Vorkehrungen, dass sie sich der Karawane, die das persönliche Gepäck der Pilger brachte, anschloss. Der Prophet[saw] bestieg sein Kamel und war bald außerhalb der geheiligten Bezirke Mekkas. Die Nacht verbrachte er in einem Zelt in einem Ort namens Sarif, und dort kam Hadhrat Maimuna[ra] zu ihm.

Erwiderung auf die Vorwürfe hinsichtlich der Mehrehe des Heiligen Propheten[saw]

Wir hätten leicht diese unbedeutende Einzelheit in so einer kurzen Lebensgeschichte des Heiligen Propheten[saw] weglassen können, doch die Begebenheit hat eine besondere Bedeutung. Der Heilige Prophet[saw] ist von europäischen Autoren angegriffen worden, weil er mehr als nur eine Frau heiratete. Sie denken, dass eine Mehrzahl von Ehefrauen eine Ausschweifung und Vergnügungssucht bedeutet. Dieser Eindruck über die Ehen des Propheten[saw] wurde durch die Ergebenheit und selbstverleugnende Liebe, die die Frauen des Propheten[saw] für ihn hegten, Lügen gestraft. Ihre Ergebenheit und Liebe bezeugte, dass des Propheten[saw] Eheleben rein, selbstlos und spirituell war. Es war so außergewöhnlich, dass von keinem Mann behauptet werden kann, dass er eine Frau besser behandelte als der Heilige Prophet[saw] seine mehreren Frauen. Wenn das Eheleben des Propheten[saw] von Vergnügungssucht beeinflusst gewesen wäre, hätten seine Frauen sich sicherlich gleichgültig oder selbst feindlich gegen ihn verhalten. Doch die Tatsachen zeigen etwas anderes. Alle Frauen des Heiligen Propheten[saw] waren ihm ergeben und ihre Ergebenheit ist auf sein selbstloses und edles Beispiel zurückzuführen. Seinem selbstlosen Beispiel folgten sie mit schonungsloser Ergebenheit. Dies ist durch viele geschichtliche Beispiele belegt.

Eines führt auf Hadhrat Maimuna[ra] selbst zurück. Sie begegnete dem Heiligen Propheten[saw] zum ersten Mal in einem Zelt in der Wüste. Wenn ihre ehelichen Beziehungen rau gewesen wären, wenn der Heilige Prophet[saw] einige seiner Frauen wegen ihres Charmes lieber gehabt hätte als andere, Hadhrat Maimuna[ra] würde nicht dieses erste Zusammentreffen mit dem Heiligen Propheten[saw] als eine kostbare Erinnerung bewahrt haben. Wenn ihre Ehe mit dem Propheten[saw] zu unschönen oder gleichgültigen Erinnerungen beigetragen hätte, sie hätte alles der Vergessenheit übergeben. Hadhrat Maimuna[ra] lebte noch lange nach dem Tod des Propheten[saw]. Sie selbst starb im hohen Alter, doch vergaß sie nie, welches Glück ihre wenigen Ehejahre mit dem Heilige n Propheten^saw für sie bedeutet hatten. Auf ihrem Sterbebett, als sie 80 war, wenn die irdischen Freuden vergessen werden und wenn nur die Gedanken auf das Jenseits das Herz bewegen, bat sie, dass man sie auf dem Weg nach Mekka begraben solle, auf dem Platz, wo der Prophet^saw nach dem Verlassen Mekkas für die Nacht sein Zelt aufschlug und wo sie ihm zuerst begegnet war.

Die Welt kennt viele Liebesgeschichten, wahre und erdachte, doch nicht viele sind so bewegend wie diese.

Bald nach der historischen Umgehung der Kaaba traten zwei berühmte Generale des Feindes dem Islam bei; und sie wurden zu berühmten Generalen des Islam. Einer war Khalid Bin Walid^ra, dessen Genie und Mut das römische Weltreich in seinen Grundfesten erschüttern sollte und unter dessen Führung ein Land nach dem anderen dem muslimischen Reich zugeführt wurde. Der andere war Amr Bin Al-As^ra, der Eroberer Ägyptens.

Die Schlacht von Muta

Nach seiner Rückkehr von der Kaaba erreichten den Heiligen Propheten^saw Berichte, dass christliche Stämme an der syrischen Grenze, aufgehetzt durch Juden und Heiden, einen Angriff auf Medina vorbereiteten. Er sandte deshalb 15 seiner Leute, die Wahrheit herauszufinden. Sie sahen eine Armee sich an der syrischen Grenze versammeln. Anstatt sich sofort auf den Rückzug zu machen, zögerten sie.

Ihr Eifer, den Islam zu erklären, stand ihnen gut an, doch das Ergebnis ihres wohlgemeinten Eifers war das ganze Gegenteil von dem, was sie angestrebt hatten. Rückblickend können wir sagen, dass von denjenigen, die unter Anstachelung durch den Feind das Heimatland des Propheten^saw angreifen wollten, nichts anderes erwartet werden konnte. Anstatt den Darstellungen zuzuhören, nahmen sie ihre Bogen und sandten Pfeile gegen die Gruppe der Fünfzehn. Die Gruppe blieb unbewegt. Sie erhielten Pfeile als Antwort auf ihre Ermahnungen, doch sie kehrten nicht um. Sie hielten aus, 15 gegen tausende und fielen im Kampf.

Der Heilige Prophet[saw] wollte eine Gruppe aussenden, die Syrier für diese frevelhafte Grausamkeit zu bestrafen, doch mittlerweile bekam er Berichte, dass die Streitkräfte, die sich an der Grenze versammelt hatten, wieder zerstreut waren. Er verschob deshalb seine Pläne. Der Prophet[saw] jedoch schrieb einen Brief an den Kaiser von Rom (oder das Oberhaupt des Ghassan-Stammes, der Bursa im Namen Roms beherrschte). Wir nehmen an, dass sich der Prophet[saw] in diesem Brief über die Angriffsvorbereitungen, die an der syrischen Grenze beobachtet worden waren und das falsche und ungerechtfertigte Töten der 15 Muslime, die er als Kundschafter über die Situation an der Grenze ausgesandt hatte, beschwerte. Dieser Brief wurde von Al-Harth[ra], einem Gefährten des Propheten[saw] überbracht. Er unterbrach seine Reise in Muta, wo er auf Shurahbil, ein Ghassan-Oberhaupt, der als römischer Beamter eingesetzt war, traf.

„Seid ihr ein Abgesandter Muhammads?", fragte das Oberhaupt. Auf die bejahende Antwort hin ließ er ihn verhaften, fesseln und zu Tode schlagen. Es kann sogar angenommen werden, dass dieses Oberhaupt der Ghassan der Führer der Truppe war, die auf die 15 Muslime getroffen war, die ihnen predigen wollten, und die dann durch ihn den Tod erlitten.

Die Tatsache, dass er Al-Harth[ra] fragte, *„Hast du eine Botschaft von Muhammad"*, lässt darauf schließen, dass er fürchtete, der Prophet[saw] würde sich beim Kaiser beschweren, dass Truppen des Kaisers Muslime angegriffen hatten. Er fürchtete, er könnte zur

Rechenschaft gezogen werden für das, was vorgefallen war. Das sicherste für ihn war, des Propheten[saw] Abgesandten zu töten. Doch er kam nicht weit damit. Der Prophet[saw] erfuhr von diesem Mord. Um diesen und die vorangegangenen Morde zu rächen, stellte er eine Streitmacht von 3000 Mann auf und schickte sie gegen Syrien unter dem Oberbefehl von Hadhrat Zaid Bin Haritha[ra], dem befreiten Sklaven des Propheten[saw], den wir mit seiner Lebensgeschichte in Mekka erwähnten. Der Heilige Prophet[saw] ernannte Hadhrat Ja'far Bin Abi Talib[ra] als Nachfolger von Zaid[ra], sollte Zaid[ra] getötet werden und Hadhrat Abdullah Bin Rawaha[ra], sollte Hadhrat Ja'far[ra] fallen. Sollte Abdullah Bin Rawaha[ra] auch getötet werden, dann sollten die Muslime ihren Oberbefehlshaber selbst bestimmen. Ein Jude, der dies hörte, sagte:

> „O Abu'l Qasim, seid Ihr ein wahrer Prophet, so werden diese drei Offiziere, die ihr gerade benannt habt, bestimmt sterben; Gott erfüllt die Aussagen der Propheten."

Sich an Zaid[ra] selber wendend, sagte er: *„Glaube mir, wenn Muhammad ein wahrer Prophet ist, dann wirst du nicht lebendig zurückkommen."* Zaid[ra], der wahre Gläubige, der er war, antwortete: *„Ob ich lebendig zurückkomme oder nicht, Muhammad ist ein wahrer Prophet Gottes." (Halbiyya, Bd. 3, S. 75)*

Am nächsten Morgen begann die muslimische Armee mit ihrem langen Marsch. Der Heilige Prophet[saw] und seine Anhänger begleiteten sie ein Stück des Weges. Ein so großes und wichtiges Unternehmen war noch nie ohne des Propheten[saw] persönlichen Oberbefehl ausgezogen. Als der Heilige Prophet[saw] die Kolonne entlang ging, ihnen Lebewohl zu sagen, gab er gute Ratschläge und Anleitungen. Als sie den Punkt erreichten, an dem die Einwohner Medinas sich von ihren Freunden und Verwandten, die nach Syrien reisten, gewöhnlich verabschiedeten, hielt der Prophet[saw] an und sagte:

> „Ich rate euch nachdrücklich: fürchtet Gott und seid gerecht zu den Muslimen, die mit Euch ziehen. Kämpft im Namen Allahs und kämpft gegen den Feind in Syrien, der sowohl Euer als auch Allahs Feind ist. Wenn ihr in Syrien seid, dann werdet ihr diejenigen treffen, die Gott in den Gotteshäusern anbeten. Ihr sollt euch in keine Dispute mit ihnen einlassen noch ihnen irgendwelche Unannehmlichkeiten bereiten. Im Land des Feindes tötet weder Frauen noch Kinder, weder die Blinden noch die Alten, zerstört weder Bäume noch irgendein Gebäude." *(Halbiyya, Bd. 3)*

Nachdem er das gesagt hatte, kehrte der Heilige Prophet[saw] nach Medina zurück und die muslimische Armee begann ihren Vormarsch. Es war das erste Mal, dass eine islamische Armee gegen Christen zu kämpfen hatte. Als die Muslime die syrische Grenze erreichten, erfuhren sie, dass der Kaiser selbst mit 100.000 seiner eigenen Truppen ins Feld gezogen war und nochmal 100.000 waren von den christlichen Stämmen Arabiens zusammengekommen. Gegenüber solcher starken Kampftruppe des Feindes wollten die Muslime erst anhalten und eine Botschaft an den Heiligen Propheten[saw] senden. Denn er könnte möglicherweise ihre Anzahl vermehren oder ihnen neue Anweisungen zukommen lassen. Als die Heerführer beratschlagten, stand Abdullah Bin Rawaha[ra] voll Feuer auf und sagte:

> „Leute, ihr seid von zu Hause aufgebrochen, um für Gottes Sache als Märtyrer zu sterben und jetzt, wo Euch Märtyrertum in Aussicht steht, wollt Ihr zurückweichen? Wir haben

bislang nicht gekämpft, weil wir besser waren als der Feind an Zahl oder Ausrüstung. Unsere Hauptstütze war unser Glaube. Was macht es, wenn der Feind in so vielfacher Überlegenheit an Anzahl und Ausrüstung ist? Eine Belohnung von zweien wird uns zuteil werden. Wir werden entweder siegen oder als Märtyrer für Gottes Sache sterben."

Die Armee hörte Ibn Rawaha[ra] zu und war tief beeindruckt. Er hatte recht, sagten sie wie mit einer Stimme. Die Armee ging vorwärts. Als sie marschierten, sahen sie die römische Armee ihnen entgegenkommen. Bei Muta bezogen die Muslime ihre Positionen und die Schlacht begann.

Bald darauf wurde Hadhrat Zaid Bin Harza[ra], der muslimische Oberbefehlshaber, getötet und des Propheten[saw] Vetter, Hadhrat Ja'far Bin Abu Talib[ra], erhielt die Standarte und den Oberbefehl über die Armee. Als er die Wucht der feindlichen Kämpfe zunehmen sah und die Muslime durch ihre kräftemäßige Unterlegenheit nicht standhalten konnten, stieg er von seinem Pferd herab und brach dessen Beine. Diese Tat bedeutete, dass er unter keinen Umständen fliehen würde, er würde Tod der Flucht vorziehen. Eines Pferdes Beine zu brechen war ein arabischer Brauch, um wilde Flucht und Panik auszuschließen. Hadhrat Ja'far[ra] verlor seine rechte Hand, doch hielt die Standarte mit der linken hoch. Er verlor die linke Hand auch und hielt die Standarte mit den beiden Armstümpfen gegen seine Brust gepresst. Seinem Versprechen getreu fiel er kämpfend.

Dann übernahm Hadhrat Abdullah Bin Rawaha[ra] den Anweisungen des Propheten[saw] gemäß die Standarte und den Oberbefehl. Auch er fiel kämpfend.

Die Muslime hätten jetzt des Propheten[saw] Befehl entsprechend zusammen kommen müssen, um einen neuen Oberbefehlshaber zu bestimmen. Doch es war keine Zeit für so eine Versammlung. Die Muslime waren kurz davor, von der Übermacht des Feindes überrannt zu werden.

Hadhrat Khalid Bin Walid[ra], dem Vorschlag eines Freundes folgend, nahm die Standarte und setzte die Kämpfe bis zum Abend fort. Am folgenden Tag zog Khalid[ra] wieder mit seiner müden und zerschlagenen Armee ins Feld, doch wandte eine Taktik an. Er änderte die Stellungen seiner Leute - die in den ersten Linien gekämpft hatten, wurden zur Nachhut, und die von der rechten Seite wurden gegen die von der linken ausgetauscht. Sie erhoben auch neue Schlachtrufe. Der Feind dachte, die Muslime hätten über Nacht neue Kräfte als Nachschub erhalten und zog sich aus Furcht zurück.

Hadhrat Khalid[ra] rettete die Überlebenden und kehrte heim. Der Heilige Prophet[saw] war schon durch Offenbarungen von den Ereignissen in Kenntnis gesetzt worden. Er rief die Muslime in der Moschee zusammen. Als er sich erhob um zu sprechen, füllten seine Augen sich mit Tränen. Er sagte:

> „Ich will Euch über die Armee berichten, die von hier aufbrach, gegen die syrische Grenze zu ziehen. Sie hielt dem Feind stand und kämpfte. Erst hielt Zaid die Standarte, dann Jaffar und dann Abdullah Bin Rawaha. Alle drei sind gefallen, einer nach dem anderen, nachdem sie tapfer gekämpft hatten. Nach ihnen nahm Khalid Bin Walid die Standarte. Er nahm den Oberbefehl an sich. Er ist das Schwert unter den Schwertern Gottes. So rettete er die muslimische Armee und kehrte heim." *(Zad Al-Ma'ad, Bd. I und Zurqani)*

Die Bezeichnung des Propheten[saw] für Hadhrat Khalid[ra] wurde berühmt. Hadhrat Khalid[ra] wurde als das „Schwert Gottes" bekannt. Da Hadhrat Khalid[ra] einer der späteren Bekehrten war, wurde er oft von anderen Muslimen verhöhnt. Einmal stritten Hadhrat Abd Al-Rahman Bin-'Auf[ra] und er sich über irgendetwas. Hadhrat Abd Al-Rahman Bin-'Auf[ra] beschwerte sich über Hadhrat Khalid[ra] beim Propheten[saw]. Der Heilige Prophet[saw] wies Khalid[ra] zurecht und sagte:

> „Khalid, Ihr habt jemanden verargert, der Islam seit der Zeit von Badr dient. Ich sage Euch, dass selbst wenn Ihr soviel Gold spendet wie in Uhud, Ihr werdet nicht so viel göttliche Belohnung wie Abd Al-Rahman verdienen können."

„Doch sie verspotten mich", sagte Hadhrat Khalid[ra], *„und ich muss ihnen antworten."* Da wandte der Heilige Prophet[saw] sich an die anderen und sagte: *„Ihr sollt Khalid[ra] nicht verhöhnen. Er ist das Schwert unter den Schwertern Gottes, das gegen die Ungläubigen gezogen bleibt."*
Des Propheten[saw] Beschreibung wurde ein paar Jahre später wörtlich erfüllt. Nach Khalids[ra] Heimkehr mit der muslimischen Armee bezeichneten einige Muslime von Medina die heimkehrenden Soldaten als Feiglinge, die des Kampfgeistes entbehrten. Die Kritik sollte besagen, dass es besser gewesen wäre, wenn sie alle bis zum Tode gekämpft hätten. Der Heilige Prophet[saw] tadelte die Kritiker. Hadhrat Khalid[ra] und seine Soldaten sind keine Feiglinge noch mangelte es ihnen an Geist, sagte er. Sie seien Soldaten, die immer wieder zum Angriff übergehen werden. Diese Worte hatten tiefere Bedeutung, wie es im Augenblick erschien. Sie sagten Schlachten voraus, die die Muslime gegen Syrien kämpfen würden.

Der Heilige Prophet^{saw} zieht mit 10.000 Anhängern gen Mekka

Im achten Jahr nach der Hidjra, im Monat Ramadan, (Dezember 629 n. Chr.) begab sich der Heilige Prophet^{saw} auf jenes letzte Unternehmen, das den Islam endgültig zum Sieg in Arabien verhelfen sollte.

In Hudaibiya war zwischen Muslimen und Ungläubigen abgemacht worden, dass es den arabischen Stämmen frei stünde, sich entweder den Ungläubigen oder dem Propheten^{saw} anzuschließen. Es war außerdem abgemacht worden, dass für zehn Jahre die feindlichen Parteien keinen Krieg miteinander führen würden, es sei denn, eine Partei bräche den Pakt, indem sie die andere Seite angriff. Unter diesen Abmachungen schlossen sich die Banu Bakr den Mekkanern und die Khuza'a den Muslimen an.

Die arabischen Ungläubigen hatten wenig Respekt für Verträge, schon gar keinen, wenn sie sie mit Muslimen abgeschlossen hatten. Zufällig hatten die Banu Bakr und die Khuza'a unausgetragene Streitigkeiten miteinander. Die Banu Bakr zogen die Mekkaner zu Rate, um die alten Fehden zu bereinigen. Sie sagten, dass der Vertrag von Hudaibiya unterzeichnet worden sei. Die Khuza'a fühlten sich durch den Vertrag mit dem Propheten^{saw} sicher.

Das wäre die richtige Zeit, die Khuza'a anzugreifen. Die Mekkaner stimmten zu. Sie und die Banu Bakr unternahmen einen nächtlichen Angriff auf die Khuza'a und töteten viele ihrer Männer. Die Khuza'a sandten 40 ihrer Leute auf schnellen Kamelen nach Medina, dem Propheten^{saw} über diesen Vertragsbruch zu berichten. Sie sagten, dass die Muslime jetzt gegen Mekka marschieren müssten, um diesen Angriff zu rächen.

Die Delegation traf den Propheten^saw und dieser erklärte ihnen in unmissverständlicher Weise, dass er ihr Unglück als sein eigenes ansehe. Er zeigte auf eine schwere Wolke am Himmel und sagte: *„Wie der Regen aus dieser Wolke hervorbrechen wird, werden die muslimischen Soldaten zu eurer Hilfe kommen."*

Die Mekkaner waren verstört über die Berichte von der Abordnung der Khuza'a nach Medina. Sie sandten Abu Sufyan schnellstens nach Medina, um die Muslime von dem Angriff abzuhalten. Abu Sufyan erreichte Medina und begann zu drängen, dass die Muslime einen neuen Vertrag unterzeichnen müssten, da er in Hudaibiya nicht dabei gewesen war. Der Prophet^saw hielt es für unklug, auf diesen Vorschlag eine Antwort zu geben. Abu Sufyan wurde gereizt und begab sich zur Moschee und erklärte: *„O Volk, ich erneuere für die Mekkaner unsere Versicherung von Frieden mit euch!"* (Zurqani) Die Medinenser wussten nicht, was das sollte und lachten. Der Heilige Prophet^saw sagte zu Abu Sufyan: *„Eure Erklärung ist einseitig, und wir können dem nicht zustimmen."*
In der Zwischenzeit hatte der Heilige Prophet^saw allen Stämmen Bescheid geschickt. Als er sicher war, dass sie bereit und auf dem Weg waren, forderte er auch die Muslime von Medina auf, sich zu bewaffnen und bereitzuhalten. Am ersten Januar begannen die Muslime mit ihrem Marsch. Unterwegs stießen andere Stämme zu ihnen. Nach nur wenigen Tagen erreichten sie die Wüste von Faran. Ihre Anzahl – die der Prophet Salomon^as vor langer Zeit prophezeit hatte – war jetzt auf 10.000 angeschwollen. Als die Armee gen Mekka marschierte, erschien den Mekkanern die Stille um sie herum immer unheilvoller. Sie redeten auf Abu Sufyan ein, um herauszufinden, was der Plan der Muslime war. Er war eine Tagesreise von Mekka entfernt, als er am Abend die ganze Wüste mit Lagerfeuern erleuchtet fand. Der Prophet^saw

hatte ein Feuer vor jedem Zelt angeordnet. Dieser Eindruck der knatternden Feuer in der Stille und Dunkelheit der Nacht war furchterregend.

„Was kann das sein?" fragte Abu Sufyan seine Begleiter. *„Ist eine Armee vom Himmel gefallen? Ich weiß von keiner so großen arabischen Armee."* Sie nannten einige Stämme und jedesmal sagte Abu Sufyan: *„Kein arabischer Stamm könnte eine so große Armee haben."*

Abu Sufyan und seine Freunde waren immer noch am Grübeln, als eine Stimme aus dem Dunkeln rief: *„Abu Hanzala!"* (Hanzala war ein Sohn Abu Sufyans.) *„Abbas, seid Ihr hier?"* fragte Abu Sufyan. *„Ja, die Armee des Propheten ist nahe. Handelt schnell oder Erniedrigung und Vernichtung erwartet Euch"*, antwortete Abbas.

Abbas und Abu Sufyan waren alte Freunde. Abbas bestand darauf, dass Abu Sufyan sich mit ihm auf seinem Maulesel zum Propheten^{saw} begeben solle. Er ergriff Abu Sufyans Hand und zwang ihn zum Aufsitzen. Den Esel antreibend, waren sie bald am Zelt des Propheten^{saw}.

Hadhrat Abbas fürchtete, dass Hadhrat Umar^{ra}, der des Propheten^{saw} Zelt bewachte, Abu Sufyan angreifen und töten würde. Doch der Prophet^{saw} hatte vorsichtigerweise angekündigt, dass, wenn jemand Abu Sufyan träfe, er keinen Versuch unternehmen solle, ihn zu töten. Dieses Treffen beeindruckte Abu Sufyan zutiefst. Er war überrascht über den glücklichen Aufschwung des Islam. Hier war der Prophet^{saw}, den die Mekkaner aus Mekka, mit nur einem Freund zur Seite, vertrieben hatten. Es waren kaum sieben Jahre seitdem vergangen und jetzt stand er mit 10.000 ergebenen Anhängern vor den Toren Mekkas. Die Zeiten hatten sich geändert! Der flüchtige Prophet^{saw}, der vor sieben Jahren, um sein Leben zu retten, aus Mekka geflohen war, war jetzt nach Mekka zurückgekehrt, und Mekka war nicht in der Lage, ihm zu widerstehen.

Der Fall von Mekka

Abu Sufyan war in Gedanken versunken. Hatte nicht ein unglaublicher Wandel in den sieben Jahren stattgefunden? Und er, als Oberbefehlshaber der Mekkaner, was sollte er tun? Sollte er Widerstand leisten oder sollte er sich ergeben?

Solchen Gedanken nachhängend, erschien er anderen Beobachtern wie betäubt. Der Heilige Prophet[saw] sah diesen erschütterten Führer der Mekkaner und befahl Hadhrat Abbas[ra], ihn hinwegzuführen und ihn für die Nacht zu versorgen. Am Morgen würde er Zeit für ihn haben. Abu Sufyan verbrachte die Nacht mit Hadhrat Abbas[ra]. Am Morgen gingen sie zum Heiligen Propheten[saw]. Es war zur Zeit des Morgengebetes. Diese Geschäftigkeit, die Abu Sufyan zu so früher Stunde bemerkte, war etwas ganz Ungewöhnliches für ihn. Er hatte nicht – und kein Mekkaner hatte – solche Frühaufsteher, wie es die Muslime unter der Disziplin des Islam geworden waren, gekannt. Er sah alle Muslime ihr Morgengebet vorbereiten. Sie gingen nach Wasser für die rituellen Waschungen suchen, andere beaufsichtigten das Aufreihen für die Gebete.

Abu Sufyan konnte sich keinen Reim auf diese frühe Aktivität machen. Er fürchtete sich. War es ein neuer Plan, ihn einzuschüchtern? *„Was machen sie alle?"* fragte er völlig fassungslos. *„Fürchte nichts"*, antwortete Abbas, *„sie bereiten sich auf ihr Morgengebet vor."* Abu Sufyan sah dann tausende von Muslimen, aufgereiht hinter dem Heiligen Propheten[saw], ihre vorgeschriebenen Bewegungen und Ergebenheiten auf Befehl des Heiligen Propheten[saw] verrichten – Niederbeugen, Niederwerfen, Wiederaufrichten, usw. Abbas stand Wache, so war er frei, mit Abu Sufyan zu sprechen. *„Und was machen sie jetzt?"*, fragte Abu Sufyan. *„In *allem, was der Prophet macht, folgen sie ihm. Was macht Ihr Euch Gedanken. Dies sind nur die Gebete der Muslime. Muslime würden alles tun, was der Prophet ihnen befiehlt – beispielsweise auch Essen und Trinken aufgeben." „Wahrhaftig"*, sagte Abu Sufyan, „ich bin an großen Höfen gewesen; ich habe den Hof des Khosroes und den des Kaisers gesehen; doch ich habe nie ein Volk ihrem Herrscher gegenüber so ergeben gesehen, wie die Muslime dem Propheten gegenüber!" *(Halbiyya, Bd. 2, S. 90)*

Mit Furcht und Schuldbewusstsein erfüllt, fragte Abu Sufyan Hadhrat Abbas[ra], ob er nicht den Heilige Propheten[saw] bitten könne, seinem eignen Volk – den Mekkanern – zu vergeben. Nach dem Morgengebet begleitete Hadhrat Abbas[ra] Abu Sufyan zum Heiligen Propheten[saw]. Der Prophet[saw] sagte zu Abu Sufyan: *„Habt Ihr noch nicht eingesehen, dass niemand anbetungswürdig ist außer Allah?"*

> „Mein Vater und meine Mutter seien Euch geopfert. Ihr seid immer freundlich, sanft und rücksichtsvoll gegen Eure Freunde und Verwandten gewesen. Ich bin jetzt sicher, hätte es jemand anderen gegeben, der anbetungswürdig gewesen wäre, wir hätten Hilfe von ihm gegen Euch erhalten."

„Habt Ihr noch nicht eingesehen, dass ich der Gesandte Gottes bin?"
„Mein Vater und meine Mutter seien Euch geopfert, daran habe ich noch einige Zweifel."

Während Abu Sufyan zögerte, den Heiligen Propheten[saw] als Botschafter Gottes anzuerkennen, wurden zwei Begleiter, die mit ihm aus Mekka herausgezogen waren, um für die Mekkaner auszukundschaften, Muslime. Einer von ihnen war Hakim Bin Hizam.

Ein wenig später trat auch Abu Sufyan über, doch seine innere Überzeugung scheint erst nach der Eroberung von Mekka stattgefunden zu haben.

Hakim Bin Hizam fragte den Heiligen Propheten^{saw}, ob die Muslime ihre eigenen Freunde und Verwandten umbringen würden. *"Diese Leute"*, sagte der Heilige Prophet^{saw},

> "sind sehr, sehr grausam gewesen. Sie haben die Grenzen überschritten und haben sich wortbrüchig gezeigt. Sie haben den Vertrag von Hudaibiya gebrochen und die Khuza'a heimtückisch angegriffen. Sie haben Krieg geführt im Gebiet, das Gott für unverletzlich erklärt hatte."

"Das ist ganz richtig, O Prophet Gottes, unsere Leute haben genau das getan; doch anstatt gegen Mekka zu marschieren, solltet Ihr die Hawazin angegriffen haben", schlug Hakim vor.

> "Die Hawazin sind auch grausam und hinterlistig gewesen. Ich hoffe, dass Gott es mir ermöglicht, alle drei Ziele zu erreichen, die Eroberung Mekkas, den Aufstieg des Islam und die Vernichtung der Hawazin."

Abu Sufyan, der zugehört hatte, fragte jetzt den Propheten^{saw}: *"Wenn die Mekkaner nicht das Schwert ziehen, werden sie Frieden haben?"* *"Ja!"*, sprach der Heilige Prophet^{saw}, *"jeder, der im Hause bleibt, wird in Ruhe gelassen werden."* *"Doch, O Prophet"*, unterbrach Abbas, *"Abu Sufyan macht sich Sorge um seine Person. Er möchte wissen, ob sein Rang und seine Stellung unter den Mekkanern erhalten bleiben wird."* *"Sehr gut"*, sagte der Prophet^{saw}. *"Wer immer im Hause Abu Sufyans Schutz sucht, wird Friede haben. Wer immer die Heilige Moschee betritt, wird Frieden finden. Diejenigen, die ihre*

Waffen niederlegen, werden in Ruhe gelassen werden. Diejenigen, die ihre Türen schließen, werden Frieden haben. Diejenigen, die im Haus von Hakim Bin Hizam bleiben, werden Frieden haben."

Nachdem er das gesagt hatte, rief er Hadhrat Abu Ruwaiha[ra] und übergab ihm die Standarte des Islam. Hadhrat Abu Ruwaiha[ra] war in Brüderschaft mit Hadhrat Bilal[ra], dem schwarzen Sklaven, eingetreten. Während er ihm die Standarte gab, sagte er: *„Wer immer unter dieser Standarte steht, wird Frieden haben."* Zur gleichen Zeit forderte er Bilal[ra] auf, vor Hadhrat Abu Ruwaiha[ra] herzugehen, und zu verkünden, dass unter der Standarte von Abu Ruwaiha[ra] Friede sei.

Der Prophet[saw] zieht in Mekka ein

Diese Anweisung war voll Weisheit. Als die Muslime in Mekka verfolgt wurden, wurde Hadhrat Bilal[ra], eines ihrer Opfer, an den Beinen gefesselt durch die Straßen Mekkas geschleift. Mekka hatte Hadhrat Bilal[ra] keinen Frieden gegeben, nur Schmerzen, Erniedrigung und Schande. Wie rachsüchtig musste sich Hadhrat Bilal[ra] an diesem Tage der Befreiung gefühlt haben. Ihm Gelegenheit zur Rache für die gemeinen Grausamkeiten, die er in Mekka erlitten hatte, zu geben, war notwendig, doch es musste innerhalb der Grenzen, die der Islam dafür festgesetzt hatte, geschehen.

So ließ der Heilige Prophet[saw] Hadhrat Bilal[ra] nicht sein Schwert ziehen und seinen Verfolgern den Kopf abschlagen. Das wäre unislamisch gewesen. Stattdessen gab der Heilige Prophet[saw] Bilals Blutsbruder die Standarte des Islam und verpflichtete Hadhrat Bilal[ra] dazu, unter der Standarte, die sein Bruder trug, allen ehemaligen Verfolgern Frieden anzubieten. Es war Schönheit und

Aufforderung zugleich in dieser Form von Rache. Wir müssen uns Hadhrat Bilal[ra] vorstellen, wie er vor seinem Bruder hergeht und seinen Feinden Frieden anbietet. Seine Leidenschaft für Vergeltung konnte nicht lange anhalten. Sie muss sich, während er vorwärtsmarschierte, den Mekkanern unter der Standarte des Islam Frieden anzubieten, verflüchtigt haben.

Während die Muslime gegen Mekka marschierten, befahl der Heilige Prophet[saw] Abbas[ra], Abu Sufyan und seine Freunde zu einem Platz zu führen, von wo sie leicht die muslimische Armee, ihr Verhalten und ihr Betragen beobachten konnten. Abbas tat wie ihm geheißen und von einem günstigen Stand konnten Abu Sufyan und seine Freunde die arabischen Stämme, auf deren Macht sich die Mekkaner in all den Jahren ihrer Angriffe gegen den Islam verlassen hatten, vorbeimarschieren sehen. Doch an diesem Tag marschierten sie nicht als Kämpfer für den Unglauben, sondern als Soldaten für den Glauben. Sie erhoben jetzt die Parolen des Islam und nicht mehr das ihrer heidnischen Tage. Sie marschierten nicht mehr, um das Leben des Propheten[saw] zu verkürzen, sondern ihr eigenes für ihn hinzugeben; nicht sein Blut zu vergießen, sondern das ihre für seine Sache zu opfern. Ihr Ehrgeiz an diesem Tage war nicht, der Botschaft des Propheten[saw] entgegenzutreten, um die oberflächliche Verbundenheit ihres eignen Volkes zu retten. Er war, die Botschaft, der sie so lange widerstanden hatten, in alle Teile der Welt zu tragen. Er war, die Einheit und Solidarität aller Menschen zu demonstrieren.

Kolonne um Kolonne marschierte vorbei, bis der Ashja Stamm Abu Sufyan vor die Augen kam. Ihre Ergebenheit zum Islam, ihr Opfergeist konnte von ihren Gesichtern abgelesen und aus ihren Gesängen und ihren Parolen vernommen werden. *„Wer kann das sein?"*, fragte Abu Sufyan. *„Das ist der Ashja-Stamm."* Abu Sufyan war erstaunt und sagte: *"In ganz Arabien gab es keinen ärgeren Feind Muhammads!" "Das verdanken wir der Gnade Gottes. Sobald Er es für angebracht hielt, verwandelte Er die Herzen der Feinde des Islam"*, sagte Hadhrat Abbas[ra].

Zuletzt kam der Prophet[saw], umgeben von den Ansar und Muhajirin. Es müssen ungefähr 2000 Mann, in Rüstungen gekleidet, gewesen sein. Der tapfere Hadhrat Umar[ra] kommandierte die Kolonnen. Dieser Eindruck war der überwältigendste von allen. Die Ergebenheit dieser Muslime, ihre Entschlossenheit und ihr Eifer schienen überzufließen. Als sie in Abu Sufyans Blickfeld kamen, war er völlig überwältigt. *"Wer sind diese?"*, fragte er. *"Dies sind die Ansar und die Muhajirin, die den Propheten umgeben"*, sagte Abbas[ra]. *"Keine Macht der Welt könnte dieser Armee standhalten"*, sagte Abu Sufyan und dann, sich besonders an Hadhrat Abbas[ra] wendend: *"Abbas, euer Neffe ist der mächtigste König der Welt geworden." "Ihr seid immer noch weit von der Wahrheit entfernt, Abu Sufyan. Er ist kein König, er ist ein Prophet, ein Botschafter Gottes"*, antwortete Abbas. *"Ja, ja, wenn Ihr es so wollt, ein Prophet und kein König"*, fügte Abu Sufyan hinzu.

Als die muslimische Armee an Abu Sufyan vorbeimarschierte, erblickte der Kommandeur der Ansar, Hadhrat Sa'd Bin Ubada[ra], Abu Sufyan und konnte sich nicht umhin, zu sagen, dass Gott es für sie rechtmäßig gemacht hatte, Mekka an diesem Tage zu überwältigen und die Quraish zu demütigen. Als der Heilige Prophet[saw] vorbeikam, erhob Abu Sufyan seine Stimme und sprach den Heiligen Propheten[saw] an: *"Habt Ihr Erlaubnis zu dem Blutbad Eurer Freunde und Verwandten gegeben? Der Kommandeur der Ansar, Sa'd, und seine Begleiter, behaupteten das. Sie sagten, der Schlachttag sei gekommen. Die Heiligkeit Mekkas wird das Blutvergie-*

ßen nicht hindern und die Quraish würden gedemütigt werden. Prophet Gottes, Ihr seid der Beste, der Nachsichtigste, der rücksichtsvollste Mensch. Wollt Ihr nicht vergeben und vergessen, was immer von eurem eignen Volk getan wurde?"

Abu Sufyans flehende Bitte verfehlte ihre Wirkung nicht. Dieselben Muslime, die in den Straßen von Mekka beleidigt und geschlagen worden waren, die ihrer Habe beraubt und aus ihren Häusern vertrieben worden waren, fingen an, Barmherzigkeit für ihren alten Verfolger zu empfinden. *„Prophet Gottes"*, sagten sie, *„die Berichte von den Ausschweifungen und Grausamkeiten der Mekkaner gegen uns könnten die Ansar dazu verleiten, Rache zu nehmen. Wir wissen nicht, zu was sie fähig sein werden."* Der Heilige Prophet[saw] verstand. Er wandte sich an Abu Sufyan und sagte: *„Was Sa'd sagte, ist falsch. Dies ist nicht der Tag, an dem Blut fließen soll. Es ist der Tag des Vergebens und Vergessens. Die Quraish und die Kaaba werden uns heilig sein."* Er schickte nach Hadhrat Sa'd[ra] und befahl ihm, die Flagge der Ansar seinem Sohn Hadhrat Qais[ra] zu übergeben. *(Sirat Ibn Hisham, Bd. 2)*

Das Kommando der Ansar ging so von Hadhrat Sa'd[ra] auf Hadhrat Qais[ra] über. Es war ein kluger Schritt. Er stimmte die Mekkaner versöhnlich und ersparte den Ansar Enttäuschung. Der Prophet[saw] hatte volles Vertrauen in Qais[ra], einen frommen jungen Mann.

Ein Ereignis aus seinen letzten Tagen zeigt seine Frömmigkeit. Während er auf seinem Sterbebett lag, empfing Hadhrat Qais[ra] seine Freunde. Einige kamen, doch andere waren nicht gekommen. Er konnte das nicht verstehen und fragte, warum einige seiner Freunde nicht gekommen seien. *„Eure große Mildtätigkeit ist wohlbekannt"*, sagte einer. *„Ihr habt vielen Bedürftigen* *mit Euren Darlehen geholfen. Es gibt eine Menge in der Stadt, die in Eurer Schuld stehen. Einige haben vielleicht gezögert, zu kommen, weil sie fürchten, Ihr könntet jetzt die Rückzahlung der Darlehen fordern."* „*Dann ist es meine Schuld, dass meine Freunde nicht alle gekommen sind. Bitte gebt bekannt, dass niemand Qais etwas schuldig ist."* Nach dieser Bekanntmachung kamen so viele Besucher während seiner letzten Tage, dass die Treppe zu seinem Haus zusammenbrach.

Als die muslimische Armee vorbeimarschiert war, sagte Abbas zu Abu Sufyan, dass er sich schnellstens nach Mekka begeben solle, um den Mekkanern mitzuteilen, dass der Heilige Prophet^{saw} gekommen sei und dass ihnen allen Frieden angeboten sei.

Abu Sufyan erreichte Mekka mit der Friedensbotschaft für seine Stadt, doch seine Frau, Hind, wegen ihrer Feindseligkeit Muslimen gegenüber berüchtigt, traf auf ihn. Obwohl unwandelbar ungläubig, war sie doch eine tapfere Frau. Sie ergriff Abu Sufyan bei seinem Bart und rief die Mekkaner herbei, diesen ihren feigen Ehemann zu töten. Anstatt seine Landsleute anzuspornen, ihr Leben zur Verteidigung und Ehre ihrer Stadt hinzugeben, lud er sie zum Frieden ein! Doch Abu Sufyan fand, dass Hind sich töricht benahm. *„Diese Zeiten sind vorbei"*, sagte er. *„Ihr geht besser nach Hause und setzt euch hinter verschlossene Türen. Ich habe die muslimische Armee gesehen. Nicht einmal das vereinigte Arabien könnte ihr jetzt widerstehen."* Danach erklärte er, unter welchen Bedingungen der Prophet^{saw} den Mekkanern Frieden versprochen hatte. Nachdem sie die Bedingungen für Frieden gehört hatten, rannten die Mekkaner zu den Plätzen, die in des Propheten^{saw} Bekanntmachung genannt worden waren, um sicher zu sein.

Von dieser Bekanntmachung waren elf Männer und vier Frauen

ausgenommen. Die Vergehen, die sie begangen hatten, waren zu schwerwiegend. Ihre Schuld war nicht, dass sie ungläubig waren oder dass sie am Krieg gegen den Islam teilgenommen hatten; sie hatten unmenschliche Gräueltaten begangen, die nicht toleriert werden konnten. Doch letzten Endes wurden nur vier Personen getötet.

Der Prophet[saw] befahl Khalid Bin Walid[ra], keinen Kampf zu dulden, es sei denn, sie würden angegriffen, und die Mekkaner begännen mit dem Kämpfen. Der Teil der Stadt, den Khalid[ra] betrat, hatte noch nicht von dem Friedensangebot gehört. Die Mekkaner dort forderten Khalid[ra] heraus und luden ihn zum Kampf ein. Ein Gefecht fand statt, in dem 24 Männer getötet wurden. *(Sirat Ibn Hisham, Bd. 2, S. 217)*

Khalid[ra] war ein Mann von feuriger Gemütsart. Jemand, durch diesen Zwischenfall gewarnt, lief zum Propheten[saw] und bat ihn, Khalid[ra] vom Kämpfen abzuhalten. Wenn Khalid[ra] nicht verboten würde, zu kämpfen, sagte dieser Mann, ganz Mekka würde abgeschlachtet werden.

Der Heilige Prophet[saw] rief Khalid[ra] sofort zu sich und sagte: *„Habe ich Euch nicht gesagt, Ihr sollt nicht kämpfen?" „Ja, das habt Ihr, O Prophet Gottes; doch diese Leute griffen uns zuerst an, und sie schossen Pfeile gegen uns. Eine Weile unternahm ich nichts und sagte ihnen, dass wir nicht kämpfen wollten. Doch sie wollten nicht hören und hörten nicht auf. So antwortete ich ihnen und vertrieb sie."*

Dies war der einzige Zwischenfall, der während des Einzugs in Mekka stattfand. Die Eroberung Mekkas fand so praktisch ohne Blutvergießen statt.

Der Heilige Prophet[saw] zog in Mekka ein. Er wurde gefragt, wo er Halt machen wollte. *„Hat Aqil irgendein Haus hinterlassen, in das ich einziehen kann?"* fragte der Heilige Prophet[saw]. Aqil war des

Propheten^saw Vetter, ein Sohn seines Onkels. Doch während der Jahre seines Aufenthaltes in Medina hatten seine Verwandten all seinen Besitz verkauft. Der Heilige Prophet^saw hatte kein eigenes Haus mehr in Mekka. So sagte der Heilige Prophet^saw: *„Ich werde im Hanif Bani Kinana bleiben."*

Dies war ein offener Platz. Die Quraish und die Kinana versammelten sich hier einst und schworen, dass solange nicht die Banu Hashim und die Banu Abd Al-Muttalib ihnen den Propheten^saw aushändigten, damit sie nach ihrem Belieben über ihn verfügen konnten, sie nichts mit diesen zwei Stämmen zu tun haben wollten. Sie würden ihnen weder etwas verkaufen noch etwas von ihnen kaufen. Nach dieser feierlichen Erklärung suchten der Prophet^saw, sein Onkel Abu Talib, und seine Familie und Anhänger Zuflucht im Tal von Abu Talib, wo sie drei Jahre lang schwerste Blockade und Boykott auszuhalten hatten.

Der Platz, den der Heilige Prophet^saw für seine Unterkunft aussuchte, war also bedeutungsschwer. Die Mekkaner hatten sich hier einst versammelt und geschworen, dass wenn der Prophet^saw ihnen nicht übergeben werden würde, es mit seinem Stamm keinen Frieden geben werde. Jetzt war der Heilige Prophet^saw an den gleichen Platz gekommen. Es war, als wäre er hierher gekommen, um den Mekkanern zu sagen: „Ihr wolltet mich hier. So, hier bin ich. Doch nicht wie Ihr wolltet. Ihr wolltet mich als Euer Opfer, Euch völlig ausgeliefert. Doch ich bin hier als Sieger. Nicht nur meine eigenen Leute, sondern ganz Arabien steht hinter mir. Ihr wolltet, dass meine Leute mich an Euch aushändigen. Stattdessen haben sie Euch an mich ausgehändigt."

Dieser Tag des Sieges war ein Montag. Der Tag, an dem der Heilige Prophet^saw und Hadhrat Abu Bakr^ra die Höhle Thaur für ihren Weg nach Medina verließen, war auch ein Montag gewesen.

An jenem Tage, von der Höhe von Thaur aus, blickte der Heilige Prophet^saw auf Mekka und sagte: *„Mekka! Du bist mir teurer als jeder andere Ort in der Welt, doch Deine Leute wollen mich hier nicht leben lassen!"*

Als der Heilige Prophet^saw, auf seinem Kamel sitzend in Mekka einzog, ging Hadhrat Abu Bakr^ra an seiner Seite, seinen Steigbügel haltend. Während er Vorwärts ging, rezitierte er Verse der Sura Al-Fath, in denen die Eroberung Mekkas vor Jahren schon vorhergesagt worden war.

Die Kaaba wird von Götzen gereinigt

Der Heilige Prophet^saw ging ohne Umwege zur Kaaba und vollzog auf seinem Kamel sitzend die Umgehungen des Heiligen Bezirkes sieben Mal. Seinen Stab in der Hand umging er das Haus, das von dem Patriarchen Hadhrat Abraham^as und seinem Sohn Hadhrat Ismael^as zur Verehrung des einen und einzigen Gottes errichtet, doch von ihren in die Irre geführten Nachfahren als Heiligtum für Götzen herabgewürdigt worden war.

Der Heilige Prophet^saw ergriff ein Idol nach dem anderen in dem Haus. Wenn eine Götze fiel, rezitierte der Prophet^saw den Vers:

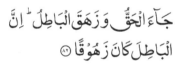

„Die Wahrheit ist gekommen und das Falsche ist verschwunden. Falsches verschwindet in der Tat schnell."

Dieser Vers wurde offenbart, bevor der Prophet^saw Mekka in Richtung Medina verließ und ist Teil der Sura Bani Isra'il. In diesem

Kapitel wurde die Flucht des Prophetens^aw und seine Eroberung von Mekka vorausgesagt. Die Sura ist eine mekkanische Sura, das wird selbst von europäischen Autoren zugegeben. Die Verse, die die Prophezeiung von des Prophetens^aw Flucht von Mekka und seine spätere Eroberung von Mekka enthalten, lauten:

$$\text{وَقُلْ رَّبِّ اَدْخِلْنِیْ مُدْخَلَ صِدْقٍ وَّاَخْرِجْنِیْ مُخْرَجَ صِدْقٍ وَّاجْعَلْ لِّیْ مِنْ لَّدُنْکَ سُلْطٰنًا نَّصِیْرًا ۞ وَقُلْ جَآءَ الْحَقُّ وَزَهَقَ الْبَاطِلُ ؕ اِنَّ الْبَاطِلَ کَانَ زَهُوْقًا ۞}$$

„Und sprich: ‚O mein Herr, lass meinen Einzug einen guten Einzug sein und lass meinen Auszug einen guten Auszug sein. Und gewähre mir von Dir eine helfende Kraft.' Und sprich: ‚Wahrheit ist gekommen und das Falsche verschwunden. Falschheit verschwindet in der Tat schnell!'" (17:81-82)

Die Eroberung Mekkas ist hier in Form eines Gebetes für den Prophetens^aw vorausgesagt. Dem Prophetens^aw wird gelehrt, zu beten, dass sein Einzug in Mekka und sein Verlassen Mekkas unter gutem Schutz stehen möge, und dass er die Hilfe Gottes in dem endgültigen Sieg von Wahrheit über Falschheit erhalte.

Die Prophezeiung^saw ist wörtlich erfüllt worden. Die Rezitation dieser Verse durch Hadhrat Abu Bakr^ra war also angebracht. Sie stärkte die Muslime und zeigte den Mekkanern die Aussichtslosigkeit ihres Kampfes gegen Gott und die Wahrheit der Versprechen Gottes an den Prophetens^aw.

Mit der Eroberung Mekkas wurde auch die Kaaba wieder der Bestimmung zugeführt, für die sie 2430 Jahre zuvor vom Patriarchen Hadhrat Abraham^as geheiligt worden war. Die Kaaba war wieder der Verehrung des einen und einzigen Gottes zugeführt worden. Die Götzen waren zerbrochen.

Eines von ihnen war Hubal geweiht. Als der Heilige Prophet[saw] es mit seinem Stab zerschlug und es in Stücke zerfiel, blickte Hadhrat Zubair[ra] auf Abu Sufyan und erinnerte ihn mit nur mühsam unterdrücktem Lächeln an Uhud. *„Erinnert Ihr Euch noch an den Tag, an dem die Muslime verwundet und erschöpft waren, und Ihr sie noch tiefer verwundetet, indem Ihr riefet: ‚Heil Hubal, Heil Hubal'? Gab euch Hubal den Sieg an dem Tag? Wenn es Hubal war, dann seht Ihr heute sein Ende gekommen."*

Abu Sufyan war beeindruckt und gab zu, dass es schon wahr ist, hätte es einen Gott außer dem Gott Muhammads gegeben, dann wäre ihnen sicher die Schande und die Erniedigung, die sie an dem Tag hinnehmen mussten, erspart geblieben.

Der Heilige Prophet[saw] ordnete dann das Abwaschen der Bilder an, die an die Wände gemalt worden waren. Danach sagte der Heilige Prophet[saw] zwei Rak'ats Gebete als Dank an Gott. Dann ging er um offenen Hof und verrichtete weitere zwei Rak'ats. Die Aufgabe, die Bilder abzuwaschen, wurde Hadhrat Umar[ra] übertragen. Er hatte alle Bilder ausgelöscht, nur das des Abraham[as] nicht. Als der Heilige Prophet[saw] in die Kaaba zurückkehrte, um zu sehen, was getan worden war und er das Bild unberührt fand, fragte er Hadhrat Umar[ra], warum er jenes ausgelassen hätte. Erinnerte er sich nicht an das Zeugnis des Korans,

$$\text{مَا كَانَ اِبْرٰهِيْمُ يَهُوْدِيًّا وَّلَا نَصْرَانِيًّا وَّلٰكِنْ كَانَ حَنِيْفًا مُّسْلِمًا ۖ وَمَا كَانَ مِنَ الْمُشْرِكِيْنَ}$$ [6]

---

[6] „Abraham war weder Jude noch Christ; doch er war immer (Gott) zugeneigt und (Ihm) gehorsam, und er war nicht der Götzendiener einer." (3:68; Anm. d. Ü.)

dass Abraham^{as} weder Jude noch Christ, sondern ein aufrichtiger, gehorsamer Muslim war? (3:68) Es war eine Beleidigung der Erinnerung an Hadhrat Abraham^{as}, eines Vertreters der Einheit Gottes, sein Bild an den Wänden der Kaaba zu belassen. Das würde bedeuten, dass Hadhrat Abraham^{as} gleichzeitig mit Gott angebetet werden würde.

Es war ein denkwürdiger Tag, ein Tag voller Zeichen Gottes. Versprechen Gottes an den Propheten^{saw} zu einer Zeit, als ihre Erfüllung unmöglich erschien, waren erfüllt worden. Der Heilige Prophet^{saw} war Mittelpunkt von Ergebenheit und Glaube. In seiner und durch seine Person hatte Gott sich offenbart und wieder Sein Gesicht gezeigt. Der Heilige Prophet^{saw} bat um Wasser von der Quelle Zamzam. Er trank davon und mit dem Rest reinigte er sich. So ergeben waren die Muslime, dass sie es nicht zuließen, dass ein Tropfen davon auf den Boden fiel. Sie fingen das Wasser mit ihren Händen auf und befeuchteten ihre Körper damit, so sehr verehrten sie es. Die Heiden, die diese Szenen von Ergebenheit miterlebten, sagten wieder und wieder, dass sie niemals einen Herrscher gesehen hatten, dessen Volk ihm so ergeben war. *(Halbiyya, Bd. 3, S. 99)*

Der Prophet^{saw} vergibt seinen Feinden

Als die Riten und Pflichten verrichtet waren, wandte der Heilige Prophet^{saw} sich an die Mekkaner und sagte: *„Ihr habt jetzt gesehen, wie sich die Versprechen Gottes als wahr erwiesen haben. Jetzt lasst mich wissen, welche Bestrafung Euch für die Grausamkeiten und Ungeheuerlichkeiten zusteht, die ihr gegen jene unternahmt, deren einziger Fehler es war, Euch zur Anbetung des einen und einzigen Gottes einzuladen."*

Die Mekkaner antworteten: „*Wir erwarten von Euch, dass Ihr uns behandelt wie Joseph seine verirrten Brüder behandelte.*"

In bedeutsamer Übereinstimmung gebrauchten die Mekkaner in ihrer Bitte um Vergebung die gleichen Worte, die Gott in der zehn Jahre vor der Eroberung Mekkas offenbarten Sura Yusuf verwandte. Darin wurde dem Propheten[saw] gesagt, dass er seine mekkanischen Verfolger behandeln würde wie einst Joseph[as] seine Brüder behandelt hatte.

Indem sie um die Behandlung baten, die Joseph[as] seinen Brüdem zugemessen hatte, gaben die Mekkaner zu, dass der Prophet[saw] des Islam Joseph[as] gleich war, und wie Joseph[as] Triumph über seine Brüder beschieden war, so war dem Propheten[saw] Sieg über die Mekkaner beschieden worden. Als er die Bitte der Mekkaner vernahm, erklärte der Heilige Prophet[saw] sofort:

تَاللّٰهِ لَا تَثْرِيْبَ عَلَيْكُمُ الْيَوْمَ

„Gott sei mein Zeuge, keine Strafe soll heute auf Euch kommen und kein Vorwurf!" *(Sirat Ibn Hisham)*

Während der Heilige Prophet[saw] damit beschäftigt war, Gott seinen Dank darzubringen und weitere Gottesdienste an der Kaaba zu verrichten, und während er zu den Mekkanern sprach, ihnen Vergebung und Vergessen versprechend, erhoben sich Befürchtungen bei den Ansar, den medinenser Muslimen. Einige von ihnen waren außer Fassung geraten über die Szenen von Heimkehr und Wiedervereinigung, deren Zeugen sie bei dem Einzug der mekkanischen Muslime nach Mekka geworden waren. Würde der Heilige Prophet[saw] sie verlassen, sie, seine Freunde im Unglück, die dem Islam ein erstes Zuhause gaben? Wollte der Heilige Prophet^saw sich in Mekka niederlassen, der Stadt, aus der er um sein Leben zu retten, floh? Solche Befürchtungen waren jetzt, da Mekka erobert worden war und sein eigener Stamm dem Islam beigetreten war, nicht zu weit hergeholt. Der Heilige Prophet^saw möchte vielleicht hierbleiben? Gott gab dem Heiligen Propheten^saw Zeichen von diesen Befürchtungen der Ansar. Er erhob sein Haupt, blickte die Ansar an und sprach: *„Ihr scheint zu denken, Muhammad ist durch die Liebe seiner Heimatstadt und durch die Bande, die er mit seinem Stamm hat, beunruhigt."* „Das ist wahr", sagten die Ansar, „wir dachten so etwas." *„Wisst Ihr"*, sagte der Prophet^saw, *„wer ich bin? Ich bin ein Diener Gottes und Sein Botschafter. Wie kann ich mich von Euch trennen? Ihr habt mir beigestanden und Euer Leben hingegeben, als der Glaube an Gott keine irdische Hilfe hatte. Wie könnte ich Euch aufgeben und mich woanders niederlassen? Nein, Ansar, dies ist unmöglich. Ich habe Mekka in Gottes Sache verlassen und ich kann nicht dahin zurückkehren. Ich werde bei Euch leben und sterben!"*

Die Ansar waren betroffen von diesem einzigartigen Ausdruck von Liebe und Treue. Sie bedauerten ihr Misstrauen in Gott und Seinen Propheten^saw, weinten und baten um Vergebung. Sie erklärten, dass sie es nicht ertragen könnten, wenn der Prophet^saw ihre Stadt verlassen und woanders hingehen würde.

Der Prophet^saw antwortete, dass ihre Furcht verständlich sei und dass nach ihrer Erklärung Gott und sein Prophet^saw von ihrer Unschuld überzeugt worden seien und an ihre Treue und Aufrichtigkeit glaubten.

Und was müssen die Mekkaner zu diesem Zeitpunkt gefühlt haben? Gut, sie vergossen keine Tränen der Ergebenheit, doch ihre Herzen müssen voll Bedauern und Gewissensbissen gewesen sein. Denn hatten sie nicht mit ihren eigenen Händen den

Edelstein fortgeworfen, der in ihrer Stadt gefunden worden war? Sie hatten um so mehr Grund zum Bedauern, da der Prophet^{saw}, nachdem er nach Mekka gekommen war, sich entschieden hatte, die Stadt Medinas wegen wieder zu verlassen.

Ikrima wird Muslim

Einigen von denen, die von der allgemeinen Amnestie ausgenommen worden waren, wurde auf Vorschlag der Gefährten des Propheten^{saw} hin auch vergeben. Unter denen, die so Vergebung fanden, war Ikrima, ein Sohn Abu Jahls.

Ikrimas Frau war schon heimlich Muslimin. Sie bat den Propheten^{saw}, ihrem Mann doch zu verzeihen. Der Prophet^{saw} gewährte ihm Verzeihung. Unterdessen versuchte Ikrima, nach Abessinien zu entweichen. Seine Frau reiste hinter ihm her und erreichte ihn, kurz bevor er das Schiff bestieg. Sie tadelte ihn. *„Warum lauft Ihr vor einem Mann wie dem Propheten weg, der so gutherzig und sanftmütig ist?"*, sagte sie. Ikrima war erstaunt und fragte, ob sie wirklich glaube, dass der Prophet^{saw} ihm vergeben werde. Ikrimas Frau versicherte ihm, dass selbst ihm vom Propheten^{saw} vergeben werden würde. Sie hatte sogar bereits dessen Zusicherung. Ikrima gab seinen Plan, nach Abessinien zu entweichen, auf und kehrte um, um zum Propheten^{saw} zu gehen.

„Ich habe von meiner Frau erfahren, dass Ihr selbst einem Mann wie mir Verzeihung zukommen lassen wollt", sagte er. *„Eure Frau hat recht. Ich habe euch vergeben"*, sagte der Prophet^{saw}.

Ikrima kam zu dem Schluss, dass ein Mann, der seinen Todfeinden vergeben konnte, nicht falsch sein konnte. Er bekannte sich daher zum Islam: *„Ich bezeuge, dass Gott Eins ist und keine Partner hat, und ich bezeuge, dass Ihr Sein Diener und Sein Botschafter seid!"*

Während er dies sprach, beugte er sein Haupt voll Scham. Der Prophet[saw] tröstete ihn: *„Ikrima"*, sagte er, *„ich habe Euch nicht nur vergeben, doch als Beweis für meine Achtung für euch, lade ich Euch ein, etwas von mir zu Erbitten."* Ikrima antwortete: *„Es gibt nichts Besseres von Euch zu Erbitten, als dass Ihr für mich zu Gott betet, um eine Vergebung für die Ausschweifungen und Ungeheuerlichkeiten, die ich gegen Euch begangen habe, zu bitten."* Nachdem er diese Bitte gehört hatte, betete der Prophet[saw] ohne Zögern und sprach: *„Mein Gott! Vergib Ikrima die Feindseligkeit, die er gegen mich gehabt hat. Vergib ihm die Beschimpfungen, die über seine Lippen gekommen sind."* Der Prophet[saw] stand dann auf und hing Ikrima seinen Mantel um und sagte: *„Wer immer zu mir kommt und an Gott glaubt, ist eins mit mir. Mein Haus ist sowohl seins als meins."*
Die Bekehrung Ikrimas erfüllte eine Prophezeiung, die der Prophet[saw] viele Jahre zuvor gemacht hatte. Zu seinen Anhängern sprechend, hatte der Prophet[saw] einst gesagt:

> *„Ich hatte eine Vision, in der ich sah, dass ich im Paradies war. Ich sah ein Bündel Weintrauben. Als ich fragte, für wen diese Trauben seien, antwortete jemand: Für Abu Jahl."*

Als der Prophet[saw] diese Vision im Zusammenhang mit Ikrimas Bekehrung erwähnte, sagte er, dass er zuerst nicht wusste, was diese Vision zu bedeuten hatte. Wie konnte Abu Jahl, ein Feind der Gläubigen, ins Paradies kommen und wie konnten ihm ein Bündel Weintrauben zugedacht gewesen ein. *„Doch jetzt"*, sagte der Prophet[saw], *„verstehe ich meine Vision. Die Trauben waren für Ikrima gedacht. Es war mir nur der Vater anstelle des Sohnes gezeigt worden. Das kommt in Träumen und Visionen oft vor."* (Halbiyya, Bd. 3, S. 104)

Eine der Personen, die von der allgemeinen Amnestie ausgenommen worden waren und dem die Hinrichtung bevorstand, war ein Mann, der für den grausamen Mord an Zainab[ra], der Tochter des Propheten[saw], verantwortlich war. Dieser Mann war Habbar. Er hatte die Sattelgurte von Zainabs Kamel durchschnitten, worauf sie von dem Kamel herunterfiel. Da sie schwanger war, folgte eine Fehlgeburt auf diesen Sturz, an der sie wenig später starb.

Dies war nur eine der Grausamkeiten, die er begangen hatte und wofür man ihn zum Tode verurteilte. Dieser Mann ging zum Propheten[saw] und sagte: *„Prophet Gottes, ich war vor Euch davongelaufen und hatte mich nach dem Iran begeben. Doch mir kam der Gedanke, dass Gott uns jetzt von unserem heidnischen Glauben befreit hat und uns damit vor geistigem Verfall rettete. Anstatt zu anderen zu gehen und bei ihnen Zuflucht zu suchen, warum nicht zum Propheten selbst hingehen, die Schuld und Sünden eingestehen und um Vergebung bitten?"*

Der Prophet[saw] war gerührt und sagte: *„Habbar, wenn Gott Liebe zu Islam in Euer Herz gepflanzt hat, wie kann ich mich weigern, Euch zu vergeben? Ich vergebe euch hiermit alles, was ihr bisher getan habt."*

Man kann nicht im Einzelnen die Ungeheuerlichkeiten, die diese Männer gegen den Islam und die Muslime begangen hatten, beschreiben. Doch wie schnell vergab der Prophet[saw] ihnen! Dieser Geist der Vergebung und des Vergessens verwandelte die hartherzigsten Gegner des Propheten[saw] in ergebene Anhänger.

Die Schlacht von Hunain

Des Propheten[saw] Einzug in Mekka kam plötzlich. Stämme in der Umgebung von Mekka, besonders die im Süden, waren sich der

Ereignisse vorläufig nicht bewusst. Nachdem sie davon hörten, versammelten sie ihre Streitkräfte und bereiteten sich auf einen Kampf mit den Muslimen vor. Zwei von diesen Stämmen, die Hawazin und die Thaqif, waren ungewöhnlich stolz auf ihre Tradition der Tapferkeit. Sie berieten sich und wählten nach kurzer Besprechung Malik Bin Auf als ihren Anführer. Dann riefen sie die benachbarten Stämme herbei, damit sie sich ihnen anschlössen. Unter den eingeladenen Stämmen war der Banu Sa'd.

Die Amme des Propheten[saw], Halima, gehörte zu diesem Stamm, und der Heilige Prophet[saw] hatte als Kind unter ihnen gelebt. Männer dieses Stammes versammelten sich in großer Anzahl und sie zogen gegen Mekka einschließlich ihrer Familien und ihres Besitzes. Gefragt, warum sie das taten, antworteten sie, um die Soldaten daran zu erinnern, dass, wenn sie umkehren und fliehen würden, ihre Frauen und Kinder gefangen genommen und ihr Besitz geraubt werden würde – so stark war ihre Entschlossenheit, die Muslime zu bekämpfen und zu vernichten.

Diese Streitmacht stieg in das Tal von Autas herab, einen äußerst günstigen Ausgangspunkt für eine Schlacht: mit natürlichem Schutz, Überfluss an Futter und Wasser und Gelegenheiten für Bewegungen der Reiterei.

Als der Heilige Prophet[saw] davon erfuhr, sandte er Hadhrat Abdullah Bin Abi Hadrad[ra] aus, um darüber zu berichten. Abdullah[ra] bestätigte, dass militärische Ansammlungen auf dem Platz stattfanden und dass man entschlossen sei, zu töten und getötet zu werden. Der Stamm war bekannt für seine Geschicklichkeit im Bogenschießen und das Tal, das sie ausgesucht hatten, bot ihnen einen großen Vorteil.

Der Heilige Prophet[saw] begab sich zu Safwan, einem wohlhabenden Oberhaupt von Mekka, um ihn zu bitten, ihm Rüstungen und Waffen zu leihen. Safwan antwortete: *"Wollt Ihr mich unter Druck setzen? Denkt ihr, ich wäre von Eurer wachsenden Macht überwältigt und händige Euch aus, was immer Ihr haben wollt?"* Der Prophet[saw] antwortete: *"Wir wollen nichts beschlagnahmen. Wir wollen diese Dinge nur leihen und wir sind bereit, entsprechende Sicherheiten zu geben."* Safwan war zufriedengestellt und stimmte zu, das Material auszuleihen. Insgesamt stellte er 100 Rüstungen und die gewünschte Anzahl an Waffen zur Verfügung. Der Heilige Prophet[saw] lieh 3000 Lanzen von seinem Vetter, Naufal Bin Harith, und ca. 30 000 Dirham von Abdullah Bin Rabi'a. *(Mu'atta, Musnad und Halbiyya)*

Als die muslimische Armee sich gegen die Hawazin aufmachte, äußerten die Mekkaner den Wunsch, sich der muslimischen Seite anschließen zu dürfen. Sie waren keine Muslime, doch sie hatten zugestimmt, unter muslimischer Oberherrschaft zu leben. Dementsprechend schlossen sich 2000 Mekkaner den Muslimen an. Auf ihrem Weg kamen sie an dem verehrten arabischen Heiligtum *Dhat-e-Anwat* vorbei. Dort war ein alter, den Arabern heiliger Jujubebaum. Wenn die Araber Waffen kauften, dann gingen sie erst nach *Dhat-e-Anwat* und hingen ihre Waffen dort auf, um dadurch Segen für ihre Waffen zu empfangen. Als die Muslime an diesem Heiligtum vorbeikamen, sagten einige der Soldaten: *"Prophet Gottes, es sollte auch einen Dhat-e-Anwat für uns geben."* Dem Propheten[saw] gefiel das nicht und er sagte: *"Ihr redet wie die Anhänger Mose. Als Moses nach Kanaan ging, sahen seine Anhänger auf dem Wege dahin Leute Götzenbilder anbeten und sie sagten zu Moses[as]:*

„Mache uns auch einen Gott wie diese ihre Götter haben."
(7:139)

„Der Prophet Gottes ruft euch"

Der Heilige Prophet[saw] betonte wieder und wieder, dass die Muslime immer daran denken sollten, dass Allah allmächtig ist und zu beten, sie vor dem Aberglauben früherer Völker zu bewahren. Bevor die muslimische Armee Hunain erreichte, hatten die Hawazin und ihre Verbündeten schon eine Anzahl von Hinterhalten ausgebaut, den modernen Schützengräben und getarnten Artilleriepositionen gleich, von denen aus sie die Muslime angreifen konnten. Sie hatten Schanzen errichtet. Hinter diesen Schanzen lagen die Soldaten und warteten auf die Muslime. Eine enge Schlucht war für die Muslime als Durchgang belassen. Der größte Teil der Armee war an diesen Hinterhalten aufgestellt, eine geringere Anzahl war vor ihren Kamelen aufgestellt worden. Die Muslime schätzten die Zahl des Feindes nach dem, was sie sehen konnten. So gingen sie vorwärts und griffen an. Als sie weit genug vorangekommen waren und der verborgene Feind zufrieden war, dass sie leicht angegriffen werden konnten, griffen die Soldaten, die vor den Kamelen aufgestellt waren, den Kern der muslimischen Armee an, während die verborgenen Bogenschützen ihre Pfeile auf die Flanken regnen ließen.

Die Mekkaner, die der muslimischen Armee beigetreten waren, um ihre Tapferkeit zur Schau zu stellen, konnten diesem doppelten Angriff nicht standhalten. Sie rannten nach Mekka zurück.

Die Muslime waren schwierige Situationen gewohnt, doch als 2000 auf Pferden und Kamelen berittene Soldaten ihren Weg durch die muslimische Armee machten, scheuten die Tiere der

Muslime auch. Eine Panik entstand. Der Druck kam von drei Seiten, und eine wilde Flucht brach aus. In diesem Durcheinander stand nur der Heilige Prophet^saw^ mit zwölf Getreuen unbewegt. Nicht, dass alle anderen Anhänger von dem Feld geflohen waren. Ein gutes Hundert von ihnen war noch da, doch befanden sich in einiger Entfernung. Nur zwölf blieben, den Propheten^saw^ zu beschützen. Ein Anhänger berichtet, dass er und seine Freunde alles versuchten, die Tiere zum Schlachtfeld zurück zu lenken. Doch die Tiere waren durch die wilde Flucht der Mekkaner völlig eingeschüchtert. Keine Mühe konnte etwas ausrichten. Sie zogen an den Zügeln, doch die Tiere verweigerten die Umkehr. Einige versuchten, die Köpfe der Tiere zu wenden, dass sie beinahe die Schwänze erreichten. Doch wenn sie die Tiere antrieben, zum Schlachtfeld zurückzukehren, verweigerten sie. Im Gegenteil, sie drängten sich immer weiter zurück.

"Unsere Herzen schlugen zum Hals heraus – in Furcht um die Sicherheit des Propheten", berichtete dieser Anhänger, *"doch wir konnten nichts tun."*

So waren die Anhänger zerstreut. Der Prophet^saw^ selbst hatte nur eine Handvoll bei sich, von drei Seiten dem Hagel der Pfeile ausgesetzt. Nur ein enger Pass hinter ihnen war offen, den nur ein paar Mann zur gleichen Zeit passieren konnten. Zu diesem Zeitpunkt stieg Hadhrat Abu Bakr^ra^ von seinem Tier und sagte, die Zügel von des Propheten^saw^ Reittier haltend: *"Prophet Gottes, lasst uns für eine Weile zurückgehen und lasst die muslimische Armee sich wieder sammeln."* *"Lass die Zügel los, Abu Bakr!"*, rief der Prophet^saw^. Dann trieb er sein Tier an, vorwärts durch die Schlucht, an deren beiden Seiten die Hinterhalte lagen, aus denen die Bogenschützen schossen. Als der Heilige Prophet^saw^ sein Pferd anspornte, rief er:

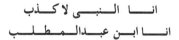

„Ich bin ein Prophet. Ich bin kein Lügner. Ich bin Sohn von Abd Al-Muttalib!" *(Bukhari)*

Diese Worte, zur Zeit höchster Gefahr für seine Person gesprochen, waren voll Bedeutung. Sie betonten die Tatsache, dass er wirklich ein Prophet[saw] war, ein wahrer Botschafter Gottes. Er fürchtete weder seinen Tod noch Misserfolg seiner Sache. Doch, wenn er trotz des Pfeilregens sicher durchkam, so sollten ihm die Muslime keine göttlichen Qualitäten beimessen. Er war nur ein menschliches Wesen, Sohn Abd Al-Muttalibs.

Wie besorgt war der Prophet[saw], seinen Anhängern immer wieder den Unterschied zwischen Glauben und Aberglauben deutlich zu machen. Nach diesen denkwürdigen Worten rief der Prophet[saw] nach Hadhrat Abbas[ra]. Hadhrat Abbas[ra] hatte eine mächtige Stimme. Der Prophet[saw] sagte zu ihm: *"Abbas, erhebe deine Stimme und erinnere die Muslime an den Eid, den sie unter dem Baum bei Hudaibiyya geschworen und was sie durch die Offenbarung der Sura Baqarah gelernt haben! Sage ihnen, der Prophet Gottes ruft sie."* Hadhrat Abbas[ra] erhob seine Stentorstimme.

Die Botschaft des Propheten[saw] war wie ein Donnerschlag und fiel nicht auf taube Ohren. Sie hatte eine elektrisierende Wirkung. Die gleichen Gefährten, die sich machtlos gefunden hatten, ihre Tiere auf das Schlachtfeld zurückzuführen, dachten, sie wären nicht länger mehr in dieser Welt, sondern in der nächsten, am Gerichtstage Gott gegenüber!

Die Stimme von Hadhrat Abbas[ra] klang nicht wie seine eigene Stimme, sondern wie die Stimme des Engels, der sie aufruft, Rechenschaft über ihre Taten abzulegen. Nichts konnte sie jetzt mehr davon abhalten, wieder zum Schlachtfeld zurückzukehren. Viele von ihnen stiegen ab und liefen nur mit Schwert und Schild in der Hand zum Schlachtfeld zurück, ihre Tiere sich selbst überlassend. Andere stiegen ab und schlugen ihren Tieren die Köpfe ab und liefen zu Fuß zum Propheten[saw].

Es wird erzählt, dass die Ansar an jenem Tage mit einer Geschwindigkeit zum Propheten[saw] liefen, die eine Kuh oder eine Kamelmutter aufbringt, wenn sie die Schreie ihrer Jungen hört. Es dauerte nicht lange und der Prophet[saw] war von einer großen Anzahl von Gefährten umgeben, die meisten von ihnen Ansar.

Der Feind erlitt eine Niederlage. Die Gegenwart von Abu Sufyan[ra] an der Seite des Propheten[saw] an diesem Tage war ein mächtiges göttliches Zeichen. Ein Zeichen der Allmacht Gottes einerseits und des reinigenden Beispiels des Propheten[saw] andererseits.

Nur wenige Tage zuvor noch war Abu Sufyan[ra] ein blutrünstiger Feind des Propheten[saw] gewesen, Oberbefehlshaber einer blutdürstenden Armee, entschlossen, die Muslime zu vernichten. Doch hier, an diesem Tage, stand der gleiche Abu Sufyan[ra] an der Seite des Propheten[saw], als Freund, Anhänger und Begleiter.

Als des Feindes Kamele durchgingen, sah Abu Sufyan[ra], ein weiser und erfahrener General, dass sein Pferd drauf und dran war, unkontrollierbar zu werden. Er stieg schnell ab und die Zügel von dem Reittier des Propheten[saw] haltend, ging er zu Fuß weiter. Mit seinem Schwert in der Hand ging er neben dem Propheten[saw] her, entschlossen, niemanden an den Propheten[saw] heranzulassen, es sei denn, dass er erst ihn angreift und tötet.

Der Prophet[saw] beobachtete diesen Wandel in Abu Sufyan[ra] mit Entzücken und Erstaunen. Er empfand dies als neuen Beweis göttlicher Macht. Vor nur zehn bis fünfzehn Tagen hob dieser Mann eine Armee aus, um dem Aufstieg des Islam ein Ende zu bereiten. Doch eine Wandlung hatte stattgefunden. Ein ehemaliger feindlicher Oberbefehlshaber stand jetzt als ein einfacher Fußsoldat an der Seite des Prophetensaw, die Steigbügel seines Meisters Reittier haltend, entschlossen, für seine Sache zu sterben. Abbasra sah die Verwunderung in des Prophetensaw Blick und sagte: *„Prophet Gottes, dies ist Abu Sufyan, Sohn Eures Onkels und somit Euer Bruder. Seid Ihr nicht erfreut über ihn?" „Ich bin es",* sagte der Prophetsaw, *„und ich bete, dass Gott ihm alles Üble, das er getan hat, vergebe."* Und sich an Abu Sufyanra selbst wendend, sagte er: *„Bruder!"* Abu Sufyanra konnte die Welle von Zuneigung, die ihn überkam, nicht zurückhalten. Er bog sich nieder und küsste des Prophetensaw Fuß in dem Steigbügel, den er hielt. *(Halbiyya)*

Nach der Schlacht von Hunain gab der Prophetsaw das Kriegsmaterial, das er geliehen hatte, zurück. Er entschädigte die Verleiher in großzügiger Weise. Diejenigen, die das Material verliehen hatten, waren gerührt von der Sorgfalt und der Rücksicht, die der Prophetsaw bei der Rückgabe des Materials und bei der Entschädigung, die er den Verleihern zukommen ließ, zeigte. Sie fühlten, dass der Prophetsaw kein gewöhnlicher Mann war, sondern jemand, dessen moralisches Beispiel weit über das der anderen herausragte. Kein Wunder, dass Safwan sofort dem Islam beitrat.

Ein eingeschworener Feind wird zum ergebenen Gefolgsmann

Die Schlacht von Hunain gibt Historikern Anlass, sich eines anderen interessanten Ereignisses zu erinnern, das sich während ihres Verlaufes zugetragen hatte:

Shaiba, ein Einwohner Mekkas und im Dienst der Kaaba, nahm an der Schlacht auf der Seite des Feindes teil. Er sagte, dass er nur einen Gedanken während dieser Schlacht hegte – dass, wenn die zwei Armeen sich begegnen, er eine Gelegenheit finden möge, den Propheten[saw] zu töten. Er war entschlossen, dass selbst wenn sich die ganze Welt dem Propheten[saw] anschließen würde (geschweige denn ganz Arabien), er allein aushalten werde, dem Islam entgegenzutreten. Als die Kämpfe an Härte zunahmen, zog Shaiba sein Schwert und begann, sich dem Propheten[saw] zu nähern. Als er ihn beinahe erreicht hatte, verließen ihn seine Kräfte. Seine Entschlossenheit brach zusammen. *„Als ich dem Propheten nahe war"*, sagte Shaiba, *„kam es mir vor, als ob eine Flamme mich zu verbrennen drohe. Dann hörte ich die Stimme des Propheten sagen: ‚Shaiba, komm her zu mir!' Als ich vor ihm stand, strich der Prophet mir in großer Zuneigung mit seiner Hand über die Brust. Und er sagte: ‚Gott, befreie Shaiba von allen teuflischen Gedanken!'"*
Diese kurze, liebevolle Geste verwandelte Shaiba. Seine Feindseligkeit verschwand und von dem Augenblick an war der Prophet[saw] für Shaiba das Liebste, was er auf dieser Welt hatte. Als die Verwandlung in Shaiba vor sich ging, forderte der Prophet[saw] ihn auf, vorwärts zu stürmen und zu kämpfen. *„In dem Augenblick"*, berichtete Shaiba, *„hatte ich nur einen Gedanken, und das war, mein Leben für den Propheten hinzugeben. Selbst wenn mein Vater mir entgegengekommen wäre, hätte ich keinen Moment gezögert, ihm mein Schwert in seine Brust zu stoßen."* (Halbiyya)
Der Prophet[saw] zog dann gegen Ta'if, die Stadt, in welcher er gesteinigt und vertrieben worden war. Der Prophet[saw] belagerte die Stadt, doch, einem Vorschlag einiger Freunde folgend, gab er die Belagerung bald wieder auf. Später traten die Bewohner von Ta'if aus eigenem Entschluss dem Islam bei.

Der Prophet^{saw} verteilt die Kriegsbeute

Nach der Eroberung von Mekka und dem Sieg von Hunain stand der Heilige Prophet^{saw} der Aufgabe gegenüber, das Geld und das Eigentum, das entweder als Lösegeld bezahlt oder auf dem Schlachtfeld preisgegeben worden war, zu verteilen. Wenn er dem Gewohnheitsrecht gefolgt wäre, dann wären das Geld und der Besitz unter den muslimischen Soldaten, die an diesen Gefechten teilgenommen hatten, verteilt worden. Doch bei dieser Gelegenheit verteilte der Prophet^{saw} es anstatt unter die Muslime an die Mekkaner und an die Leute, die in der Umgebung von Mekka lebten. Diese mussten noch ihre Neigung zum neuen Glauben beweisen. Viele von ihnen waren erklärte Verleugner. Diejenigen, die sich zum Glauben bekannt hatten, waren noch Neulinge. Sie hatten keine Ahnung, wie selbstverleugnend ein Volk werden konnte, nachdem es den Islam angenommen hatte. Doch anstatt von dem Beispiel von Selbstverleugnung und Selbstaufopferung, welches sie sahen, Lehren zu ziehen, anstatt die gute Behandlung, die sie von den Muslimen erfuhren, zu erwidern, wurden sie nur noch habgieriger als zuvor. Ihre Ansprüche steigerten sich. Sie pöbelten den Propheten^{saw} an und trieben ihn zu einem Platz unter einem Baum, seinen Mantel von seinen Schultern reißend.

Endlich sagte der Heilige Prophet^{saw} zu der Menschenmenge: *„Ich habe nichts mehr zu vergeben. Wenn ich es hätte, würde ich es Euch vermacht haben. Ich bin kein Geizhals, noch bin ich knauserig."* (Bukhari, Kap. über Farad Al Khums)

Dann ging er zu seinem Dromedar und ihm ein Haar ausrupfend sagte er:

„Von diesem Geld und Besitz will ich nichts haben, nicht einmal soviel wie dieses Haar. Doch 1/5 muss ich erhalten und zwar für den Staat. Das ist ein Anteil, den der arabische Brauch immer als gerecht und richtig angesehen hat. Dieses Fünftel wird nicht für mich verwandt werden. Es wird für Euch und Eure Bedürfnisse verwandt werden. Bedenkt, dass derjenige, der öffentliche Gelder unterschlägt oder missbraucht, am Tage des Gerichts vor Gott gedemütigt werden wird."

Es ist von boshaften Kritikern gesagt worden, dass der Prophet[saw] danach strebte, ein König zu werden und ein Weltreich zu errichten. Doch man stelle sich ihn gegenüber einer habgierigen Menge vor, während er schon König ist. Wenn er hätte König werden wollen und ein Königreich anstrebte, hätte er einen bettlerhaften Pöbel so behandelt wie er den mekkanischen Haufen behandelte? Hätte er sich überhaupt anpöbeln lassen, wie er es hier geduldet hatte? Hätte er erörtert und erklärt?

Es sind nur die Propheten[saw] und Botschafter Gottes, die so ein Beispiel setzen können. Die ganze Kriegsbeute, das Geld und Wertsachen, das es zu verteilen gab, war unter die Armen und Verdienstvollen verteilt worden. Und immer noch gab es Unzufriedene, die den Propheten[saw] bepöbelten, gegen die Verteilung protestierten und den Propheten[saw] der Ungerechtigkeit beschuldigten.

Dhu'l Khuwaisira näherte sich dem Propheten[saw] und sagte: *„Muhammad, ich bin Zeuge von dem, was Ihr tut." „Und was tue ich?"* fragte der Prophet[saw]. *„Ihr begeht eine Ungerechtigkeit"*, sagte er. *„Wehe Euch"*, sagte der Prophet[saw], *„wenn ich ungerecht sein kann, dann gibt es niemanden auf der ganzen Erde, der gerecht sein kann." (Muslim, Kitab Al-Zakat)*

Die Gläubigen waren wütend. Als dieser Mann die Menge verließ, sagten einige: *„Dieser Mann verdient den Tod, dürfen wir ihn töten?"* *„Nein"*, sagte der Prophet^{saw}, *„wenn er unsere Gesetze beachtet und keinen sichtbaren Verstoß begeht, wie dürfen wir ihn töten?"* *„Doch"*, sagten die Gläubigen, *„wenn eine Person eine Sache sagt und tut – doch eine ganz andere glaubt und wünscht, würde sie es nicht verdienen, entsprechend behandelt zu werden?"* *„Ich kann Menschen nicht entsprechend dem, was sie im Sinn haben, behandeln. Gott hat mich damit nicht beauftragt. Ich kann mit ihnen nur entsprechend dem umgehen, was sie sagen und tun."*

Der Prophet^{saw} fuhr fort, den Gläubigen zu sagen, dass eines Tages dieser Mann und andere aus seiner Verwandtschaft einen Aufruhr im Islam verursachen würden. Des Propheten^{saw} Worte bewahrheiteten sich. Zur Zeit von Ali^{ra}, dem vierten Kalifen im Islam, leiteten dieser Mann und seine Freunde eine Auflehnung gegen ihn und er machte sich zum Anführer einer allgemein verurteilten Abspaltung im Islam, der Khawarij.

Nach der Schlacht mit den Hawazin kehrte der Heilige Prophet^{saw} nach Medina zurück. Das war wieder ein großer Tag für seine Einwohner. Der erste große Tag war, als der Heilige Prophet^{saw}, ein Flüchtling aus der Misshandlung durch die Mekkaner, in Medina ankam. An diesem zweiten großen Tag kehrte der Heilige Prophet^{saw} voll Freude nach Medina zurück, sich der Entschlossenheit und des Versprechens bewusst, sich in Medina niederzulassen.

Die Ränke des Abu Amir

Wir müssen uns jetzt den Machenschaften des Abu Amir Madani zuwenden. Er gehörte dem Stamm der Khazraj an. Durch lange

Verbindung mit den Juden und Christen hatte er sich gewohnheitsmäßiger Meditation und ständigen Wiederholungen von Gottes Namen zugewandt. Wegen dieser Gewohnheit war er als Abu Amir, der Einsiedler, bekannt. Er war jedoch kein Christ.

Als der Heilige Prophet[saw] nach der Hidjra nach Medina kam, entwich Abu Amir von Medina nach Mekka. Als letzten Endes sich auch Mekka dem wachsenden Einfluss des Islam unterwarf, dachte er sich eine Intrige gegen den Islam aus. Er änderte seinen Namen und seine Kleidung und ließ sich in Quba, einem Dorf nahe Medina, nieder. Da er lange Zeit fort gewesen war und seine Erscheinung und seine Kleidung geändert hatte, erkannten die Bewohner von Medina ihn nicht. Nur die Heuchler, mit denen er sich im Geheimen traf, wussten, wer er war. Er weihte die Scheinheiligen von Medina in seine Geheimnisse ein und plante unter ihrer Mitwirkung nach Syrien zu gehen, um die christlichen Herrscher und christlichen Araber aufzuwiegeln und anzustacheln, Medina anzugreifen. Während er mit seiner unheilvollen Mission im Norden beschäftigt war, sollten seine Komplizen Unzufriedenheit in Medina verbreiten. Sie, die Heuchler von Medina, sollten Gerüchte verbreiten, dass Medina von Syrien angegriffen werden würde.

Abu Amir hoffte, dass als Ergebnis dieser doppelten Machenschaften Muslime und christliche Syrier in einen Krieg verwickelt werden würden. Wenn diese Verschwörung keinen Erfolg haben sollte, so hoffte er, dass die Muslime selbst gereizt werden würden, Syrien anzugreifen. Wenn es zu einem Krieg zwischen Muslimen und Syrern käme, hätte Abu Amir etwas, worüber er sich freuen konnte.

Seinen Plan zu vollenden, ging er nun nach Syrien. Währenddessen verbreiteten die Heuchler von Medina planmäßig

Gerüchte, dass Karawanen gesichtet worden seien, die einen Angriff auf Medina planten. Als aber keine Karawanen auftauchten, erfanden sie einige Erklärungen dafür.

Der Feldzug von Tabuk

Diese Gerüchte jedoch verstummten nicht. So fand der Heilige Prophet[saw] es der Mühe wert, unter seiner Leitung eine muslimische Armee gegen Syrien auszurüsten. Es waren schlechte Zeiten. In Arabien herrschte Hungersnot. Die Ernte des vergangenen Jahres war schlecht gewesen und Korn und Früchte waren knapp. Die Zeit für die nächste Ernte war noch nicht gekommen. Es war Ende September oder Anfang Oktober, als der Prophet[saw] mit diesem Unternehmen begann. Die Heuchler wussten, dass die Gerüchte ihre eigne Erfindung waren. Ihr Plan war, die Muslime zu reizen, die Syrer anzugreifen, wenn die Syrer die Muslime nicht angriffen. Auf jeden Fall würde ein Konflikt mit dem großen römischen Weltreich mit der Vernichtung der Muslime enden.

Dies war die Lehre von Muta. In Muta hatten die Muslime einer so starken Armee gegenüber gestanden, dass sie sich nur unter größten Schwierigkeiten zurückziehen konnten. Die Heuchler hofften, dass sie ein zweites Muta inszenieren konnten, in dem vielleicht sogar der Prophet[saw] sein Leben verlieren würde. Während die Heuchler damit beschäftigt waren, Gerüchte über einen syrischen Angriff auf die Muslime zu verbreiten, versuchten sie außerdem, Furcht in die Herzen der Muslime zu pflanzen. Die Syrer konnten eine so große Armee aufstellen, dass die Muslime nicht hoffen konnten, ihr standzuhalten. Sie beredeten die Muslime, nicht an dem Konflikt mit Syrien teilzunehmen.

Ihr Plan war, einerseits die Muslime zu verleiten, Syrien anzugreifen und andererseits, sie davon abzuhalten, in großer Anzahl auszuziehen. Sie wollten, dass die Muslime gegen Syrien in den Krieg ziehen und mit Sicherheit vernichtet werden. Doch sobald der Prophet[saw] seine Ansicht, diesen neuen Feldzug anzuführen, bekannt gab, breitete sich Begeisterung unter den Muslimen aus. Sie traten mit Angeboten von Opfern für die Sache des Glaubens vor.

Die Muslime waren für einen Krieg solchen Ausmaßes schlecht ausgerüstet. Ihre Staatskasse war leer. Nur die wohlhabenderen Muslime konnten für den Krieg bezahlen. Einzelne Muslime wetteiferten miteinander im Geist des Opferns für die Sache des Glaubens. Es wird berichtet, dass, als der Feldzug vorbereitet wurde und der Heilige Prophet[saw] zu Spenden aufrief, Hadhrat Usman[ra] den größten Teil seines Vermögens weggab. Sein Beitrag soll so viel wie 1000 Gold-Dinare betragen haben. Andere gaben Beiträge entsprechend ihrer Mittel. Die ärmeren Muslime wurden auch mit Reittieren, Schwertern und Lanzen ausgerüstet. Begeisterung überwog.

Zu der Zeit war eine Gruppe von Muslimen, die von Yemen gekommen war, in Medina. Sie waren sehr arm. Einige von ihnen gingen zum Propheten[saw] und boten ihre Dienste für den Feldzug an. Sie sagten: *„O Prophet Gottes, nimm uns mit. Wir wollen nichts außer den Mitteln, zu gehen."* Der Koran weist auf diese Muslime und ihr Angebot mit folgenden Worten hin:

$$\text{وَلَا عَلَى الَّذِينَ إِذَا مَا أَتَوْكَ لِتَحْمِلَهُمْ قُلْتَ لَا أَجِدُ مَا أَحْمِلُكُمْ عَلَيْهِ}$$
$$\text{تَوَلَّوْا وَأَعْيُنُهُمْ تَفِيضُ مِنَ الدَّمْعِ حَزَنًا أَلَّا يَجِدُوا مَا يُنْفِقُونَ}$$

„Noch jene, die zu dir kamen, dass du sie beritten machen

möchtest und (zu denen) du sprachest: *‚Ich kann nichts finden, womit ich euch beritten machen könnte.'* Da kehrten sie um, während ihre Augen von Tränen überflossen aus Kummer darüber, dass sie nichts fanden, was sie hätten ausgeben können." (9:92)

Das heißt soviel wie, dass diejenigen nicht zu tadeln waren, die am Krieg nicht teilnehmen konnten, weil sie ohne Mittel waren und die an den Prophetensaw herantraten, dass er sie mit Transport zum Schlachtfeld versorgen möge. Der Prophetsaw konnte das nicht stellen, so zogen sie sich zurück, enttäuscht, dass sie zu arm und nicht in der Lage waren, etwas für den Krieg zwischen Syrien und den Muslimen beizutragen.

Abu Musara war der Anführer dieser Gruppe. Als er gefragt wurde, um was sie gebeten hatten, sagte er: *„Wir baten nicht um Kamele oder Pferde. Wir sagten nur, dass wir keine Schuhe hätten und den langen Weg nicht barfuß gehen könnten. Wenn wir Schuhe hätten, könnten wir zu Fuß gehen und im Kampf an der Seite unserer muslimischen Brüder teilnehmen."*

Während die Soldaten dieser Armee gegen Syrien zog, erinnerten sie sich daran, was sie in Muta erlitten hatten und jeder Muslim war voll Sorge um die persönliche Sicherheit des Prophetensaw.

Die Frauen Medinas nahmen auch Anteil an den Anstrengungen. Sie eiferten sich, ihre Männer und Söhne anzuspornen, am Krieg teilzunehmen. Ein Begleiter des Prophetensaw, der außerhalb Medinas gewesen war, kehrte heim, als der Prophetsaw sich mit seiner Armee schon in Bewegung gesetzt hatte. Dieser Begleiter betrat sein Haus und erwartete, dass seine Frau ihn mit den Gefühlen begrüße, mit denen eine Gemahlin ihren Mann nach langer Abwesenheit empfängt. Seine Frau saß im Hofraum ihres Hauses und er wollte sie umarmen und küssen. Doch seine

Frau wies ihn ab. Der Mann blickte seine Frau befremdet an und sagte: *„Ist dies die Behandlung für einen Ehemann, der nach langer Abwesenheit nach Hause kommt?"* *„Ihr solltet Euch schämen"*, sagte die Frau. *„Der Prophet Gottes hat zu einem gefährlichen Feldzug ausgesetzt und Ihr wollt Euch an mir vergnügen. Erfüllt erst Eure Pflicht auf dem Schlachtfeld. Alles andere wird sich finden."*
Es wird berichtet, dass dieser Gefährte des Propheten[saw] aus dem Haus stürmte, den Sattel seines Pferdes festschnallte und hinter dem Propheten[saw] her galoppierte. Nach dreitägiger Reise erreichte er die muslimische Armee.
Die Ungläubigen und Heuchler hatten wahrscheinlich gelacht, dass der Prophet[saw] sich, entsprechend den Gerüchten, die sie erfunden und verbreitet hatten, sofort gedankenlos auf die syrische Armee stürzen würde. Sie hatten nicht bedacht, dass der Prophet[saw] ein Beispiel für Generationen von Anhängern für alle Zeiten zu setzen hatte. Als der Prophet[saw] sich Syrien näherte, hielt er an und schickte seine Leute in alle Richtungen aus, um die Lage auszukundschaften. Die Männer kehrten zurück und berichteten, dass nirgendwo irgendwelche syrischen Ansammlungen auszumachen waren. Der Prophet[saw] entschloss sich, umzukehren, doch hielt sich noch ein paar Tage in dem Gebiet auf, während er Verträge mit einigen Stämmen an der Grenze abschloß. Kein Krieg oder Kampf fand statt.
Für dieses Unternehmen brauchte der Prophet[saw] zweieinhalb Monate. Als die Heuchler von Medina entdeckten, dass ihre Machenschaften, einen Krieg zwischen Syrien und den Muslimen anzuzetteln, fehlgeschlagen waren und dass der Prophet[saw] wohlbehalten zurückkehrte, dachten sie, dass ihre Intrige verraten worden war. Sie fürchteten die Strafe, die ihnen jetzt bevorstand. Doch sie beließen es nicht bei der Verfolgung ihrer boshaften Plä-

ne. Sie rüsteten eine Gruppe aus und stellten sie zu beiden Seiten eines engen Passes in einiger Entfernung von Medina auf. Der Pass war so eng, dass nur einer hinter dem anderen durchmarschieren konnte. Als der Prophet[saw] und die muslimische Armee sich diesem Pass näherten, hatte er eine Vorwarnung durch Offenbarung, dass der Feind zu beiden Seiten im Anschlag läge. Er schickte einen Gefährten zum Auskundschaften aus. Als sie den Platz erreichten, sahen sie Männer im Hinterhalt mit der offenkundigen Absicht, anzugreifen. Diese Männer flohen jedoch, sobald sie die Kundschafter sahen.

Der Prophet[saw] entschied, sie nicht zu verfolgen. Als der Prophet[saw] Medina erreichte, erfanden die Heuchler, die zurückgeblieben waren, fadenscheinige Entschuldigungen. Der Prophet[saw] nahm sie an. Doch zur gleichen Zeit dachte er, dass der Zeitpunkt gekommen sei, ihre Heucheleien bloßzulegen. Er hatte einen Auftrag von Gott, dass die Moschee in Quba, die die Heuchler gebaut hatten, damit sie sich im Geheimen treffen konnten, zerstört werden sollte. So mussten die Heuchler sich den anderen Muslimen zum Gebet anschließen. Keine andere Bestrafung wurde für sie ausgesetzt.

Als der Prophet[saw] von Tabuk heimkehrte, fand er, dass die Einwohner von Ta'if dem Islam beigetreten waren. Danach äußerten auch die anderen Stämme Arabiens den Wunsch, in die Gemeinschaft der Muslime aufgenommen zu werden. In kurzer Zeit stand ganz Arabien unter dem Banner des Islam.

Die letzte Pilgerfahrt

Im neunten Jahr nach der Hidjra begab sich der Heilige Prophet[saw] auf eine Pilgerfahrt nach Mekka. Am Tage der Pilgerfahrt erhielt er die Offenbarung der berühmten Verse des Koran:

اَلْيَوْمَ اَكْمَلْتُ لَكُمْ دِيْنَكُمْ وَاَتْمَمْتُ عَلَيْكُمْ نِعْمَتِىْ وَرَضِيْتُ لَكُمُ الْإِسْلَامَ دِيْنًا

> „Heute habe Ich eure Glaubenslehre für euch vollendet und Meine Gnade an euch erfüllt und euch den Islam als Bekenntnis erwählt." (5:4)

Diese Verse sagen in der Tat, dass die Botschaft, die der Heilige Prophet[saw] von Gott aufgetragen bekommen hatte, und die er all die Jahre in Wort und Tat erklärt hatte, nun vollendet war. Jeder Teil dieser Botschaft war eine Wohltat. Diese jetzt vollendete Botschaft stellte den höchsten Segen, den der Mensch von Gott erhalten konnte, dar. Diese Botschaft ist in dem Namen Al-Islam, der „Hingabe" bedeutet, zusammengefasst. Hingabe sollte die Religion der Muslime, ja, sogar die Religion der Menschheit sein. Der Heilige Prophet[saw] rezitierte diesen Vers im Tal von Muzdalifa, wo die Pilger sich versammelt hatten. Auf dem Rückweg von Muzdalifa hielt der Prophet[saw] in Mina an. Es war der 11. Tag des Monats Dhu'l-Hijja. Der Prophet[saw] stand vor einer großen Versammlung von Muslimen und hielt eine Ansprache, die als die Abschiedsansprache des Propheten[saw] in die Geschichte eingegangen ist. Im Verlaufe dieser Ansprache sagte er:

> „O Männer, hört mir gut zu. Denn ich weiß nicht, ob ich noch einmal in diesem Tal vor euch stehen werde und zu

euch reden kann, wie ich jetzt rede. Euer Leben und euer Besitz sind von Gott bis zum Gerichtstage hin immun gegen gegenseitige Angriffe gemacht worden. Gott hat für jeden einen Anteil am Erbe bestimmt. Kein Testament soll jetzt zugelassen werden, das nachteilig gegenüber den Interessen eines rechtmäßigen Erben ist. Ein neugeborenes Kind in einem Hause wird als das Kind des Vaters in jenem Hause angesehen werden. Wer immer die Vaterschaft solchen Kindes bestreitet, wird der Bestrafung durch das Gesetz des Islam unterworfen. Jemand, der seine Geburt auf eines anderen Mannes Vater zurückführt, oder fälschlicherweise jemand anderen als seinen Meister beansprucht, wird von Gott, Seinen Engeln und der ganzen Menschheit verflucht werden. Männer, ihr habt einige Rechte euren Frauen gegenüber, doch eure Frauen haben auch einige Rechte euch gegenüber. Ihr könnt von ihnen verlangen, dass sie ein sittsames Leben führen und nicht einen Lebensstil annehmen, der dem Ehemann der Allgemeinheit gegenüber Schande macht. Wenn eure Frauen sich nicht dementsprechend aufführen, dann habt ihr das Recht, sie zu bestrafen. Ihr könnt sie bestrafen, nachdem durch einen zuständigen Gewährsmann entsprechende Nachforschungen gemacht worden sind und euer Recht, zu bestrafen, anerkannt worden ist. Jedoch soll Bestrafung in solchem Falle nicht harsch sein. Wenn eure Frauen jedoch so etwas nicht tun, und ihr Benehmen ist nicht so, dass es Schande für den Ehemann bringen würde, dann ist es eure Pflicht, sie mit Essen und Kleidung und Unterkunft entsprechend eurem eigenen Lebensstandard zu versorgen. Bedenkt, dass ihr eure Frauen immer gut behandeln sollt. Gott hat es euch zur Pflicht gemacht, für sie zu sorgen. Eine Frau ist schwach und kann nicht ihre eigenen Rechte beschützen. Als ihr heiratetet, ernannte Gott euch als die Bürgen dieser Rechte. Ihr brachtet eure Frauen unter dem Gesetz Gottes zu euren Häusern. Ihr dürft deshalb nicht das Pfand, das Gott in eure Hände gelegt hat, beleidigen. O Männer, ihr habt immer noch einige Kriegsgefangene in eurem Besitz. Ich rate euch daher, sie in gleicher Weise zu beköstigen und zu kleiden wie ihr euch selbst beköstigt und kleidet. Wenn sie ein Unrecht begehen, das ihr nicht vergeben könnt, dann übergebt sie jemand anderem. Sie sind Teil von Gottes Schöpfung. Ihnen Schmerz oder Kummer zu bereiten, kann niemals recht sein. O Männer, was ich euch sage, müsst ihr beherzigen und im Gedächtnis behalten. Alle Muslime sind einander wie Brüder. Ihr seid alle gleich. Alle Menschen, zu welcher Nation oder zu welchem Stamm sie auch gehören mögen, und welche Stellung im Leben sie auch einnehmen mögen, sind gleich."

Während er dies sagte, erhob der Heilige Prophet[saw] seine Hände und fügte die Finger seiner beiden Hände zusammen und sagte:

„Selbst wie die Finger dieser beiden Hände gleich sind, so sind auch die Menschen untereinander gleich. Niemand hat irgendeine Überlegenheit über einen anderen Menschen zu beanspruchen. Ihr seid wie Brüder!"

Fortfahrend sagte der Prophet[saw]:

„Wisst ihr, welcher Monat dies ist? In welchem Land wir sind? Welcher Tag des Jahres heute ist?"

Die Muslime gaben zur Antwort, sie wussten, es ist der Heilige Monat, das geheiligte Land und der Tag der Pilgerfahrt. Dann sagte der Prophet[saw]:

„Wie dieser Monat heilig, dieses Land unverletzlich und dieser Tag heilig ist, so hat Gott das Leben, den Besitz und die Ehre eines jeden Menschen heilig gemacht. Irgendeines Menschen Leben oder seinen Besitz zu nehmen oder seine Ehre anzugreifen, ist genauso ungerecht und unbillig, wie die Heiligkeit dieses Tages, dieses Monats und dieses Landes zu verletzen. Was ich euch heute gebiete, ist nicht nur für heute gemeint. Es ist für alle Zeiten bestimmt. Es wird von euch erwartet, es zu erinnern und danach zu handeln, bis ihr diese Welt verlasst und zur nächsten geht, eurem Schöpfer zu begegnen."

Abschließend sagte er:

„Was ich euch gesagt habe, sollt ihr der ganzen Welt mitteilen. Es kann sein, dass diejenigen, die mich nicht gehört haben, mehr Nutzen daraus ziehen als diejenigen, die zugehört haben." *(Sihah Sitta, Tabari, Sirat Ibn Hisham und Khamis)*

Die Ansprache des Propheten[saw] ist ein Abriss der ganzen Lehre und des vollen Geistes des Islam. Es zeigt, wie tief die Sorge des Propheten[saw] um die Wohlfahrt des Menschen und um den Frieden auf der Welt war; auch wie tief seine Aufmerksamkeit für die Rechte der Frauen und anderer schwacher Geschöpfe war. Der Prophet[saw] wusste, dass sein Ende nahe war. Er hatte Andeutungen von Gott über seinen Tod bekommen. Unter den Sorgen und Ängsten, denen er Ausdruck gab, waren die Sorge und Angst über die Behandlung, die Frauen aus den Händen der Männer erfuhren. Er war bedacht, dass er nicht diese Welt für die nächste verließ, ohne den Frauen den Rang, der ihnen gebührte, gesichert zu haben. Seit der Erschaffung des Mannes war die Frau als Sklavin und Dienerin des Mannes angesehen worden. Dies war eine seiner Sorgen. Eine andere war die der Kriegsgefangenen. Sie wurden fälschlicherweise als Sklaven angesehen und behandelt und waren Grausamkeiten und Übertretungen aller Art ausgesetzt.

Der Prophet^{saw} fühlte, er sollte diese Welt nicht verlassen, ohne den Kriegsgefangenen die Rechte, die ihnen im Auge Gottes zustanden, gesichert zu haben. Ungleichheit zwischen einzelnen Menschen bedrückte den Propheten^{saw} auch. Gelegentlich wurden Unterschiede in einem Ausmaß betont, das nicht geduldet werden konnte. Einige Menschen wurden zum Himmel gelobt und andere in die Hölle verdammt. Die Umstände, die zu dieser Ungleichheit führten, waren Umstände, die zu Feindseligkeiten und Krieg zwischen Nationen und Ländern führten. Der Prophet^{saw} bedachte diese Schwierigkeiten auch. Solange der Geist der Ungleichheit und die Zustände, die ein Volk dazu verleiten, die Rechte eines anderen an sich zu reißen und ihre Leben und Besitztümer anzugreifen, nicht abgetötet waren – solange diese Zustände, die zu Zeiten moralischen Verfalls wuchern, nicht verändert wurden, konnte Friede und Fortschritt der Welt nicht gesichert werden.

Er lehrte, dass menschliches Leben und menschlicher Besitz die gleiche Heiligkeit besaßen, die den heiligen Tagen, heiligen Monaten und geheiligten Plätzen zukamen. Kein Mann zeigte jemals solche Angst und Fürsorge für die Wohlfahrt der Frauen, die Rechte der Schwachen und für den Frieden zwischen den Nationen wie der Prophet des Islam^{saw}. Kein Mensch tat jemals so viel wie der Prophet^{saw}, Gleichheit unter der Menschheit zu fördern! Kein Mensch setzte soviel wie er zum Guten der Menschen fest. Kein Wunder, der Islam hat immer das Recht der Frauen, Vermögen zu besitzen und zu erben, aufrechterhalten. Europäische Nationen fassten dieses Gesetz erst 1300

Jahre nach dem Auftreten des Islam ab. Jede Person, die dem Islam beitritt, wird mit jedem anderen Muslim gleich, ungeachtet aus welcher gesellschaftlichen Schicht er kommt. Freiheit und Gleichheit sind charakteristische Beiträge des Islam zur Kultur der Welt. Die Vorstellungen, die andere Religionen von Freiheit und Gleichheit haben, liegen weit hinter denen, die der Islam gelehrt und praktiziert hat. In einer Moschee haben ein König, ein religiöser Führer und der einfache Mann den gleichen Stand, es gibt keinen Unterschied zwischen ihnen. In den Gotteshäusern anderer Religionen und Nationen bestehen diese Unterschiede bis heute noch, obwohl diese Religionen und Nationen beanspruchen, mehr als der Islam für Freiheit und Gleichheit getan zu haben.

Der Prophet[saw] gibt Hinweise auf seinen Tod

Auf dem Rückweg informierte der Heilige Prophet[saw] seine Gefährten wieder über seinen bevorstehenden Tod. Er sagte:

> „O Männer, ich bin nur einer wie ihr. Es kann sein, dass ich bald abberufen werde, und ich zu gehen habe. Mein Gütiger und wachsamer Herr hat mir mitgeteilt, dass ein Prophet halb so lange lebt wie der Prophet vor ihm.[7] Ich glaube, ich werde bald abberufen werden, und ich werde verscheiden. O meine Gefährten, ich werde Gott zu antworten haben, und Ihr werdet auch zu antworten haben. Was werdet Ihr dann sagen?"

---

[7] Dieses war nicht als allgemeines Gesetz, sondern nur für den Heiligen Propheten[saw] bestimmt. Eine Überlieferung legt das Alter von Jesus[as] auf ca. 120 Jahre fest. Da der Heilige Prophet[saw] schon das Alter von 62 oder 63 Jahren erreicht hatte, dachte er, sein Ende müsse nahe sein.

Darauf sagten seine Gefährten: *„Wir werden sagen, dass Ihr die Botschaft des Islam wohl überbracht habt und Euer ganzes Leben dem Dienst am Glauben gewidmet habt. Ihr hattet die vollkommenste Leidenschaft für das Wohl des Menschen. Wir werden sagen: ‚Allah, gib ihm die beste Belohnung.'"*
Dann fragte der Prophet^{saw}:

> „Bezeugt Ihr, dass Gott einzig ist, dass Muhammad Sein Diener und Prophet ist, dass Himmel und Hölle existieren, dass der Tod gewiss ist, dass es Leben nach dem Tode gibt, dass der Gerichtstag kommen wird und dass alle Toten eines Tages von ihren Gräbern auferstehen, zu neuem Leben berufen und versammelt werden?"

„Ja", sagten die Gefährten. *„Wir bezeugen all diese Wahrheiten."*
Sich an Gott wendend, sagte der Prophet^{saw}: *„Bezeuge Du auch dies – dass ich ihnen den Islam erklärt habe."*
Nach dieser Pilgerfahrt war der Prophet^{saw} eifrig damit beschäftigt, seine Anhänger zu lehren und zu unterrichten, zu versuchen, ihr moralisches Verhalten zu heben und ihr Betragen zu reformieren und zu verbessern. Sein eigener Tod wurde zum häufigen Thema und er bereitete die Muslime darauf vor. Eines Tages, sich zu einer Ansprache an die Gläubigen erhebend, sagte er:

> „Heute hatte ich die Offenbarung: *‚Wenn Allahs Hilfe kommt und der Sieg und du die Menschen scharenweise in die Religion Allahs eintreten siehst, dann lobpreise du deinen Herrn und bitte Ihn um Vergebung. Wahrlich, Er wendet Sich oft mit Gnade.'* (110:2-4)"

Das heißt, die Zeit war gekommen, wenn mit Gottes Hilfe Menschen in Scharen dem Glauben des Islam beitreten werden. Dem Propheten[saw] und seinen Anhängern würde die Pflicht obliegen, Gott zu lobpreisen und zu Ihm zu beten, alle Hindernisse auf dem Weg zur Festigung des Glaubens zu beseitigen. Der Prophet[saw] gebrauchte ein Gleichnis bei dieser Gelegenheit:

> „Gott sagte zu einem Mann: Wenn es Dir gefällt, kannst Du zu Mir zurückkehren, doch Du kannst auch ein wenig länger daran arbeiten, die Welt zu verbessern. Der Mann sagte, dass er es vorzöge, zu seinem Herrn zurückzukehren."

Hadhrat Abu Bakr[ra] war einer der Zuhörer. Er hatte dieser letzten Ansprache des Propheten[saw] mit Eifer und Besorgnis zugehört, mit dem Eifer eines großen Gläubigen und mit der Besorgnis eines Freundes und Anhängers, der in dieser Ansprache die Vorzeichen von des Propheten[saw] Ableben sehen konnte. Als er das Gleichnis hörte, konnte er sich nicht mehr beherrschen. Er brach zusammen. Die anderen Gefährten, die nur einen oberflächlichen Eindruck von dem Gesagten genommen hatten, waren erstaunt, als Hadhrat Abu Bakr[ra] anfing zu schluchzen. „Was konnte mit Hadhrat Abu Bakr[ra] los sein?", fragten sie. Der Heilige Prophet[saw] berichtete von den bevorstehenden Siegen des Islam und er begann zu weinen. Besonders Hadhrat Umar[ra] war verdrossen über Hadhrat Abu Bakr[ra]. Der Heilige Prophet[saw] hatte frohe Botschaften, doch dieser alte Mann weinte.

Nur der Heilige Prophet[saw] verstand, was vor sich ging. Einzig Hadhrat Abu Bakr[ra] hatte ihn verstanden, dachte er; nur er hatte wahrgenommen, dass die Verse, die Siege versprachen, auch das nahe Ende des Propheten[saw] bedeuteten.

Der Heilige Prophet[saw] sagte weiter:

„Abu Bakr steht mir sehr nahe. Wenn es erlaubt wäre, jemanden mehr zu lieben als andere, dann hätte ich Abu Bakr so geliebt. Doch dieser Grad von Liebe gebührt nur Gott. O Leute, alle Türen, die zur Moschee führen, sollen von heute an geschlossen werden – außer der Tür Abu Bakrs."

Kein Zweifel, diese letzte Anweisung wies darauf hin, dass nach dem Heilige Prophetensaw Hadhrat Abu Bakrra der erste Kalif werden würde. Um die Gläubigen im Gebet zu führen, musste er fünf Mal am Tag in die Moschee kommen und zu dem Zweck hatte er die Tür seines Hauses in die Moschee offen zu halten.
Lange Jahre danach, als Hadhrat Umarra der Kalif war, befragte er einige Anwesende über die Bedeutung der Verse: *„Wenn die Hilfe Gottes kommt und der Sieg..."* Offensichtlich erinnerte er sich an die Umstände, unter denen der Heilige Prophetsaw die Muslime diese und die folgenden Verse lehrte. Er muss auch daran gedacht haben, dass damals einzig Hadhrat Abu Bakrra die Bedeutung der Verse verstand. Hadhrat Umarra versuchte, die Muslime über ihr Wissen um diese Verse zu prüfen. Sie waren nicht in der Lage gewesen, sie zur Zeit ihrer Offenbarung zu verstehen; kannten sie ihre Bedeutung jetzt?
Hadhrat Ibn Abbasra, der zur Zeit ihrer Offenbarung zehn oder elf Jahre alt gewesen sein muss und jetzt 17 oder 18 war, meldete sich zur Antwort. Er sagte: *„Führer der Gläubigen, diese Verse enthielten eine Prophezeiung über den Tod des Heiligen Propheten. Wenn eines Propheten Werk abgeschlossen ist, dann wünscht er, nicht länger leben zu müssen. Diese Verse berichteten den nicht aufzuhaltenden Sieg des Islam. Doch dieser Sieg hatte eine Kehrseite und das war der bevorstehende Abschied des Propheten von dieser Welt."*
Hadhrat Umarra lobte Hadhrat Ibn Abbasra und sagte, dass als

die Verse offenbart wurden, nur Hadhrat Abu Bakr[ra] ihre Bedeutung verstanden hatte.

Die letzten Tage des Propheten[saw]

So näherte sich denn der Tag, dem jedes menschliche Wesen eines Tages gegenübersteht. Die Aufgabe des Propheten[saw] war erfüllt. Alles, was Gott ihm zum Wohle des Menschen zu offenbaren hatte, war offenbart worden. Der Geist Muhammads hatte seinem Volk neues Leben eingeflößt. Eine neue Nation war entstanden, eine neue Lebenseinstellung und neue Verordnungen; kurz: ein neuer Himmel und eine neue Erde. Die Grundsteine für eine neue Weltordnung waren gelegt worden. Das Land war gepflügt und gewässert worden, und die Saat für eine neue Ernte ausgesät.

Und die neue Ernte war sichtbar geworden. Doch die Ernte war nicht für ihn. Seine Aufgabe war gewesen: zu pflegen, zu säen und zu wässern. Er kam als Arbeiter, blieb Arbeiter und war jetzt, als Arbeiter, bereit, abberufen zu werden. Er suchte nicht die Dinge dieser Welt, sondern die Freude und den Beifall seines Gottes, seines Schöpfers und Meisters als Belohnung. Als die Zeit der Ernte kam, zog er es vor, zu Ihm zu gehen, anderen die Früchte überlassend.

Der Heilige Prophet[saw] wurde krank. Einige Tage noch kam er wie immer in die Moschee, die Gebete zu leiten. Doch bald wurde er zu schwach dazu. Die Gefährten waren so an seine ständige Gegenwart gewöhnt, dass sie sich nicht vorstellen konnten, dass er sterben werde. Doch er hatte immer wieder über seinen Tod gesprochen. Eines Tages, wieder dieses Thema berührend, sagte er:

„Wenn ein Mann einen Fehler begeht, dann ist es besser, dass er ihn noch in dieser Welt wieder gut macht, sodass er in der nächsten kein Bedauern darüber zu empfinden hat. Deshalb sage ich, wenn ich irgend jemanden von Euch irgendein Unrecht getan habe, selbst unbewusst, dann komme derjenige jetzt damit vor, damit ich es wieder gut machen kann. Selbst wenn ich unwissend jemanden von euch verletzt habe, lasst ihn vorkommen und seine Rache nehmen. Ich möchte nicht beschämt werden, wenn ich meinem Gott in der nächsten Welt gegenüberstehe."

Die Gefährten waren gerührt. Tränen füllten ihre Augen. Welche Schmerzen hatte er für sie auf sich genommen, und welche Leiden hatte er um ihretwillen ausgehalten! Er hatte Hunger und Durst auf sich genommen, damit andere genug zu essen und zu trinken hatten. Er besserte seine eigene Kleidung aus und flickte seine eigenen Schuhe, damit andere gut angezogen gehen konnten. Und hier war er, eifrig, selbst eingebildetes Unrecht, das er anderen angetan haben könnte, wieder gut zu machen, so sehr respektierte er die Rechte der anderen.

Alle Gefährten schwiegen zu dem Angebot des Propheten[saw]. Nur einer trat vor und sagte: *„O Prophet Gottes, ich habe einmal eine Verletzung durch euch erfahren. Wir stellten uns zur Schlachtordnung auf, als Ihr an unserer Reihe vorbeikamt und während Ihr vorbeigingt, stießt Ihr Euren Ellbogen in meine Seite. Es war unbewusst, doch Ihr sagtet, wir könnten uns auch für unbeabsichtigtes Unrecht rächen. Ich will mich für dieses Unrecht rächen."*

Die Gefährten, die des Propheten[saw] Angebot in feierlicher Stille angehört hatten, waren voller Zorn. Sie wurden wütend über die Unverschämtheit und Dummheit dieses Mannes, der nicht in der Lage gewesen war, den Geist des propheischen Angebots und die Feierlichkeit des Augenblicks zu verstehen. Doch der Gefährte blieb unbewegt – und entschlossen, den Prophet[saw] beim Wort zu nehmen.

Der Heilige Prophet[saw] sagte: *„Ihr könnt eure Rache nehmen."* Er kehrte ihm seinen Rücken zu und sagte: *„Kommt und stoßt mich, wie ich euch gestoßen habe."* *„Doch"*, sagte dieser Gefährte, *„als ihr mich stießet, war mein Rücken entblößt, weil ich zu der Zeit kein Hemd trug."* *„Nehmt mein Hemd hoch"*, sagte der Prophet[saw], *„und lasst ihn meine Seite mit seinem Ellbogen stoßen."* Sie taten dies, doch anstatt in die entblößte Seite des Propheten[saw] zu stoßen, beugte sich dieser Gefährte mit tränenden Augen nieder und küsste des Propheten[saw] entblößten Körper. *„Was ist das?"* fragte der Prophet[saw].

„Sagtet ihr nicht, dass eure Tage mit uns gezählt sind? Wie viele Gelegenheiten werden wir noch haben, euch zu berühren und unsere Liebe und Zuneigung für euch auszudrücken? Gut, ihr stießet mich einst mit eurem Ellbogen, doch wer könnte dafür Rache nehmen wollen? Dann hatte ich diesen Gedanken; ihr botet uns an, Rache zu nehmen. Ich sagte zu mir selbst – lasst mich Euch unter dem Deckmantel der Rache küssen."

Die anderen Gefährten waren nur so lange voll Wut, bis sie wünschten, sie hätten auch diesen Gedanken gehabt.

Der Prophet[saw] stirbt

Doch der Heilige Prophet[saw] war krank und sein Leiden nahm zu. Der Tod schien sich zu nähern, und Niedergeschlagenheit und Trübsinn bemächtigten sich der Gefährten. Die Sonne schien über Medina strahlend wie immer, doch den Gefährten erschienen die Tage lichtlos. Die Sonne ging auf wie eh und je, doch sie schien Dunkelheit, nicht Licht zu bringen.

Dann kam die Stunde, in der die Seele des Propheten[saw] ihre körperliche Hülle verlassen musste, um zu ihrem Schöpfer zurückzukehren. Sein Atmen wurde immer schwerer. Der Heilige Prophet[saw], der seine letzten Tage in Hadhrat Aischas Raum verbracht hatte, sagte zu ihr: *„Hebe meinen Kopf ein wenig an und bringe ihn näher zu Dir. Das Atmen fällt mir schwer."* Hadhrat Aischa[ra] tat dies; sie setzte sich hin und hielt seinen Kopf. Der Todeskampf wurde sichtbar. Sehr erregt blickte er mal zu dieser, mal zu jener Seite. Mehrere Male sagte er: *„Wehe den Juden und Christen, sie riefen zur Verehrung der Gräber ihrer Propheten auf."*

Dies war sozusagen seine letzte Botschaft an seine Anhänger. Während er auf seinem Sterbebett lag, schien er zu seinen Anhängern zu sagen: „Ihr werdet lernen, mich als erhabener und erfolgreicher als alle anderen Propheten[saw] anzusehen, doch macht mein Grab nicht zu einem Heiligtum. Lasst mein Grab Grab bleiben. Andere mögen die Gräber ihrer Propheten[saw] verehren und sie zu Mittelpunkten der Pilgerfahrt machen, zu Plätzen, wo sie Geißelübungen verrichten, Opfer bringen und Danksagungen sprechen. Andere mögen das tun, doch ihr nicht. Ihr müsst das eine und einzige Ziel im Auge behalten – die Verehrung des Einen und Einzigen Gottes."

Nachdem er so die Muslime ermahnt hatte, ihrer Pflicht eingedenk zu sein, über dem harterkämpften Glauben an den Einen Gott und den Unterschied zwischen Gott und dem Menschen zu wachen, fielen seine Augenlider herab. Seine Augen schlossen sich. Dann sagte er noch:

$$\text{اِلَى الرَّفِيْقِ الْاَعْلٰى اِلَى الرَّفِيْقِ الْاَعْلٰى}$$

„Zu meinem Freund, dem Höchsten der Hohen – zu meinem Freund, dem Höchsten der Hohen..."

Und so war er auf dem Weg zu seinem Gott und hatte seinen letzten Atemzug getan.

Die Nachricht erreichte die Moschee. Viele Gefährten waren dort versammelt, ihre weltlichen Geschäfte ruhen lassend. Sie hofften auf bessere Nachrichten – doch erfuhren von dem Tod des Propheten[saw].

Es kam wie ein Blitz aus heiterem Himmel. Hadhrat Abu Bakr[ra] war nicht da. Hadhrat Umar[ra] war in der Moschee, doch er war wie betäubt vor Schmerz. Er konnte es nicht ertragen, dass jemand sagte: *„Der Prophet ist tot"*. Er zog sein Schwert und drohte, jeden zu töten, der sagen würde, dass der Heilige Prophet[saw] tot sei. Es war noch so viel zu tun für den Heiligen Propheten[saw], er konnte noch nicht sterben. Gut, seine Seele hatte den Körper verlassen, doch sie war nur zum Treffen mit ihrem Schöpfer gegangen.

Wie Hadhrat Moses[as] einst für einige Zeit zu seinem Schöpfer gegangen war, um wiederzukonmen, so musste der Heilige Prophet[saw] wiederkommen, um noch zu tun, was unvollendet war. Da waren die Heuchler z. B., mit denen sie noch abzurechnen hatten.

Hadhrat Umar[ra] lief herum, mit seinem Schwert in der Hand, wie ein Irrer. Er sagte: *„Wer sagt, dass der Heilige Prophet tot ist, wird selbst von Umars Hand sterben."* Die Gefährten fühlten sich gestärkt und glaubten halbwegs, was Hadhrat Umar[ra] sagte. Der Heilige Prophet[saw] konnte nicht sterben. Es muss ein Irrtum gewesen sein. In der Zwischenzeit waren einige Gefährten auf der Suche nach Hadhrat Abu Bakr[ra], fanden ihn und erzählten ihm, was passiert war. Hadhrat Abu Bakr[ra] ging sofort zur Moschee, und ohne ein Wort zu äußern, von dort zu Hadhrat Aischas Haus (Hadhrat Aischa[ra] war Hadhrat Abu Bakrs[ra] Tochter und jüngste der Frauen des Heiligen Propheten[saw]). Er fragte sie: *„Ist der Pro-*

phet^(saw) *gestorben?"* „*Ja*", antwortete Hadhrat Aischa^(ra). Dann ging er zu dem Platz, wo des Propheten^(saw) Leiche lag, hob das Tuch vom Gesicht, beugte sich nieder und küsste die Stirn. Tränen voll Liebe und Kummer flossen von seinen Augen und er sagte: *"Gott ist unser Zeuge. Der Tod wird nicht zweimal über euch kommen."*
Dieser Satz war voll Bedeutung. Es war die Antwort Hadhrat Abu Bakrs auf das, was Hadhrat Umar^(ra) aus seinem wahnsinnigen Schmerz heraus gesagt hatte. Der Heilige Prophet^(saw) war gestorben. Das war ein körperlicher Tod – der Tod, den ein jeder zu sterben hat. Doch er sollte keinen zweiten Tod haben. Es würde keinen spirituellen Tod für ihn geben – keinen Tod des Glaubens, den er seinen Anhängern eingepflanzt hatte und für dessen Einpflanzung er so viel Schmerzen auf sich genommen hatte. Einer dieser Glaubenssätze – einer der wichtigsten – war, dass auch Propheten^(saw) Menschen sind und sterben müssen. Die Muslime sollten das nicht so bald nach des Propheten^(saw) eigenen Tod vergessen. Nachdem er diese bedeutungsvollen Sätze über der Leiche des Propheten^(saw) gesprochen hatte, ging Hadhrat Abu Bakr^(ra) hinaus und nahm seinen Weg direkt durch die Reihen der Gläubigen auf die Kanzel zu. Als er dort stand, stellte sich Hadhrat Umar^(ra) neben ihn, sein Schwert wie bisher gezogen, bereit, wenn Hadhrat Abu Bakr^(ra) sagen würde, dass der Heilige Prophet^(saw) gestorben ist, ihn zu töten. Als Hadhrat Abu Bakr^(ra) zu sprechen begann, zupfte Hadhrat Umar^(ra) an seinem Hemd, dass er aufhöre zu sprechen, doch Hadhrat Abu Bakr^(ra) brachte sein Hemd in Ordnung und weigerte sich, still zu sein. Dann zitierte er die Verse des Korans:

وَمَا مُحَمَّدٌ إِلَّا رَسُولٌ قَدْ خَلَتْ مِنْ قَبْلِهِ الرُّسُلُ ۚ أَفَإِنْ مَاتَ أَوْ قُتِلَ انْقَلَبْتُمْ عَلَىٰ أَعْقَابِكُمْ

„Muhammad ist nur ein Gesandter. Wahrlich alle Gesandten vor ihm sind verstorben. Wenn er nun stirbt oder getötet wird, werdet ihr umkehren auf euren Fersen?" (3:145)

Das heißt: Hadhrat Muhammad[saw] war ein Mann mit einer Botschaft von Gott. Vor ihm hatte es andere Männer mit Botschaften von Gott gegeben und alle sind sie gestorben. Wenn Hadhrat Muhammad[saw] sterben würde, würden sie alles vergessen, was er sie lehrte und was sie gelernt hatten? Dieser Vers wurde zur Zeit von Uhud offenbart. Gerüchte waren aufgekommen, dass Hadhrat Muhammad[saw] vom Feind getötet worden war. Viele Muslime verloren den Mut und verließen das Schlachtfeld. Der Vers kam vom Himmel, um sie zu stärken.

Er hatte die gleiche Wirkung zu dieser Gelegenheit. Nachdem Hadhrat Abu Bakr[ra] diese Verse rezitiert hatte, fügte er noch ein paar eigene Worte hinzu. Er sagte:

من كان يعبد الله فان الله حى لايموت

„Diejenigen unter Euch, die Gott anbeten, wisset, dass Gott lebt und nicht sterben wird."

ومن كان منكم يعبد محمدافان محمداقدمات

„Doch diejenigen unter Euch, die Muhammad anbeteten, (hört es von mir,) dass Muhammad tot ist."

Die Gefährten kamen durch diese rechtzeitige Ansprache wieder ins Gleichgewicht. Hadhrat Umar[ra] selbst veränderte sich, als er Hadhrat Abu Bakr[ra] die obigen Verse rezitieren hörte. Er bekam seine Fassung und sein verlorenes Urteilsvermögen zurück. Sobald Hadhrat Abu Bakr[ra] die Rezitation obiger Verse beendet hatte, war auch Hadhrat Umars geistiges Auge wieder klar. Er verstand jetzt, dass der Heilige Prophet[saw] wirklich gestorben war. Doch sobald er das erfasst hatte, versagten seine Knie und er brach zusammen. Der Mann, der Hadhrat Abu Bakr[ra] mit seinem blanken Schwert bedroht hatte, war durch dessen Rede verändert worden. Die Gefährten hatten das Gefühl, als ob sie diese Verse zum ersten Mal hörten, so stark und neu war ihre Wirkung. In einem Anfall von Trauer hatten sie vergessen, dass die Verse längst im Koran verewigt waren.

Viele gaben der Trauer, die die Muslime beim Tod des Heiligen Propheten überkam, Ausdruck, doch die kraftvollen und tiefgefühlten Worte, die Hassan, der Dichter des frühen Islam dafür fand, bleiben bis heute die eindrucksvollsten und unvergänglichsten. Er sagte:

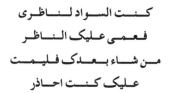

„Du warst die Pupille meines Auges.
Jetzt, wo Du gestorben bist,
ist mein Auge blind.
Es berührt mich nicht,
wer jetzt noch stirbt.
Denn es war nur Dein Tod,
den ich fürchtete."

Diese Verse brachten die Gefühle eines jeden Muslims zum Ausdruck.

Zweiter Teil:

Der Charakter des Heiligen Propheten Muhammad^{saw}

Persönlichkeit und Charakter des Propheten[saw]

Nachdem wir die hervorstechendsten Ereignisse aus dem Leben des Heiligen Propheten[saw] beschrieben haben, werden wir jetzt versuchen, eine kurze Skizze seines Charakters zu entwerfen. In diesem Zusammenhang haben wir das gemeinsame Zeugnis seines eigenen Volkes zur Verfügung, das sie seinem Charakter beimaßen, bevor er beanspruchte, ein Prophet[saw] zu sein.
Zu der Zeit war er unter seinen Leuten als *„Der Zuverlässige"* und *„Der Treue" (Al-Amin)* bekannt. *(Sirat Ibn Hisham)*
Es gibt zu allen Zeiten eine große Anzahl von Leuten, gegen die niemals der Vorwurf der Unredlichkeit erhoben worden ist. Es gibt gleichfalls eine große Anzahl, die niemals schweren Prüfungen oder Versuchungen ausgesetzt gewesen sind und die das tägliche Leben mit Rechtschaffenheit und Redlichkeit bewältigen und doch nicht besonderer Auszeichnung dafür für Wert gehalten werden. Besondere Auszeichnungen werden nur vergeben, wenn das Leben eines Menschen ein hervorragendes Maß hoher moralischer Eigenschaften aufweist. Jeder Soldat, der in eine Schlacht ziehz, setzt sein Leben Gefahren aus, doch ist weder jeder englische Soldat des Victoria Kreuzes, noch jeder deutsche Soldat des Eisernen Kreuzes für würdig gehalten. Es gibt hunderttausende von Leuten in Frankreich, die sich mit geistigen Studien befassen, doch nicht jeder von ihnen wird der Ehrenlegion für Wert gehalten. Die einfache Tatsache, dass ein Mann rechtschaffen und redlich ist, heißt nicht, dass er ausgezeichnet in diesen Eigenschaften ist, doch wenn ein ganzes Volk sich vereinigt, einem Menschen den Titel *„Der Zuverlässige"* und

„*Der Treue*" anzuerkennen, dann ist das ein Beweis für hervorragende Qualitäten.

Wäre es Sitte unter dem Volk von Mekka gewesen, in jeder Generation jemanden mit dieser Auszeichnung zu ehren, selbst dann wäre der Empfänger als jemand mit hohem Rang versehen angesehen worden. Doch die Geschichte von Mekka und von ganz Arabien gibt keinen Hinweis darauf, dass es allgemeiner Brauch unter den Arabern war, diese oder ähnliche Titel hervorragenden Persönlichkeiten in jeder Generation zu verleihen. Im Gegenteil, wir finden, dass in Jahrhunderten von arabischer Geschichte es sich nur im Falle des Heiligen Propheten des Islam[saw] zutrug, dass die Leute den Titel *„Der Wahrhaftige"* und *„Der Ehrliche"* vergaben.

Dies ist ein Beweis für die Tatsache, dass der Heilige Prophet[saw] diese Eigenschaften in so hohem Maße besaß, dass innerhalb des Wissens und der Erinnerung seiner Leute kein anderes Individuum ihm in dieser Hinsicht als gleich angesehen werden konnte. Die Araber waren für die Schärfe ihres Intellekts wohlbekannt, und was sie als selten ansahen, muss wirklich als selten und einzigartig angesehen werden.

Als der Heilige Prophet[saw] von Gott berufen wurde, die Bürde und Verantwortung des Prophetentums zu übernehmen, bezeugte seine Frau, Khadija[ra], seine hohen moralischen Qualitäten – eine Begebenheit, die schon in dem biographischen Teil besprochen worden ist.

Wir werden nun fortfahren, einige seiner hohen moralischen Qualitäten zu beschreiben, so dass der Leser in der Lage sein wird, selbst jene Seiten seines Charakters kennen und schätzen zu lernen, die nicht allgemein bekannt sind.

Des Propheten^(saw) Reinheit von Körper und Seele

Es wird vom Heiligen Propheten^(saw) berichtet, dass seine Redeweise immer sauber war und dass er (im Gegensatz zu den meisten seiner Zeitgenossen) nicht dem Gebrauch von Schwüren anhing *(Tirmidhi)*. Dies war etwas Außergewöhnliches für einen Araber. Wir wollen damit nicht andeuten, dass die Araber sich zur Zeit des Heiligen Propheten^(saw) gewohnheitsmäßig zotiger Redeweise hingaben, doch es kann keinen Zweifel darüber geben, dass sie die Angewohnheit hatten, ihre Reden mit einem kräftigen Maß von Schwüren zu würzen, eine Angewohnheit, die bis heute unter ihnen anhält. Der Heilige Prophet^(saw) jedoch hielt den Namen Gottes in solcher Verehrung, dass er ihn niemals ohne volle Rechtfertigung gebrauchte.

Er war sehr eigen, sogar peinlich genau, wenn es sich um körperliche Sauberkeit handelte, er hatte die Angewohnheit, seine Zähne mehrere Male am Tage zu putzen und hielt so viel von dieser Tätigkeit, dass er sagte, er fürchte nicht, dass die Anordnung sich als lästig erweisen würde. Er hätte es als verpflichtend für jeden Muslim gemacht, vor jedem der fünf täglichen Gebete die Zähne zu putzen. Er wusch seine Hände vor und nach jedem Essen, und wenn er etwas Gekochtes gegessen hatte, spülte er seinen Mund aus und hielt es für wünschenswert, dass jeder, der etwas Gekochtes gegessen hatte, dasselbe tun würde, bevor er sich zum gemeinsamen Gebet begeben würde. *(Bukhari)*

Im Gemeinwesen des Islam gilt die Moschee als der einzige Versammlungsort für Muslime. Der Heilige Prophet^(saw) legte deshalb besonderen Nachdruck auf Sauberkeit in den Moscheen, besonders zu Gelegenheiten, wenn eine große Menschenmenge erwartet werden konnte. Er hatte angeordnet, dass zu solchen

Gelegenheiten Weihrauch in den Moscheen abgebrannt werden sollte, um die Luft zu reinigen. *(Abu Dawud)*

Er gab auch Anweisungen, dass niemand zu einer Versammlung oder einem Treffen in die Moschee gehen sollte, nachdem er etwas gegessen hatte, das wahrscheinlich einen anstößigen Mundgeruch verbreiten würde. *(Bukhari)*

Er bestand darauf, dass Straßen sauber und frei von Zweigen, Steinen und sonstigen Dingen gehalten werden, die sich entweder als sperrig oder als anstößig erweisen könnten. Wenn immer er selbst solche Gegenstände auf der Straße liegen sah, entfernte er sie und pflegte zu sagen, dass jemand, der hilft, die Straßen und Wege sauber und frei zu halten, sich Gott gegenüber verdienstlich macht.

Es wird auch berichtet, dass er anregte, Durchgangsstraßen nicht auf eine Weise zu benutzen, die zu Verstopfung führt, noch irgendeine unsaubere oder unerwünschte Sache auf eine öffentliche Straße zu werfen, noch soll eine Straße auf irgendeine andere Weise verunreinigt werden, da all solche Akte Gott missfallen werden.

Er war sehr besorgt darum, dass alles Wasser, das für menschlichen Gebrauch bestimmt war, sauber und rein gelten würde. Zum Beispiel verbat er, dass irgendetwas in stehendes Wasser geworfen würde, das es besudeln könnte, und kein Wasserreservoir auf eine Weise benutzt würde, die das Wasser verunreinigen könnte. *(Bukhari und Muslim, Kitab Al-Birr Wa'l-Sila)*

Das einfache Leben des Propheten[saw]

Der Heilige Prophet[saw] war äußerst einfach in Bezug auf Essen und Trinken. Er gab niemals sein Missfallen über schlecht zubereitetes oder schlecht gekochtes Essen zum Ausdruck. Wenn er solches Essen zu sich nehmen konnte, so tat er es, um der Person, die es gekocht hatte, die Enttäuschung zu ersparen. Wenn jedoch ein Gericht ungenießbar war, dann ließ er es stehen, ohne seine Missbilligung darüber kund zu tun. Wenn er sich zu einem Essen hinsetzte, dann wandte er die Aufmerksamkeit dem Essen, das vor ihm stand, zu und pflegte zu sagen, dass er das Verhalten von Gleichgültigkeit Essen gegenüber nicht schätzte, als ob die Person, die isst, zu erhaben dazu wäre, dem Essen und Trinken Aufmerksamkeit zuzuwenden.

Wenn ihm irgendetwas Essbares geschenkt wurde, dann teilte er es immer mit den Anwesenden. Zu einer Gelegenheit schenkte ihm jemand einige Datteln. Er sah sich um und nachdem er die Anzahl der Anwesenden abgeschätzt hatte, verteilte er die Datteln zu gleichen Teilen unter ihnen, jeder bekam sieben Datteln.

Hadhrat Abu Huraira[ra] berichtet, dass der Heilige Prophet[saw] sich niemals satt aß, nicht einmal an Gerstenbrot. *(Bukhari)*

Zu einer anderen Gelegenheit bemerkte er, als er eine Straße entlang ging, einige Leute, die sich um ein geröstetes Zicklein scharten, um sich daran gütlich zu tun. Als sie den Heiligen Propheten[saw] sahen, forderten sie ihn auf, sich ihnen zuzugesellen, doch er lehnte es ab. Er lehnte es nicht ab, weil er keinen Geschmack an geröstetem Fleisch fand, sondern er billigte es nicht, dass sie auf einem offenen Platz ein Fest abhielten, wo arme Leute, die nicht genug zu essen hatten, es sehen konnten, ohne daran teilnehmen zu können.

Es wird berichtet, dass er sich zu anderer Gelegenheit beteiligte, am Spieß Gebratenes zu essen.

Hadhrat Aischa[ra] hat berichtet, dass der Heilige Prophet[saw] bis zu seinem Tode keine drei Male hintereinander satt zu essen hatte.

Er war sehr genau darin, dass jemand nicht uneingeladen zum Essen in eines anderen Mannes Haus gehe. Zu einer Gelegenheit lud ihn jemand zum Essen ein und bat ihn, vier weitere Personen mitzubringen. Als sie das Haus des Gastgebers erreicht hatten, stellte es sich heraus, dass sich eine sechste Person der Gesellschaft angeschlossen hatte. Der Gastgeber kam an die Tür, ihn und seine Begleiter zu begrüßen, und der Heilige Prophet[saw] wies ihn darauf hin, dass sie jetzt sechs seien, und dass er es dem Gastgeber überlasse, zu entscheiden, ob er es zulassen würde, die sechste Person an dem Essen teilnehmen zu lassen oder ob letzterer heimgehen sollte. Der Gastgeber lud selbstverständlich die sechste Person auch zum Essen ein. *(Bukhari, Kitab Al-At'ima)* Wann immer der Heilige Prophet[saw] sich zum Essen hinsetzte, begann er das Essen mit der Anrufung des Namens und Segens von Allah und sobald er endete, dankte er mit folgenden Worten:

اَلْحَمْدُ لِلّٰهِ حَمْدًا كَثِيْرًا طَيِّبًا مُبَارَكًا فِيهِ غَيْرَ مكفى ولا مودع ولا مستغنى عنه ربّنا

> „Aller Preis gebührt Allah, Der uns dies Essen beschert hat: Preis, reichlich und aufrichtig und immer zunehmend: Preis, der nicht den Eindruck im Gemüt hinterlässt, dass man genügend des Lobes geäußert hat, sondern der, der im Gemüt das Gefühl aufkommen lässt, dass nicht genug des Lobes geäußert worden ist und Preis, der kein Ende finden soll, und der denken lässt, dass jeder göttliche Akt preiswürdig ist und gepriesen werden soll. O Allah, fülle unsere Herzen mit diesen Empfindungen."

Manchmal pflegte er zu sagen:

اَلْحَمْدُ لِلّٰهِ الَّذِىْ كفانا واروانا غير مكفى وَلا مكفور

„Alle Lobpreisung gebührt Gott, Der unseren Hunger und Durst gestillt hat. Mögen unsere Herzen nach seinem Lob verlangen und niemals undankbar Ihm gegenüber sein."

Er ermahnte seine Gefährten immer, mit Essen aufzuhören, bevor sie satt sind und pflegte zu sagen, dass eines Mannes Essen immer genug für zwei sein solle. Wenn immer etwas Besonderes in seinem Hause gekocht wurde, pflegte er vorzuschlagen, dass etwas davon als Geschenk zu seinem Nachbarn geschickt werden sollte; Geschenke von Essen oder anderen Dingen gingen fortwährend von seinem Haus zu den Häusern der Nachbarn. *(Muslim und Bukhari, Kitab Al-Adab)*
Er versuchte immer, von den Gesichtern seiner Begleiter abzulesen, ob jemand Essen brauche.
Hadhrat Abu Huraira[ra] berichtet die folgende Begebenheit: Zu einer Gelegenheit war er über drei Tage lang ohne Essen gewesen. Er stand am Eingang zur Moschee und sah Hadhrat Abu Bakr[ra] vorbeikommen. Er fragte Hadhrat Abu Bakr[ra] um die Bedeutung eines Verses aus dem Koran, welcher das Speisen von Armen vorschreibt. Hadhrat Abu Bakr[ra] erklärte die Bedeutung und ging weiter. Hadhrat Abu Huraira[ra], wann immer er diese Begebenheit erwähnte, sagte voll Unwillens, dass er genau so gut wie Hadhrat Abu Bakr[ra] die Bedeutung dieser Verse verstünde. Er bat letzteren um die Erklärung der Verse, damit Hadhrat Abu Bakr[ra] vielleicht erraten würde, dass er hungrig sei und er vielleicht für etwas zu essen für ihn sorgen würde. Kurz danach kam Hadhrat Umar[ra] vorbei und Hadhrat Abu Huraira[ra] fragte auch ihn um die Erklärung der Verse. Hadhrat Umar[ra] erklärte auch ihre Bedeutung und ging weiter.
Hadhrat Abu Huraira[ra] war wie alle Gefährten des Heiligen

Propheten[saw] abgeneigt, eine direkte Bitte vorzubringen und als er feststellen musste, dass seine indirekten Versuche, auf seine Verfassung aufmerksam zu machen, keinen Erfolg gehabt hatten, wurde ihm schwindelig. Dann hörte er plötzlich mit sanfter, lieblicher Stimme seinen Namen rufen. Als er zu der Seite, von der die Stimme kam, blickte, sah er den Heiligen Propheten[saw] im Rahmen seines Fensters stehen und lächeln. Er sagte zu Abu Huraira[ra]: *"Seid ihr hungrig?"* Worauf Hadhrat Abu Huraira[ra] antwortete: *"Wahrlich, Botschafter Allahs, ich bin hungrig."* Der Heilige Prophet[saw] sagte: *"Wir haben auch kein Essen im Hause. Doch jemand hat uns gerade einen Becher Milch geschickt. Geht zur Moschee und seht, ob dort noch ein paar andere Leute sind, die wie ihr hungrig sind."* Hadhrat Abu Huraira[ra] fährt fort zu berichten:

> „Ich dachte bei mir selbst, ich bin so hungrig, dass ich den ganzen Becher Milch allein austrinken könnte. Und doch hat der Prophet mir gesagt, noch andere einzuladen, die auch hungrig sind, und das heißt, dass ich nur wenig von der Milch bekommen werde. Doch ich hatte des Propheten Auftrag auszuführen, und so ging ich in die Moschee und fand dort sechs Personen, die dann mit mir zu des Propheten Tür kamen. Er gab den Bescher Milch einem von ihnen und forderte ihn auf, zu trinken. Als er den Becher absetzte, bestand der Prophet drauf, dass er noch einen zweiten und noch einen dritten Zug nahm, bis er genug hatte. Auf die gleiche Weise bestand darauf, dass alle anderen der sechs ihr gutes Maß tranken. Jedes Mal, wenn er die anderen aufforderte, zu trinken, dachte ich, dass nur wenig für mich nachbleiben würde. Nachdem alle sechs getrunken hatten, gab der Prophet mir den Becher und ich sah, dass immer noch eine ganze Menge Milch darin war. Bei mir bestand der Prophet auch darauf, dass ich genug trinken

sollte und ließ mich einen zweiten und den dritten Schluck nehmen und dann trank er selbst, was übrig geblieben war, sagte Dank an Gott und verschloss die Tür. *(Bukhari, Kitab Al-Riqaq)*

Des Heiligen Propheten[saw] Absicht, als er Hadhrat Abu Huraira[ra] den Becher Milch als letzten gab, war wohl, dass er ihn darauf hiweisen wollte, dass er die Schmerzen des Hungers hätte aushalten sollen und auf Gott vertrauend, er nicht einmal indirekt auf seinen Zustand hätte aufmerksam machen sollen.

Er aß und trank immer mit der rechten Hand und unterbrach mitten im Trinken, um drei Atemzüge zu tun. Wenn jemand durstig ist, und Wasser ohne Unterbrechung trinkt, kann er zu viel trinken und seiner Gesundheit schaden. Beim Essen folgte er der Regel, dass er alles aß, was rein und erlaubt war, doch nicht auf eine Weise, die auf ein Sichgehenlassen deuten und die andere um ihren Anteil bringen würde. Wie schon gesagt, sein Essen war immer sehr einfach, doch wenn jemand ihm etwas Besonderes brachte, wies er es nicht zurück. Er verlangte jedoch nicht nach gutem Essen, obwohl er eine besondere Vorliebe für Honig und Datteln hatte. Was Datteln anbelangte, so pflegte er zu sagen, dass es eine besondere Beziehung zwischen einem Muslim und der Dattelpalme gebe. Ihre Blätter und Rinde und Früchte, reif und unreif, und selbst die Steine der Früchte konnten alle mit Nutzen verwendet werden und kein Teil davon war nutzlos. Das gleiche sollte von einem guten Muslim gelten. Kein Akt sollte ohne Wohltätigkeit sein und alles, was er tat, sollte dem Wohl der Menschheit dienen. *(Bukhari und Muslim)*

Der Heilige Prophet[saw] zog einfache Kleidung vor. Er trug für gewöhnlich ein Hemd und Izar (ein Stück Stoff, um die Hüfte gewickelt bis an die Knöchel reichend) oder ein Hemd und eine Hose. Er trug sein Izar oder seine Hose auf eine Weise, die seine Fußknöchel frei ließ. Er liebte es nicht, dass die Knie oder der Teil der Beine oberhalb der Knie entblößt waren, es sei denn aus einer Notwendigkeit heraus.

Er hielt es nicht für gut, sei es für Kleidung oder Vorhänge, dass ein Stoff figürliche Darstellungen enthielt, besonders nicht, wenn diese Figuren groß waren und als Götter oder Göttinnen oder andere Objekte der Anbetung angesehen werden konnten. Zu einer Gelegenheit fand er Vorhänge in seinem Haus, die große figürliche Darstellungen enthielten und er ließ sie entfernen. Er hielt es allerdings nicht für gravierend, wenn die Figuren klein waren und nicht missdeutet werden konnten.

Er trug niemals seidene Kleidung und erklärte sie für unerlaubt für muslimische Männer.

Um seine Briefe mit einem Siegel zu versehen, ließ er einen Siegelring anfertigen, doch er ordnete an, dass er aus Silber gemacht werden sollte und nicht aus Gold, denn er sagte, es wäre verboten für muslimische Männer, Gold zu tragen. *(Bukhari und Muslim)*

Muslimischen Frauen ist es erlaubt, Seide und Gold zu tragen, doch des Propheten[saw] Anweisung war, dass Überfluss vermieden werden sollte. Zu einer Gelegenheit rief er zu Opfern für die Armen auf, und eine Frau streifte einen ihrer Armreifen ab und legte ihn als ihren Beitrag vor ihn hin. Sich an sie wendend, sagte er: *„Verdient Eure andere Hand es nicht, vor dem Höllenfeuer bewahrt zu bleiben?"* Die Frau streifte dann ihren Armreifen auch von dem anderen Arm ab und gab ihn für den Zweck, den der Heilige Prophet[saw] im Auge hatte. Keine seiner Frauen besaß Schmuck von beträchtlichem Wert und andere muslimische

Frauen besaßen selten Schmuck. Im Einklang mit den Lehren des Koran missbilligte er das Anhäufen von Geld oder Gold, weil dies den Interessen der Armen in der Gesellschaft schadet, die Wirtschaft störte und somit eine Sünde war.

Umar[ra] schlug dem Heiligen Propheten[saw] eines Tages vor, dass er sich einen reichen Umhang machen lassen sollte, da er die Abgeordneten von einflussreichen Herrschern zu empfangen habe, und er diesen dann für solche Zeremonien tragen könne. Dem Propheten[saw] gefiel diese Idee nicht und er sagte:

„Es würde Gott nicht gefallen, wenn ich solche Angewohnheiten annehmen würde. Ich werde jeden in dem Anzug, den ich normalerweise trage, empfangen."

Zu einer Gelegenheit wurden ihm seidene Gewänder geschenkt und er schickte eines davon an Umar[ra]. Worauf dieser sagte: *„Wie kann ich dies tragen, wenn Ihr selbst es nicht gutheißt, seidene Gewänder zu tragen?"* Der Heilige Prophet[saw] bemerkte: *„Es ist nicht jedes Geschenk für persönlichen Gebrauch bestimmt."* Er wollte damit sagen, dass, da das Gewand aus Seide war, er es seiner Frau oder seiner Tochter geben oder es anderweitigem Gebrauch zuführen könnte. *(Bukhari, Kitab Al-Libas)*

Die Schlafstätte des Propheten[saw] war auch äußerst einfach. Er gebrauchte niemals ein Bettgestell oder Sofa, sondern schlief auf dem Boden, auf einer Ledermatratze oder einer Kamelhaardecke. Hadhrat Aischa[ra] berichtete:

> „Unsere Matratze war so klein, dass, wenn der Heilige Prophet in der Nacht zum Gebet aufstand, ich auf der einen Seite der Matratze lag und meine Beine ausstreckte, wenn er in der stehenden Position war und sie anzog, wenn er sich niederknien musste." *(Muslim, Tirmidhi und Bukhari, Kitab Al-At'ima)*

Er legte die gleiche Einfachheit für sein Haus an den Tag. Sein Haus bestand normalerweise aus einem Raum und einem kleinen Hofraum. Eine Leine war gewöhnlich durch den Raum gespannt, so dass, wenn Besucher kamen, ein Vorhang über die Leine geworfen werden konnte, damit ein Teil in einen Empfangsraum, getrennt von dem Raum für seine Frau, umgewandelt werden konnte. Sein Leben war so einfach, dass sie sich, wie Aischa[ra] berichtete, zu seinen Lebzeiten oftmals tagelang nur von Datteln und Wasser ernährten, und dass am Tage seines Todes kein Essen, außer ein paar Datteln, im Hause war. *(Bukhari)*

Das Verhältnis des Heiligen Propheten[saw] zu Gott

Jede Seite des Lebens des Heiligen Propheten[saw] schien bestimmt und belebt zu sein von seiner Liebe und Ergebenheit zu Gott. Trotz der enormen Verantwortlichkeit, die auf seinen Schultern lastete, verbrachte er den größeren Teil seiner Zeit während des Tages sowohl als auch der Nacht mit der Anbetung und Lobpreisung Gottes. Er verließ sein Bett um Mitternacht und ergab sich der Anbetung Gottes bis es Zeit war, zum Morgengebet in die Moschee zu gehen. Er stand manchmal lange während der letzten Nachtstunden im Gebet versunken, dass seine Füße anschwollen und diejenigen, die ihn so sahen, waren jeweils tief gerührt.

Bei einer Gelegenheit sagte Hadhrat Aischa[ra] zu ihm: *„Gott hat Euch mit seiner Liebe und Nähe geehrt. Warum ergebt Ihr Euch so vieler Unbequemlichkeiten und Schwierigkeiten?"* Er antwortete:

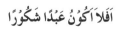

Der Charakter des Heiligen Propheten Muhammad

„Wenn Gott mir aus Seiner Gnade und Barmherzigkeit Seine Liebe und Nähe gewährt hat, ist es dann nicht meine Pflicht, in Erwiderung Ihm immerzu meinen Dank darzubringen? Dankbarkeit soll im Verhältnis zu den empfangenen Wohltaten zunehmen." (Bukhari, Kitab Al-Kusuf) Er begab sich niemals in irgendein Unternehmen ohne göttlichen Befehl oder Seine Erlaubnis. Es wurde schon im biografischen Teil berichtet, dass er trotz der heftigen Verfolgung durch die Mekkaner die Stadt nicht verließ, bis er den göttlichen Befehl dazu bekam. Als die Verfolgung unerträglich wurde und er seinen Gefährten Erlaubnis gab, nach Abessinien auszuwandern, äußerten einige von ihnen den Wunsch, dass er sich ihnen anschließen möge. Er lehnte das mit der Begründung ab, dass er keine göttliche Erlaubnis dafür bekommen hätte. Zu einer Zeit von Bedrängnis und Verfolgung, wenn die Leute gewöhnlich ihre Verwandten und Freunde möglichst nahe bei sich behalten wollen, wies er seine Gefährten an, Zuflucht in Abessinien zu suchen, und er selbst blieb in Mekka zurück, denn Gott hatte ihm nicht befohlen, die Stadt zu verlassen.

Wenn immer er das Wort Gottes rezitieren hörte, wurde er von Empfindungen überwältigt und Tränen strömten über seine Wangen, besonders wenn er Versen zuhörte, die seine eigene Verantwortlichkeit betonten.

Hadhrat Abdullah Bin Mas'ud[ra] berichtet, dass er zu einer Gelegenheit vom Heiligen Propheten[saw] gebeten wurde, einige Verse des Korans zu rezitieren. Er sagte: *„O Botschafter Gottes! Der Koran ist euch offenbart worden (d. h. Ihr kennt ihn am besten von allen). Wie kann ich ihn Euch rezitieren?"* Doch der Heilige Prophet[saw] sagte: *„Ich höre ihn auch gern von anderen rezitiert."* Daraufhin begann Hadhrat Abdullah Bin Mas'ud[ra] von der Sura Al-Nisa zu rezitieren. Als er den Vers rezitierte:

$$\text{فَكَيْفَ اِذَاجِئْنَا مِنْ كُلِّ اُمَّةٍ بِشَهِيْدٍ وَّجِئْنَا بِكَ عَلٰى هٰؤُلَآءِ شَهِيْدًا}$$

„Und Wie wird es ihnen ergehen, Wenn Wir aus jedem Volk einen Zeugen herbeibringen und dich als Zeugen herbeibringen wider diese?" (4:42)

rief der Heilige Prophet[saw]: *„Genug, genug!"* Hadhrat Abdullah Bin Mas'ud[ra] blickte auf und sah, dass Tränen von des Heiligen Propheten[saw] Augen strömten. *(Bukhari, Kitab Fada'il Al-Qur'an)*

Er nahm es so genau, an den gemeinsamen Gebeten teilzunehmen, dass, selbst während schwerer Krankheit, wenn es nicht nur erlaubt ist, die Gebete im eignen Zimmer zu verrichten, sondern sogar im Bett liegend, er zur Moschee ging, um die Gebete zu leiten. Zu einer Gelegenheit, als er nicht in der Lage war, sich zur Moschee zu begeben, ordnete er an, dass Abu Bakr[ra] die Gebete leiten solle. Bald darauf jedoch fühlte er eine Besserung in seinem Befinden und bat, dass man ihm hilft, in die Moschee zu gehen. Er hing seine Arme über die Schultern von zwei Männern, doch war so schwach, dass, Hadhrat Aischa[ra] zufolge, seine Füße den Boden entlang schliffen. *(Bukhari)*

Es ist allgemeiner Brauch, durch Händeklatschen seiner Freude Ausdruck zu geben oder Aufmerksamkeit auf eine bestimmte Sache zu lenken, und die Araber hatten die gleiche Angewohnheit. Der Heilige Prophet[saw] jedoch bevorzugte das Gedenken an Gott so sehr, dass er auch für diesen Zweck anstelle des Händeklatschens das Loben und Gedenken Allahs einführte.

Bei einer Gelegenheit, als er mit einer wichtigen Sache beschäftigt war, rückte die Zeit für das nächste Gebet nahe, und er ordnete an, dass Hadhrat Abu Bakr[ra] die Gebete leiten solle. Kurz darauf war er allerdings in der Lage, das Geschäft zu beendigen und begab sich sofort zur Moschee. Hadhrat Abu Bakr[ra] leitete die Gebete, doch als die Gemeinde bemerkte, dass der Heilige Prophet[saw] gekommen war, klatschten sie in ihre Hände, um einerseits ihrer Freude über seine Ankunft Ausdruck zu geben und zum anderen Hadhrat Abu Bakr[ra] darauf aufmerksam zu machen, dass der Prophet[saw] gekommen sei.

Daraufhin trat Hadhrat Abu Bakr[ra] zurück und machte Platz für den Heiligen Propheten[saw], die Gebete zu leiten. Nach Beendigung der Gebete, wandte sich der Heilige Prophet[saw] an Hadhrat Abu Bakr[ra] und sagte: *„Warum tratet ihr zurück, nachdem ich euch beauftragt hatte, die Gebete zu leiten?"* Hadhrat Abu Bakr[ra] antwortete: *„O Botschafer Gottes! Wie könnte der Sohn Abu Quhafas die Gebete in der Anwesenheit von Allahs Botschafter leiten?"* Dann, die Gemeinde ansprechend, sagte der Heilige Prophet[saw]: *„Warum klatschtet ihr in die Hände? Es ist nicht schicklich, dass ihr während ihr mit dem Gedenken an Gott beschäftigt seid, in die Hände klatscht. Sollte es sich zutragen, dass während des Gebetes die Aufmerksamkeit auf irgendetwas gerichtet werden soll, so sollt Ihr anstatt in die Hände zu klatschen, den Namen Gottes laut ausrufen. Dies wird die Aufmerksamkeit auf das lenken, was der Aufmerksamkeit bedarf."* (Bukhari)

Der Heilige Prophet[saw] hieß es nicht für gut, Gebete oder Gottesdienst als Buße oder Strafe anzusehen. Einmal kam er nach Hause und bemerkte ein Seil zwischen zwei Pfeilern gespannt. Er erkundigte sich, was das zu bedeuten habe, und erfuhr, dass seine Frau Zainab[ra] das Seil dazu benutzte, sich daran zu lehnen, wenn sie während ihrer langen Gebete ermüdete. Er ließ das Seil entfernen und sagte, dass Gebete nur so lange fortgesetzt werden sollen, als man sich wohl und heiter fühle und wenn jemand müde würde, so solle er sich hinsetzen. Gebete sind keine Strafe und wenn sie fortgesetzt werden, nachdem der Körper ermüdet ist, dann verfehlen sie ihren Zweck. *(Bukhari, Kitab Al-Kusuf)*

Er verabscheute jede Tätigkeit und Gewohnheit, die auch nur im Entferntesten nach Götzenanbetung aussah. Als sein Ende nahe war und der Todeskampf ihn fesselte, wandte er sich von einer Seite zur anderen und rief aus: *„Möge der Fluch Gottes auf die Juden und Christen herabkommen, die die Gräber ihrer Propheten zu Plätzen der Anbetung gemacht haben." (Bukhari)*

Er dachte dabei an die Juden und Christen, die sich an den Gräbern ihrer Propheten und Heiligen niederwarfen und ihre Gebete an sie richteten, und er meinte, dass, wenn die Muslime sich den gleichen Bräuchen hingeben würden, sie seiner Gebete nicht würdig wären, im Gegenteil, sie sich selbst von ihm entfernten.

Auf seine äußerste Besorgnis um die Ehre Gottes ist schon im biografischen Abschnitt hingewiesen worden.

Die Leute von Mekka ereiferten sich, alle möglichen Versuchungen in seinen Weg zu legen, damit er seine Gegnerschaft zur Götzenverehrung aufgäbe. *(Tabari)*

Sein Onkel Abu Talib versuchte auch, sie ihm abzuraten und brachte seine Furcht zum Ausdruck, dass, wenn er in der Anprangerung der Götzenverehrung beharrte, Abu Talib zwischen der Aufgabe, ihm Schutz zu gewähren, und der bittern Feindschaft seines Volkes zu wählen habe. Die einzige Antwort, die der Prophet[saw] zu dieser Gelegenheit für seinen Onkel hatte, war:

> „Selbst wenn diese Leute die Sonne in meine rechte und den Mond in meine linke Hand legen würden, würde ich nicht davon abstehen, die Einheit Gottes zu verkünden und zu predigen." (Zurqani)

Und während der Schlacht von Uhud, als die verbliebenen

verwundeten Muslime am Fuße eines Hügels um ihn geschart waren, und ihre Feinde ihren Jubel darüber, dass sie den muslimischen Widerstand gebrochen hatten, ihr Siegesschrei zum Ausdruck brachten und ihr Führer Abu Sufyan rief:

$$\text{اُعْلُ هُبُل. اُعْلُ هُبُل}$$

„Heil Hubal, Heil Hubal!"

Und der Heilige Prophet^{saw}, obwohl er sich bewusst war, dass seine eigene Sicherheit und der kleinen Schar um ihn herum darin lag, zu schweigen, sich nicht mehr zurückhalten konnte, befahl er seinen Gefährten als Antwort auszurufen:

$$\text{اللهُ اَعلىٰ وَاَجَلُّ اللهُ اَعلىٰ وَاَجَلُّ}$$

„Allahs allein ist der Sieg und die Herrlichkeit! Allahs allein ist der Sieg und die Herrlichkeit!" *(Bukhari)*

Es war eine allgemeine falsche Auffassung unter den Anhänger verschiedener Religionen vor dem Aufkommen des Islam, dass himmlische und irdische Offenbarungen stattfanden, Freude und Kummer der Propheten, Heiligen und anderer großer Männer zum Ausdruck zu bringen und dass selbst Bewegungen der Himmelskörper durch sie beeinflusst werden konnten. Zum Beispiel wird von einigen berichtet, dass sie die Sonne zum Stillstand brachten oder den Lauf des Mondes aufhielten oder die Wellen des Wassers beruhigten.

Der Islam lehrte, dass solche Vorstellungen unbegründet waren, und dass der Gebrauch dieser Phänomene in religiösen Schriften im übertragenen Sinne, statt im Kontext ihrer eigentlichen

Bedeutung erklärt zu werden, Anlass zu Aberglauben gegeben hatten.

Trotzdem neigten einige Muslime dazu, diese Ereignisse mit Begebenheiten im Leben großer Propheten in Zusammenhang zu bringen. In den letzten Lebensjahren des Heiligen Propheten[saw] starb des Propheten[saw] Sohn Ibrahim[ra] im Alter von zweieinhalb Jahren. Am gleichen Tage fand eine Sonnenfinsternis statt. Einige Muslime in Medina verbreiteten die Idee, dass die Sonne sich als Zeichen göttlicher Anteilnahme am Tode von des Propheten[saw] Sohn verdunkelt hatte.

Als dies dem Propheten[saw] zu Ohren kam, bekundete er großen Unwillen darüber und verurteilte diese Vorstellung. Er erklärte, dass die Sonne und der Mond und andere Himmelskörper alle göttlichen Gesetzen zu folgen hätten und dass ihre Bewegungen und die damit verbundene Phänomene keine Beziehungen zu dem Leben oder Tod irgendeiner Person haben. *(Bukhari)*

Arabien ist ein sehr trockenes Land und Regen ist immer willkommen und sehnsüchtig erwartet. Die Araber stellten sich vor, dass der Regen durch die Bewegungen der Sterne beeinflusst sei. Wenn immer jemand diese Auffassung zum Ausdruck brachte, erregte sich der Heilige Prophet[saw] sehr und ermahnte seine Leute, dass sie nicht Wohltaten, die ihnen von göttlicher Vorsehung zugedacht waren, anderen Quellen zuschreiben sollten. Er erklärte, dass Regen und andere Naturphänomene göttlichen Gesetzen unterworfen seien, und dass sie nicht durch Gefallen oder Missfallen irgendeines Gottes oder einer Göttin oder irgendeiner anderen Macht kontrollierbar waren. *(Muslim, Kitab Al-Iman)*

Er hatte vollkommenes Gottvertrauen, das keine Kombination widriger Umstände erschüttern konnte. Zu einer Gelegenheit stand einer seiner Feinde, der ihn schlafend und unbewacht fand, mit gezogenem Schwert über ihm, bereit, ihn sofort zu töten. Doch bevor er zuschlug, fragte er: *„Wer kann euch jetzt aus dieser misslichen Lage retten?"* Der Prophet[saw] antwortete ruhig: *„Allah!"* Er äußerte diese Worte mit solch vollkommener Sicherheit, dass selbst das Herz dieses ungläubigen Feindes gezwungen war, die Erhabenheit seines Glaubens und Gottvertrauens zuzugeben. Das Schwert fiel ihm aus der Hand und er, der noch Augenblicke vorher zu seiner Vernichtung entschlossen war, stand jetzt vor ihm wie ein überführter Verbrecher, der auf seine Strafe wartet. *(Muslim, Kitab Al-Fada'Il und Bukhari, Kitab Al-Jihad)*

Am anderen Ende der Skala stand sein Sinn für vollkomme Ergebenheit gegenüber dem Göttlichen.

Hadhrat Abu Huraira[ra] berichtet: *„Eines Tages hörte ich den Heiligen Propheten sagen, dass kein Mensch sein Heil allein durch seine eigenen guten Werke erreichen könnte. Daraufhin sagte ich: ‚O Botschafter Allahs! Gewiss werdet Ihr durch Eure eigenen guten Taten ins Paradies gelangen.' Worauf er antwortete: ‚Nein, auch ich kann nicht durch meine eigenen guten Werke ins Paradies gelangen, ohne dass Gottes Gnade und Barmherzigkeit mich umschließen'." (Bukhari, Kitab Al-Riqaq)*

Er ermahnte die Leute immer, den rechten Weg zu wählen und zu befolgen und fleißig nach Mitteln zu suchen, die Nähe Gottes zu erreichen. Er lehrte, dass kein Mensch den Freitod wählen sollte, denn ist er ein guter Mensch, so wird er durch längeres Leben Gelegenheit haben, noch mehr Gutes zu tun, und ist er ein schlechter Mensch, kann er mit längerer Lebenszeit seine üblen Wege bereuen und sich auf gute Wege begeben. Seine Liebe und Ergebenheit Gott gegenüber fand auf vielerlei Weise Ausdruck. Zum Beispiel, wenn nach der Trockenzeit die ersten Regentropfen fielen, pflegte er seine Zunge auszustrecken, um einen

Regentropfen abzufangen und zu erklären: *"Hier ist die jüngste Gunstbezeugung meines Herrn."* Er betete ununterbrochen um Gottes Vergebung und Wohlwollen, besonders wenn er unter Leuten war, sodass diejenigen, die in seiner Begleitung waren oder mit ihm und den Muslimen verbunden waren, sich selbst vor Gottes Zorn bewahren und göttlicher Vergebung würdig werden sollten. Das Bewusstsein, dass er sich immer in der Gegenwart Gottes befand, verließ ihn nie. Wenn er sich zum Schlafen niederlegte, sagte er:

باسمک اللّهم اموتُ واحیٰ

„O Allah! Lass mich mit Deinem Namen auf den Lippen einschlafen und mit Deinem Namen auf meinen Lippen lass mich aufwachen."

Wenn er aufwachte, pflegte er zu sagen:

اَلْحَمْدُ لِلّٰهِ الَّذِىْ اَحْيَانَا بَعْدَ مَا اَمَاتَنَا وَاِلَيْهِ النُّشُوْرُ

„Aller Lob und Preis gehört Gott, Der mich zum Leben zurückbrachte nach dem Tod (Schlaf) und eines Tages werden wir alle zu Ihm versammelt werden." *(Bukhari)*

Er verlangte fortwährend nach Gottes Nähe und eines seiner oft wiederholten Gebete lautete:

اللّٰهُمَّ اجعل فى قلبى نوراً و فِى بصرى نوراً و فى سمعى نوراً و عن يمينى نوراً وعن يسارى نوراً وفوقى نوراً وتحتى نوراً وامامى نوراً وخلفى نوراً واجعل لى نوراً

„O Allah! Fülle Du mein Herz mit Deinem Licht und fülle meine Augen mit Deinem Licht und fülle meine Ohren mit Deinem Licht und bringe Dein Licht zu meiner Rechten und bringe Dein Licht zu meiner Linken und bringe Dein Licht über mich und bringe Dein Licht unter mich und bringe Dein Licht vor mich und bringe Dein Licht hinter mich und O Allah, verwandle mein ganzes Wesen in Licht." *(Bukhari)*

Hadhrat Ibn Abbas[ra] berichtet:

„Kurz vor dem Tod des Heiligen Propheten[saw] kam Musailima (ein falscher Prophet) nach Medina und erklärte, dass wenn Muhammad ihn als Nachfolger bestimmen würde, er bereit wäre, ihn anzuerkennen. Musailima war in Begleitung eines großen Gefolges und der Stamm, mit dem er verbündet war, war der Größte der Stämme Arabiens. Als der Heilige Prophet[saw] von seiner Ankunft in Kenntnis gesetzt worden war, ging er, begleitet von Thabit Bin Qais Bin Shams, zu ihm, um ihn zu begrüßen. Er hatte einen trockenen Palmzweig in seiner Hand. Als er in Musailimas Zelt ankam, stellte er sich vor ihm auf. In der Zwischenzeit waren ihm weitere Gefährten gefolgt und umgaben ihn. Sich an Musailima wendend sagte er: *‚Es ist mir berichtet worden, dass Ihr sagtet, wenn ich Euch als meinen Nachfolger bestimmen würde, Ihr bereit wäret, mir zu folgen; doch ich bin nicht bereit, selbst diesen trockenen Palmzweig entgegen Gottes Befehl an euch zu vermachen. Euer Ende wird kommen, wie Gott es bestimmt hat. Wenn Ihr euch von mir abwendet, wird Gott euch vernichten. Ich sehe sehr klar, dass Gott mit euch verfahren wird, wie er mir offenbart hat.'* Dann fügte er hinzu: *‚Ich werde mich jetzt zurückziehen. Wenn Ihr noch etwas zu sagen habt, dann ist hier Thabit Bin Qais Bin Shams, der als mein Stellvertreter handeln wird.'* Dann kehrte er heim.
Hadhrat Abu Huraira war bei ihm. Jemand fragte den Pro-

pheten, was er damit meinte, dass Gott mit Musailima verfahren werde, wie ihm offenbart worden war. Der Heilige Prophet[saw] antwortete: *‚Ich sah in einem Traum zwei Armreifen an meinen Händen, die mir nicht gefielen. Während ich immer noch träumte, gebot Gott mir, über die Armreifen zu blasen. Als ich das tat, verschwanden beide Armreifen. Ich deutete das so, dass zwei falsche Beansprucher (zum Prophetentum) nach mir kommen würden.'* " (Bukhari, Kitab Al-Maghazi)

Diese Begebenheit ereignete sich gegen Ende von des Propheten-[saw] Leben. Der letzte und stärkste der arabischen Stämme, der ihn noch nicht anerkannt hatte, war bereit, sich ihm zu unterwerfen und die einzige Bedingung, die sie daran knüpften, war, dass der Heilige Prophet[saw] ihr Oberhaupt als seinen Nachfolger bestimmen sollte. Wäre der Prophet[saw] auch nur im Entferntesten von persönlichen Motiven angetrieben gewesen, hätte nichts dem im Wege gestanden; die Sicherheit ganz Arabiens mit dem Versprechen, das Oberhaupt des größten Stammes Arabiens als seinen Nachfolger zu bestimmen, zu garantieren.

Der Heilige Prophet[saw] hatte keinen eigenen Sohn und kein dynastischer Ehrgeiz stand solchem Übereinkommen im Wege, doch er betrachtete selbst das kleinste Ding nicht als sein eigen und als etwas, worüber er frei verfügen konnte. Er konnte deshalb mit der Führerschaft der Muslime nicht so verfahren, als ob sie in seiner Verfügungsgewalt läge. Er betrachtete sie als ein geheiligtes göttliches Pfand und glaubte, dass es jemandem verliehen werde, den Er dazu für geeignet halten würde. Er lehnte deshalb Musailimas Angebot mit Verachtung ab und sagte ihm, dass er nicht einmal bereit war, ihm einen trockenen Palmzweig zu vermachen, geschweige denn die Führung über die Muslime. Wann immer er auf Gott hinwies oder über Gott sprach, dann erschien es den Anwesenden, als ob sein ganzes Wesen im Griff leidenschaftlicher Liebe und Ergebenheit zu Gott war. Er bestand immer auf Einfachheit in der Anbetung Gottes. Die Moschee, die er in Medina baute und in der er die Gebete zu leiten pflegte, hatte nur einen Lehmfußboden, der ohne Matten oder Decken blieb, und das Dach, das aus trockenen Palmzweigen und Blättern bestand, war nicht dicht und ließ den Regen durch. Zu solchen Gelegenheiten wurden der Heilige Prophet[saw] und die Mitglieder seiner Gemeinde durchnässt und mit Lehm beschmutzt, doch er würde die Gebete bis zum Ende führen und zu keiner Gelegenheit gab er einen Hinweis darauf, dass er den Gottesdienst verschieben oder ihn in ein wetterfestes Gebäude zu verlegen pflegte. *(Bukhari, Kitab Al-Saum)*

Er war auch wachsam für seine Gefährten. Hadhrat Abdullah Bin Umar[ra] führte ein äußerst frommes, reines Leben. Über ihn sagte der Heilige Prophet[saw] einmal: *„Abdullah Bin Umar wäre ein noch besserer Mann, wenn er noch regelmäßiger in seinen Tahajjud-Gebeten[8] wäre."*

Als Hadhrat Abdullah Bin Umar[ra] davon erfuhr, ergab er sich diesen Gebeten und ließ danach keinen Tag mehr aus. Es wird berichtet, dass der Heilige Prophet[saw] eines Tages, als er das Haus seiner Tochter Hadhrat Fatima[ra] besuchte, sich danach erkundigte, ob sie und sein Schwiegersohn Hadhrat Ali[ra] regelmäßig ihre Tahajjud-Gebete verrichteten. Hadhrat Ali[ra] antwortete: *„O Gesandter Gottes! Wir versuchen, zu unseren Tahajjud-Gebeten aufzustehen, doch gelegentlich, wenn es Gott gefällt, dass wir nicht zur rechten Zeit aufwachen, dann lassen wir sie aus."* Er kehrte heim und auf

---

[8] Dies sind die Gebete, die während der letzten Nachtstunden verrichtet werden, jedoch nicht zu den vorgeschriebenen Gebeten gehören, die verpflichtend sind.

seinem Weg wiederholte er mehrere Male einen Vers des Korans:

$$\text{وَكَانَ الْإِنْسَانُ اَكْثَرَ شَىْءٍ جَدَلًا}\ ^9$$

der besagte, dass der Mensch oftmals zögert, seinen Fehler zuzugeben und versucht, ihn mit Entschuldigungen zu vertuschen. *(Bukhari, Kitab Al-Kusuf)*

Der Prophet[saw] wollte damit sagen, dass Ali[ra] seinen Fehler nicht hätte Gott zuschieben sollen, indem er sagte, dass wenn Gott nicht gewollt hätte, dass sie aufwachen, sie nicht in der Lage waren, aufzuwachen – sondern hätte seine eigene Schwäche in dieser Angelegenheit zugeben sollen.

Missbilligung von Buße

Der Heilige Prophet[saw] missbilligte in scharfer Weise die Förmlichkeit in Bezug auf Gebete und verdammte es, dass jemand sich selbst Buße in Form von Gebeten auferlegte. Er lehrte, dass wahre Anbetung darin liegt, die Fähigkeiten, mit denen Gott den Menschen ausgestattet hatte, auf wohltätige Weise einzusetzen. Gott hat den Menschen mit Augen zum Sehen ausgestattet, es ist nicht Ehrerbietung Gott gegenüber, sondern Ungehörigkeit, sie geschlossen zu halten oder sie entfernen zu lassen. Es ist nicht der vernünftige Gebrauch der Augen, der als sündig angesehen werden kann, sondern der ungehörige Gebrauch der Fähigkeit zu sehen, der als Sünde bezeichnet werden muss. Er wäre Undankbarkeit von seiten des Menschen, sich der Fähigkeit zu hö-

---

[9] (...) doch von allen Dingen ist der Mensch am streitsüchtigsten. (18:55; Anm. d. Ü.)

ren zu berauben, obwohl es als Sünde bezeichnet werden muss, wenn er die Fähigkeit dazu missbraucht, seine Ohren Verleumdungen zu leihen. Nichts zu essen (außer es ist vorgeschrieben oder wünschenswert), kann zum Selbstmord führen und so eine Sünde bedeuten, die nicht vergeben werden kann, obwohl es andererseits auch als sündig angesehen werden muss, wenn jemand sich lediglich auf Essen und Trinken verbotener oder unerwünschter Dinge einlässt. Dies ist ein goldener Mittelweg, der vom Heiligen Propheten des Islam[saw] eingeführt und mit Nachdruck betont und von keinem vorhergegangenen Propheten[saw] erwähnt worden war.

Der gewissenhafte Gebrauch der naturgegebenen Eigenschaften bedeutet, hohe moralische Qualitäten zu haben; die Vereitelung oder das Wirkungslosmachen dieser Eigenschaften ist Torheit. Es ist ihr falscher Gebrauch, der Übel oder Sünde ist. Ihr richtiger Gebrauch ist die wahre Tugend.

Dies ist das Wesen der moralischen Lehren, die vom Heiligen Propheten des Islam[saw] eingeschärft worden sind. Und dies gibt auch kurz das Bild seines eigenen Lebens und seiner eigenen Taten wieder.

Hadhrat Aischa[ra] berichtet:

مَاخُيِّررسول الله صلى الله عليه وسلم بين امرين اّلا اخذ ايسر هما مالم يكن اثمًا كان البعدالناس منهُ

„Wann immer der Heilige Prophet zwischen zwei Wegen wählen konnte, entschied er sich für den leichteren der zwei, vorausgesetzt, er war frei von jeglichem Verdacht auf Irrtum oder Sünde. Wo ein Weg nicht frei von solchem Verdacht war, ging der Heilige Prophet ihm von allen Menschen am weitesten aus dem Wege." *(Muslim, Kitab Al-Fad'il)*

Der Charakter des Heiligen Propheten Muhammad

Dies ist in der Tat die höchste und vortrefflichste Lebensweise. Viele Menschen erlegen sich Schmerzen und Entbehrungen auf, nicht um das Wohlgefallen Gottes zu gewinnen, denn Gottes Wohlwollen kann man nicht durch sinnlose Schmerzen und Entbehrungen gewinnen, sondern um den anderen Menschen etwas vorzutäuschen. Solche Leute haben wenig innere Tugend und wollen ihre Fehler verdecken und in den Augen anderer durch Anmaßung falscher Tugend Verdienste erringen. Die Aufgabe des Heiligen Proheten des Islam[saw] war es jedoch, die wahren Tugenden zu zeigen und die Freude Gottes zu gewinnen. Er war deshalb völlig frei von Vorspielungen und Scheinheiligkeit.

Ob die Welt ihn als schlecht ansehen oder ihn als gut preisen würde, war etwas, was ihn überhaupt nicht berührte. Wichtig war für ihn, wie er vor sich selbst dastand und wie Gott über ihn urteilen würde. Wenn zusätzlich zu seinem eigenen Gewissen und der Anerkennung Gottes er auch den wahren Respekt der Menschheit finden würde, dann war er dankbar, doch wenn die Menschen ihn mit scheelsüchtigen Augen betrachteten, dann war er nur traurig um sie und war unbeeindruckt von ihrer Meinung.

Sein Verhalten seinen Frauen gegenüber

Er war in höchstem Maße gütig und gerecht seinen Frauen gegenüber. Wenn es vorkam, dass eine von ihnen nicht genügend Ehrerbietung für ihn zeigte, lächelte er lediglich und ließ die Sache auf sich beruhen.

Er sagte eines Tages zu Hadhrat Aischa[ra]: *„Aischa, ich weiß, wann ihr euch über mich ärgert."* Hadhrat Aischa[ra] fragte: *„Wie?"* Er sagte: *„Ich habe bemerkt, dass wenn ihr zufrieden mit mir seid und in der Unterhaltung auf Gott zu weisen habt, dann sagt ihr von Ihm der Herr Muhammads. Doch wenn ihr nicht glücklich über mich seid, dann sprecht ihr von Ihm als dem Herrn Ibrahims."* Daraufhin lachte Hadhrat Aischa[ra] und sagte, dass er recht habe. *(Bukhari, Kitab Al-Nikah)*

Hadhrat Khadija[ra] war seine erste Frau und hatte große Opfer für seine Sache auf sich genommen. Sie war älter als der Heilige Prophet[saw]. Nach ihrem Tode heiratete er jüngere Frauen, doch er ließ die Erinnerung an Hadhrat Khadija[ra] niemals verblassen. Wenn immer eine von Hadhrat Khadijas Freundinnen kam, um ihn zu besuchen, dann stand er auf, um sie zu begrüßen. *(Muslim)* Wenn er zufällig etwas sah, das Hadhrat Khadija[ra] gehört hatte, oder irgendwie eine Verbindung mit ihr gehabt hatte, dann war er immer von Rührung erfasst.

Unter den Gefangenen, die von den Muslimen in der Schlacht von Badr gemacht worden waren, war auch ein Schwiegersohn des Propheten[saw]. Er besaß nichts, das er als Lösegeld anbieten konnte. Seine Frau Hadhrat Zainab[ra] (des Propheten[saw] Tochter) sandte eine Halskette, die ihrer Mutter (Hadhrat Khadija[ra]) gehört hatte, nach Medina und bot sie als Lösegeld für ihren Mann an. Als der Prophet[saw] die Halskette sah, erkannte er sie und war tief gerührt. Er sagte zu seinen Gefährten: *„Ich habe keine Autorität, eine Anordnung in dieser Angelegenheit zu geben, doch ich weiß, dass diese Kette ein gehütetes Andenken Zainabs an ihre verstorbene Mutter ist und vorausgesetzt, dass es Euch lobenswert erscheint, so würde ich vorschlagen, dass sie ihrer nicht beraubt werden, und sie zu ihr zurückgesandt werden soll."* Sie sagten, dass ihnen nichts größere Freude machen würde und gingen sofort auf den Vorschlag ein. *(Halbiyya, Bd. 2)*

Er lobte Hadhrat Khadija[ra] oft gegenüber seinen anderen Frauen und betonte ihre Tugenden und die Opfer, die sie für die Sache des Islam gebracht hatte. Bei einer solchen Gelegenheit wurde Hadhrat Aischa[ra] gereizt und sagte: *„O Botschafter Allahs, warum müsst Ihr immer von der alten Dame reden? Gott hat Euch bessere, jüngere und anziehendere Frauen gegeben."* Der Heilige Prophet[saw] war erschüttert, als er dies hörte und protestierte: *„O, nein, Aischa, ihr könnt nicht ermessen, wie Khadija zu mir war."* *(Bukhari)*

Hohe moralische Eigenschaften

Hadhrat Muhammad[saw] war immer sehr geduldig im Unglück. Er war niemals durch widrige Verhältnisse entmutigt, noch ließ er es zu, dass irgendein persönliches Verlangen von ihm Besitz ergriff.

Es ist bereits erwähnt worden, dass sein Vater starb, bevor er geboren wurde und dass seine Mutter starb, als er noch klein war. Bis zu seinem achten Lebensjahr war er unter der Obhut seines Großvaters und nach dessen Tode nahm sein Onkel, Abu Talib, sich seiner an. Sowohl aus persönlicher Neigung als auch aufgrund einer letzten Bitte seines verstorbenen Vaters, kümmerte sich Abu Talib mit Sorgfalt und Nachsicht um seinen Neffen;

doch seine Frau war nicht im gleichen Maße von diesen Gefühlen erfasst. Es kam oft vor, dass sie etwas an ihre eigenen Kinder austeilte, ohne an deren kleinen Vetter zu denken. Wenn Abu Talib zufällig zu solch einer Gelegenheit ins Haus kam, dann konnte er seinen kleinen Neffen abseits sitzen sehen, ein Bild von vollkommener Würde und ohne eine Spur von Verdruss oder Beschwerde auf seinem Gesicht.

Der Onkel gab seinen Gefühlen nach und seiner Verantwortung eingedenk eilte er auf seinen Neffen zu, presste ihn an seine Brust und rief aus: *„Kümmere Dich auch um dieses mein Kind! Kümmere Dich auch um dieses mein Kind!"*

Solche Vorfälle waren nicht ungewöhnlich, und diejenigen, die Zeugen dafür waren, stimmten in ihrem Urteil überein, dass der junge Hadhrat Muhammad[saw] niemals einen Hinweis darauf gab, dass er dadurch beleidigt war, oder dass er Gefühle von Eifersucht gegen seine Vettern aufkommen ließ.

Später, als er dazu in der Lage war, übernahm er die Fürsorge von zweien von seines Onkels Söhnen, Hadhrat Ali[ra] und Hadhrat Ja´far[ra] und kam seiner Verantwortung auf vorbildliche Weise nach.

Der Heilige Prophet[saw] hatte während seines ganzen Lebens einen schweren Schicksalsschlag nach dem anderen hinzunehmen. Er wurde als Halbwaise geboren und verlor seine Mutter, als er noch ein kleines Kind war und seinen Großvater, als er acht Jahre alt war. Nach seiner Eheschließung hatte den Verlust von mehreren Kindern zu ertragen, und dann starb auch seine geliebte und ergebene Frau, Hadhrat Khadija[ra]. Einige der Frauen, die er nach Hadhrat Khadijas Tode heiratete, starben ebenfalls zu seinen Lebzeiten, und gegen Ende seines Lebens hatte er den Tod seines Sohnes Hadhrat Ibrahim[ra] zu erleiden.

Er trug all diese Verluste und all das Unglück mit Lächeln und keines beeinflusste auch nur im Geringsten seinen erhabenen Entschluss oder die Höflichkeit in seiner Gemütsart. Seine innersten Gefühle zeigte er niemals öffentlich und er segnete jeden mit gütigem Ausdruck auf seinem Gesicht und behandelte alle mit gleichmäßigem Wohlwollen.

Bei einer Gelegenheit beobachtete er, wie eine Frau, die ihr Kind verloren hatte, auf laute Weise ihrem Schmerz über dem Grab des Kindes Ausdruck gab. Er ermahnte sie, geduldig zu sein und Gottes Willen als erhaben anzuerkennen. Die Frau wusste nicht, dass es der Heilige Prophet[saw] war, der sie ansprach und antwortete: *„Wenn ihr je wie ich den Verlust eines Kindes zu ertragen gehabt hättet, würdet ihr wissen, wie schwer es ist, unter solcher Pein geduldig zu sein."* Der Heilige Prophet[saw] bemerkte: *„Ich habe nicht nur den Verlust eines Kindes, sondern den von sieben Kindern ertragen* und ging weiter.

Außer wenn er wie hier direkt auf seine eigenen Verluste oder Unglück hinwies, ließ er es weder zu, sich seinem Schmerz hinzugeben, noch dadurch an seinem ununterbrochenen Dienst an den Menschen und seiner gütigen Anteilnahme an ihrem Kummer beeinflusst zu werden.

Seine Selbstbeherrschung

Der Heilige Prophet Muhammad[saw] hatte immer eine vollkommene Selbstbeherrschung. Selbst als er zum Staatsoberhaupt geworden war, hörte er jedem mit Geduld zu, und wenn jemand ihn mit Impertinenz behandelte, dann ertrug er es und ließ sich nicht zur Vergeltung hinreißen.

Im Orient ist es ein Ausdruck von Respekt, eine Person nicht mit ihrem Namen anzureden. Die Muslime pflegten den Heiligen Prophetensaw mit *„O Botschafter Allahs"* anzureden und Nichtmuslime mit *„Abu'l Qasim"* (Vater von Qasim).

Bei einer Gelegenheit kam ein Jude zu ihm in Medina und begann eine Unterhaltung mit ihm. Im Verlaufe der Erörterung redete er ihn wiederholt mit *„O Muhammad"* an. Der Prophetsaw war von dieser Form der Anrede unberührt und brachte geduldig seinen Standpunkt weiter vor. Seine Gefährten jedoch wurden ungeduldig über die unhöfliche Art der Anrede dieses Mannes, bis einer von ihnen sich nicht mehr beherrschen konnte und den Juden ermahnte, den Prophetensaw nicht mit seinem Rufnamen, sondern mit Abu'l Qasim anzureden. Der Jude sagte, dass er ihn mit dem Namen anredete, den seine Eltern ihm gegeben hatten. Der Prophetsaw lächelte und sagte zu seinen Gefährten: *„Er hat recht. Als ich geboren wurde, bekam ich den Namen Muhammad und es ist kein Anlass zur Aufregung, wenn er mich so anredet."*

Oft hielten ihn Menschen auf seinem Weg auf, verwickelten ihn in Gespräche, sprachen von ihren Nöten und trugen ihm Bitten vor. Er hörte immer geduldig zu, ließ sie fortfahren und ging nur weiter, nachdem sie geendet hatten.

Manchmal, wenn Leute ihm die Hand gaben, kam es vor, dass sie die Hand hielten und obwohl er es als unbequem empfand und es ihm kostbare Zeit raubte, war er nie der erste, der die Hand losließ. Die Leute hatten keine Hemmungen, zu ihm zu gehen und ihm ihre Sorgen und Schwierigkeiten zu unterbreiten und ihn um Hilfe zu bitten. Wenn er helfen konnte, dann lehnte er dies niemals ab. Manchmal wurde er mit Gesuchen belästigt und unmäßig bedrängt, doch kam er ihnen stets so weit wie möglich entgegen. Gelegentlich, nachdem er einem Gesuch stattgegeben hatte, ermahnte er die betreffende Person, mehr Vertrauen in

Gott zu haben und zu vermeiden, andere um Hilfe zu bitten.
Bei anderer Gelegenheit bat ihn ein ergebener Muslim mehrere Male um Geld und jedes Mal gab er dem Gesuch nach, doch schließlich sagte er: *„Es ist das Beste für einen Mann, in Gott zu vertrauen und zu vermeiden, Gesuche zu stellen."*
Der Betreffende war ein ehrlicher Mann. Aus Respekt vor den Gefühlen des Prophetensaw bat er diesem nicht zurückzugeben, was er bereits bekommen hatte, doch er erklärte, dass er in Zukunft unter keinen Umständen zu irgend jemandem mit einem Gesuch kommen würde.
Jahre später nahm er, auf einem Schlachtross sitzend, an einer Schlacht teil, und mitten im Schlachtengetümmel, umgeben von Feinden, fiel ihm seine Peitsche aus der Hand. Ein muslimischer Soldat von der Fußtruppe, der dies beobachtete, beugte sich nieder und wollte die Peitsche für ihn aufheben. Doch der berittene Mann bat ihn, das nicht zu tun und schwang sich stattdessen selbst von seinem Pferd und nahm die Peitsche auf. Er erklärte dem Soldaten, er hätte ein altes Versprechen an den Prophetensaw zu erfüllen, dass er niemals jemanden mehr bitten würde und wenn er dem Soldaten erlaubt hätte, die Peitsche aufzuheben, wäre das einer indirekten Bitte gleichgekommen und er hätte sich eines Bruches des Versprechens an den Heiligen Prophetensaw schuldig gemacht.

Gerechtigkeit und Redlichkeit

Die Araber waren in hohem Maße der Günstlingswirtschaft ergeben und legten verschiedene Maßstäbe an verschiedene Personen an. Selbst unter den heutigen sogenannten zivilisierten Nationen kann man ein Widerstreben beobachten, prominente

Personen oder Personen, die einen hohen Rang oder hohes Amt bekleiden, für ihre Taten zur Rechenschaft zu ziehen, wohingegen das Gesetz dem einfachen Bürger gegenüber schonungslos angewandt wird. Der Heilige Prophet[saw] jedoch war einmalig konsequent in der Anwendung stets gleicher Maßstäbe von Gerechtigkeit und Redlichkeit gegenüber Jedermann.

Bei einer Gelegenheit wurde ihm der Fall einer Frau vorgelegt, die zu einer hoch angesehenen Familie gehörte und einen Diebstahl begangen hatte. Dies verursachte große Bestürzung, denn wenn die vorgeschriebene Strafe gegen diese junge Frau ausgesprochen würde, hätte dies eine Demütigung und Schande für ihre hochangesehene Familie bedeutet. Viele wollten zwar Fürsprache für die Schuldige beim Propheten[saw] einlegen, doch fürchteten sie sich, dies persönlich zu tun. Schließlich wurde Usama[ra] dazu überredet, diesen Schritt zu unternehmen. Er ging also zum Heiligen Propheten[saw], doch sobald dieser erriet, mit welchem Anliegen Hadhrat Usama[saw] kam, regte er sich sehr auf und sagte:

> „Ihr schweigt besser still! Ganze Nationen haben ein schlechtes Ende gefunden, weil sie hochgestellten Personen gegenüber Nachsicht zeigten und die gewöhnlichen Leute gleichzeitig hart behandelten. Der Islam erlaubt das nicht und ich werde es ganz gewiss nicht zulassen. Selbst wenn meine eigne Tochter Fatima ein Verbrechen begehen würde, würde ich nicht zögern, sie der angemessenen Strafe zuzuführen." *(Bukhari, Kitab Al-Hudud)*

Es ist schon berichtet worden, dass, als des Propheten[saw] Onkel Abbas in der Schlacht von Badr zum Gefangenen gemacht wurde, er wie alle anderen Gefangenen mit einem Seil gebunden wurde, damit er nicht entkommen konnte. Das Seil war so stramm gebunden, dass er die ganze Nacht vor Schmerzen stöhnte. Der Heilige Prophet^saw hörte dieses Stöhnen und konnte nicht schlafen. Die Gefährten des Propheten^saw, die das bemerkten, lockerten die Fesseln von Abbas. Als der Heilige Prophet^saw davon erfuhr, ordnete er an, dass alle Gefangenen gleich behandelt werden sollten, es gab keinen Grund dafür, seinem Onkel besondere Gunst zu erweisen. Er bestand darauf, dass sie entweder die Bande bei allen Gefangenen losmachen oder die bei Abbas wieder festziehen sollten.

Da die Gefährten des Propheten^saw nicht wollten, dass er wegen seines Onkels leiden sollte, lockerten sie die Bande bei allen und bewachten die Gefangenen dafür entsprechend sorgfältiger. *(Zurqani, Bd. 3, S. 279)*

Selbst während der Gefahren des Krieges war er sehr genau in der Beachtung aller Regeln und Verträge. Bei einer Gelegenheit entsandte er eine Gruppe seiner Gefährten auf ein Erkundungsunternehmen. Sie stießen am letzten Tag des Heiligen Monats, Rajab, auf eine Gruppe des Feindes. Sie meinten, es wäre gefährlich, sie entkommen und die Nachricht von den nahen Kundschaftern nach Mekka tragen zu lassen, so griffen sie diese an, und im Laufe des Gefechtes wurde einer von ihnen getötet. Nachdem die Kundschafter nach Medina zurückgekehrt waren, begannen die Mekkaner sich zu beschweren, dass die Kundschafter einen ihrer Männer im Heiligen Monat getötet hatten. Nun hatten die Mekkaner sich schon oft, wenn es ihnen passte, den Muslimen gegenüber der Schändung des Heiligen Monats schuldig gemacht, und es wäre durchaus eine richtige Antwort auf ihren Protest gewesen, zu sagen, dass die Mekkaner selbst ein Beispiel der Missachtung von Verträgen über den Respekt der Heiligen Monate gegeben hatten, sie sollten also gefälligst jetzt nicht darauf bestehen, dass die Muslime sie beachteten. Doch der Prophet[saw] gab diese Antwort nicht. Er wies die Mitglieder der Gruppe streng zurecht, weigerte sich, die Beute anzunehmen, und einigen Berichten zufolge bezahlte er auch höchstpersönlich das Blutgeld für den Getöteten, bis endlich die Offenbarung (2:218) die ganze Situation klärte. *(Tabari und Halbiyya)*

Die Menschen waren zwar generell bedacht, die Gefühle ihrer Freunde und Verwandten nicht zu verletzen, doch der Heilige Prophet[saw] war außergewöhnlich genau in dieser Beziehung, selbst wenn es sich um Leute handelte, die ihm widersprachen.

Einst kam ein Jude zu ihm und beschwerte sich, dass Hadhrat Abu Bakr[ra] seine Gefühle verletzt hatte, indem er sagte, dass Gott Muhammad[saw] über Moses[as] erhoben hätte. Der Heilige Prophet[saw] ließ Hadhrat Abu Bakr[ra] zu sich kommen und fragte, was sich zugetragen hätte. Hadhrat Abu Bakr[ra] erklärte, dass der Jude damit angefangen hätte, indem er sagte, er schwöre bei Moses[as], den Gott über alle Menschen erhaben gemacht habe, und dass er selbst darauf erwidert habe, er schwöre bei Hadhrat Muhammad[saw], den Gott über Moses[as] erhaben gemacht hatte. Der Heilige Prophet[saw] sagte: *„Ihr hättet das nicht aussprechen sollen, denn die Gefühle der anderen müssen stets und unter allen Umständen respektiert werden. Keiner soll erklären, ich sei erhabener als Moses!"* *(Bukhari, Kitab Al Tauhid)*

Dies soll jedoch nicht bedeuten, dass der Heilige Prophet[saw] nicht eine höhere Stellung als Hadhrat Moses[as] einnimmt, doch eine Bemerkung wie diese, einem Juden gegenüber geäußert, würde höchstwahrscheinlich seine Gefühle verletzen und sollte daher vermieden werden.

Achtung für die Armen

Der Heilige Prophet[saw] war immer besorgt, die Verhältnisse des ärmeren Teils der Bevölkerung zu verbessern und ihren Stand in der Gemeinschaft zu heben.

Bei einer Gelegenheit saß er mit seinen Gefährten zusammen, als ein reicher Mann vorbeiging. Der Prophet[saw] befragte einen seiner Gefährten, was er von ihm halte. Er antwortete: *„Er ist ein wohlhabender Mann mit guten Beziehungen. Wenn er um die Hand eines Mädchens anhalten würde, würde er mit guter Aussicht in Betracht gezogen werden, und wenn er ein Wort für jemanden einlegen würde, so würde seine Fürbitte angenommen werden."*

Kurz danach kam ein anderer Mann vorbei, der arm und ohne Vermögen zu sein schien. Der Prophet[saw] fragte den gleichen Gefährten, was er über ihn denke. Er antwortete: *„O Botschafter Allahs! Er ist ein armer Mann. Wenn er um die Hand eines Mädchens anhalten würde, würde der Antrag nicht mit Wohlwollen behandelt werden, und wenn er ein Wort für jemanden einlegen würde, so würde seine Fürbitte abgelehnt werden, und wenn er jemanden in ein Gespräch verwickeln wollte, so würde ihm keine Beachtung geschenkt werden."*

Nachdem er das gehört hatte, bemerkte der Prophet[saw]: *„Der Wert dieses armen Mannes ist weitaus größer als der Wert von einer Menge Gold, die ausreichen würde, das ganze Universum zu füllen." (Bukhari, Kitab Al-Riqaq)*

Eine arme muslimische Frau pflegte die Moschee des Heiligen Propheten[saw] in Medina sauber zu machen. Der Prophet[saw] hatte sie für ein paar Tage nicht in der Moschee gesehen und erkundigte sich nach ihr. Es wurde ihm gesagt, dass sie gestorben sei. Er sagte: *„Warum wurde mir nicht berichtet, dass sie verstarb? Ich* *hätte mich dann am Gebet bei ihrer Beerdigung beteiligen können"*, und fügte hinzu: *"Vielleicht dachtet ihr, sie sei keiner Erwähnung wert, weil sie arm war. Das war nicht richtig. Führt mich zu ihrem Grab."* Er begab sich dann zu ihrem Grab und betete für sie. *(Bukhari, Kitab Al-Salat)*

Er pflegte zu sagen, dass es Leute gebe mit wirrem Haar und staubbedeckten Körpern, die bei den Wohlhabenden nicht gern gesehen werden, deren Wert jedoch im Auge Gottes so groß sei, dass, wenn sie im Vertrauen auf Gottes Wohlwollen in Seinem Namen schwören würden, dass eine bestimmte Sache einen bestimmten Verlauf nehmen würde, Er sie unterstützen würde. *(Muslim, Kitab Al-Birr Wa'l Sila)*

Einmal saßen einige Gefährten des Heiligen Propheten[saw], die befreite Sklaven waren, zusammen, als Abu Sufyan (das Oberhaupt der Quraish war und der die Muslime bis zur Einnahme von Mekka bekämpfte und erst dann den Islam annahm) zufällig vorbei kam. Diese Gefährten sprachen ihn an und erinnerten ihn an den Sieg, den Gott dem Islam gebracht hatte. Hadhrat Abu Bakr[ra] hörte das und es gefiel ihm nicht, dass ein Häuptling der Quraish an seine Erniedrigung erinnert wurde und er tadelte die Gruppe der Gefährten. Er ging daraufhin zum Propheten[saw] und berichtete ihm den Zwischenfall. Der Prophet[saw] sagte: *"O Abu Bakr! Ich fürchte, Ihr habt die Gefühle dieser Diener Gottes verletzt. Wenn das der Fall ist, wird Gott über Euch verärgert sein."* Hadhrat Abu Bakr[ra] kehrte sofort zu den besagten Gefährten zurück und fragte sie: *"Brüder! Habe ich Euch verletzt mit dem, was ich sagte?"* Worauf sie antworteten: *"Wir sind nicht beleidigt durch das, was Ihr sagtet. Möge Gott Euch vergeben!"* *(Muslim, Kitab Al Fada'il)*

Während der Heilige Prophet[saw] darauf bestand, dass arme Leute respektiert und ihre Gefühle nicht verletzt werden sollten und sich bemühte, für ihre Bedürfnisse zu sorgen, versuchte er jedoch auch, ihnen Selbstachtung einzupflanzen und lehrte sie, nicht um Gunstbezeugungen zu betteln. Er pflegte zu sagen, dass es einem armen Mann nicht geziemte, selbst um ein, zwei Datteln oder ein, zwei Bissen Essens wegen zu betteln, sondern er solle sich davon zurückhalten, eine Bitte vorzubringen und sei die Versuchung noch so groß. *(Bukhari, Kitab Al-Kusuf)*

Andererseits sagte er, dass kein Gastmahl gesegnet sei, solange nicht auch ein paar arme Leute dazu eingeladen würden.

Hadhrat Aischa[ra] berichtet, dass einmal eine arme Frau in der Begleitung ihrer zwei kleinen Töchter sie besuchen kam. Hadhrat Aischa[ra] hatte zu dieser Zeit gerade nichts zu essen bei sich außer einer Dattel, die sie der Frau anbot. Die Frau gab jeder Tochter eine halbe Dattel und dann machten sie sich auf den Heimweg. Als der Prophet[saw] heimkam, erzählte Hadhrat Aischa[ra] ihm diese Begebenheit und er sagte: *„Wenn ein armer Mann Töchter hat und sie mit Rücksicht behandelt, dann wird Gott ihn vor dem Höllenfeuer bewahren"*, und fügte hinzu: *„Gott wird diese Frau wegen der Rücksicht, die sie ihren Töchtern zukommen ließ, ins Paradies einlassen."* *(Muslim)*

Bei anderer Gelegenheit wurde ihm zugetragen, dass einer seiner Gefährten, Hadhrat Sa'd[ra], ein wohlhabender Mann, sich mit seinen Geschäften anderen gegenüber brüstete. Als der Prophet[saw] dies hörte, sagte er: *„Bilde sich ja niemand ein, dass sein Wohlstand oder Rang oder seine Macht nur das Ergebnis seiner eigenen Anstrengungen oder seinem Geschäftssinn seien. Das ist nicht der Fall. Eure Macht und Euer Rang und Euer Reichtum – sie alle sind mit der Hilfe der Armen erworben!"*

Eines seiner Gebete war:

اللّهم احينى مسكيناً وامتنى مسكيناً و احشر نى فِى زمرة المساكين يوم القيامة

> „O Gott! Lass mich demütig bleiben, solange ich lebe und lass mich demütig sterben, und lass meine Auferstehung am jüngsten Gericht unter den Demütigen sein!" *(Tirmidhi, Abwab Al-Zuhd)*

An einem Tage während der heißen Zeit ging er eine Straße entlang und sah einen der ärmsten Muslime schwere Lasten von einen Platz zum anderen tragen. Er hatte derbe Gesichtszüge, die durch das heftige Schwitzen und den Staub noch deutlicher zutage traten. Er hatte einen melancholischen Ausdruck. Der Heilige Prophet[saw] näherte sich ihm verstohlen von hinten, wie es Kinder manchmal zum Spaß tun, bedeckte des Mannes Augen mit seinen Händen und erwartete von ihm, dass er rate, wer das sei. Der Mann tastete mit seinen Händen und erkannte den Heiligen Propheten[saw]. Er erriet wahrscheinlich auch, dass niemand sonst solch vertrauliche Zuneigung für einen Mann wie ihn zeigen würde. Glücklich und ermutigt ergriff er den Körper des Propheten[saw] und presste ihn gegen seinen eigenen staubbedeckten und schwitzenden, vielleicht nur um herauszufinden, wie weit der Prophet[saw] willens war, das Spiel zu treiben. Der Prophet[saw] lächelte und ließ ihn gewähren. Als der Mann eine vollkommen glückliche Stimmung gebracht war, sagte der Heilige Prophet[saw] zu ihm: *„Ich habe einen Sklaven; glaubt Ihr, irgend jemand wird ihn kaufen?"*

Dem Mann wurde klar, dass es wahrscheinlich in der ganzen Welt niemanden außer dem Heiligen Propheten[saw] selbst gab, der ihn für irgendetwas Wert hielt und mit schwermütigem Seufzer antwortete er: *„O Botschafter Allahs! Es ist niemanden in dieser*

Welt, der bereit wäre, mich zu kaufen." Der Prophet[saw] sagte: *„Nein, nein, das dürft Ihr nicht sagen. Ihr habt großen Wert in den Augen Gottes!"* (Sharh Al-Sunna)

Er war nicht nur selbst wachsam über die Wohlfahrt der Armen, sondern er ermahnte auch ständig die anderen, das Gleiche zu tun.

Hadhrat Abu Musa Ash'ari[ra] berichtet, dass wenn eine bedürftige Person mit einer Bitte an den Heiligen Propheten[saw] herantrat, er zu denen um ihn herum für gewöhnlich sagte: *„Ihr sollt auch dieser Bitte nachgeben, sodass Ihr Euch durch Teilnahme an einer gutem Tat Verdienste erwerbet."* (*Bukhari* und *Muslim*)

Er wollte auf der einen Seite in seinen Gefährten die Bereitwilligket steigern, den Armen zu helfen, auf der anderen im Gefühl der Bedürftigen eine Gewissheit von Zuneigung und Mitgefühl seitens ihrer besser gestellten Brüder erwecken.

Der Prophet[saw] schützt die Belange der Armen

Als der Islam im größeren Teil Arabiens allgemein anerkannt worden war, empfing der Heilige Prophet[saw] oft große Mengen an Waren und Geld, die er sofort an die, die ihrer bedurften, verteilte.

Eines Tages kam seine Tochter Hadhrat Fatima[ra] zu ihm und zeigte ihm ihre Hände, die durch das Handmahlen von Korn schwielig geworden waren, und bat, dass ihr ein Sklave zugeteilt werde, um ihr die Arbeit zu erleichtern. Der Prophet[saw] sprach:

> „Ich werde Dir etwas raten, das sich als weitaus wertvoller erweisen wird als ein Sklave. Wenn Du Dich am Abend zum Schlafen hinlegst, dann sprich die Lobpreisung Gottes

– [10] اَلْحَمْدُ لِلّٰهِ – dreiunddreißig mal und bezeuge Seine Vollkommenheit – [11] سُبْحَانَ اللّٰهِ – genauso oft und Seine Größe – [12] اَللّٰهُ اَكْبَرُ – vierunddreißig mal. Dies wird Dir mehr helfen als der Besitz eines Sklaven es tun könnte." *(Bukhari)*

Während er einmal Geld verteilte, fiel eine Münze aus seiner Hand und war verschwunden. Nachdem er die Verteilung beendet hatte, ging er zur Moschee und leitete die Gebete. Es war seine Angewohnheit, nach Beendigung der Gebete noch eine Weile sitzen zu bleiben, Gottes zu gedenken und den Leuten eine Gelegenheit zu geben, sich ihm zu nähern, um ihn zu befragen oder Anliegen vorzubringen.

An diesem Tag jedoch stand er auf, sobald die Gebete beendet waren und beeilte sich, zu seinem Haus zurückzukehren. Er suchte nach der verlorenen Münze und nachdem er sie gefunden hatte, kehrte er zurück zur Moschee, übergab das Geld einer bedürftigen Person und erklärte, dass die Münze während der Verteilung des Geldes aus seiner Hand gefallen war und er dies völlig vergessen hatte, bis es ihm plötzlich während des Gebetes wieder eingefallen war und ihn besorgt gemacht hatte, dass wenn er stürbe, bevor er die Münze aufgesammelt und einer bedürftigen Person gegeben habe, er von Gott dafür verantwortlich gemacht werden würde: es war die Sorge, die Münze wiederzufinden, die ihn aus der Moschee in solcher Eile hatte gehen lassen. *(Bukhari, Kitab Al-Kusuf)*

In seiner Sorge, die Anliegen der Armen und Bedürftigen umfassend zu sichern, ging er so weit, festzulegen, dass keine Almosen

---

[10] „Aller Preis gebührt Allah." (Anm. d. Ü.)
[11] „Heilig ist Allah" (Anm. d. Ü.)
[12] „Allah ist der Größte." (Anm. d. Ü.)

je an seine Nachkommen vergeben werden sollten. Er fürchtete, dass die Muslime aus Liebe und Ergebung zu ihm im Laufe der Zeit seine Nachkommen zu den Hauptempfängern von Almosen machen würden und so die Armen und Bedürftigen um den ihnen zustehenden Anteil kommen würden.

Einmal brachte jemand ihm Datteln für die Armen. Sein Enkel Hadhrat Imam Hasan[ra], der zu der Zeit nur zweieinhalb Jahre alt war, saß zufällig beim Propheten[saw]. Er nahm eine der Datteln und steckte sie in seinen Mund. Der Prophet[saw] führte sofort seine Finger in des Kindes Mund und brachte die Dattel zurück. Er sagte: *„Wir haben keinen Anteil an diesen. Diese gehören den Armen unter Gottes Geschöpfen."* (Bukhari, Kitab Al-Kusuf)

Behandlung der Sklaven

Der Prophet[saw] ermahnte fortwährend diejenigen, die Sklaven besaßen, diese freundlich und gut zu behandeln. Er legte fest, dass wenn ein Besitzer eines Sklaven diesen schlage oder beleidige, die einzige Wiedergutmachung dafür die Freisetzung des Sklaven sei. *(Muslim, Kitab Al-Imam)*

Er machte Vorschläge und ermunterte die Befreiung der Sklaven bei jeder Gelegenheit. Er sagte:

> „Wenn jemand, der einen Sklaven besitzt, diesen freigibt, wird Gott ihn dafür belohnen, indem Er jeden Teil seines Körpers entsprechend den Teilen des Körpers des Sklaven vor Höllenqualen bewahrt."

Ferner legte er fest, dass ein Sklave nur solche Aufgaben auferlegt bekommen sollte, die er mit Leichtigkeit bewältigen kann und wenn er eine Arbeit zu verrichten hatte, sein Meister ihm dabei zur Hand gehen solle, sodass den Sklaven nicht das Gefühl von Erniedrigung und Entwürdigung überkommen würde. *(Muslim)*

Wenn ein Meister von einem Sklaven auf einer Reise begleitet wurde, dann war es seine Pflicht, das Reittier mit dem Sklaven zu teilen, indem sie entweder beide zur gleichen Zeit oder einer nach dem anderen darauf ritten.

Hadhrat Abu Huraira[ra], der, nachdem er Muslim geworden war, seine ganze Zeit in der Begleitung des Propheten[saw] verbrachte, und der wiederholt die Anweisungen des Propheten[saw] bezüglich der Behandlung der Sklaven gehört hatte, sagte:

> „Ich rufe Gott, in dessen Händen mein Leben ist, als Zeugen an: wenn es nicht darum gegangen wäre, am Heiligen Krieg teilzunehmen und die Pilgerfahrt zu vollziehen und um mich um meine Mutter zu kümmern, dann hätte ich mir gewünscht, als Sklave zu leben und zu sterben, denn der Heilige Prophet bestand fortwährend darauf, dass Sklaven gut und freundlich behandelt werden müssten." *(Muslim)*

Hadhrat Ma'rur Bin Suwaid[ra] berichtet:

> „Ich sah Abu Dharr Ghaffari (einen Gefährten des Heiligen Propheten) genau die gleiche Kleidung wie sein Sklave tragen. Ich fragte ihn um den Grund dafür und er sagte: *‚Zu Lebzeiten des Heiligen Propheten verhöhnte ich einst einen Mann damit, dass seine Mutter eine Sklavin gewesen sei. Daraufhin tadelte mich der Prophet und sagte: „Ihr hängt immer noch vorislamischen Vorstellungen an. Was sind Sklaven? Sie sind eure Brüder und die Quelle eurer Macht. Gott in Seiner Weisheit gibt Euch vorübergehend Herrschaft über sie. Derjenige, der solche Herrschaft über seinen Bruder ausübt, soll ihm das gleiche Essen*

geben, das er selbst isst, ihm die gleiche Kleidung geben, die er selbst trägt und ihm keine Aufgabe geben, die über seine Kräfte geht und soll ihm bei der Arbeit, die er ihm aufträgt, zur Hand gehen." Zu einer anderen Gelegenheit sagte der Prophet: „Wenn Euer Diener Euch Essen kocht und es Euch vorsetzt, dann sollt Ihr ihn auffordern, sich zu Euch zu setzen und mit Euch zu essen oder wenigstens einen Teil davon in Eurer Gesellschaft zu essen, denn er hat sich ein Recht dazu erworben, indem er die Arbeit dazu geleistet hat."' (Muslim)

Die Behandlung der Frauen

Der Heilige Prophet[saw] war stets bestrebt, den Stand der Frauen in der Gesellschaft zu verbessern und ihnen eine Stellung von Würde und gütiger und gerechter Behandlung zu sichern.

Der Islam war die erste Religion, die Frauen das Recht auf ihr Erbteil verlieh. Der Koran macht Töchter neben den Söhnen zu Erben von dem Besitz, den die Eltern hinterlassen. Auf gleiche Weise bekommt eine Mutter einen Erbteil aus dem Nachlass ihres Sohnes oder ihrer Tochter und eine Ehefrau erbt den Besitz ihres Mannes. Nicht nur ein Bruder erbt den Besitz seines verstorbenen Bruders, sondern auch seine Schwester. Keine Religion vor dem Islam hatte so klar und fest das Recht einer Frau auf Erbschaft und ihr Recht auf Besitztum festgelegt.

Im Islam ist eine Frau unumschränkte Eigentümerin ihres Besitztums und ihr Ehemann kann nicht aufgrund ihrer ehelichen Beziehung Kontrolle darüber gewinnen. Einer Frau steht es frei, über ihr Vermögen nach Belieben zu verfügen.

Der Heilige Prophet[saw] war so gewissenhaft in Bezug auf die gütige Behandlung der Frauen, dass diejenigen aus seiner Begleitung, für die es ungewohnt war, in den Frauen Gehilfinnen und

Der Charakter des Heiligen Propheten Muhammad

Partnerinnen zu sehen, es schwierig fanden, sich dem Standard, den der Prophet^(saw) eingeführt hatte und den er erhalten sehen wollte, anzupassen.

Hadhrat Umar^(ra) berichtet:

> „Meine Frau mischte sich gelegentlich mit ihrem Ratschlag in meine Angelegenheiten ein und ich wies sie zurecht, indem ich sagte, dass die Araber niemals ihren Frauen erlaubt hätten, sich in Männerangelegenheiten einzumischen. Sie antwortete: ‚*Das war einmal! Der Heilige Prophet^(saw) hört sich den Ratschlag seiner Frauen für seine Angelegenheiten an und hält sie nicht davon ab. Warum folgt ihr nicht seinem Beispiel?*‘ Meine Antwort darauf war: ‚*Was Aischa anbetrifft, so hat der Prophet^(saw) sie besonders gern, doch was eure Tochter Hafsa anbetrifft, wenn sie das tun wird, dann wird sie eines Tages die Folgen ihrer Impertinenz zu spüren bekommen.*‘ Und so geschah es, dass sich eines Tages der Heilige Prophet^(saw), der sich über etwas geärgert hatte, entschloss, für eine Weile getrennt von seinen Frauen zu leben. Als ich davon erfuhr, sagte ich zu meiner Frau, dass das eingetreten sei, was ich befürchtet hatte. Dann ging ich zum Haus meiner Tochter Hafsa und fand sie weinend vor. Ich fragte sie, was los sei und ob der Prophet^(saw) sich von ihr geschieden hätte. Sie sagte: ‚*Ich weiß nichts von einer Scheidung, doch der Prophet^(saw) hat sich entschlossen, für einige Zeit von uns getrennt zu leben.*‘ Ich sagte zu ihr: ‚*Hab ich euch nicht oft genug geraten, euch nicht so viel Freiheiten herauszunehmen wie Aischa, denn der Heilige Prophet^(saw) hat Aischa besonders gern; jetzt habt ihr heraufbeschworen, was ich befürchtete.*‘ Dann ging ich zum Heiligen Propheten^(saw) und fand ihn auf einer rauen Matte liegend. Er trug zu der Zeit kein Hemd und man konnte auf seinem Körper die Abdrücke der Matte sehen. Ich setzte mich zu ihm und sagte: ‚*O Botschafter Allahs! Kaiser und Khosroes verdienen nicht Gottes besonderes Wohlwollen und doch verbringen*

> *sie ihr Leben in großer Bequemlichkeit und Ihr, der Ihr Sein Botschafter seid, verbringt Eure Tage in solcher Unbequemlichkeit!'* Der Prophet*saw* antwortete: *'Das ist keineswegs der Fall. Von den Botschaftern Allahs wird nicht erwartet, dass sie ihre Zeit in Bequemlichkeit verbringen. So ein Leben passt nur zu den weltlichen Herrschern.'* Dann berichtete ich dem Propheten*saw*, was sich zwischen mir, meiner Frau und meiner Tochter zugetragen hatte. Daraufhin lachte der Heilige Prophet*saw* und sagte: *'Es stimmt nicht, dass ich mich von meinen Frauen geschieden habe. Ich habe es lediglich ratsam gefunden, eine Weile getrennt von ihnen zu leben.'" (Bukhari, Kitab Al-Nikah)*

Hadhrat Muhammad[saw] war sehr besorgt um die Gefühle der Frauen. Einmal, als er wie üblich die Gebete leitete, hörte er ein Kind schreien und beendete den Gottesdienst so schnell wie möglich. Er erklärte danach: als er das Kind schreien hörte, stellte er sich vor, dass seine Mutter durch das Weinen des Kindes beängstigt worden wäre und dass er sich deshalb mit den Gebeten beeilt hatte, damit die Mutter sich um das Kind kümmern könnte.

Wenn auf einer seiner Reisen Frauen zu der Gruppe gehörten, dann gab er Anweisungen, dass die Karawane sich langsam und in kurzen Abschnitten bewegen sollte. Bei einer solchen Gelegenheit, als die Männer die Karawane antreiben wollten, sagte er: „*Eure Last ist wie Glas! Seid vorsichtig!*"

Damit wollte er ausdrücken, dass Frauen zu der Gruppe gehörten und dass, wenn die Kamele und Pferde angetrieben würden, sie durch das Rütteln zu leiden hätten. *(Bukhari, Kitab Al-Adab)*

Während einer Schlacht entstand eine Verwirrung unter der Reiterei und die Tiere konnten nicht unter Kontrolle gebracht werden. Der Heilige Prophet[saw] fiel von seinem Pferd und einige der

Frauen ebenfalls. Einer der Gefährten des Propheten[saw], der ein Kamel direkt hinter dem Propheten[saw] ritt, sprang ab und lief zu ihm und rief: *„Ich komme zu eurer Hilfe, O Botschafter Allahs."* Des Heiligen Propheten[saw] Fuß war noch im Steigbügel. Er zog ihn schnell heraus und sagte zu seinem Gefährten: *„Macht euch keine Sorge um mich, geht und helft den Frauen."*

Kurz vor seinem Tode legte er in einer Ansprache an die Muslime mit besonderer Betonung fest, dass sie ihre Frauen immer mit Freundlichkeit und Rücksicht behandeln sollten. Es war ein oft wiederholter Ausspruch von ihm, dass wenn ein Mann Töchter habe und er dafür sorge, dass sie Bildung erhielten und sorgfältig aufwuchsen, Gott ihn vor Höllenqualen beschützen würde. *(Tirmidhi)*

Es war allgemein üblich unter den Arabern, Frauen für die geringsten Fehler zu züchtigen. Der Heilige Prophet[saw] lehrte, dass Frauen ebenso wie die Männer Gottes Geschöpfe seien und nicht etwa Sklaven des Mannes und dass sie nicht geschlagen werden sollten. Als die Frauen dies erfuhren, gingen sie bis zum anderen Extrem und fingen an, sich in allem den Männern entgegenzustellen, mit dem Ergebnis, dass in mancher Familie der häusliche Friede gestört war. Hadhrat Umar[ra] beklagte sich beim Heiligen Propheten[saw] darüber und sagte, dass wenn die Frauen nicht gelegentlich gezüchtigt werden dürften, sie unbändig werden würden und nicht mehr in Schach zu halten seien. Da für die Behandlung der Frauen noch keine bis ins Detail gehenden Anweisungen offenbart worden waren, sagte der Prophet[saw], dass wenn eine Frau sich ernsthafter Überschreitungen schuldig mache, sie gezüchtigt werden darf. Dies wiederum führte in vielen Fällen wieder dazu, dass die Männer zu ihren alten arabischen Praktiken zurückkehrten. Das brachte dann die Frauen dazu, sich zu beschweren und sie unterbreiteten den Frauen des Propheten[saw] ihre Kümmernisse. Daraufhin warnte der Prophet[saw] die Männer, dass diejenigen, die ihre Frauen mit Unfreundlichkeit behandelten, niemals das Wohlwollen Gottes erwerben konnten. Danach wurden die Rechte der Frauen im Einzelnen festgelegt und zum ersten Mal wurden Frauen als frei geborene Personen behandelt. *(Abu Dawud, Kitab Al-Nikah)*

Hadhrat Mu'awiya Al-Qushariri[ra] berichtet: *„Ich erkundigte mich beim Heiligen Propheten, welche Ansprüche meine Frau an mich habe und er antwortete:* ‚Gebt ihr zu essen von dem, was Gott euch an Essen beschert, und gebt ihr an Kleidung von dem, was Gott euch an Kleidung beschert und züchtigt sie nicht, noch beleidigt sie oder schickt sie aus dem Hause.'"

Er war so sehr um die Empfindungen und Nöte der Frauen bedacht, dass er diejenigen, die auf eine Reise zu gehen hatten, ermahnte, ihre Geschäfte so schnell wie möglich abzuschließen und so bald wie möglich heimzukehren, so dass die Frauen und Kinder nicht länger als nötig unter der Trennung zu leiden hatten. Wenn immer er von einer Reise heimkehrte, so kam er während des Tages an. Wenn er gegen Ende der Reise die Nacht näher rücken sah, dann übernachtete er außerhalb Medinas und kehrte am Morgen in die Stadt zurück. Er wies auch seine Gefährten an, dass sie , wenn sie von einer Reise heimkehrten, nicht urplötzlich und ohne Ankündigung ankommen sollten. *(Bukhari* und *Muslim)*

Als er diese Anweisung gab, dachte er daran, dass die Beziehungen zwischen den Eheleuten starken Gefühlen unterworfen sind. Während der Abwesenheit des Ehemannes kann eine Frau sich leicht in ihrer persönlichen Pflege vernachlässigen, und wenn ihr Mann unerwartet heimkommt, dann kann das zu unschönen Störungen führen. Indem er Anweisung gab, dass wenn ein Mann von einer Reise heimkehrt, er während des Tages und nach vorheriger Ankündigung ankommen soll, sichert er ein vorbereitetes geordnetes Willkommen von allen Familienmitgliedern.

Regeln hinsichtlich der Verstorbenen

Der Prophet Allahs[saw] schrieb vor, dass jedermann ein Testament zur Regelung seiner Angelegenheiten nach seinem Tode machen soll, so dass diejenigen, die ihm verbunden sind, nur ein Mindestmaß an Unannehmlichkeiten nach seinem Ableben zu erleiden haben. Er legte fest, dass niemand schlecht über eine verstorbene Person reden solle, sondern das, was gut an ihr war, hervorgehoben werden sollte, denn nichts Gutes kommt dabei heraus, die Schwächen und Sünden eines Verstorbenen anzuführen. Durch Hervorheben seiner guten Seiten würden die Leute bereit sein, für ihn zu beten. *(Bukhari)*
Er bestand darauf, dass eines Toten Schulden beglichen würden, bevor er beerdigt wurde. Er beglich oftmals selbst die Verbindlichkeiten einer verstorbenen Person, doch wenn er dazu nicht in der Lage war, dann ermahnte er die Erben und Verwandten des Verstorbenen oder andere Personen, seine Verpflichtungen zu klären und war nicht bereit, Verstorbenengebete für jemanden zu leiten, ehe nicht seine Verbindlichkeiten beglichen waren.

Der Umgang mit Nachbarn

Der Prophet Muhammad[saw] behandelte seine Nachbarn immer mit äußerster Güte und Rücksicht. Er pflegte zu sagen, dass der Engel Gabriel die Rücksicht gegenüber den Nachbarn so oft betonte, dass er manchmal dachte, Nachbarn sollten unter die vorgeschriebenen Erben eingereiht werden.

Hadhrat Abu Dharr[ra] berichtet, dass der Heilige Prophet[saw] zu ihm sagte:

> „Abu Dharr, wenn Fleischbrühe für Eure Familie gekocht wird, dann füge ein bisschen mehr Wasser dazu, sodass euer Nachbar auch etwas davon abbekommen kann."

Das soll nicht heißen, dass der Nachbar nicht eingeladen werden soll, an anderem Essen teilzunehmen, doch da die Araber meist nicht sesshaft waren und ihr Leibgericht Fleischbrühe war, wies der Heilige Prophet[saw] auf dieses Gericht als auf ein Gewöhnliches hin und lehrte, dass man nicht so sehr den Geschmack des Essens als die Verpflichtung, es mit dem Nachbarn zu teilen, im Auge behalten sollte.

Hadhrat Abu Huraira[ra] berichtet:

> „Bei einer Gelegenheit rief der Heilige Prophet aus: *‚Ich rufe Gott als Zeugen an, dass er kein Gläubiger ist! Ich rufe Gott als Zeugen an, dass er kein Gläubiger ist! Ich rufe Gott als Zeugen an, dass er kein Gläubiger ist!'* Die Gefährten fragten: *‚Wer ist kein Gläubiger, Botschafter Allahs?'* Und er antwortete: *‚Derjenige, dessen Nachbar nicht vor seinen Verletzungen und seiner schlechter Behandlung durch ihn sicher ist."*

Ein anderes Mal, diesmal die Frauen ansprechend, sagte er:

> „Wenn jemand selbst nur den Fuß einer Ziege zum Kochen hat, so soll er selbst diesen mit mit seinem Nachbarn teilen."

Er riet seinen Leuten, nichts dagegen einzuwenden, wenn die Nachbarn Nägel in Mauern einschlagen und sie zu Zwecken benutzen, die keine Verletzungen hervorrufen.

Hadhrat Abu Huraira[ra] berichtet ferner:

> „Der Prophet[saw] sprach: *‚Wer an Gott und den Tag des Gerichts glaubt, soll seinem Nachbarn keine Schwierigkeiten bereiten; wer an Gott und den Tag des Gerichts glaubt, soll seinen Gästen keine Schwierigkeiten bereiten und wer an Gott und den Tag des Gerichts glaubt, soll nur Worte der Tugend äußern oder aber schweigen.'"* (Muslim)

Die Behandlung von Verwandten

Die meisten Menschen begehen den Fehler, dass wenn sie heiraten und einen eigenen Haushalt gründen, sie ihre Eltern vernachlässigen. Der Heilige Prophet[saw] legte deshalb starke Betonung darauf, wie verdienstvoll es ist, den Eltern zu dienen und sie mit Güte und Nachsicht zu behandeln.

Hadhrat Abu Huraira[ra] berichtet:

> „Ein Mann kam zum Heiligen Propheten und wollte erfahren, wer es am meisten verdiente, seine gütige Behandlung zu erfahren. Der Prophet antwortet: *‚Eure Mutter.'* Der Mann fragte: *‚Und wer folgt dann?'* Der Prophet wiederholte: *‚Eure Mutter.'* Der Mann fragte ein drittes Mal: *‚Und nach meiner Mutter?'* Und der Prophet sagte wieder: *‚Immer noch eure Mutter.'* Schließlich, als der Mann ein viertes Mal fragte, antwortete er: *‚Nach ihr, euren Vater und nach ihm, eure nächsten Anverwandten und nach ihnen, eure entfernten Verwandten.'"*

Des Propheten^{saw} eigene Eltern und Großeltern waren gestorben, als er noch ein kleines Kind war. Die Eltern von einigen seiner Frauen waren jedoch noch am Leben und er behandelte sie immer mit größter Rücksicht und Ehrerbietung.

Während der Übergabe von Mekka, als der Heilige Prophet^{saw} als siegreicher Heerführer in die Stadt einzog, brachte Hadhrat Abu Bakr^{ra} seinen Vater, ihn zu grüßen. Er sagte zu Hadhrat Abu Bakr^{ra}: *„Warum plagt Ihr euren Vater, zu mir zu kommen? Ich hätte es gern auf mich genommen, zu ihm gehen." (Halbiyya, Bd.3, S. 99)*

Einer seiner Aussprüche war:

> „Unglücklich ist der Mensch, dessen Eltern ein hohes Alter erreichen, und der selbst dann die Gelegenheit versäumt, das Paradies zu erwerben."

Das bedeutet, dass die Fürsorge für die Eltern, besonders wenn sie ein hohes Alter erreichen, die Gnade und das Wohlwollen Gottes nach sich zieht. Ein Mensch, dem die Gelegenheit gegeben ist, seinen alten Eltern zu dienen, und der dieser Verpflichtung freudig nachkommt, ist deshalb auf dem graden Weg und Gottes Gnade sicher.

Ein Mann beschwerte sich einmal beim Heiligen Propheten^{saw}, dass, je mehr Güte er seinen Verwandten zukommen ließe, desto feindseliger sie sich gegen ihn benahmen, je mehr er sie mit Freundlichkeit behandelte, desto mehr sie ihn verfolgten, und je mehr Zuneigung er ihnen gegenüber zeigte, um so finsterer sie ihn anblickten.

Der Heilige Prophet sagte^{saw}:

> „Wenn es wahr ist, was ihr sagt, dann schätzt euch sehr glücklich, denn Ihr werdet für immer Gottes Beistandes sicher sein." *(Muslim, Kitab Al-Birr Wa'l-Sila)*

Bei einer Gelegenheit, als der Heilige Prophet[saw] die Leute zu Almosen und milden Gaben aufrief, kam einer seiner Gefährten, Hadhrat Abu Talha Ansari[ra], zu ihm und bot an, seinen Obstgarten für die Armen zur Verfügung zu stellen. Der Prophet[saw] war sehr glücklich darüber und rief aus: *„Welch' vortreffliche Gabe! Welch' vortreffliche Gabe! Welch' vortreffliche Gabe!"*, und fügte hinzu: *„Da Ihr diesen Obstgarten jetzt den Armen zur Verfügung gestellt habt, so möchte ich, dass Ihr ihn unter Euren armen Verwandten aufteilt."* (Bukhari, Kitab Al Tafsir)

Ein Mann kam einmal zu ihm und sagte: *„O Botschafter Allahs! Ich bin bereit, mich zur Hidjrat (Auswanderung) zu verpflichten und ich bin bereit, mich zu verpflichten, am Heiligen Krieg teilzunehmen, denn ich will unbedingt das Wohlwollen Gottes gewinnen."*

Der Heilige Prophet[saw] erkundigte sich, ob noch einer von seinen Eltern am Leben sei und der Mann sagte ihm, dass beide Eltern am Leben seien. Dann fragte er: *„Wollt Ihr ernsthaft das Wohlgefallen Gottes erwerben?"* Und nachdem der Mann das bestätigt hatte, sagte der Prophet[saw]: *„Dann geht zurück zu euren Eltern und dient ihnen und dient ihnen wohl."*

Er wies darauf hin, dass die nichtmuslimischen Verwandten zu gleicherweise freundlicher und rücksichtsvoller Behandlung berechtigt seien.

Eine von Abu Bakrs Frauen, die nichtgläubig war, besuchte ihre Tochter Asma' und letztere erkundigte sich beim Heiligen Propheten[saw], ob sie ihr dienen und sie mit Geschenken bedenken solle, wozu der Heilige antwortete: *„Aber gewiss, denn sie ist eure Mutter."* (Bukhari, Kitab Al-Adab)

Er behandelte nicht nur seine nächsten, sondern auch entfernten Verwandten und jeden, der ihnen nahe stand, mit großer Rücksicht. Wann immer er ein Tier opferte, sandte er einen Teil davon zu Hadhrat Khadijas Freundinnen und wies seine Frauen an, sie bei solchen Anlässen niemals zu übergehen.

Viele Jahre nach Hadhrat Khadijas Ableben, als er gerade mit einigen seiner Gefährten zusammensaß, kam Khadijas Schwester Halah, um ihn zu besuchen und bat um Erlaubnis, hereinzukommen. Ihre Stimme klang in den Ohren des Propheten^{saw} wie Khadijas Stimme und als er sie hörte, sagte er: *„O Gott! Das ist Halah, Khadijas Schwester."*

In der Tat, echte Zuneigung zeigt sich erst darin, dass man auch diejenigen lieb gewinnt und mit Rücksicht behandelt, die denen, die man liebt oder in hohen Ehren hält, nahe stehen.

Hadhrat Anas Bin Malik^{ra} berichtet, dass er sich während einer Reise in der Gesellschaft von Hadhrat Jarir Bin ʿAbdullah^{ra} befand und dass letzterer sich um ihn bemühte, wie ein Diener sich um seinen Meister kümmert. Da Hadhrat Jarir Bin ʿAbdullah^{ra} älter als Hadhrat Anas^{ra} war, war Hadhrat Anas^{ra} beschämt und sagte zu Hadhrat Jarir^{ra}, dass er sich nicht so viel Mühe um ihn machen solle. Hadhrat Jarir^{ra} antwortete, wie ergeben die Ansar dem Heiligen Propheten^{saw} dienten.

> „Diese Ergebenheit und Liebe für den Heiligen Propheten beeindruckte mich so sehr, dass ich mir schwor, dass wenn immer ich mich in der Begleitung eines Ansari befinden sollte, ich ihm wie ein Diener ergeben sein werde. Ich führe hiermit nur meinen Entschluss aus und Ihr solltet mich nicht davon abhalten." *(Muslim)*

Diese Begebenheit bestätigt, dass wenn jemand einen anderen ernsthaft liebt, sich diese Liebe auch auf diejenigen ausweitet, die dem Geliebten nahe stehen.

Gleicherweise sind diejenigen, die ihre Eltern wirklich ehren, auch ehrerbietig und rücksichtsvoll denjenigen gegenüber, die mit ihren Eltern durch Bande von Zuneigung und Verwandtschaft verbunden waren. Bei einer Gelegenheit betonte der Heilige Prophet[saw], es sei höchste Tugend für einen Mann, die Freunde seines Vaters zu ehren. Unter denen, die dabei anwesend waren, war Hadhrat Abdullah Bin'Umar[ra]. Viele Jahre später auf einer Pilgerfahrt begegnete er einem Beduinen und er überließ ihm sein eigenes Pferd und schenkte ihm seinen Turban. Einer seiner Begleiter bemerkte, dass er zu großzügig gewesen sei, denn ein Beduine ist auch mit wenigem glücklich.

Hadhrat Abdullah Bin 'Umar[ra] sagte: *„Der Vater dieses Mannes war ein Freund meines Vaters und ich hörte den Heiligen Propheten[saw] sagen, dass es eine der höchsten Tugenden für einen Mann sei, die Freunde seines Vaters zu ehren."*

Gute Gesellschaft halten

Der Heilige Prophet[saw] bevorzugte immer die Gesellschaft der Tugendhaften, und wenn er irgendwelche Schwächen in dieser Beziehung bei seinen Gefährten beobachtete, ermahnte er sie auf sanfte und diskrete Weise.

Hadhrat Abu Musa Ash'ari[ra] berichtet:

> „Der Heilige Prophet[saw] illustrierte den Nutzen, den man von guten Freunden und tugendhaften Gefährten zieht und den Schaden, den man sich durch üble Freunde und lasterhafte Gefährten aussetzt, indem er sagte: *‚Ein Mann, der sich in der Gesellschaft tugendhafter Leute befindet, ist wie jemand, der Moschus bei sich trägt. Wenn er daran teilhat, zieht er Nutzen daraus, wenn er es verkauft, hat er Gewinn davon und*

wenn er es einfach behält, genießt er seinen Duft. Ein Mann, der sich in Gesellschaft übler Personen befindet, ist wie jemand, der in einen Holzkohlenofen bläst; was er davon erwarten kann, ist nur, dass ein Funken davon auf seine Kleidung fällt und sie in Brand setzt und dass der Rauch, der von der Holzkohle ausgeht, ihn vergiftet.'"

Er pflegte zu sagen, dass der Charakter eines Mannes die Farbe der Gesellschaft, in der er sich aufhält, annimmt und man deshalb vorsichtig sein soll, seine Zeit nur in der Gesellschaft der Guten zu verbringen. *(Bukhari und Muslim)*

Den Glauben der Leute beschützen

Der Prophet[saw] war sehr besorgt, dass keine Missverständnisse auftauchten.
Einmal kam seine Frau Hadhrat Safiyya[ra] zu ihm in die Moschee. Als sie heimgehen wollte, war es schon dunkel geworden und der Prophet[saw] entschloss sich, sie zu ihrem Haus zu begleiten. Auf dem Weg kamen sie an zwei Männern vorbei und um von vornherein jegliche Spekulation ihrerseits über seine Begleitung auszuschließen, hielt er an und hob den Schleier von dem Gesicht seiner Frau und sagte: *„Seht, dies ist meine Frau Safiyya."* Sie erregten sich und sagten: *„O Botschafter Allahs! Warum dachtet ihr, wir würden in irgendeine falsche Auffassung über Euch geraten?"* Der Prophet[saw] antwortete: *„Satan (schlechte Gedanken) bewegt sich manchmal durch eines Menschen Blut. Ich war bedacht, dass euer Glaube nicht erschüttert werde." (Bukhari, Abwab Al-I'tikaf)*

Die Fehler anderer übersehen

Hadhrat Muhammad[saw] gab niemals die Fehler und Unzulänglichkeiten anderer öffentlich preis und warnte die Leute, nicht ihre eigenen Fehler bloßzustellen. Er pflegte zu sagen: *„Wenn jemand die Fehler eines anderen verdeckt, wird Gott die seinen am Gerichtstage bedecken."*

Und: *„Ein jeder meiner Anhänger kann den Folgen seiner Irrtümer entgehen*[13]*, außer denen, die nicht aufhören, ihre eignen Fehler bekannt zu geben."*

Er illustrierte dies, indem er sagte: *„Ein Mann sündigte in der Nacht und Gott verbirgt es; am Morgen trifft er seine Freunde und prahlt damit: ‚Letzte Nacht machte ich dies und letzte Nacht machte ich das', und somit legt er bloß, was Gott verborgen hat."* (Bukhari und Muslim)

Einige Leute stellen sich irrtümlicherweise vor, dass ein Bekenntnis ihrer Sünden der Reue dienlich ist; in Wirklichkeit aber begünstigt das nur die Unanständigkeit. Sünde ist ein Übel und derjenige, der sich ihr hingibt und von Scham und Bedauern erfasst wird, hat eine Gelegenheit, durch Reue auf den Pfad von Reinheit und Rechtschaffenheit zurückzukehren. Sein Fall ist wie der einer Person, die durch Übel verführt worden ist, doch danach wieder dem Pfade der Rechtschaffenheit folgte und sobald sich eine Gelegenheit bietet, wird das Übel besiegt und der Sünder wird von der Rechtschaffenheit zurückgefordert.

Diejenigen jedoch, die ihre Sünden bekanntgeben und noch stolz darauf sind, verlieren allen Sinn für Gut und Böse und werden unfähig zur Reue.

---

[13] D. h. durch wahre Reue und Reform.

Einmal kam ein Mann zum Heiligen Propheten^(saw) und sagte: *„Ich habe mich des Ehebruchs schuldig gemacht."*^(14) Nachdem der Heilige Prophet^(saw) des Mannes Bekenntnis gehört hatte, wendete er sich von ihm ab und beschäftigte sich mit etwas anderem. Er wollte damit andeuten, dass das rechte Hilfsmittel in diesem Falle Reue und nicht öffentliches Bekenntnis sei. Doch der Mann begriff das nicht und weil er dachte, der Prophet^(saw) hätte ihn nicht gehört, stellte er sich wieder vor ihm auf und sprach ihn an und wiederholte sein Bekenntnis. Der Heilige Prophet^(saw) wendete sich wieder ab, doch der Mann folgte ihm wieder und wiederholte sein Bekenntnis noch einmal. Als er dies vier Mal getan hatte, sagte der Prophet^(saw):

> „Ich wünschte, dass dieser Mann seine Sünde nicht bekannt hätte, bis Gott Seinen Willen ihm gegenüber zu erkennen gegeben hat, doch da er inzwischen vier Mal sein Bekenntnis wiederholt hat, bin ich gezwungen, Schritte gegen ihn zu unternehmen." *(Tirmidhi)*

Dann fügte er hinzu:

> „Dieser Mann hat für sich selbst bekannt und ist nicht von der betreffenden Frau angeklagt worden. Die Frau sollte befragt werden, und wenn sie ihre Schuld ableugnet, soll sie nicht weiter belästigt werden und nur dieser Mann soll seinem Bekenntnis entsprechend bestraft werden; doch wenn sie bekennt, soll sie auch bestraft werden."

Es war die Praxis des Propheten^(saw), in Angelegenheiten, zu de-

---

[14] Dies ist, wenn es durch eindeutige Beweise belegt ist, unter islamischem Recht ein strafbares Vergehen.

nen der Koran keine Hinweise gegeben hatte, dem Gesetz der Torah zu folgen, und da die Torah vorschreibt, dass ein Ehebrecher zu Tode gesteinigt werden soll, so verkündete er die Strafe für diesen Mann dementsprechend. Als die Strafe ausgeführt werden sollte, versuchte der Mann wegzulaufen, doch die Leute verfolgten ihn und führten die Strafe an ihm aus. Als der Prophet[saw] davon erfuhr, missbilligte er es. Er sagte, dass der Mann entsprechend seines eigenen Bekenntnisses bestraft worden war. Sein Versuch, wegzulaufen, war eigentlich ein Widerruf seines Bekenntnisses und danach hätte die Strafe nicht an ihm ausgeführt werden dürfen, die lediglich aufgrund seines Bekenntnisses über ihn verhängt worden war. Der Prophet[saw] legte fest, dass das Gesetz sich nur mit offenbaren Straftaten befassen sollte.

Im Verlaufe eines Krieges begegnete eine Gruppe von Muslimen einem Nichtmuslim, der auf einsamen Plätzen alleine gehenden Muslimen aufzulauern pflegte und sie dann angriff und tötete. In diesem Fall verfolgte Usama Bin Zaid[ra] ihn und nachdem er ihn überholt und überwältigt hatte, zog er sein Schwert, um ihn zu töten. Als dem Manne klar wurde, dass ihm kein Ausweg geblieben war, erklärte er den ersten Teil des islamischen Glaubensbekenntnisses, nämlich:

لَاإِلهَ إِلَّا اللّٰهُ

„Es gibt keinen Gott außer Allah", damit anzeigend, dass er den Islam angenommen hatte.

Hadhrat Usama[ra] kümmerte sich nicht darum und tötete ihn. Als dies unter den anderen Begebenheiten dieses Feldzugs dem Heiligen Propheten[saw] zu Ohren kam, schickte er nach Usama[ra] und befragte ihn. Nachdem dieser den Bericht des Vorfalles bestätigte, sagte der Prophet^(saw): *„Wie wird es mit dir am Jüngsten Gericht stehen, wenn sein Bekenntnis des Glaubens –* لا اله الا الله *– ihm zugute geschrieben wird?"* Hadhrat Usama^(ra) antwortete: *„O Botschafter Allahs! Dieser Mann war ein Mörder von Muslimen und seine Erklärung, Muslim zu sein, war nur ein Vorwand, der gerechten Vergeltung zu entrinnen."* Doch der Prophet^(saw) wiederholte: *„Usama, wie wird es um euch stehen, wenn dieses Mannes Glaubensbekenntnis –* لا اله الا الله *– am Tage des Gerichts gegen Euch stehen wird?"* – d. h. dass Gott Usama^(ra) für den Tod dieses Mannes verantwortlich machen würde, denn obwohl er des Mordes an Muslimen schuldig geworden war, seine Rezitation des Glaubensbekenntnisses – لا اله الا الله – war ein Hinweis darauf, dass er seine Missetaten bereute.

Hadhrat Usama^(ra) protestierte, dass der Ausruf des Glaubensbekenntnisses aus Todesfurcht geschehen war und nicht als Hinweis auf Reue anzusehen sei. Daraufhin sagte der Heilige Prophet^(saw): *„Konntet Ihr in sein Herz hinein sehen, um festzustellen, ob er die Wahrheit sprach oder nicht?"* Und sich wiederholend fuhr er fort: *„Was werdet Ihr am Tage des Gerichts sagen, wenn sein Bekenntnis des Glaubens –* لا اله الا الله *– als Zeugnis gegen Euch angeführt werden wird?"*

Hadhrat Usama^(ra) sagte: *„Als ich den Heiligen Propheten dies so oft wiederholen hörte, wünschte ich, dass ich erst in dem Augenblick zum Islam übergetreten und nicht der Untat, wegen der ich getadelt wurde, schuldig geworden wäre."* (Muslim, Kitab Al–Iman)

Der Heilige Prophet^(saw) war immer bereit, den Menschen ihre Fehler und Übertretungen zu vergeben.

Eine der Personen, die in die Verleumdung gegen seine Frau Hadhrat Aischa^(ra) verwickelt gewesen war, war für seinen Unterhalt auf die Almosen von Hadhrat Abu Bakr[ra] (Hadhrat Aischas Vater) angewiesen. Als die Falschheit der Beschuldigung gegen Hadhrat Aischa[ra] eindeutig erwiesen war, unterbrach Hadhrat Abu Bakr[ra] die Versorgung dieses Mannes.

Dies zeigt Hadhrat Abu Bakrs Maßhalten und Beschränkung. Eine andere Person würde alles Mögliche gegen denjenigen unternommen haben, der sich der Verleumdung gegen seine Tochter schuldig gemacht hatte.

Als der Prophet[saw] erfuhr, was Hadhrat Abu Bakr[ra] getan hatte, redete er mit ihm und wies darauf hin, dass, obwohl der Mann sich ins Unrecht gesetzt hatte, es einem Manne wie Hadhrat Abu Bakr[ra] nicht geziemte, ihm wegen seiner Fehler seinen Unterhalt zu entziehen. Daraufhin setzte Hadhrat Abu Bakr[ra] die Unterstützung dieses Mannes fort. *(Bukhari, Kitab Al Tafsir)*

Geduld im Unglück

Der Heilige Prophet[saw] pflegte zu sagen:

> „Für einen Muslim enthält das Leben nur Gutes und niemand, außer einem wahren Gläubigen, befindet sich in solcher Lage; ist er erfolgreich, so ist er dankbar Gott gegenüber und wird dadurch zum Empfänger weiterer Wohltaten von Ihm. Andererseits, wenn er Leiden und Prüfungen ausgesetzt ist und sie mit Geduld erträgt, so wird er wiederum Gottes Wohlwollens würdig."

Als sein Ende nahe war, und er sich mit Stöhnen Erleichterung von seinen Qualen verschaffte, äußerte seine Tochter Hadhrat Fatima[ra], dass sie das nicht länger mit ansehen könnte. Daraufhin sagte er: *„Habt Geduld! euer Vater wird nach diesem Tage keine*

Schmerzen mehr zu ertragen haben." Damit wollte er sagen, dass alle seine Schwierigkeiten sich auf diese Welt beschränkten und dass von dem Augenblick an, an dem er aus diesem Leben entlassen worden war und sich in der Gegenwart seines Schöpfers befinden würde, er keinen weiteren Schmerzen ausgesetzt sein würde.

Während einer Epidemie hielt er es für angemessen, nicht von einer Stadt zur anderen zu ziehen, da sich dadurch die Ansteckungskrankheit ausweitet. Er sagte, dass wenn während einer Epidemie jemand sich zurückhält und in seiner Stadt bleibt, und damit dazu beiträgt, dass die Krankheit auf einen Ort beschränkt bleibt und er an dieser Krankheit stirbt, er als Märtyrer angesehen werden kann. *(Bukhari, Kitab Al Tibb)*

Gegenseitige Mitwirkung

Der Prophet[saw] lehrte, dass eine der besten islamischen Eigenschaften war, sich nicht in Angelegenheiten einzumischen, mit denen man nichts zu tun hat, und nicht andere zu kritisieren.

Dies ist ein Prinzip, dass, wenn allgemein angenommen und durchgesetzt, in hohem Maße zu Frieden und Ordnung in der Welt beitragen würde. Ein großer Teil unserer Schwierigkeiten entsteht durch die Neigung der meisten Menschen, sich in anderer Leute Angelegenheiten einzumischen und ihre Mitwirkung zurückzuhalten, wenn es darum geht, Entlastung für diejenigen, die in Not sind, zu bringen.

Der Heilige Prophet[saw] legte großen Wert auf gegenseitige Mithilfe. Er machte es zur Vorschrift, dass wenn jemand aufgefordert worden war, eine Summe Geldes als Strafe zu zahlen und nicht in der Lage war, den ganzen Betrag aufzubringen, seine Nachbarn und Mitbürger oder seine Stammesgenossen durch eine Kollekte die Gesamtsumme zusammenbringen sollten.

Die Menschen kamen manchmal und ließen sich in der Nähe des Hauses des Propheten[saw] nieder, um ihre Zeit im Dienst am Islam zu verbringen. Er riet den Verwandten jeweils an, die Verantwortung für ihren bescheidenen Unterhalt zu übernehmen.

Es wird von Anas[ra] berichtet, dass zur Zeit des Heiligen Propheten[saw] zwei Brüder dem Islam beitraten und einer von ihnen beim Heiligen Propheten[saw] blieb, während der andere mit seiner gewohnten Beschäftigung fortfuhr. Letzterer beschwerte sich später beim Heiligen Propheten[saw], dass sein Bruder seine Zeit verschwendete. Der Heilige Prophet[saw] sagte:

> „Gott sorgt auch für euch aufgrund der Dienste eures Bruders, und es ziemt sich für euch deshalb, Versorgung für ihn aufzubringen und ihm die Freiheit zu lassen, dem Glauben zu dienen." *(Tirmidihi)*

Während einer Reise, als des Propheten[saw] Gesellschaft auf dem Zeltplatz angekommen war, gingen seine Gefährten sofort daran, ihre entsprechenden Aufgaben zur Errichtung des Zeltlagers auszuführen.

Der Heilige Prophet[saw] sagte: *„Ihr habt mir keine Aufgabe zugeteilt. Ich werde deshalb losgehen und Feuerholz sammeln."* Seine Gefährten erhoben Einspruch und sagten: *„O Botschafter Allahs! Warum wollt Ihr Euch beschäftigen, wenn wir genügend Leute sind, die nötigen Arbeiten zu verrichten?"* Er sprach: *„Nein, nein. Es ist meine Pflicht, mich an dem zu beteiligen, was zu tun ist"*, und er ging und sammelte Feuerholz vom Dickicht, damit Essen gekocht werden konnte. *(Zurqani, Bd. 4, S. 306)*

Wahrhaftigkeit

Es ist berichtet worden, dass der Heilige Prophet[saw] so streng in seinen eignen Maßstäben an Wahrhaftigkeit war, dass er unter seinen Leuten als *„Amin"* (Der Zuverlässige), und *„Sadiq"* (Der Wahre) bekannt war. Er war bedacht, dass die Muslime den gleichen Standard an Wahrhaftigkeit annehmen sollten, wie er ihn pflegte. Er hielt die Wahrhaftigkeit für die Basis aller Tugend, Güte und allen Wohlverhaltens. Er lehrte, dass eine wahrhaftige Person diejenige ist, die so sehr in Wahrhaftigkeit gefestigt ist, dass sie von Gott als wahrhaft anerkannt wird.

Einmal wurde ein Gefangener zum Heiligen Propheten[saw] gebracht, der viele Morde an Muslimen auf dem Gewissen hatte. Hadhrat Umar[ra], der auch zugegen war, hielt die Ausführung der Todesstrafe für durchaus gerechtfertigt, und er blickte mehrere Male zum Propheten[saw], in der Erwartung, dass der Heilige Prophet[saw] ein Zeichen gäbe, damit der Mann getötet werden kann. Nachdem aber der Heilige Prophet[saw] den Mann entlassen hatte, bemerkte Hadhrat Umar[ra], dass ihm die Todesstrafe zugestanden hätte.

Der Heilige Prophet[saw] antwortete: *„Wenn das der Fall ist, warum denn habt ihr ihn nicht getötet?"* Hadhrat Umar[ra] antwortete: *„O Botschafter Allahs! Wenn ihr mir ein Zeichen, selbst nur ein Blinken mit dem Auge hättet zukommen lassen, ich hätte nicht damit gezögert."* Darauf versetzte der Heilige Prophet[saw]: *„Ein Prophet handelt nicht zweideutig. Wie hätte ich mein Auge dazu benutzen können, die Todesstrafe über den Mann zu verhängen, während meine Zunge in eine freundliche Unterhaltung mit ihm verwickelt war?"* (Sirat Ibn Hisham, Bd. 2, S. 217)

Einmal kam ein Mann zum Heiligen Propheten[saw] und sagte: *„O*

Botschafter Allahs! Ich leide unter drei Übeln: Lüge, Trunksucht und Hurerei. Ich habe mein Äußerstes versucht, mich ihrer zu entledigen, doch habe keinen Erfolg damit gehabt. Was soll ich tun?"

Der Prophet antwortete[saw]: *"Wenn Ihr mir das feste Versprechen gebt, eines davon aufzugeben, dann garantiere ich Euch, auch von den anderen befreit zu werden."*

Der Mann versprach das und fragte den Propheten[saw], welches von den drei Übeln er aufgeben solle. Der Prophet[saw] sagte: *"Gebt die Lüge auf!"*

Nach einiger Zeit kam derselbe Mann zum Propheten[saw] zurück und erzählte ihm, dass, nachdem er seinen Ratschlag befolgt hätte, er jetzt aller drei Übel ledig sei. Der Prophet[saw] fragte ihn nach Einzelheiten seiner Anstrengungen und der Mann sagte:

> „Eines Tages wollte ich mich betrinken und als ich drauf und dran war, erinnerte ich mich an mein Versprechen an euch und machte mir klar, dass wenn einer meiner Freunde mich fragen würde, ob ich getrunken hätte, dann müsste ich es zugeben, da ich mich nicht länger der Lüge bedienen wollte. Dies würde bedeuten, dass ich im Kreise meiner Freunde in schlechten Ruf geraten würde, und sie mich in Zukunft meiden würden. Während ich so dachte, entschied ich mich, das Trinken auf eine spätere Gelegenheit zu vertagen und hatte so der Versuchung für den Augenblick standgehalten. In der gleichen Verfassung befand ich mich, als ich der Hurerei nachgehen wollte. Ich sagte zu mir selbst, dass ich das Ansehen bei meinen Freunden verlieren würde, da ich entweder lügen müsste, wenn von ihnen gefragt, und so mein Versprechen euch gegenüber brechen müsste, oder ich müsste meine Sünden eingestehen. Auf diese Weise bemühte ich mich, das Versprechen euch gegenüber einzuhalten und dem Trinken und Ehebruch zu widerstehen. Nachdem einige Zeit vergangen war, verlor

ich die Lust an diesen Lastern und der Entschluss, von der Lüge abzusehen, hat mich nun auch von den anderen Übeln gerettet."

Die Neugier

Der Heilige Prophet^{saw} ermahnte die Leute ständig, nicht neugierig zu sein und gut voneinander zu denken.
Hadhrat Abu Huraira^{ra} berichtet:

> „Der Prophet sagte: ‚Bewahrt Euch davor, schlecht von anderen zu denken, denn das ist die größte Falschheit, und seid nicht neugierig und gebt Euch keine herabsetzenden Spitznamen, noch seid eifersüchtig aufeinander und hegt keine feindseligen Gefühle gegeneinander; ein jeder soll sich als Diener Gottes betrachten und seine Mitmenschen als Brüder, ganz so, wie Gott es vorgeschrieben hat.' Und: ‚Bedenkt, dass jeder Muslim ein Bruder jedes anderen Muslims ist. Kein Muslim soll sich einem anderen aufdrängen oder einen anderen in Zeiten der Verzweiflung verlassen oder auf einen anderen, wegen seines Mangels an Vermögen, Gelehrsamkeit oder dergleichen, herabsehen. Reinheit hat ihren Ursprung im Herzen und es genügt auf einen Bruder herabzusehen, um es zu verunreinigen. Jeder Muslim muss eines anderen Muslims Leben, Ehre und Eigentum als geheiligt und unverletzlich ansehen. Gott beachtet weder eure Körper oder Gesichter, noch eure äußerlichen Taten, sondern sieht in Eure Herzen.'" *(Muslim, Kitab Al-Birr Wa'l-Sila)*

Offener und ehrlicher Geschäftsverkehr

Er war besorgt, Muslime vor Nachgiebigkeit gegenüber jeglicher Form von Unredlichkeit in ihren Geschäften zu schützen. Als er einmal am Marktplatz vorbeikam, sah er einen Haufen Getreide, der zum Verkauf angeboten wurde. Er schob seinen Arm in den Haufen und musste feststellen, dass die äußere Lage des Korns zwar trocken, der innere Teil jedoch feucht war. Er erkundigte sich bei dem Besitzer nach dem Grund dafür. Der Mann erklärte, dass ein plötzlicher Regenschauer das Korn durchnässt hätte.

Der Heilige Prophet[saw] sagte, dass er in diesem Fall das nasse Korn hätte nach außen kehren sollen, so dass die Interessenten die wahre Beschaffenheit hätten erkennen können. Er bemerkte: *„Derjenige, der mit anderen unredlich umgeht, kann niemals ein nützliches Mitglied der Gemeinschaft werden." (Muslim)*

Er bestand darauf, dass Handel und Gewerbe absolut frei von Verdacht auf Ränkespiel zu sein hätten. Er riet Käufern an, die Güter und Dinge, die sie zu kaufen beabsichtigten, zu inspizieren und verbot, dass jemand Verhandlungen über ein Geschäft eröffnete, solange noch Verhandlungen darüber mit einer anderen Person liefen.

Er verbot auch das Hamstern von Waren gegenüber einem Bedarfsanstieg und bestand darauf, dass der Markt ebenmässig beliefert werden soll.

Pessimismus

Der Heilige Prophet Muhammad[saw] war ein Feind von Pessimismus. Er pflegte zu sagen, dass derjenige, der Pessimismus unter die Leute brächte, für ihren Untergang verantwortlich wäre, denn pessimistische Ideen hätten die Tendenz, die Leute zu entmutigen und den Fortschritt zu unterbinden. *(Muslim, Teil II, Bd. 2)*

Er warnte sein Volk vor Stolz und Prahlerei einerseits und vor Pessimismus andererseits. Er ermahnte es, den Mittelweg zwischen den Extremen zu begehen. Die Muslime sollen fleißig ihre Arbeiten verrichten, in dem Vertrauen, dass Gott ihre Anstrengungen mit den besten Ergebnissen segnen werde. Jeder soll nach Erfolg streben und versuchen, den Wohlstand und Fortschritt der Gemeinschaft zu fördern, doch ein jeder soll frei von jeglichen Gefühlen von Stolz und jeglicher Neigung zur Prahlerei bleiben.

Grausamkeit den Tieren gegenüber

Der Prophet[saw] warnte die Leute vor Grausamkeit Tieren gegenüber und schrieb ihre gütige Behandlung vor.
Er pflegte das Beispiel einer Jüdin anzuführen, die von Gott dafür bestraft worden war, dass sie ihre Katze verhungern ließ. Er berichtete auch die Geschichte einer Frau, die einen verdurstenden Hund in der Nähe eines tiefen Brunnens entdeckte. Sie nahm ihren Schuh und ließ ihn in den Brunnen herab und brachte so einiges Wasser herauf. Sie gab dieses Wasser dem Hund zu trinken. Diese gute Tat brachte ihr Gottes Vergebung all ihrer vorherigen Sünden ein.
Hadhrat Abdullah Bin Mas'ud[ra] berichtet:

> „Als wir mit dem Heiligen Propheten[saw] auf einer Reise unterwegs waren, entdeckten wir zwei junge Tauben in ihrem Nest und fingen sie. Sie waren noch sehr jung. Als die Mutter zu dem Nest zurückkehrte und ihre Jungen nicht fand,

fing sie an, aufgeregt herumzusuchen. Als der Heilige Prophet an dem Ort eintraf, bemerkte er die Taube und sagte: ‚*Wenn irgendjemand von Euch die Jungen gefangen hat, dann lasse er sie sofort frei, damit die Mutter sich beruhigen kann.*'" (*Abu Dawud*)

Hadhrat Abdullah Bin Mas'ud[ra] berichtet auch, dass sie einmal einen Ameisenhügel sahen und Stroh darauf packend ihn in Brand setzten; woraufhin sie von dem Heiligen Propheten[saw] zurechtgewiesen wurden.

Bei anderer Gelegenheit beobachtete der Prophet[saw], wie ein Esel auf dem Gesicht gebrandmarkt wurde. Er erkundigte sich nach dem Grund dafür und erfuhr, dass die Römer diesen Brauch ausübten, um hochgezüchtete Tiere zu kennzeichnen. Der Prophet[saw] sagte, da das Gesicht der empfindlichste Teil des Körpers sei, solle ein Tier nicht auf dem Gesicht gebrandmarkt werden und wenn sich das Brandmarken nicht vermeiden lasse, dann solle es auf den Hüften geschehen. (*Abu Dawud und Tirmidhi*)

Seitdem brandmarken die Muslime ihre Tiere auf den Hüften, und die Europäer folgten dem Beispiel der Muslime.

Toleranz in religiösen Angelegenheiten

Der Prophet[saw] betonte nicht nur, dass es wünschenswert sei, Toleranz in religiösen Angelegenheiten zu zeigen, sondern setzte einen sehr hohen Standard in dieser Beziehung.

Eine Abordnung von einem christlichen Stamm von Najran, unter ihnen mehrere kirchliche Würdenträger, besuchte ihn in Medina zum Gedankenaustausch über religiöse Angelegenheiten. Die Unterhaltung fand in der Moschee statt und zog sich über mehrere Stunden hin. Nach geraumer Zeit bat der Anführer der

Delegation um Erlaubnis, sich aus der Moschee zurückziehen zu dürfen, um an irgendeinem geeigneten Platz den Gottesdienst abhalten zu können. Der Heilige Prophet[saw] sagte, dass es nicht nötig sei, die Moschee zu verlassen, da sie ein Platz zur Anbetung Gottes sei und sie könnten ihren Gottesdienst darin durchaus abhalten. *(Zurqani)*

Tapferkeit

Viele Beispiele seiner Tapferkeit sind schon im biografischen Teil des Buches erwähnt worden. Es genügt, hier nur ein weiteres anzuführen.

Zu einer Zeit war Medina voll von Gerüchten, dass die Römer eine große Armee für eine Invasion zusammenstellten. Die Muslime waren Tag und Nacht auf der Hut. Während einer Nacht kam das Geräusch eines Aufbruchs aus der Wüste. Die Muslime kamen aus ihren Häusern heraus und einige versammelten sich in der Moschee und warteten auf den Heiligen Propheten[saw], um von ihm ihre Anweisungen zu erhalten. Bald darauf sahen sie den Heiligen Propheten[saw] auf seinem Pferd aus der Richtung, aus der das Geräusch gekommen war, auftauchen. Sie mussten feststellen, dass der Prophet[saw] bei dem ersten Anzeichen von Unruhe sein Pferd bestiegen hatte und sich persönlich in die Richtung des Geräusches begeben hatte, um herauszufinden, ob Anlass zur Unruhe bestünde oder nicht und nicht gewartet hatte, bis mehr Leute zusammen gekommen waren, damit sie als Gruppe losziehen konnten. *(Zurqani)*

Als er zurückkam, versicherte er seine Gefährten, dass es keinen Anlass zur Beunruhigung gebe und dass sie in ihre Häuser zurückkehren und sich schlafen legen könnten. *(Bukhari, Kap. über Shuja'At Fi'l-Hard)*

Rücksicht Ungebildeten gegenüber

Er war besonders rücksichtsvoll denen gegenüber, die mangels entsprechender Bildung nicht wussten, wie sie sich zu benehmen hatten.

Einmal ereignete es sich, dass ein Wüstenaraber, der erst kürzlich den Islam angenommen hatte und in der Gesellschaft des Heiligen Propheten[saw] saß, aufstand und nachdem er ein paar Schritte gegangen war sich in die Ecke der Moschee setzte, um Wasser zu lassen. Einige der Gefährten des Propheten standen auf, um ihn davon abzuhalten. Der Prophet[saw] hielt sie zurück, darauf verweisend, dass jegliche Einmischung Unannehmlichkeiten für diesen Mann hervorrufen und ihn sicherlich sehr beschämen müsste. Er bat die Gefährten, den Mann in Ruhe zu lassen und später den Platz diskret zu säubern.

Verträge erfüllen

Der Heilige Prophet[saw] war sehr genau in Bezug auf die Erfüllung von Verträgen. Bei einer Gelegenheit kam ein Abgesandter zu ihm mit einer besonderen Botschaft und nachdem er für einige Tage in seiner Gesellschaft geblieben war, war er überzeugt von der Wahrheit des Islam und wollte seinen Übertritt dazu erklären. Der Prophet[saw] sagte ihm, dass das nicht richtig sei, da er als Abgesandter gekommen war, und es war verpflichtend für ihn, zum Hauptquartier seiner Regierung zurückzukehren, ohne in eine neue Verbindung eingegangen zu sein. Wenn er, nachdem er heimgekehrt, immer noch von der Wahrheit des Islam überzeugt war, könnte er als freier Mensch zurückkommen und seinen Übertritt dann erklären. *(Abu Dawud, Kap. über Wafa Bil-Ahd)*

Ehrerbietung gegenüber Dienern der Menschheit

Der Heilige Prophet^{saw} zeigte besondere Ehrerbietung denjenigen gegenüber, die ihre Zeit und ihr Vermögen zum Dienst an der Menschheit hingaben.

Der arabische Stamm der Banu Tai' begann Feindseligkeiten gegen den Propheten^{saw} und in der nachfolgenden Schlacht wurden dessen Streitkräfte geschlagen und viele Menschen gefangen genommen. Eine der Gefangenen war die Tochter von *Hatim Ta'i*, dessen Großzügigkeit sprichwörtlich unter den Arabern war. Als Hatims Tochter den Propheten^{saw} von ihrer Abstammung unterrichtete, behandelte er sie mit großem Respekt und als Ergebnis ihrer Vermittlung erließ er alle Strafen, die über ihr Volk aufgrund des Angriffs verhängt worden waren. *(Halbiyya, Bd. 3, S. 227)*

Der Charakter des Propheten^{saw} ist so vielseitig, dass es unmöglich ist, ihm in einer begrenzten Anzahl von Buchseiten gerecht zu werden.

Das Leben des Propheten^{saw} ist wie ein offenes Buch

Das Leben des Heiligen Propheten^{saw} ist wie ein offenes Buch, das, welcher Seite auch immer man sich zuwendet, einem interessante Einzelheiten darbietet. Das Leben keines anderen Lehrers oder Propheten ist so wohl aufgezeichnet und Studien zugänglich wie das Leben des Heiligen Propheten[saw]. Diese Fülle aufgezeichneter Einzelheiten hat bösartigen Kritikern ihre Gelegenheit gegeben. Doch wenn die Kritik untersucht und abgetan worden ist, können der Glaube und die Ergebenheit, die hervorkommen, aus keinem anderen Leben gewonnen werden.

Verborgene Leben entziehen sich der Kritik, doch sie rufen auch keine Überzeugung und Vertrauen in ihren Anhängern hervor. Enttäuschung und Schwierigkeiten bleiben. Doch ein Leben, so reich in Einzelheiten beschrieben, wie das des Propheten[saw], ruft Überlegungen hervor und dann Überzeugung. Wenn Kritik und falsche Ausdeutungen beseitigt worden sind, ist so ein Leben dazu angetan, einem vollständig und für immer lieb und teuer zu werden.

Es ist aber auch klar, dass die Geschichte eines so offenen und reichen Lebens sich nicht kurz erklären lässt. Nur ein flüchtiger Blick konnte hier unternommen werden. Doch auch nur ein flüchtiger Blick ist der Mühe wert.

Ein religiöses Buch kann wenig ausrichten, es sei denn, sein Studium ist durch die Lebensgeschichte seines Lehrers ergänzt. Dieser Punkt ist von vielen Religionen außer Acht gelassen worden. Der Hinduismus verehrt die Vedas, doch von den Rishis, die die Vedas von Gott empfingen, sagt sie uns nichts. Die Notwendigkeit, die Botschaft durch den Bericht über den Botschafter zu ergänzen, scheint den Vertretern des Hinduismus nicht aufgegangen zu sein.

Jüdische und christliche Gelehrte scheuen sich nicht, ihre eignen Propheten[saw] zu denunzieren. Sie vergessen, dass eine Offenbarung, die ihre Empfänger nicht bessert, kaum für andere von

Nutzen sein kann. Wenn der Empfänger selbst der Lehre nicht folgte, erhebt sich die Frage, warum Gott ihn erwählte? Musste Er es tun? Keine dieser Voraussetzungen erscheint vernünftig. Sich vorzustellen, dass Offenbarungen es verfehlen, ihre Empfänger zu bessern, ist genau so undenkbar, wie sich vorzustellen, dass Gott keinen anderen Ausweg hatte, als diese unfähigen Empfänger für Seine Offenbarungen zu wählen.

Jedoch Ideen wie diese haben ihren Weg in verschiedene Religionen gefunden, wahrscheinlich durch den großen Zeitraum, der sie jetzt von ihren Gründern trennt oder weil menschliches Denken, vor dem Auftreten des Islam, nicht in der Lage war, den Irrtum dieser Ideen zu erkennen.

Wie wichtig und wertvoll es ist, ein Buch und seinen Lehrer zusammen zu behalten, wurde schon früh im Islam erkannt. Eine von des Propheten[saw] heiligen Gemahlinnen war die junge Hadhrat Aischa[ra].

Sie war 13 oder 14 Jahre alt, als sie mit dem Propheten[saw] vermählt wurde. Für ungefähr acht Jahre lebte sie verehelicht mit ihm. Als der Prophet[saw] starb, war sie 22. Sie war jung und unausgebildet. Als sie einmal gebeten wurde, des Propheten[saw] Charakter zu beschreiben, antwortete sie ohne Zögern, dass sein Charakter der Koran sei *(Abu Dawud)*. Was er tat, war, was der Koran lehrte; was der Koran lehrte, war nichts anderes als das, was er tat.

Es gereichte zur Ehre des Propheten[saw], dass seine ungebildete junge Frau in der Lage war, die Wahrheit zu erfassen, die Hindus und jüdischen und christlichen Gelehrten entging. Hadhrat Aischa[ra] drückte eine große und wichtige Wahrheit in einem lebendigen kleinen Satz aus: es ist unmöglich für einen wahren und ehrlichen Lehrer, eine Sache zu lehren und eine andere zu tun, oder eine Sache zu tun, und eine andere zu lehren.

Der Heilige Prophet Muhammad[saw] war ein wahrer und ehrlicher Lehrer. Dies ist es, was Hadhrat Aischa[ra] augenscheinlich sagen wollte. Er praktizierte, was er lehrte und er lehrte, was er praktizierte. Ihn zu kennen, heißt, den Koran kennen und den Koran zu verstehen, heißt, ihn zu verstehen.

Stichwortverzeichnis

Stichwortverzeichnis

A

Abbas 45, 72, 74, 108, 109, 227, 238, 239, 240, 241, 243, 244, 246, 262, 264, 283, 315, 327, 328

Abd Al–Rahman Bin 'Auf 103

Abdullah 29, 53, 66, 75, 87, 88, 112, 136, 137, 138, 208, 209, 226, 231, 232, 233, 234, 258, 259, 307, 308, 317, 348, 349, 362, 363

Abdullah Bin Ubayy Bin Salul 66, 87, 88, 112, 136, 137

Abessinien 25, 52, 53, 54, 65, 68, 212, 213, 214, 255, 307

Abraham 23, 24, 249, 250, 251, 252

Abschiedsansprache des Propheten 275

Abu Amir 268, 269

Abu Ayyub Ansari 83

Abu Bakr[ra] 38, 42, 46, 75, 76, 77, 78, 79, 81, 108, 118, 119, 188, 248, 249, 250, 261, 282, 283, 284, 288, 289, 290, 291, 301, 308, 309, 329, 331, 346, 354, 355

Abu Bara 132, 133

Abu Jahl 30, 31, 32, 43, 47, 48, 92, 104, 105, 108, 256

Abu Jandal 201

Abu Lahab 59, 60

Abu'l As 108

Abu Lubaba 161

Abu Sufyan 93, 97, 110, 118, 131, 132, 145, 158, 195, 203, 206, 237, 238, 239, 240, 241, 243, 244, 245, 246, 251, 263, 264, 311, 331

Abu Sufyan[ra] 263, 264

Abu Talib 29, 32, 50, 51, 52, 59, 233, 248, 310, 322, 323

Abu 'Ubaida Bin Al–Jarrahra 117

Addas 62

Ägypten 53, 68, 202, 215, 216

Aischa[ra] 155, 287, 288, 289, 299, 305, 306, 308, 319, 321, 322, 332, 354, 355, 368

Al–Amin 295

Al–Bara 74

Ali[ra] 37

Alkoholverbot 126, 127, 128

Allah 2, 42, 45, 53, 57, 58, 62, 63, 69, 118, 119, 151, 152, 159, 167, 174, 175, 176, 179, 181, 182, 183, 184, 198, 202, 207, 209, 215, 227, 240, 260, 281, 300, 313, 314, 315, 353, 381

Allaho Akbar 141

Almosen 335, 336, 347, 354

Al–Qamar 106

Altes Testament 171

Amir Bin Fuhaira 77, 79

Amir Bin Lira[ra] 134

Amnestie 255, 257

Amr Bin Al'As 114

Amr Bin Ayya Damri 212

Amr Bin Sa'di 161

Ansar 136, 137, 244, 245, 253, 254, 263, 348

Aqaba 72

Araber 23, 24, 25, 28, 29, 48, 51, 52, 55, 61, 78, 90, 96, 97, 98, 126, 139, 152, 156, 157, 158, 170, 203, 206, 259, 269, 296, 297, 308, 312, 326, 339, 344

Arabien 23, 24, 26, 27, 29, 61, 74, 128,

Stichwortverzeichnis

139, 146, 170, 171, 198, 210, 219, 222, 236, 243, 246, 248, 265, 270, 274, 296, 312
Armreifen 80, 304, 316
Aus 6, 26, 39, 66, 67, 73, 85, 92, 155, 161, 178, 211, 217, 326

B

Badhan 210, 211, 212
Badr 97, 102, 107, 110, 111, 130, 180, 204, 235, 321, 327
Bahrain 218
Banu Asad 139
Banu Bakr 236
Banu Lihyan 129
Banu Mustaliq 135, 136
Banu Nadir 66, 138, 146
Banu Najjar 73, 83
Banu Qainuqa 66
Banu Quraiza 66, 140, 144, 145, 146, 147, 148, 149, 156, 159, 160, 163, 165
Banu Sa'd 139, 258
Banu Sulaim 139
Baqarah 262
Betrug 181, 187
Bibel 66, 163, 164
Bilalra 41, 42
Bosporus 68
Boykott 30, 31, 40, 58, 59, 60, 248
Brüder 88, 89, 92, 100, 101, 253, 272, 277, 331, 334, 337, 357, 360
Bruderschaft 89
Budail 195
Buße 309, 318

D

Datteln 116, 117, 299, 303, 306, 332, 336
Dattelpalme 303
Dhat Anwat 259
Dichter 26, 54, 72, 291
Dihyara 203
Duldsamkeit 95
Dunkelheit 63, 238, 286

E

Ehebrecher 353
Ehefrau 338
Ehrenwort 26, 144, 160
Ehrlichkeit 32, 92, 200
Einfachheit 81, 306, 317
Einfachheit des Propheten 81
Eltern 34, 325, 338, 345, 346, 347, 349
Engel 37, 38, 62, 343
Epidemie 356
Erbe 164, 213, 276, 338
Erleuchtung 48
Essen 35, 84, 116, 224, 240, 276, 297, 298, 299, 300, 301, 302, 303, 306, 319, 332, 337, 338, 342, 344, 357

F

Fatima[ra] 56
Feldzug von Tabuk 270
Fortschritt 28, 36, 49, 97, 175, 176, 223, 279, 362
Frauen 27, 28, 39, 41, 49, 50, 52, 73, 74, 81, 88, 89, 94, 96, 121, 122, 123, 125, 143, 144, 145, 146, 148, 149, 150, 160, 164, 165,

187, 194, 202, 218, 221, 228, 232, 246, 272, 276, 277, 278, 279, 288, 304, 305, 321, 322, 323, 338, 339, 340, 341, 342, 344, 346, 347, 348
Freiheit 34, 39, 110, 174, 175, 186, 280, 357
Freitod 313
Freundlichkeit 28, 92, 138, 341, 346
Frieden 55, 63, 66, 86, 87, 92, 106, 162, 164, 168, 169, 170, 171, 173, 174, 175, 176, 180, 181, 186, 189, 192, 196, 197, 199, 217, 226, 237, 241, 242, 243, 246, 248, 278, 279, 356, 381
Friedensangebot 170, 180, 181, 182, 191, 247
Friedensvertrag 168, 170, 181, 221

G

Gabriel 343
Gandhi 189
Gastfreundschaft 27
Gelübde unter dem Baum 197
Gepriesene 23
Gerechtigkeit 50, 92, 109, 189, 327
Geschäftsverkehr 361
Gesetzesgebung 97
Gesetz Mose 165
Gewalt 40, 171, 177
gewaltloser Widerstand 190
Ghatafan 139, 156, 190
Glaubensfreiheit 174, 175, 178, 180
Gleichheit 279, 280
Glücksspiel 25
Gnade 50, 54, 63, 118, 165, 185, 220, 223, 226, 244, 275, 281, 307, 313, 346

Gold 80, 235, 271, 304, 330
Gott 23, 35, 36, 37, 38, 42, 43, 44, 45, 46, 48, 49, 51, 53, 57, 58, 60, 62, 64, 67, 68, 72, 76, 82, 83, 87, 91, 92, 93, 98, 101, 102, 103, 105, 106, 109, 111, 112, 115, 118, 121, 125, 129, 130, 132, 133, 134, 141, 145, 147, 149, 150, 151, 152, 156, 159, 162, 164, 167, 168, 175, 176, 177, 180, 181, 182, 192, 194, 199, 201, 205, 207, 208, 209, 210, 211, 213, 215, 217, 218, 219, 221, 222, 223, 225, 226, 227, 231, 232, 241, 244, 250, 251, 252, 253, 254, 255, 256, 257, 260, 262, 264, 267, 268, 274, 275, 276, 277, 278, 280, 281, 282, 283, 284, 285, 287, 288, 289, 290, 296, 298, 301, 303, 305, 306, 307, 308, 309, 314, 315, 316, 317, 318, 320, 321, 322, 326, 329, 331, 332, 333, 335, 336, 337, 341, 342, 344, 345, 348, 351, 352, 353, 354, 355, 357, 358, 360, 362, 367, 368
Gottvertrauen 313
Götzen 48, 51, 58, 67, 86, 167, 249
Götzenanbetung 310

H

Hakim Bin Hizam 240, 241, 242
Halima 258
Hamza[ra] 47
Handel 25, 361

Stichwortverzeichnis

Haram Bin Malhan[ra] 132
Hawazin 241, 258, 259, 260, 268
Heilige Moschee 24, 192, 241
Heraclius 202, 203, 207, 208
Heuchler 72, 112, 125, 136, 142, 150, 151, 152, 269, 270, 273, 274, 288
Hidjra 65, 75, 80, 97, 107, 126, 128, 134, 139, 226, 236, 269, 275
Himmelskörper 311, 312
Hinduismus 367
Hira 35
Höflichkeit 81, 92, 97, 219, 324
Honig 303
Hubal 118, 251, 311
Hudaibiya 181, 194, 195, 202, 220, 236, 237, 241
Hudhaifa[ra] 159
Hunain 257, 260, 264, 266
Hungersnot in Mekka 135
Huyai Bin Akhtab 145, 146

I

Ibn Hazm 144
Ibn Ishaq 144
Ikrima 255, 256
Iran 68, 79, 116, 202, 208, 209, 210, 211, 219, 220, 257
Islam 2, 19, 24, 29, 39, 40, 41, 44, 45, 47, 48, 50, 53, 54, 55, 57, 61, 64, 65, 67, 68, 69, 70, 73, 74, 75, 77, 79, 80, 84, 85, 86, 88, 92, 94, 98, 102, 108, 115, 118, 125, 126, 128, 129, 131, 132, 133, 134, 135, 139, 140, 141, 143, 153, 156, 161, 162, 165, 166, 168, 169, 173, 174, 175, 181, 184, 185, 186, 188, 189, 190, 196, 197, 200, 201, 202, 203, 207, 208, 209, 212, 214, 215, 217, 218, 219, 220, 221, 229, 235, 236, 238, 239, 241, 242, 243, 244, 247, 253, 254, 255, 257, 264, 265, 266, 268, 269, 274, 275, 276, 278, 279, 280, 281, 282, 283, 291, 296, 297, 311, 312, 319, 320, 322, 327, 331, 334, 338, 353, 354, 357, 365, 366, 368
islamische Form von Regierung 96

J

Jabbar 134
Jerusalem 29, 61, 68
Jesaia[as] 39, 107
Jesu[as] 101
Jesu[as] Jünger 101
Jesus[as] 61
Jonas 62
Joseph[as] 253
Juden 66, 67, 86, 90, 91, 92, 112, 125, 139, 146, 151, 156, 157, 160, 161, 162, 163, 164, 165, 166, 172, 191, 210, 216, 218, 219, 220, 221, 223, 229, 269, 287, 310, 325, 329

K

Kaaba 24, 45, 47, 52, 61, 64, 92, 93, 133, 192, 193, 195, 199, 226, 227, 229, 245, 249, 250, 251, 252, 253, 265
Kaiser 68, 202, 203, 205, 206, 207, 208, 209, 215, 220, 230, 232, 339

Stichwortverzeichnis

Kalif 53, 55, 108, 188, 196, 283
Khabbab Bin Al Arat[ra] 41
Khabbabs[ra] 56
Khaibar 125, 138, 139, 191, 220, 221, 222, 223
Khalid Bin Walid 113, 229, 234, 247
Khalid[ra] 234, 235, 247
Khawarij 268
Khazraj 66, 67, 73, 74, 163, 268
Khosroes 68, 79, 80, 209, 210, 211, 212, 214, 220, 240, 339
Khubaib 130, 131
Khuza'a 236, 237, 241
Kinder 28, 29, 74, 81, 121, 122, 140, 143, 144, 145, 146, 148, 150, 164, 165, 187, 194, 221, 232, 258, 323, 333, 342
König 52, 53, 66, 80, 87, 202, 204, 205, 207, 209, 213, 216, 217, 218, 219, 244, 267, 280
Konstantinopel 68, 208
Kopten 215, 217
Krieg 25, 41, 68, 88, 91, 92, 94, 95, 97, 172, 173, 174, 175, 177, 178, 180, 182, 183, 184, 185, 186, 189, 190, 223, 225, 236, 241, 247, 269, 271, 272, 273, 279, 337, 347
Kriegsbeute 266, 267
Kriegsgefangene 110, 184, 185, 187, 277
Kundschaftersystem 94

L

Lat 42, 61
Lesen und Schreiben 110
Liebe 35, 36, 64, 102, 123, 132, 213, 228, 254, 257, 283, 286, 289, 306, 307, 313, 317, 336, 348
Lösegeld 34, 42, 110, 185, 186, 188, 266, 321

M

Marwa 227
Massenmord 134
Medina 29, 42, 65, 66, 67, 68, 72, 73, 74, 75, 78, 79, 80, 82, 84, 85, 86, 87, 88, 89, 90, 91, 92, 94, 95, 96, 97, 98, 99, 100, 101, 102, 103, 104, 107, 109, 110, 111, 112, 114, 120, 121, 123, 124, 125, 126, 132, 135, 137, 138, 139, 140, 145, 146, 148, 155, 157, 161, 166, 167, 170, 171, 174, 190, 191, 194, 201, 202, 210, 219, 220, 221, 227, 229, 232, 235, 236, 237, 248, 249, 268, 269, 270, 271, 273, 274, 286, 312, 315, 317, 321, 325, 328, 330, 363, 364
Mekka 23, 24, 29, 30, 32, 34, 35, 40, 42, 44, 50, 51, 52, 53, 54, 57, 58, 59, 60, 61, 62, 63, 64, 65, 66, 67, 68, 72, 73, 75, 76, 77, 80, 82, 85, 86, 87, 88, 89, 90, 91, 92, 93, 94, 97, 98, 99, 100, 102, 103, 105, 106, 107, 110, 130, 135, 139, 168, 174, 192, 193, 194, 195, 196, 197, 198, 199, 201, 210, 226, 227, 229, 231, 236, 237, 238, 240, 241, 242, 243, 244, 245, 246, 247, 248, 249, 250, 253, 254, 255, 257, 258, 260, 266, 269, 275,

Stichwortverzeichnis

296, 307, 310, 328, 331, 346
Missionar 68
Muhammad 5, 6, 23, 29, 34, 39, 45, 50, 56, 73, 76, 92, 118, 132, 138, 154, 159, 160, 162, 197, 198, 199, 202, 207, 209, 213, 215, 216, 217, 230, 231, 254, 267, 281, 289, 290, 315, 322, 323, 325, 329, 340, 341, 342, 343, 344, 345, 346, 347, 348, 349, 350, 353, 354, 355, 358, 360, 361, 362, 368, 369
Mond 51, 82, 222, 310, 312
Monotheismus 23
Moschee 24, 83, 85, 87, 176, 177, 192, 234, 237, 241, 274, 280, 283, 284, 288, 297, 298, 301, 302, 306, 308, 309, 317, 330, 335, 350, 364, 365
Moses[as] 61, 101
Muezzin 42
Muhadjirin 114, 136, 244
Mundhir Taimi 218
Muqauqis 215, 216, 217
Mus'abra 67
Musailima 73, 315, 316
Mut'im 63, 64
Muzdalifa 275

N

Nachbarn 25, 65, 301, 343, 344, 345, 356
Nachtreise 68
Najd 132, 139
Naufal 37, 153, 259
Negus 212, 213, 214
Neuen Testament 172

Neugier 130, 360
Nineveh 62, 64
Nöldeke 107
Nu'aim 156

O

Offenbarung 35, 36, 71, 79, 106, 107, 126, 158, 211, 221, 262, 274, 275, 281, 283, 329, 367
Opfergeist 103, 243

P

Palästina 25, 68
Persien 68, 140
Pessimismus 361, 362
Pharao 61, 216
Pilgerfahrt 65, 67, 72, 95, 192, 193, 194, 195, 196, 197, 199, 275, 277, 281, 287, 337, 349
Polygamie 28
Prahlerei 118, 362
Prophezeiung 37, 69, 79, 80, 211, 250, 256, 283

Q

Quba 80, 81, 269, 274
Quraish 42, 44, 55, 114, 130, 139, 194, 198, 210, 244, 245, 248, 331
Koran 19, 36, 44, 56, 57, 72, 89, 99, 150, 151, 152, 183, 184, 185, 186, 192, 271, 275, 291, 338, 353, 368, 369, 381

R

Ramadan 236
Rechtschaffenheit 295, 351
Reinheit 66, 351, 360

Reue 162, 351, 352, 354
Richter 96
Rom 173, 202, 208, 220, 230
Römer 69, 363, 364

S

Sa'd 86, 92, 93, 123, 124, 139, 155, 161, 163, 164, 165, 244, 245, 258, 332
Sa'd Bin Mu'adh 92, 93, 123, 161, 163
Safa 47, 227
Sa'id Bin 'Amir 131
Salman[ra] 140
Salomon[as] 237
Sauberkeit 97, 297
Scham 256, 351
Scheinheiligkeit 320
Schicksalsschlag 323
Schlacht am Graben 139, 142, 143, 144, 145, 166, 167, 168, 190, 191, 193
Schlacht von Badr 97, 110, 111, 180, 204, 321, 327
Schlafstätte 305
Schwert 40, 56, 57, 96, 111, 117, 131, 172, 173, 234, 235, 241, 242, 263, 265, 288, 289, 291, 313, 353
Selbstbeherrschung 324
Selbstrespekt 332
Selbstverteidigung 95
Shaiba 265
Shurahbil 230
Sklaven 28, 33, 34, 37, 39, 41, 42, 43, 50, 62, 75, 85, 88, 97, 110, 231, 242, 279, 331, 333, 335, 336, 337, 341

Sklaverei 28
Sprache 24, 29
Stolz 36, 47, 216, 226, 362
Strafe 59, 68, 109, 138, 166, 177, 222, 223, 225, 253, 273, 309, 310, 313, 327, 353, 356
Suhail 197, 198, 199, 200, 201
Sünde 25, 207, 209, 215, 305, 319, 351, 352
Suraqa Bin Malik 78
Syrien 25, 29, 32, 68, 93, 97, 98, 99, 125, 138, 203, 217, 231, 232, 235, 269, 270, 271, 272, 273

T

Taha 57
Ta'if 29, 60
Talhara 114
Tal von Mina 66, 67
Testament 29, 171, 172, 276, 343
Thaur 76, 82, 248, 249
Todesstrafe 28, 200, 225, 358
Toleranz 363
Treueeid 74
Trinken 25, 49, 126, 127, 240, 298, 299, 303, 319, 359
Tugend 25, 27, 206, 319, 320, 345, 349, 358
Tyrannei 52, 77, 94, 95

U

Uhud 110, 113, 115, 119, 122, 124, 125, 126, 128, 135, 142, 143, 153, 204, 235, 251, 290, 311
Umar[ra] 53, 55
Umayya Bin Khalf 41
Umm Abdullah[ra] 53

Stichwortverzeichnis

Umm Ammara[ra] 73
Ungleichheit 33, 100, 140, 149, 150, 279
Urwa 195
Uzza 42

V

Vedas 367
Verbrechen 26, 135, 225, 327
Verfolgung 40, 44, 54, 60, 68, 77, 78, 79, 104, 114, 128, 129, 176, 177, 179, 274, 307
Verwandten 37, 44, 53, 58, 59, 63, 64, 65, 66, 72, 90, 110, 120, 187, 225, 232, 240, 241, 244, 248, 307, 329, 343, 345, 346, 347, 357
Verzeihung 33, 49, 165, 255
Vision 35, 68, 111, 120, 125, 192, 193, 256
Volkszählung 97

W

Wahrhaftigkeit 38, 358
Wahrheit 38, 39, 44, 49, 51, 65, 72, 92, 118, 119, 122, 135, 137, 139, 143, 152, 174, 205, 206, 222, 229, 244, 249, 250, 354, 365, 366, 368
Walid Bin Mughira 54, 93
Waraqa Bin Naufal 37
Wherry 107

Y

Yamaha 65
Yathrab 65
Yemen 25, 141, 210, 211, 212, 219, 220, 271

Z

Zaid 34, 35, 37, 61, 85, 130, 131, 132, 231, 233, 234, 353
Zainab[ra] 257
Zamzam 252
Zeichen 60, 70, 71, 106, 126, 161, 192, 194, 206, 222, 252, 254, 263, 312, 358
Zivilisation 28, 173, 214, 223
Zwang 50

Stichwortverzeichnis

Anmerkungen des Herausgebers

Anmerkungen des Herausgebers

Gemäß unserer Zählweise wird der Vers *Bismillah irrahman ir-rahiem* (im Namen Allahs, des Gnädigen, des immer Barmherzigen) stets als erster Vers eines Koran–Kapitels (Sura) gezählt. Einige Herausgeber von Koran–Ausgaben beginnen mit der Zählung erst nach *Bismillah irrahman irrahiem*. Sollte der Leser den Vers also nicht unter der in diesem Buch wiedergegebenen Nummer finden, sei es ihr oder ihm geraten, von der Zahl Eins abzuziehen.

Die folgenden Abkürzungen wurden verwendet. Leser werden gebeten, die vollständigen Formeln zu gebrauchen:

saw *„sallallahu alaihi wa sallam"* bedeutet: *„Frieden und Segnungen Allahs seien auf ihm"* und wird im Anschluss an den Namen des Heiligen Propheten Muhammad[saw] gebetet.

as *„alaihis salam"* bedeutet: *„Friede sei auf ihm"* und wird im Anschluss an die Namen von allen übrigen Propheten gebetet.

ra *„radi–Allahu anhu/anha/anhum"* bedeutet: *„Möge Allah Gefallen an ihm/ihr/ihnen haben"* und wird im Anschluss an die Namen der Gefährten des Heiligen Propheten Muhammad[saw] oder des Verheißenen Messias[as] gebetet.

rh *„rahmatullah alaih"* bedeutet: *„Möge Allah ihm gnädig sein"* und wird im Anschluss an die Namen von verstorbenen frommen Muslimen gebetet, die keine Gefährten des Heiligen Propheten Muhammad[saw] oder des Verheißenen Messias[as] waren.

Begriffserklärung Hadhrat: Ein Ausdruck des Respekts, welcher für eine Person von bewährter Rechtschaffenheit und Frömmigkeit verwendet wird.

Zum Autor

Zum Autor

Zweiter Kalif des Verheißenen Messias[as] des Islam
Zweites Oberhaupt der Ahmadiyya Muslim Jamaat
Seine Heiligkeit Mirza Bashir ud-Din Mahmud Ahmad[ra]
(1889–1965)

Zum Autor

Für eine Reformgemeinde, die sich auf einen Propheten als Begründer beruft, dient die Plausibilität von Prophezeiungen, ihre Erfüllung und Glaubwürdigkeit als eines der zentralen Legitimationsmerkmale. Der Begründer der Ahmadiyya Muslim Gemeinde, Seine Heiligkeit Mirza Ghulam Ahmad[as], behauptete, dass Tausende von ihm vorhergesagten Prophezeiungen fristgerecht in Erfüllung gingen, was er auch in vielen seiner Werke erläuterte.[1] Der Prophet selbst definiert sich qua Namen als jemand, der die Zukunft vorhersagen, prophezeien kann. In einem Gnadenakt offenbart Gott ihm Zukünftiges, um dadurch einerseits die Menschheit zu warnen, andererseits aber auch den Anspruch des Propheten an Glaubwürdigkeit zunehmen zu lassen. Nicht zuletzt dieser Umstand führte dazu, dass zu Lebzeiten des Verheißenen Messias[as] Hunderttausende seinen Anspruch akzeptierten und jetzt noch Prophezeiungen, die in Erfüllung gehen, seine Glaubwürdigkeit untermauern.

Eine der wichtigsten Prophezeiungen des Verheißenen Messias[as] betrifft den Autoren dieses Buches. Hadhrat Mirza Bashir ud-Din Mahmud Ahmads[ra] Leben bürgt für die Erfüllung einer Prophetie und dieses Werk selbst beglaubigt jene Offenbarung Gottes, die der Verheißene Messias[as] erhielt, als er vierzig Tage und Nächte, fastend und betend, abgeschieden von der Außenwelt, Gott flehend und bittend anrief, um ein Zeichen für die Wahrhaftigkeit seiner Mission zu erhalten und so der Außenwelt

---

[1] Vgl. Ahmad, Hadhrat Mirza Ghulam: Die Arche Noahs. Die Lehre des Verheißenen Messias[as] zur Errettung des Menschen. Frankfurt am Main 2011, S.26–29. Oder siehe auch: Der Vortrag von Lahore. Über Gotteserkenntnis und Sünde im Islam im Vergleich zu Christentum und Hinduismus. Frankfurt am Main 2011. Exemplarisch erläutert er in *Nusul–ul–Masih* (Urdu) 150 Prophezeiungen und ihr in Erfüllung gehen. Eine chronologische Wiedergabe aller Prophezeiungen findet man in *Taskira* (Frankfurt am Main 1997).

schlagkräftige Beweise für seine Wahrheit präsentieren zu können. Die Offenbarung, die der Verheißene Messias[as] erhielt, fügt sich ein in eine Reihe anderer Prophezeiungen, die allesamt verkünden, dass der Messias der Endzeit, die zweite Manifestation Jesu, mit einer gesegneten Nachkommenschaft erscheinen würde. So heißt es in einem Ausspruch des Heiligen Propheten Muhammad[saw] zum Beispiel, dass der Verheißene Messias[as] heiraten und Kinder erhalten würde. Der auf den ersten Blick redundant erscheinende informative Gehalt der Prophezeiung gewinnt erst dann an prophetischer Kraft und Relevanz, wenn die Nachkommenschaft des Messias eine Wichtigkeit und Bedeutsamkeit darstellen würde, wenn zum Beispiel, wie auch im Talmud prophezeit, der zweite Messias mit Söhnen und Enkelsöhnen gesegnet sein würde, die als Nachfolger seine Mission weiterverfolgen würden. In diesem Kontext gewinnt die im Folgenden zitierte Prophezeiung über die Geburt eines Sohnes, der außerordentliche Leistung vollbringen und mit himmlischer Leitung ausgestattet die Verkündigung des Islam vorantreiben würde, an historische Bedeutsamkeit:

> „Ich gebe dir ein Zeichen der Barmherzigkeit, genau wie du es von Mir erbatest. Also habe Ich dein Flehen erhört und deine Gebete durch meine Gnade mit der Erhörung geehrt, und ich habe dir deine Reise (nach Hoshiapur und Ludhiana)[2] gesegnet. Du erhältst somit ein Zeichen der Allmacht, der Barmherzigkeit und der Gottesnähe. Du bekommst ein Zeichen der Huld und Gnade. Dir wird der Schlüssel zum Erfolg und zum Sieg verliehen. O Sieger! Friede sei mit dir!

---

[2] Die Ortschaft, wo der Verheißene Messias[as] sich von allem Weltlichen zurückzog, um sich vollkommen Gott zu widmen (siehe oben).

Gott sagt dies, damit jene, die zu leben wünschen, von den Klauen des Todes errettet werden, und diejenigen, welche in Gräbern liegen, hervorkommen mögen, und damit sich die Erhabenheit des Glaubens und die Größe der Worte Gottes den Menschen offenbaren; damit die Wahrheit mit all ihren Segnungen komme und die Falschheit mit all ihren Unheilsverkündigungen entschwinde, und damit die Menschen es begreifen, dass Ich allmächtig bin, tue, was Mir beliebt, und damit sie für sicher wissen, dass Ich mit dir bin, damit jenen, die nicht an Gott glauben, jedoch Sein Buch und Seinen Heiligen Gesandten, Muhammad[saw] den Auserwählten, der Lüge zeihen, ein deutliches Zeichen gegeben werde und der Weg der Frevler sichtbar werde.

Also hast du die frohe Botschaft, dass dir ein schöner und lauterer Knabe gegeben wird. Einen frommen Knaben wirst du erhalten. Der Knabe wird von deinem Samen und aus deiner eigenen Nachkommenschaft stammen. Ein hübscher, reiner Knabe wird dein Gast sein. Sein Name ist auch Emmanuel und Bashir. Er ist mit dem Heiligen Geist ausgestattet und er ist frei von Unreinheiten und er ist das Licht Gottes. Gesegnet ist der, der vom Himmel kommt. Ihn begleitet Gnade, die mit seiner Ankunft eintritt. Er wird Würde, Hoheit und Wohlstand besitzen. Er wird auf die Welt kommen und Viele kraft seines messianischen Geistes von ihren Krankheiten reinigen. Er ist das Wort Gottes, denn die Barmherzigkeit und Ehre Gottes haben ihn mit einem glorreichen Wort gesandt. Er wird außerordentlich intelligent und scharfsinnig und sanftmütig im Herzen sein und er wird mit weltlichem und spirituellem Wissen erfüllt sein. Er wird drei in vier verwandeln (Die Bedeutung von diesem Teil ist mir nicht klar; Anm.d.Verheißenen Messias[as]). Montag! Gesegneter Montag! Liebenswürdiger Sohn, erhaben, nobel! Eine Manifestation des Ersten und des Letzten, eine Manifestation der Wahrheit und der Erhabenheit, als ob Gott vom Himmel herabgestiegen wäre. Dessen Kommen wird segensreich und mit der Manifestation der Glorie Gottes verbunden sein. Ein Licht kommt, ein Licht, welches Gott mit dem Duft Seines Wohlgefallens erfüllt hat. Wir werden Unseren Geist in ihn einhauchen und er wird stets den schützenden Schatten Gottes über sich haben. Er wird rasch gedeihen und die Freilassung jener in Gefangenschaft veranlassen. Sein Ruhm wird die Enden der Welt erreichen und Völker werden durch ihn Segnungen erfahren. Dann wird er zu seinem spirituellen himmlischen Ursprung gehoben. Dies ist eine festgelegte Sache."[3]

Der Autor dieses Werkes, der Verheißene Reformer[ra], der in obiger Prophezeiung als Gnade Gottes und zur Stärkung der Ahmadiyya Gemeinde entsandt wurde, hat selbst erst 1944 den Anspruch erhoben, der in dieser Prophezeiung vorhergesagte Verheißene Sohn zu sein. Erst nach einer göttlichen Botschaft, durch einen Traum, in dem ihm von Gott mitgeteilt wurde, dass er der Verheißene Reformer sei, verkündete Seine Heiligkeit Mirza Bashir ud-Din Mahmud Ahmad[ra], ebenjener Sohn zu sein, dessen Erscheinen als Segen und Gnade für die junge Ahmadiyya Gemeinde zu verstehen ist. Und vergegenwärtigt man sich im Nachhinein die Lebensleistung des Verheißenen Reformers[ra], so gewinnt die Prophezeiung an Glaubwürdigkeit.

Die Ahmadiyya Gemeinde steckte noch in ihren Kinderschuhen, als der Verheißene Sohn mit gerade einmal 25 Jahren von einem großen Teil der Gemeinde zum zweiten Kalifen bestimmt wurde. Schon während der Zeit des ersten Kalifens, Hadhrat Aljhaj Hakeem Nuruddin[ra], verschworen sich einige Gemeindemitglieder,

---

[3] Taskira (1997), S.109–111.

hochrangige Amtsträger, gegen das Kalifat. In ihren Augen sollte die Gemeinde, völlig konträr zum Willen des Verheißenen Messiasas, von einem Gremium geführt werden. Als der junge Sohn des Messiasas dann zum Kalifen ernannt wurde, witterten die Verschwörer ihre Chance. Realistisch gesehen standen sie nicht schlecht, wenn man bedenkt, dass sie einen großen Teil der administrativen und intellektuellen Führung in sich vereinten und der neue Kalif gerade einmal 25 Jahre jung war. Doch die Verschwörung schlug fehl, die überwältigende Mehrheit schloss sich dem Kalifen an, die Sektierer wanderten nach Lahore aus und gründeten eine eigene Gemeinde, die heutzutage vom Aussterben bedroht ist, während die Ahmadiyya Muslim Gemeinde aktuell eine der dynamischsten und größten Bewegungen im Islam darstellt, mit mehreren zehn Millionen Mitgliedern weltweit, die in über 195 Ländern auf der Welt aktiv darin sind, die Lehren des Verheißenen Messias[as] zu verbreiten. Die Tatsache allein, dass aus einem kleinen Dorf im tiefsten Punjab, ohne Zuganbindung und abgeschnitten von der modernen Welt, finanziell schwach und konfrontiert mit starker Opposition, eine weltweite Bewegung entstanden ist, mit eigenen weltweit ausstrahlenden Fernsehsendern, Tausenden aktiven Gemeinden und Millionen von Konvertierten, wirkt wundersam. Wenn nun jedoch die Gründungsperson, der Verheißene Messias[as], dies auch noch vorhersagte, ja, vielmehr noch, vorhersagte, auf welche Weise dies geschehen würde und welche Person eine tragende Rolle spielen würde, dann ist es für einen vernünftig denkenden Menschen schwer, nicht an die Erfüllung der Prophezeiungen zu glauben, und somit auch den göttlichen Ursprung zu akzeptieren. Und in diesem Kontext gewinnt die oben angeführte Prophezeiung über den Verheißenen Reformer eine ganz spezielle Überzeugungskraft, denn die Etablierung, Strukturierung, Organisation, Verbreitung und intellektuelle wie spirituelle Entwicklung der Gemeinde wurde von dem Verheißenen Reformer[ra] entschieden geprägt.

Der Verheißene Messias[as] verschied 1908. An seiner statt übernahm der erste Kalif, Hadhrat Alhaj Hakeem Nuuruddin[ra], die Führung der Gemeinde. 1914 verstarb dieser, so dass von da an die 52 jährige Ära des Verheißenen Reformers begann. Der zweite Kalif gab der jungen Gemeinde ihre bis zum heutigen Tag gültige Organisationstruktur, mit Weitsicht etablierte er ein System, das in der ganzen Welt Verwendung findet und für das feste und gesunde Fundament der Gemeinde sorgt. Er führte Missionsschulen ein und entsandte Missionare in die gesamte Welt hinaus. Bis zu seinem Ableben etablierten sich 92 Missionen auf der gesamten Welt. Aus dem armen Indien heraus wurden in Europa Moscheen gebaut. Die Al–Fazl–Moscheen zu London und Hamburg sollen hier beispielhaft erwähnt werden. Neben der Führungseigenschaften und dem Organisationstalent, das die Basis dafür legte, dass die Gemeinde sich entfalten konnte und auf der gesamten Welt eine Einheit bildete, zeichnete sich die Führung des zweiten Kalifen in außergewöhnlichem Maße durch seine intellektuellen und spirituellen Fähigkeiten aus. Er genoss keine höhere Bildung im weltlichen Sinne, doch seine denkerischen Fähigkeiten, seine Intelligenz und weitumfassende Weisheit schlagen sich nicht nur in Hunderten von außergewöhnlichen Reden nieder, sondern vor allem auch in seinem verfassten Nachlass. Hervorzuheben sind Abhandlungen über das Wesen Gottes, über den Heiligen Propheten und seinen rechtge-

leiteten Kalifen[4], über die sozialen und ökonomischen Grundlagen im Islam im Vergleich zu westlichen Modellen[5] und vor allem seine reformatorischen Untersuchung und Interpretation des Heiligen Korans, die er auf der Basis von Überlieferungen des Heiligen Propheten[saw] und der logisch und scharfsinnigen Herangehensweise des Verheißenen Messias[as] durchführte. Er hat einen großen Kommentar (Tafseer–e–Kabir), eine zehnbändige Vers-für-Vers-Interpretation des Heiligen Korans,[6] verfasst, dabei aufgezeigt, dass der Koran kein Buch der Vergangenheit darstellt, sondern dass die Reinheit und Vollkommenheit dieses Buchs göttlichen Ursprungs für alle Zeiten gültig ist und für jede Veränderung der Gesellschaft passende Lösungen bereithält. Alle Abhandlungen des Verheißenen Reformers[ra] basieren denn auch vollkommen auf die Lehren des Korans, auf faszinierende Weise wird aufgezeigt, inwiefern sich der heilige Text über die Jahrhunderte hinweg einerseits nicht veränderte, aber andererseits immer neue Lösungen, hermeneutische Tiefen und spirituelle Perlen offenbart. Er zeigt, dass der Koran ein zeitloses Buch ist, dessen Wissensreichtum niemals zu versiegen scheint, dessen interpretatorischen Tiefen schier unfassbar sind und deswegen als das größte Wunder auf der Welt bezeichnet wird.
Neben seiner spirituellen Einsicht und intellektuellen Schärfe zeichnete sich Hadhrat Mirza Bashir ud-Din Mahmud Ahmad[ra] durch sein politisches Engagement zu Zeiten der Teilung des

---

[4] Khilafat–e–Rashidah (Islamabad [UK] 2009).

[5] Der wirtschftliche Aufbau der islamischen Gesellschaftsordnung (Frankfurt am Main); New World Order of Islam (Islamabad [UK] 2005). Hierbei sollte erwähnt sein, dass nur wenige Werke auf Deutsch vorliegen, mehr auf Englisch und das gesamte Werk natürlich auf Urdu.

[6] Die bislang noch nicht im Deutschen vorliegt, sondern nur auf Englisch (Islamabad [UK] 1988; Koran, English & Arabic; ISBN: 1–85372–045–3).

Zum Autor

dekolonisierten Subkontinents in Pakistan und Indien aus. Er trug entschiedenen Anteil an der Etablierung Pakistans als souveränen Staaten und leistete wertvolle Dienste als Vorsitzender des All Cashmere Committee, das die Rechte der in Kaschmir lebenden Muslime schützte und dadurch die muslimische Gemeinde vor Unterdrückung bewahrte. Grundsätzlich wurde er aufgesucht von Staatsmännern, die seinen Rat schätzten und sich dadurch Leitung verschafften.

Die Lebensleistung des Verheißenen Reformers[ra] kann hier nur in groben Zügen nachgezeichnet werden. Oft bei großen Persönlichkeiten der Weltgeschichte offenbart sich die gesamte Tragweite ihres Wirkens erst nach ihrem Ableben. Die außergewöhnliche Leistung des zweiten Kalifens der Ahmadiyya Muslim Gemeinde manifestiert sich zum Teil schon zu seinen Lebzeiten, sei es in Form der Ahmadiyya Muslim Gemeinde, die nicht aufhört zu wachsen und an Einfluss zu gewinnen, oder in Form der spirituellen Leitung, die durch seinen geistigen Nachlass für Gottsucher weltweit eine tiefe, noch auszuschöpfende Quelle der Weisheit darstellt. Die Reformulierung des ursprünglichen Islam anhand logischer Argumentationstrukturen, die Darstellung der Lehren des Islam in ihrer gesamten gesellschaftsstrukturierenden Tragweite, die rationale Durchdringung von islamischen Geboten und Verboten, die logisch kohärente Formulierung der Grundlage von Moral, all dies gilt es in seiner Tiefe zu durchleuchten.

Zum Autor

Hadhrat Mirza Bashir ud-Din Mahmud Ahmad[as]
im Verlag der Islam
Auswahl

Ahmadiyyat – Der wahre Islam
2012, gebunden, 440 Seiten
ISBN 978–3–932244–80–3

Bei diesem Buch handelt es sich um die erweiterte Version eines Vortrags, den der islamische Reformer Hadhrat Mirza Baschir ud–Din Mahmud Ahmad[ra] für die Wembley Conference of Religion, die 1924 in London tagte, verfasste. Es ist ein groß angelegter Versuch, dem Westen einen authentischen Einblick in die Lehre des Islam zu verschaffen. Von Besonderheit ist, dass es sich nicht nur um eine reine Einführung in die Lehren des Islam handelt, sondern darüber hinaus dieses Werk auch in die dynamischste und progressivste Bewegung des Islam, die Ahmadiyya Muslim Gemeinde, einführt.

Das Bild, das der Leser erhält, steht in einem diametralen Gegensatz zu den gängigen Klischees und Vorurteilen über den Islam. Fernab effektheischender Schlagzeilen und einer verkürzten Darstellung der wahren Philosophie der Lehren des Islam, liegt der Mehrwert dieses Werkes sicherlich darin, dass detailreich die unterschiedlichsten Teillehren des Islam diskutiert werden, was dazu führt, dass jeder Teilaspekt der Lehre des Korans im Lichte der Gesamtidee eine völlig neue und einleuchtende Bedeutung erhält.

Das Hauptanliegen dieses Buches liegt für den Verfasser darin, zu diskutieren, welche Aufgaben eine Religion zu erfüllen hat, um die Bedürfnisse des Menschen zu erfüllen. Der Autor legt vier Kriterien fest: Eine Religion muss aufklären über Gott, die Grundlagen der Moral, die Grundlagen des Sozialen Miteinanders und das Leben nach dem Tod. Erst wenn eine Religion in der Lage ist, im engen Lichtkegel der Vernunft überzeugende Antworten hinsichtlich dieser vier Dimensionen zu formulieren, ist sie es Wert, vom Menschen angenommen zu werden.

Im Zentrum all dieser Überlegung steht dabei das, was im Zentrum jeder Religion stehen sollte, nämlich die Verbindung zwischen dem Göttlichen und Menschlichen. Der Autor überbringt auf Grundlage der Lehren des Verheißenen Messias[as] des Islam und von allen großen Religionen erwarteten Reformers der Endzeit, Hadhrat Mirza Ghulam Ahmad[as], die frohe Botschaft, dass eine geistige Vereinigung mit Gott noch immer möglich ist. Die Reform des Islam und somit der Religion an sich, besteht letztlich darin, dass ins Bewusstsein gerückt wurde, dass der Mensch ein Wesen ist, das eine geistige Tiefe besitzt, die ihn dazu befähigt, spirituelle Höhen zu erklimmen, in denen Gott sich dem Menschen offenbart.

Das Gedenken Allahs – *Zikr–i–Illahi*

2012, broschiert, 120 Seiten
ISBN 978–3–932244–97–1

Dieses Büchlein gibt praktische Methoden an die Hand, durch deren Befolgung der Gottsucher sich dem Ziel seiner Sehnsucht nähern kann. Es erläutert zum Beispiel, wie man sich im Ritualgebet, dem Salât, besser konzentrieren kann, welche Methoden es gibt, die das Aufstehen zum Tahajjud–Gebet erleichtern oder legt Gebete vor, die besonders segensreich sind. Das Buch rückt die Beziehung des Menschen zu Allah in den Vordergrund, gibt Argumente an, weshalb eine Beziehung zu unserem Schöpfer von Vorteil ist und grenzt verständlich ab, welche Formen des Gedenken Allahs zu spirituellem Fortschritt führen und welche sich von den Lehren des Islam entfernt haben.

Für jeden Gottsucher, der aufrichtig darin bestrebt ist, Allah näher zu kommen und sich mit Ihm zu vereinigen, ist dieser Text von unschätzbarem Wert.

Das Wesen Gottes

2012, Hardcover im Schutzumschlag, 304 Seiten
ISBN 978–3–921458–19–8

Es geht um Fragen, die seit jeher diskutiert werden. Welche Beweise gibt es für Gottes Existenz? Welche Argumente dagegen? Wenn es Gott gibt, warum dann dieses Elend auf dieser Welt? Erhört Gott unsere Gebete und ist es tatsächlich möglich, eine Vision von Gott zu erhalten?
Unter den unterschiedlichsten Abhandlungen zu diesem fundamentalen Thema ragt dieses Werk heraus. Der Autor vermag es, äußerst scharfsinnig die wichtigsten Streitpunkte zu dieser Thematik zu erörtern. In glasklarer Sprache grenzt er die unterschiedlichen Standpunkte voneinander ab und liefert darauf aufbauend ein Bild Gottes, das insofern überzeugt, als es neben seinem rationalen Fundament auch die spirituelle Dimension, die Beziehung zwischen Mensch und Gott, nicht vernachlässigt. Der Autor erläutert die Möglichkeit der Kommunikation, des Kontakts, der Vision, ja, der Vereinigung mit Gott und zeigt auf, wie diese Vereinigung erlangt werden kann.

Mohammad in der Bibel

2003, broschiert, 84 Seiten
ISBN 3–92145812–9

Anhand zahlreicher Stellen aus dem Alten und Neuen Testament weist der Autor, der zweite Khalif des Mahdi und Messias des Islam, nach, dass es viele Prophezeiungen über die Ankunft des Heiligen Propheten (Friede sei auf ihm) in der Bibel gibt

Sozialer Aspekt des Islam

1989, DIN–A5, broschiert, 60 Seiten
ISBN 3–921458–35–8

In dieser Abhandlung befasst sich der Zweite Kalif der Ahmadiyya Muslim Jamaat ausführlich mit den Aspekten des Heiratens im Islam, u.a. mit der Eheschließung und dem anschließenden Familienleben, der Erziehung von Kindern, dem Sozialverhalten, den Bürgerpflichten, den Vollmachten und Pflichten des Staates, dem Handel, den Beziehungen von Staaten untereinander oder auch den Beziehungen zwischen Anhängern unterschiedlicher Glaubensvorstellungen.

Der wirtschaftliche Aufbau der islamischen Gesellschaftsordnung

DIN–A5, broschiert, 96 Seiten
ISBN 3–921458–17–X,

Der Zweite Kalif der Ahmadiyya Muslim Jamaat verdeutlicht anhand klarer Darstellung und Beweisführung,wie eine Wirtschaftsordnung auszusehen hat, die der Natur des Menschen entspricht und weder übervorteilt noch benachteiligt. Mit der Analyse von Kapitalismus und Kommunismus und deren inhärenten Fehlern sowie den daraus entstehenden Ungerechtigkeiten.

Kontaktadressen

Bei Fragen stehen wir Ihnen gerne zur Verfügung:

Ahmadiyya Muslim Jamaat e.V. in Deutschland
Genferstrasse 11
60437 Frankfurt am Main, Deutschland
Tel.:   +49 (0)69 50 68 87 41
Fax: +49 (0)69 50 68 87 43
www.ahmadiyya.de
E–Mail: kontakt@ahmadiyya.de

Ahmadiyya Muslim Jamaat Schweiz
Mahmud Moschee
Forchstrasse 323
8008 Zürich, Schweiz
Tel.:   +41 (0)44 381 55 70
Fax.:   +41 (0)44 382 21 81
www.ahmadiyya.ch
E–Mail: info@ahmadiyya.ch

Ahmadiyya Muslim Gemeinde Österreich e.V.
Sandrockgasse 22
A–1240 Wien, Österreich
Tel.:   +43 1 26 46 391
Fax: +43 1 31 77 391
www.ahmadiyya.at
E–Mail: office@ahmadiyya.at